KB233491

스마트 미디어
콘텐츠 인사이트

스마트 미디어 콘텐츠 인사이트

김원제 · 김학진 · 노준석 · 오광혁 · 원광재
이순모 · 정세일 · 정헌용 · 현군택 지음

머리말

수백만 년에 이르는 인류 문명은 커뮤니케이션의 결과물이다. 원시 인류로부터 현재까지 이어져 온 시간들 속에서 인류는 몇 번의 중요한 커뮤니케이션 혁신을 이루어냈고, 그때마다 사회는 급속한 변화를 맞이하였다. 선사시대와 역사시대가 구분되는 것은 커뮤니케이션의 혁신, 즉 기록의 탄생 때문이다. 구텐베르크의 금속활자 인쇄술은 근대사회 형성의 중요한 디딤돌 역할을 했다. 인터넷의 등장은 지구촌의 형성과 경제·사회·문화 등 모든 측면에서 정보의 역할이 역사상 가장 중요하게 취급되는 사회로의 이행에 기여하였다.

그리고 최근 또 하나의 강력한 커뮤니케이션 혁신이 이루어지고 있는데, 바로 스마트 미디어혁신이다. 21세기 스마트 미디어는 스마트한 콘텐츠 세상을 열어주고 있다. 스마트폰에 이어 스마트패드, 스마트TV로 대표되는 스마트미디어 문명은 우리네 삶을 한층 스마트하게 해줌으로써 '스마트사이어티(Smartciety)'를 구현하고 있다.

스마트 사회로 급발진 중인 한국 사회는 그 속도가 너무 빨라 새로운 미디어 콘텐츠 전경을 가늠하기 힘들 정도다. 특히 한국 사회에서 미디어 콘텐츠 패러다임은 다른 어떤 나라보다 빠른 변화를 보여주고 있어 그 흐름을 간파하기가 쉽지 않은 상황이다. 따라서 우리에겐 '오딘(odin, 지혜의 신)의 눈'이 필요하다. 미디어 세상을 통찰하는 '지혜의 눈' 말이다. 미디어 세상에서 벌어지는 여러 현상들을 당연한 것으로 보아 무심히 흘려버리는 것이 아니라 그 이면을 살펴보는 세

심함 속에서 우리는 지혜를 찾을 수 있다. 네스(Ness)의 지적대로, "우리는 변화의 속도가 너무 빨라서 현재가 과거로 사라질 때에서야 현재를 볼 수 있는 역사적 시점에 살고 있기" 때문이다.

이 책은 'CMC콜로키움'의 첫 번째 공동저작물이다. CMC콜로키움은 커뮤니케이션, 미디어, 콘텐츠 정보통신, 미래전망, 지속성장 등을 키워드로 하는 지적공동체이다. 분기마다 콜로키움을 열고 있다.

이 책은 2010년 한 해 동안 펼쳐진 지적 향연을 집대성한 것이다. 구성원 각자의 전문적인 관점에서 준비한 원고들을 몇 번의 토론을 통해 보완하는 과정을 거쳤다. 『스마트 미디어 콘텐츠 인사이트』는 스마트로 대변되는 오늘의 미디어, 콘텐츠 세상을 성찰적 관점으로 조망해 보는 데 목표를 두었다. 스마트 미디어콘텐츠 문명의 현재를 성찰하고, 미래 전경을 예측함으로써 인간을 위한 보다 스마트한 문명으로 나아갈 수 있는 조건들을 탐색해 보자는 것이다.

이러한 원대한 목표 달성을 위해 CMC콜로키움은 향후 지속적인 논의를 통해 매년 성과물을 낼 계획이다. 이를 통해 한국 사회 미디어콘텐츠 문명을 이해하고, 지속 가능한 '미디어 코리아, 콘텐츠 코리아 소사이어티' 구현을 위한 단초를 마련할 수 있길 기대해 본다.

2011. 4.

저자 일동

Contents

한국 게임산업의 구조 변동과 미래 경쟁력

한국 만화산업의 카투노믹스(Cartoonomics) 전략

창조경제시대 콘텐츠비즈니스

스마트 미디어 인사이트

스마트 미디어, 콘텐츠 그리고 비즈니스

1. 스마트라이프 & 스마트사이어티

　　게임기, PC, MP3플레이어, PMP, 내비게이션, 전자책 단말기, TV, 놀이기구……. 스마트폰은 다양하게 활용된다. '아브라카다브라' 주문만 외우면 다양한 모습으로 무한 변신하는 것이다.

　　모바일 기기 속의 애플리케이션, 즉 앱(App)은 앱티즌(Apptizen=App+Netizen)의 라이프스타일을 바꾸고 있다. 특히 실용적 기능을 더 많이 갖춘 앱들이 등장함으로써 앱은 퍼스널 에이전트(personal agent) 역할을 수행하고 있다. 퍼스널 에이전트로서 앱은 개인과 밀착되어 생활의 갖가지 요소들을 해결해주는 정교하고 편리한 존재다. 이제 앱은 생활과 업무에 날개를 달아주는 대리인이자 동반자가 된다.

　　앱은 단순한 위젯 기능들을 가지고 사람이 작동시켜주기를 기다리는 것이 아니라 사람의 여러 가지 패턴들을 이해하고 분석한 후 그것을 토대로 실질적인 편의를 제공한다. 앱이 사용자를 보조하고 챙겨주는 든든한 개인 비서, 동반자가 되는 것이다. 직접 제안하고 챙겨주고 빈틈을 메우며, 건강까지도 책임진다. 카테고리별로 가장 복합적이고 지능적인 앱만이 살아남아 진화를 거듭하는 방식이다. 앱이 퍼스널 에이전트에 가까워질수록 사용자는 더 많은 여유 시간을 확보하게 되며 그만큼 삶을 풍요롭게 꾸려나갈 수 있다.

퍼스널 에이전트 앱이 가진 강점은 '개인에게 밀착된다'는 것이다. 필요한 일을 더 잘 처리할 수 있도록 편의와 가속을 더한다. 곁에 대기하고 있다가 내가 부르면 언제든 다가와 내 생활의 요소를 해결해주는 요술램프의 '지니'이다. 이제 스마트폰 하나면 정보습득, 업무수행, 사회적 관계 형성, 여가활동 등이 가능하다. 스마트폰의 터치노믹스(Touchnomics)와 나우이즘(Nowism)은 우리의 삶을 스마트하게 해주고 있음이다.

이처럼 스마트폰, 스마트TV, 스마트패드로 대표되는 스마트미디어 환경이 생활이 되고 있다.

스마트폰과 스마트패드(태블릿PC)에 이어 스마트TV까지 등장하고 있다. 스마트TV는 콘텐츠와 미디어는 물론 커뮤니케이션까지 하나로 융합되면서 스마트미디어 환경의 도래를 의미한다.

스마트TV는 소비자가 직접 원하는 콘텐츠와 애플리케이션을 선택 후 이용하는 방식이기 때문에 높은 쌍방향성과 능동적인 이용행태를 보일 것으로 전망된다. 스마트TV가 기존의 IPTV, web TV 등과 가장 큰 차이점은 제3의 개발자(third party)가 제작한 다수의 애플리케이션을 이용할 수 있다는 점이다. 나아가 SNS를 활용한 다양한 정보공유 및 커뮤니케이션이 가능하기 때문에 새로운 미디어로 부각된다.

스마트미디어 시대는 미디어의 다중창구화를 의미한다. 스마트 미디어 환경은 N-Screen의 현실화를 이루었으며, 홈네트워킹의 보급화를 앞당기는 동인이 될 것으로 전망된다. 기존의 TV와 PC, 모바일로 이어지던 3Screen 환경에서 스마트TV와 태블릿PC, 클라우드 컴퓨팅 등의 다양한 플랫폼을 기반으로 한 단말의 등장으로 스크린의 제약을 넘는 미디어/플랫폼의 OSMU를 실현한다.

N−Screen 환경은 미디어의 구분과 한계를 뛰어넘어 트랜스 미디어로서의 역할을 수행할 수 있도록 해준다. 기존 미디어 간 단절되어 있는 구조에서는 단순한 정보전달에 그쳤다고 한다면 트랜스미디어는 여러 매체가 유기적으로 연결돼 언제 어디서든 사용자가 원하는 모습으로 콘텐츠를 융합할 수 있다.

향후 스마트폰, 스마트패드, 스마트TV 등 다양한 스마트기기를 활용한 스마트라이프의 가속화로 '스마트사이어티(Smartciety)'가 본격적으로 도래할 것으로 기대된다. 스마트사이어티(Smartciety, Smart+Society의 합성어)는 스마트폰 등 각종 스마트기기로 대화와 소통이 이루어지고 업무처리, 학습, 의료진료 등 사회 전반에 스마트기술이 활용되는 사회

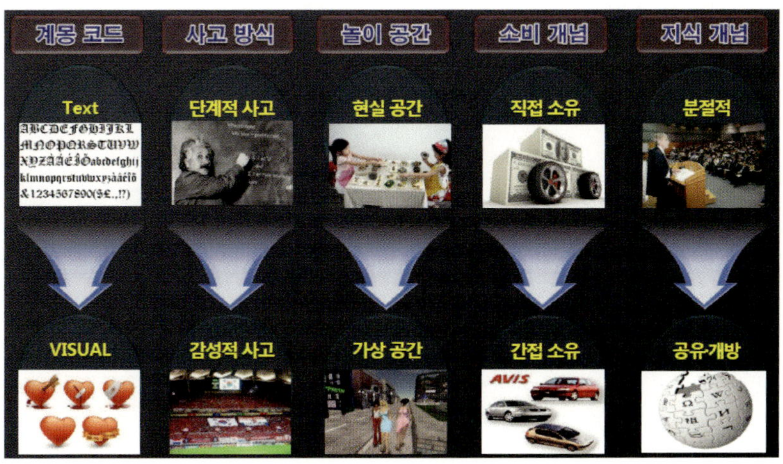

스마트미디어 소비 특성변화(현창희, 2010)

를 지칭한다. 스마트사이어티에서 살아가는 스마트시민은 감성적 사고 방식을 지향하며, 가상공간을 향유하며 간접소유를 선호하고 공유-개방의 지식개념을 추구한다.

스마트사이어티를 사는 스마트한 시민은 스마트워크로 과업을 수행한다. '스마트워크'는 시간과 장소에 얽매이지 않고 언제 어디서나 편리하고 똑똑하게 근무함으로써 업무효율성을 향상시킬 수 있는 업무환경 개념이다. 장소, 시간에 상관없이 모든 통신수단을 이용해 정보의 공유와 사람 간 협업을 통한 원격협업 수행이 가능하다. 스마트워크는 근무장소에 따라 이동/현장(모바일오피스), 자택(홈오피스), 원격사무실(스마트워크 센터), 직장(스마트오피스)로 구분된다.

모바일 오피스의 경우, 도매·소매 등 유통업 관련 기업들이 주류를 이루며, 현장/이동근무가 많은 업종의 도입이 활발하다.

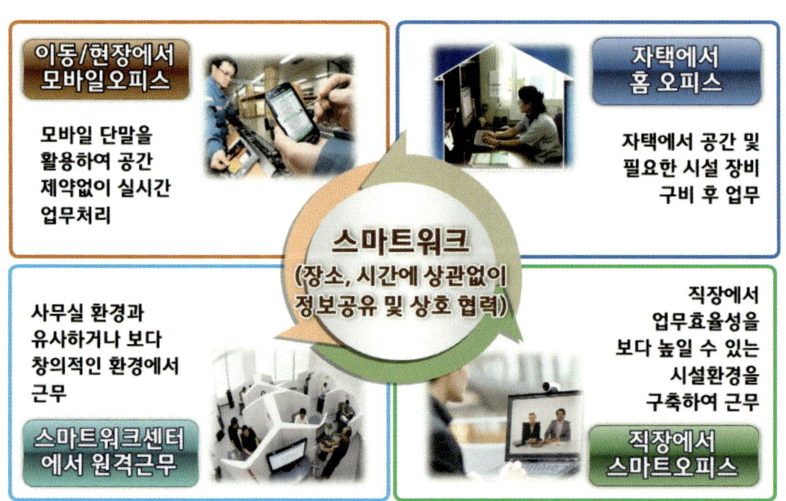

스마트워크(방송통신위원회, 2011)

2. 스마트폰 인사이트

2.1. 스마트폰 라이프

방송통신위원회와 한국인터넷진흥원의 2010년 11월(2차 조사) 스마트폰 이용자 조사결과에 따르면, 스마트폰 이용자가 전 연령층 및 전 계층으로 확대되고 있으며 스마트폰을 통해 SNS(소셜 네트워크 서비스)를 적극 이용하는 것으로 나타났다. 주요 결과를 정리하면 다음과 같다.

- 스마트폰 이용 연령층/계층

신규 스마트폰 이용자(이용기간 6개월 미만)는 1차 조사(2010년 5월)에서는 과반수가 남성(58%) 및 20~30대(77.1%), 전문관리직/사무직(59.9%)으로 집중되어 얼리어답터의 특성을 보인 반면, 2차 조사결과는 여성, 40~50대, 서비스/생산직 및 주부 등의 비중이 증가하면서 스마트폰 이용이 전 계층으로 확산되는 것으로 나타났다.

- 스마트폰 단말기 이용 행태

스마트폰 이용자는 일평균 1.9시간 동안 스마트폰을 이용하는 것으로 나타났으며, 평일에는 점심시간대('12~13시' 33.4%)와 퇴근시간대('18~19시' 33.6%, '19~20시' 31.3%)에 이용하는 경우가 상대적으로 많았다.

- 인터넷 이용 행태

스마트폰 이용자의 92.5%가 스마트폰을 통해 인터넷을 이용하며, 일평균 58.2분 동안 인터넷을 이용하는 것으로 나타났다. 또한, 인터넷 접속 시 주로 '이동통신망(3G)'(60.3%)을 이용하고 있는 반면, 선호하는 인터넷 접속방법으로는 '이동통신망'(45.3%)과 '무선랜(WiFi)'(45.2%) 간에 차이가 없었다.

- 모바일앱 다운로드 행태

모바일앱 다운로드 이용자(스마트폰 이용자의 69.5%)는 모바일앱을 평균 28개 설치하고 있고, 유료 모바일앱 다운로드 이용자 10명 중 3명이 월평균 5,000원 이상을 지출하는 것으로 조사되었지만, 유료앱 비율은 감소한 것으로 나타났다.

구분		2010년 5월	2010년 11월
설치 모바일앱	전체	23.1개	28.0개(+21.2%)
	무료	19.9개	25.9개(+30.2%)
	유료	3.2개	2.1개(−34.4%)

- 요금제 이용 현황

스마트폰 이용자의 92.6%가 스마트폰 전용 정액요금제를 이용하고 있으며, 45,000원 요금제(34.4%)를 가장 많이 이용하는 것으로 조사되었다. 특히 인터넷을 무제한으로 이용할 수 있는 55,000원 요금제의 경우 상반기 조사에 비해 19.1%p 증가한 29.0%가 이용하고 있는 것으로 나타났다.

구분		2010년 5월	2010년 11월
스마트폰 전용 정액요금제 이용자		75.3%	92.6%(+17.3%p)
스마트폰 정액요금제 종류	35,000원	40.4%	25.0%(−15.4%p)
	45,000원	38.0%	34.4%(−3.6%p)
	55,000원	9.9%	29.0%(+19.1%p)
	65,000원	7.5%	6.6%(−0.9%p)
	75,000원 이상	4.2%	5.0%(+0.8%p)

- SNS 이용 현황

스마트폰 이용자 10명 중 6명이 '스마트폰을 통한 SNS(소셜 네트워크 서비스) 이용자'(64.0%)로 나타났으며, 70% 이상이 '장소에 관계없이 SNS 이용이 가능해서'(73.5%), '스마트폰을 항상 갖고 다니기 때문에'(72.7%) 스마트폰을 통해 SNS를 이용한다고 응답하였다.

- 스마트폰 광고 이용 현황

스마트폰 이용자의 84.2%가 스마트폰을 통해 광고를 접한 경험이 있는 것으로 나타났으며, 주로 접한 광고는 '검색 광고'(48.2%)와 '메시지 광고'(47.8%)이고, '배너광고'를 접한 경우도 42.2%로 나타났다. 이 중 '메시지 광고'의 내용을 살펴보거나 확인한 경우가 34.8%로 가장 많았으며, 다음으로 '검색광고'(32.1%), '배너광고'(25.8%) 등의 순이었다.

- 스마트폰 이용 활성화 과제

스마트폰 이용자의 42.8%가 스마트폰 이용에 전반적으로 만족하는 반면, '요금제'(18.4%) 및 '단말기 가격'(15.2%)에 대한 만족도는 낮은 것으로 나타났다.

스마트폰의 이용으로 인해 미디어 이용자의 미디어 이용패턴, 즉 공존하는 서로 다른 미디어들 간 정보, 통신 그리고 활동의 배분패턴이 어떻게 변화하는지를 조사분석(2010년 9월 만 20세부터 39세까지의 대학생 및 직장인 390명을 대상으로 미디어 다이어리 조사와 심층 인터뷰 실시)한 정보통신정책연구원(2011)의 연구결과는 21세기 스마트미디어 라이프 전경을 상세히 묘사하고 있다.

주요 결과를 정리하면 다음과 같다.

첫째, 다중 미디어 매트릭스의 비중이 증가했다. 일반폰 집단에서는 50.0%에 불과한 다중 미디어 매트릭스의 비중이 스마트폰에서는 64.5%로 나타났다. 향후 스마트폰의 보급이 확산됨에 따라 다중 미디어 이용자가 늘어날 것으로 예상된다. 매트릭스의 구성비를 일반폰과 스마트폰으로 나누어 자세히 살펴보면, 일반폰 이용자의 경우 PC-TV가 23.0%, PC 14.3%, TV 12.8%, Mo-TV 11.7%, Mo 11.7%, 중심적 미디어 플랫폼 없음 11.2%의 순서로 나타났다. 스마트폰 이용자의 경우 Mo-TV가 24.7%로 가장 큰 집단을 이루었고, Mo-PC가 18.0%, Mo가 18.0%, 그리고 삼원 미디어 매트릭스가 14.4%로 높은 비중을 보였다.

둘째, 다중 미디어 매트릭스 중에서도 모바일 미디어를 포함한 집단의 비중이 가장 많이 증대됐다. 스마트폰 이용자의 경우 Mo모바일을 포함한 일원, 이원, 삼원 미디어 매트릭스가 전체의 75.1%를 차지하여 일반폰의 해당그룹 비중 38.7%에 비해 현격히 증가했음을 할 수 있다. 뿐만 아니라, 이용목적 면에서도 과거 휴대전화가 주로 통화와 문자 메시지를 주목적으로 한 데 비해, 스마트폰은 검색, 웹서핑, 메일확인, 뉴스보기 등 다양한 용도로 그 이용범위를 넓히고 있다. 이는 스마트폰의 출시로 본격화된 미디어 지형의 변화에서 스마트폰의 역할이 더욱 증대되고 있음을 의미한다.

셋째, 스마트폰의 도입에 따라 미디어 전체의 이용시간이 다소 증가했다. 평균적으로 스마트폰 이용자는 일반폰 이용자에 비해 약 7% 정도 늘어난 이용시간을 보였다. 하지만 모바일 단말기만의 이용시간은 1시간 56분에서 5시간 14분으로 270%가량 증가했다. 가장 크게 늘어난 이용목적은 정보접근으로 일반폰에서는 18.4%에 불과하던 것이 스마트폰에서는 32.4%로 크게 늘어났다. 스마트폰으로 인해 기존에 오프라인으로 수행하던 활동들을 스마트 미디어가 흡수하는 시간재할당 현상이 나타났다. 뿐만 아니라 위치정보, 실시간 SNS 등 기존과는 다른 가치를 창출하며 미디어 이용시간 전체를 증대시키는 효과도 보였다.

넷째, 스마트폰의 도입에 따라 미디어 동시이용이 증가했다. 스마트폰 집단은 동시이용 시간이 일반폰 집단에 비해 약 1.5배 많았다. 동시이용 미디어로 가장 많이 사용되는 조합은 PC(제1)−모바일(제2), PC−PC였다. 전체적으로 모바일이 동시이용(제2) 미디어의 46.6%를 차지함으로써, 향후 스마트TV를 비롯한 3스크린의 등장으로 미디어 동시이용이 더욱 증가할 것으로 전망된다.

2.2. 앱 시장 폭발에 따른 오픈생태계 등장

스마트폰과 태블릿PC의 보급률 상승, 스마트TV 상용화, 그리고 IPTV의 애플리케이션 서비스 제공 추진 등으로 애플리케이션 시장이 만개하고 있다.

특히 스마트폰 사용자 수와 애플리케이션의 등록 및 다운로드 건수가 급속하게 증가하고 있다. 국내 스마트폰 사용자는 2009년 12월 806천 명(2%)에서 2010년 11월 625만 명(12%)으로 증가했다. 2011년 말 국내 이동전화 사용자의 스마트폰 보급률이 최소 60% 이상에 이를 것으로 전망된다. KT경제경영연구소에 따르면, 2009년 12월 2367개였던 앱스토어의 국산 애플리케이션이 2010년 11월 중순 7,475개로 316% 증가한 것으로 나타났다. 국내 통신사업자가 만든 앱스토어인 'T스토어'의 가입자 수는 2009년 9월 1만 7,000명이었지만, 2010년 7월부터 매달 50만 명씩 급격하게 증가하여 10월 기준 누적 가입자 363만 1,000명을 기록했다. 다운로드도 2009년 9월에는 4만 7천 건이었지만, 2010년 10월에는 하루 100만 건을 기록했다.

2010년 애플 앱스토어 국내 이용자들은 메신저 애플리케이션 '카카오톡'을 가장 선호했다. 스마트폰 사용자 간 무료 문자메시지와 실시간 그룹 채팅을 즐길 수 있는 메신저 서비스 '카카오톡'은 무료 차트 1위를 기록했다. T스토어에서는 무료의 경우 통신요금 확인 기능을 제공하는 '미니 T world', 유료의 경우 사진을 찍으면 자동으로 관상을 풀이해주는 '얼굴인식관상'이 1위를 차지했다. 레이싱 게임 'ASPHALT5WCG' 와 메신저 애플리케이션 '네이트온'이 유료분야에서 각각 2, 3위를 차지했다.

스마트폰의 성장조건은 바로 앱스토어이다. 아이폰 구입 이유 중 가장 큰 부분이 애플리케이션이 주는 매력 때문이다. 애플리케이션은 스마트폰의 활용가치를 제고해 스마트폰 판매를 증가시키고, 이는 애플리케이션 시장규모를 확대해 신규 애플리케이션의 진입을 증가시킨다. 이로써 스마트폰의 활용가치가 높아져 또다시 스마트폰 판매가 증가하고 더불어 애플리케이션 시장규모가 확대되어 또 다른 애플리케이션이 개발되는 선순환구조를 구축하게 된다.

소비자와 개발자 모두 이러한 혁신 패러다임에 열광하고 있다. 우선 소비자 입장에서 보면, 앱스토어라는 오픈 마켓이 등장함으로써 중간단계에서 사업자의 선별작업 없이 사용자 선택의 폭이 확대되었다. 이로써 소비자가 콘텐츠 선택의 주도권을 행사하게 되었다.

개발자에게는 매력적인 단일 플랫폼 및 단말 스펙을 제공한다. 스마트폰은 단일 디바이스 제공, 단말마다 서로 다른 스펙을 만족시켜야 했던 개발자의 고민을 없애 진입장벽을 철폐했다.

스마트폰 등장에 따라 모바일 서비스 성장의 중심축이 '네트워크→단말→OS→콘텐츠'로 급속히 전환되고 있다. 애플, 구글 등 콘텐츠 및 OS에 강점을 가진 글로벌 사업자의 진입으로 경쟁구도가 바뀌고 있다. 개방·분산형, 콘텐츠·APP, OS 및 APP S/W기능, APP 생태계 구축역량 우위 등으로 요약된다. 이동통신사가 서비스를 주도하는 중앙 집중형에서 이통사와 무관하게 서비스 가능한 개방·분산형으로, 통신미디어는 통화(전화기인 휴대전화) 중심에서 콘텐츠·APP(스마트한 모바일 인터넷) 중심으로, 단말기는 디스플레이·카메라 화소 기능 중심에서 운영시스템(OS)·앱 기능 중심 경쟁으로, 경쟁의 원천이 개별적인 경쟁 우위 요소 중심에서 앱 생태계 구축역량 우위 중심으로 전환되고 있다. 이로써 오픈생태계(open ecosystem)가 구축되고 있음이다.

3. 스마트TV 인사이트

3.1. TV의 진화

모바일 산업에 뒤이어 TV 산업에서도 스마트화가 빠르게 진행 중이다. 구글과 애플 등 스마트화를 주도하려는 기업뿐만 아니라 방송국, IPTV 사업자, 케이블TV 사업자, 유통업체, TV수상기 및 셋톱박스 제조업체 등 기존 TV산업 관련 업체들도 스마트화에 대비하기 위해 상호 전략적 제휴나 인수 합병 등을 통해 새로운 사업 모델을 만들면서 분주히 대응하는 상황이다. 시장조사업체 디스플레이서치는 네트워크 접속 기능을 가진 스마트TV가 오는 2014년에 이르러서는 전체의 42%인 비중인 1억 1,900만 대에 달할 것으로 예측하고 있다.

스마트TV는 콘텐츠 플랫폼을 기반으로 영상물 및 애플리케이션 등 각종 콘텐츠를 제공하는 TV를 의미한다. 웹 및 앱스토어 플랫폼 기반으로 웹 영상물 및 애플리케이션 등 콘텐츠를 제공하는 OS기반 TV로 정의된다.

과거 MS 등 웹TV에서 애플TV, 삼성 등의 커넥티드TV를 거쳐 구글의 스마트TV로 진화 중이다. 모바일 단말 시장에서 OS 및 앱스토어 플랫폼 기반으로 확산된 스마트폰 사업모델이 TV 시장에 그대로 전이되는 형국이다.

동일 OS 플랫폼을 사용하는 타 단말(모바일, 태블릿 단말 등)과의 콘텐츠 동기화로 seamless한 N-Screen 제공이 가능하다. 다양한 콘텐츠 및 각종 응용프로그램을 제작하고 모으고 배포하고 유통하고 과금하는 모든 서비스를 포함한다. 앱스토어와 같은 하나의 콘텐츠 플랫폼을 구축해 놓으면 TV뿐만 아니라 휴대전화, 태블릿 PC 등 다양한 모바일 기기를 통해 사용자는 원하는 콘텐츠를 이용 가능하다. 항상 네트워크에 연결되어 있어서 전 세계 개발자들이 업로드하는 수많은 애플리케이션과 웹 콘텐츠를 수시로 이용 가능하다.

전통적인 TV가 일방향성에 응용 프로그램이 전혀 없는 '바보상자(dumb box)'인 데 비해서 스마트TV는 기존의 전통적인 TV의 기능에 더하여 적어도 다음과 같은 세 가지의 추가 기능이 있는 새로운 TV이다. 인터넷망에 연결되어 웹 브라우징이나 VOD 등 양방향 서비스 이용이 가능하고, 컴퓨터 중앙 프로세서를 장착하여 TV용으로 개발된 애플리케이션(인터넷전화, 광고회피 애플리케이션, 페이스북 등의 SNS 앱)을 이용할 수 있으며, 양방향 서비스와 TV 애플리케이션을 이용자가 편리하게 이용할 수 있는 편리한 유저 인터페이스(UI) 환경(스마트 리모컨 혹은 아이폰 수준의 터치스크린 등의 스마트한 입출력 장치)을 갖추고 있다.

	스마트TV	IPTV
주요 사업자	구글, 애플, 삼성, LG	KT, SKB, LGU+
망	인터넷망(일반망) *일관된 품질확보 어려움	인터넷망(프리미엄망) *QoS보장
비즈니스 모델	앱 스토어, 콘텐츠 이용료	월 수신료, 콘텐츠 이용료
요금	유·무료 혼합	유료
콘텐츠	Web상의 모든 콘텐츠	사업자가 확보한 콘텐츠
주요 서비스 및 특징	•가입의무 없음 •사업자·전문개발자·소비자가 만든 다양한 프로그램(App) 이용 •지상파 및 VoD	•가입자 기반 •사업자가 제작한 프로그램 •지상파 및 VoD

스마트TV는 방송·통신 융합형 서비스를 제공한다. 먼저 인터넷 서비스로, 인터넷에 연결되어 다양한 서비스를 제공한다. 다음 미디어 서비스로, 방송 및 주변 기기들을 통한 멀티미디어 서비스를 제공한다.

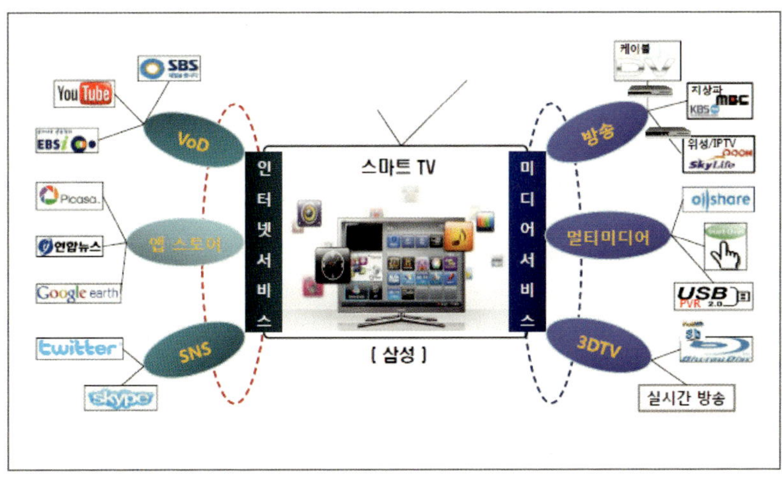

스마트TV의 기능(스마트TV 대토론회 자료집, 2010)

스마트TV의 기능을 구체적으로 정리하면 다음과 같다.

- 인터넷 서비스 기능
- IP-VoD 기능: SBS/EBS/KBS VoD 유/무료 서비스 제공
- 앱스토어 기능: 앱스토어에 접속하여 다양한 데이터 서비스 제공
- SNS(Social Network Service) 기능: TV 기반 트위터 및 스카이프를 통해 SNS 제공
- 티커 기능: TV 화면에서 실시간으로 연합뉴스를 티커 형식으로 제공

- 미디어 서비스 기능
- TV 시청 및 녹화 기능: TV를 시청하면서 외장형 저장기기를 이용하여 프로그램 녹화(DRM 적용) 및 재생
- 동영상/MP3/사진 보기 기능: 외부장치(USB HDD, PC 등)를 통해서 멀티미디어 재생
- 3D 실시간 방송 기능: 지상파 3DTV 시범 방송을 입력 받아 입체 영상 재현
- '2D ⇒ 3D' 변환 기능: 방송으로 출력되는 2D 디지털 영상을 3D로 변환하여 입체 영상 재현

- All Share 기능
- 스마트 리모컨 기능: 스마트 리모컨을 사용하여 네트워크 및 물리적으로 연결된 기기들을 제어
- PC 공유 기능: 유선 및 무선을 이용하여 PC와 연결 후 PC의 특정 공간에 저장되어 있는 콘텐츠 재생

3.2. 스마트TV 플랫폼 비교

스마트TV는 하드웨어 그 자체로서 완성되는 것이 아니라 이를 뒷받침하는 콘텐츠와 네트워크, 플랫폼이 필요하다. 기기와 관련해서도 일체형 TV 외에 다양한 셋톱박스 형태의 스마트TV가 존재한다.

스마트TV로의 진화는 다양한 사업자에 의해 다양한 방식으로 진행 중이다. TV 제조사들, 방송사, 플랫폼 사업자 등이 스마트TV를 향해 다양한 제품과 서비스를 내놓고 있으며 시장을 선점하기 위한 이합집산도 활발하다.

현재 가장 활발한 활동을 보이고 있는 곳이 TV제조사들이다. 이미 스마트폰 시장에서 구글과 애플 등 플랫폼 사업자들의 위력을 실감한 하드웨어 업체들은 스마트TV 시장에서는 선제적으로 대응하고 있다.

스마트TV 플랫폼 비교(방송통신위원회, 2011. 1.)

실시간 방송연계형	셋톱박스형		TV 일체형
	온라인 비디오 서비스 전용		
	복합기기형	단독기기형	
TiVo (09. 3월 출시) (방송녹화겸용 셋톱박스)	XBOX 360 (누적판매 4.5천만 대)	tv (10. 9월 출시, 누적판매 백만 대)	Google tv SONY (10. 10월 출시)
Freeview + BBC iPlayer (07. 12월 출시) (영국 지상파 플랫폼)	PS3 PlayStation 3 (누적판매 4.2천만 대) Blu-ray Player SONY (10. 10월 출시)	Roku (누적판매 백만 대) Google tv Logitech (10. 10월 출시)	SAMSUNG Internet @TV (5백만 대 판매 추정)

2007년부터 TV포털인 '인터넷@TV'를 출시한 삼성전자는 2009년 유튜브 등과 제휴한 인터넷TV를 선보였다. 2010년 3월에는 리눅스 기반의 삼성 앱스를 론칭한 데 이어 하반기에는 한국과 미국에 TV앱 스토어를 선보였다. 삼성전자는 '스마트TV 콘텐츠 콘퍼런스 2010'에 서 이르면 2013년에 스마트TV가 국내 TV 시장의 50%가량을 점유하 게 될 것이라는 전망을 제시했다. 2010년 12월 2일 삼성전자는 3월 본격적으로 서비스를 시작한 스마트TV 오픈마켓의 애플리케이션 다 운로드 건수가 11월 말까지 115만 건을 돌파했다고 밝혔다. LG U+는 2010년 11월 TV용 애플리케이션과 인터넷 풀브라우징이 가능한 IPTV 서비스 '스마트7' 제공을 시작했다.

스마트TV 시장에서 경계대상 1호는 애플, 구글 등 플랫폼 사업자 들이다. 웹과 모바일에서 독보적인 플랫폼 경쟁력을 갖고 있는 애플 과 구글은 각각 iTV와 구글TV를 준비하면서 TV 시장에 진입을 시도 하고 있다.

애플은 2007년에도 셋톱박스 형태의 '애플TV'를 출시한 바 있으나 시장 활성화에는 실패했다. 하지만 애플은 셋톱박스 없이 아이튠즈와 앱스토어를 지원하는 일체형 TV인 'iTV'를 2011년 출시하기 위해 준 비 중이다.

2010년 5월 구글은 인텔, 소니, 로지텍 등과 협력해 일체형 TV인 '구글TV'를 하반기에 출시한다고 발표했다. 구글TV는 안드로이드 운 영체제(OS)와 크롬 브라우저, 인텔의 아톰 칩셋을 탑재, 구글TV는 기 존의 TV프로그램뿐 아니라 온라인콘텐츠, 트위터 등의 애플리케이 션, 구글어스, 유튜브 등 기존 구글 서비스가 제공될 예정이다. 스마 트폰과의 연동형 서비스도 등장할 것으로 예상된다.

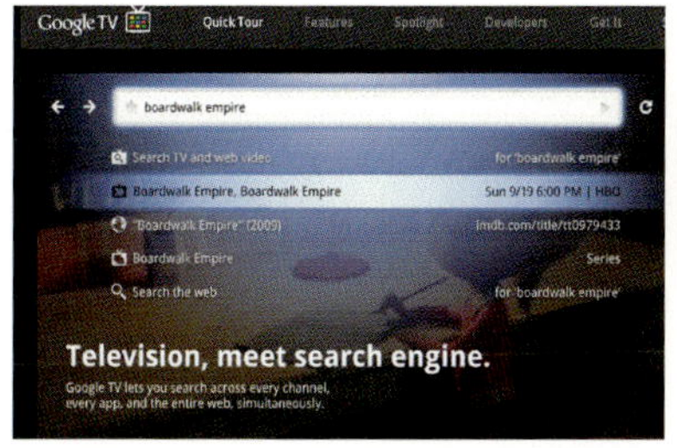

대표적 스마트TV인 구글TV와 애플TV

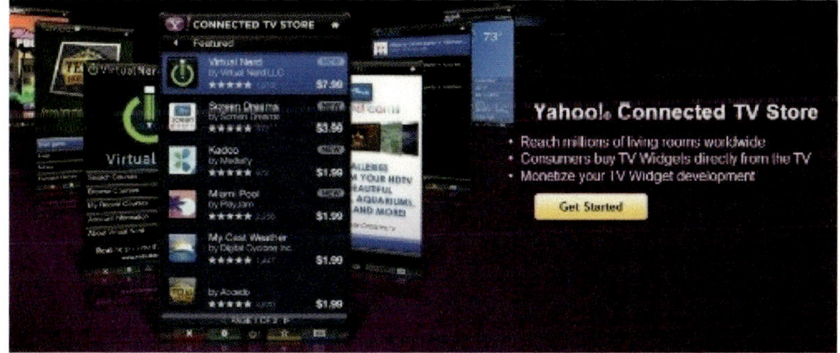

야후의 커넥티드TV스토어

야후는 TV용 위젯 야후 커넥티드TV스토어(Yahoo! Connected TV Store)를 2011년 3월 오픈할 계획이다. 야후 커넥티드TV스토어는 스마트폰에서 앱스토어나 안드로이드마켓의 오픈 모바일 앱스토어와 같은 형태의 스마트TV용 오픈 위젯마켓이다.

스마트TV의 또 다른 진영은 OTT(Over-The-Top: 오버더탑) 사업자들이다. OTT는 셋톱박스 등의 단말기를 통해 TV에서 인터넷 동영상 서비스를 제공하는 사업자이다. 대표적인 곳이 넷플릭스(Netflix), 훌루(Fulu) 등이다. 인터넷으로 영화를 주문형 비디오(VOD)로 제공하던 넷플릭스는 최근 게임 콘솔 등과 제휴하며 TV 시장으로 확장 중이다. 인터넷으로 ABC, NBC, 폭스 등의 TV 프로그램을 무료로 제공하던 훌루도 최근 유료모델을 발표하며 삼성전자, 소니 등과 제휴해 TV 시장에 진출하고 있다.

TV의 스마트화가 급속도로 진행되면서 방송사들도 긴장하고 있다. IPTV 사업자들은 유무선 네트워크의 강점을 이용해 'PC－모바일－TV'를 연계한 N스크린 전략을 추구하고 있으며, 케이블방송사업자들은 TV 서비스를 웹과 모바일에서도 이용할 수 있도록 'TV 에브리웨어' 서비스를 구축 중이다.

이처럼 스마트TV 등장에 따라 TV 시장의 경쟁구도에 변화가 발생하고 있다. 지금까지는 콘텐츠를 잘 만드는 회사, 콘텐츠를 모으고 소비자에게 전달해주는 서비스 회사, 화질 좋은 TV수상기나 다양한 기능을 가지고 있는 셋톱박스를 생산 판매회사가 TV 산업의 가치사슬에서 각각 경쟁해 왔다. TV 산업의 스마트화가 본격적으로 진행된다면 이러한 구분이 모호해질 가능성이 크다.

4. 스마트 비즈니스

4.1. 3대 킬러 앱 비즈니스

스마트폰의 3대 킬러 앱(Killer App)은 LBS, SNS, AR이다. 이들 앱은 3R을 통해 스마트폰의 가치를 구현하는데, 실시간(Real-time)으로 무한 정보와 인적 네트워크에 접근(Reach, 소통)하여 시공간적 한계를 넘어선 실재감(Reality)을 경험하게 해준다.

첫째, LBS 기반 소셜 서비스가 급부상 중이다. 위치정보에 기반한 길찾기, 내비게이션은 기본이 된 지 오래다. 포스퀘어(foursquare)는 "Where are you & What are you doing Now?"라는 이념을 추종한다. 상점에 대한 평판공유가 기본 기능이다. 체크인, 등급, 시장선정 등 게임요소를 가미했고, 주변회원 간 커뮤니케이션을 촉진한다. Marc jacobs 매장의 경우 방문자들 중 추첨을 통해 패션쇼 티켓을 증정하는 이벤트를 통해 고객을 모은다.

둘째, SNS가 스마트폰의 킬러서비스로 자리매김하고 있다. 페이스북, 트위터 등 SNS는 스마트폰을 통해 본격적인 전성기를 맞고 있다. 나아가 SNS 기반 가상상품(virtual goods)의 소비가 증가하고 있는데, Facebook에서는 1달러짜리 샴페인병 일러스트레이션, 꽃, 생일 케이크 등의 다양한 기프트 아이템의 판매가 증가하고 있다. Bumble은 공동 리뷰를 통해 식당, 관광정보를 공유하는 social discovery 서비스이다. 친구가 추천하는 메뉴를 믿고 선택할 수 있다.

아이패드용 소셜네트워크게임 '펭귄락스'

SNS 이용의 급속한 증가로 인해 SNS 기반 콘텐츠 이용이 확산되고 있다.

소셜네트워크게임(SNG)은 대표적인 SNS기반 콘텐츠이다. 2010년 11월 국내 게임제작사 노리타운스튜디오는 아이패드용 소셜 보드게임 '펭귄락스'를 미국 애플 앱스토어에 선보였다. 이 게임은 국내 인기게임 '알까기'에서 착안한 아이패드 전용 보드게임으로 페이스북 커넥트를 이용해 게임을 즐길 수 있도록 지원하고 있다.

음악 중심의 SNS 서비스도 확대될 전망이다. 소리바다는 트위터, 미투데이, 페이스북 등 주요 SNS 계정과 연동한 원스톱 소셜 커뮤니케이션 서비스를 구축하고 있다.

SNS와 자유로운 연동을 지원하는 소리바다의 '소리바다 이야기 서비스'

SNS에 기반하여 연애나 결혼을 위해 이성을 소개받는 커뮤테인먼트인 소셜데이팅(SND) 시장 확대가 예상된다. 미국 젊은이들이 즐겨보는 영화나 드라마에 소셜데이팅에 관련된 장면이 등장하고 있다. '가십걸'에서 극중 댄 험프리가 세레나 반 더 우드슨과의 데이트를 앞두고 연애 코치를 물색하는 곳은 미국 최대의 SND서비스인 '매치닷컴'이다. 국내에서는 2010년 5월 이음소시어스의 SND '이음'이 창업하는 등 시장 도입기인 상황이다. 향후 SND시장은 애플 '아이폰5'에 탑재될 예정인 얼굴 인식 기술과 '인연 지수'를 알려주는 애플리케이션 등이 접목되는 가운데 SNS에 기반을 둔 블루오션 시장으로 지속적인 성장을 보일 것으로 예상된다.

셋째, '증강현실(Augmented Reality)'이 스마트폰의 또 다른 혁명을 이끌고 있다. AR은 이미 다양한 분야로 확대되고 있다. 위치(Location) 기반 AR 서비스로 주변정보를 제공하는 앱 'Layar', 뉴욕지하철 출구/정보 안내 앱 'AcrossAir' 등이 있다. 관계(Relationship) 기반 AR 서비스인 'Recognizer'는 안면인식 SW를 활용해 페이스북이나 트위터에 연결

수요 AR서비스

해준다. 지식(knowledge) 기반 AR 서비스로는 사진정보 서비스 앱 'Google Goggles', 내용물 완성모습을 구현해주는 레고(Lego)가 대표적이다. 최근 증강현실과 온라인 쇼핑몰이 결합한 '가상탈의실'이 급부상 중이다. 온라인 숍(Shop)에서 선택한 옷이 자신의 몸과 얼마나 잘 어울리는지를 소비자가 직접 느껴보고 체험할 수 있는 서비스이다. 이러한 서비스들은 네트워크에 서로 연결된 소비자 집단에게 새로운 체험 기회를 제공해준다.

최근 SNS는 LBS, AR과 통합적으로 결합하고 있다. SNS를 기반으로 LBS, AR 등의 기술이 결합된 콘텐츠들의 확산이 두드러지고 있다. 위치기반서비스와 증강현실을 결합하여 특정 분야의 위치 서비스만을 제공하는 사례도 증가하고 있는데, 'iNeedCoffee(카페)', 'Odiyar(지하철역)', 'ARpharm(약국)' 등이 대표적이다.

약국 전문 위치서비스 'ARpharm'와 길찾기 서비스 'Odiyar'

4.2. Social Commerce와 Appvertising

스마트폰은 LBS와 SNS를 연결해 모바일 커머스(Mobile Commerce)를 견인하고 있다. 페이스북, 트위터 등 주요 SNS와 연계해 지역기반 공동구매 촉진하는 전자상거래 서비스, 즉 Social Commerce가 본격화하고 있다.

'그룹폰'의 경우 2008년 11월 출시 이래 400만 명의 가입자를 기록하면서, 기업 가치가 13억 5,000만 달러(2010년 6월 기준)까지 치솟았다. 오프라인 매장에서 판매하는 제품 및 서비스를 공동구매 형태로 저렴한 가격의 할인 쿠폰(Groupon)을 통해 구입하는 시스템이다.

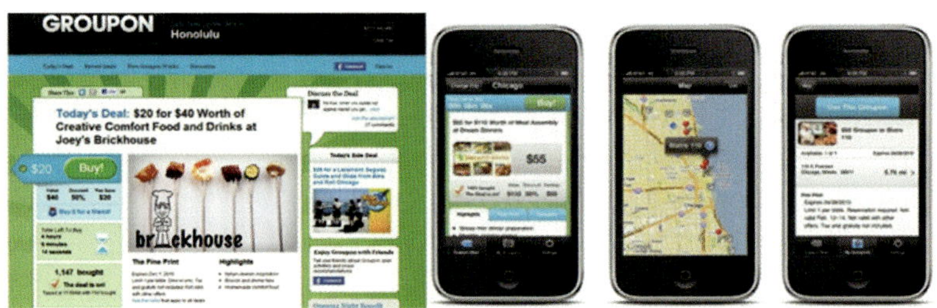

그룹폰(groupon) 서비스

스마트폰 애플리케이션을 이용한 기업들의 마케팅이 날로 고도화하고 있다. 스마트폰 마케팅의 도입 초기인 올해 초만 해도 주로 자사 제품과 브랜드를 알리는 앱을 제공하는 데 주력했던 기업들이 최근에는 다이어리 등 자주 사용되는 일반 앱 기능을 탑재해 앱 사용빈도를 높이는 한편, AR·QR코드 등 새로운 서비스와 접목을 통해 차별화를 꾀하고 나섰다. 스타벅스는 다이어리 기능을 담은 아이폰용 '스타벅스 아이플래너(iPlanner)' 애플리케이션을 개발, 앱스토어를 통해 무료 배포에 나섰다. 이 앱은 스타벅스의 제품에 대한 소개와 이벤트 정보 등과 함께 일정(캘린더) 및 할 일 관리 기능과 다이어리 기능이 통합된 것이 특징이다. 캘린더 기능은 구글 캘린더와도 동기화해 사용할 수 있다. 현대자동차는 새로 출시되는 신차를 알리기 위해 전국 주요 대리점과 영화관, 지하철역, 버스정류장 등에 QR코드가 삽입된 광고물을 설치, 다양한 바코드 인식 애플리케이션으로 관련 정보를 인식할 수 있도록 하는 새로운 시도에 나섰다.

스마트폰 확산에 따라 광고홍보 패러다임도 진화 중인데, 앱에 기반한 광고기법, 애퍼타이징(Appvertising)이 새로운 기회를 제공하고 있다. 광고와 애플리케이션이 혼합된 새로운 형태로, 애플리케이션에 적용된 광고는 브랜드 인지도와 고객 충성도를 향상시킬 수 있는 중요한 전략으로 활용 가능하다.

아우디의 아이폰용 모바일게임 애플리케이션, A4 Driving Challenge는 자사 제품인 '아우디 A4'를 게임 콘텐츠로 활용함으로써 광고효과를 꾀하고 있다. 리바이스는 모바일 광고, Levi's Dockers' shakeable의 크리에이티브를 아이폰의 애플리케이션으로 극대화하고 있다.

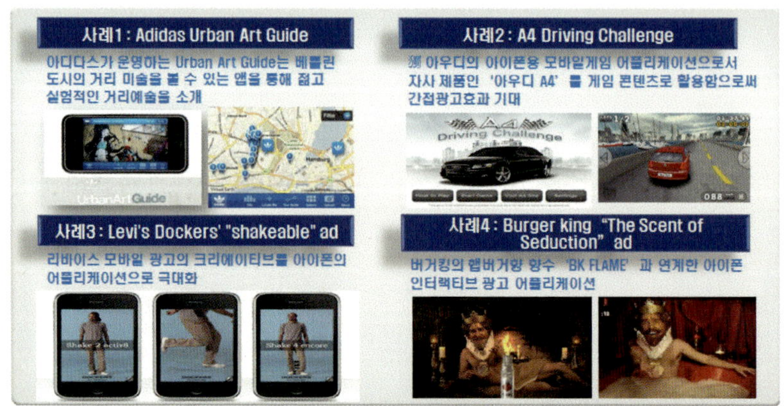

스마트폰 기반 광고의 사례

모바일 광고의 대표적 사례인 SMS/MMS는 광고 메시지가 사용자에게 일방적으로 전달되는 푸시(Push)형 광고였다. 이러한 피처폰 광고는 사용자의 실시간 욕구(on-demand)를 충족하지 못해 스팸(SPAM)으로 전락했다. 스마트폰은 이런 한계를 극복해준다.

홍보 마케팅 도구로서 스마트폰 효과를 극대화하기 위해서는 사용자의 Web/App 이용 정보, 위치기반정보 및 플랫폼의 확보가 필수적이다. 광고의 한계를 넘어 '유익한 정보(개인화된 맞춤정보)'를 제공해야 성공한다. 사용자의 정보 수요 욕구를 기반으로 한 스마트폰 모바일 광고는 수용도와 효과가 높은 Informative Advertising을 지향해야 할 것이다. 사용자의 TPO(Time, Place, Occasion)에 부합한 정보 제공으로 양방향성을 강화하여 사용자의 흥미 유발을 통한 참여 및 정보 수요를 자극해야 한다. 스마트폰 광고는 상품에 대한 기본 정보뿐 아니라, 영상과 화면 및 상품에 대한 체험 기회 제공 및 관련 앱까지 다운받을 수 있는 기능 추가가 가능하다.

5. 전망 및 전략

5.1. 앱 진화 방향 전망

스마트폰과 아이패드 등 스마트화된 모바일 디바이스의 이용이 대중화되면서 이 같은 스마트한 모바일 디바이스를 통한 콘텐츠 소비가 더욱 증가할 전망이다. 특히 모바일 디바이스를 활용하여 오픈마켓 애플리케이션 소비가 급증할 것으로 기대된다.

컴스코어가 발표한 2010년 10월 미국 스마트폰 시장 보고서에 따르면, 스마트폰 이용자 중 23.7%는 모바일게임을 즐기고 있는 것으로 나타났다. 예컨대 2010년 10월 안드로이드폰 오픈마켓에 'Angry Bird'가 등장하자마자 200만 다운로드가 이루어졌다. 게임 장르가 오픈마켓을 통해 이용하는 애플리케이션 중 가장 높은 비중을 차지하고 있지만, 향후에는 이용되는 애플리케이션 장르의 다변화가 이루어질 전망이다.

게임 이외의 다양한 생활밀착형 애플리케이션이 등장하고 있다. 미국

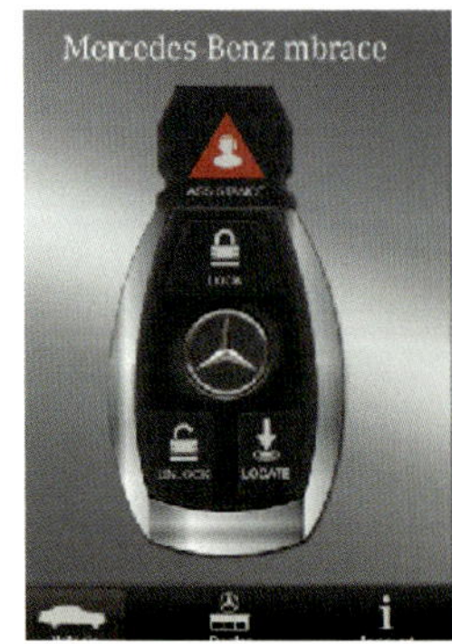
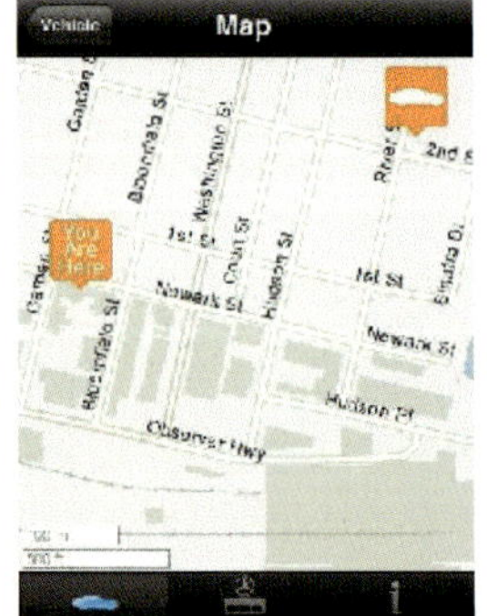

아이폰 리모트컨트롤 애플리케이션 구동 장면

바이퍼사가 출시한 아이폰 리모트컨트롤 애플리케이션은 애플 스토어에서 무료로 내려 받을 수 있으며, 차량에 간단한 모듈을 설치할 경우 차량 시동, 잠금, 잠금 해제, 경보기 등의 기능을 지원한다.

아이패드 등 태블릿PC의 경우 동화책 애플리케이션 등 보다 다양한 애플리케이션 이용에 활용될 전망이다. 미국에서 처음 아이패드가 출시되었을 때 '이상한 나라의 앨리스', '잭과 콩나무'와 같은 유명 동화 애플리케이션이 주목을 받았다. 아이패드는 이 같은 동화 애플리케이션 이용에 상대적으로 적합한 것으로 평가된다. 아이패드의 터치 기능과 중력센서를 응용해 기존 동화책에서는 경험할 수 없는 상호작용을 제공하기 때문이다.

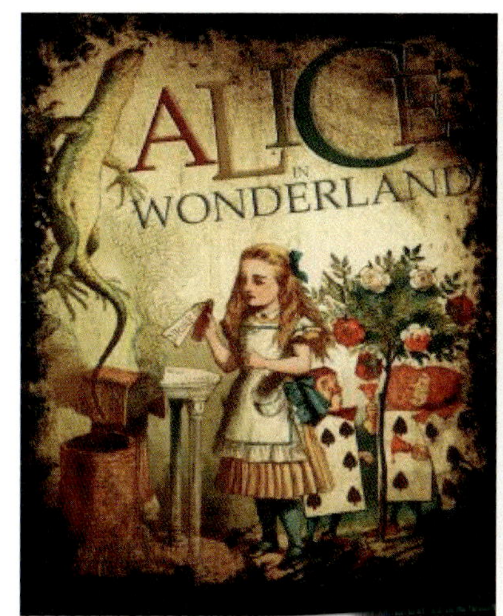

아이패드용 애플리케이션 '이상한 나라의 앨리스'

모바일 디바이스에 기반한 건강 관련 애플리케이션 이용도 확대될 것으로 기대된다. 시장조사기관 프라이스 워터 하우스 쿠퍼스에 따르면 지난 2009년 2,320억 달러 규모였던 개인맞춤의료 시장은 2015년까지 약 4,520억 달러 규모로 확대될 전망이다. 이 같은 추세에 따라 개인 맞춤형 건강 정보를 생산하고 관리할 수 있는 애플리케이션 시장의 도입도 추진될 전망이다. 미국에 본사를 두고 영국, 호주 등에서 활동하는 다국적 글로벌 당뇨관리 서비스기업 EHS(Entra Health Systems)는 2010년부터 아시아 시장에서 혈당측정장비와 관리, 분석, 피드백 시스템이 통합된 '마이글루코헬스(MyGlucoHealth)' 당뇨관리서비스의 확대를 추진하고 있다. 이 서비스는 측정된 혈당치를 블루투스 기능을 이용해 애플리케이션이 설치된 휴대전화로 자동 전송할 수 있도록 지원한다.

이처럼 이용자 맞춤형 애플리케이션이 더욱 활성화될 것으로 전망된다. 이에 따라 애플리케이션 이용은 일상생활 전반에 보다 깊숙이 침투할 것으로 예상된다.

모바일 애플리케이션 분야에서는 LBS, AR, SNS, 근거리 통신 기술인 RFID와 NFC 등을 활용한 M2M 서비스 등의 기술들에 대한 활용이 더욱 적극적으로 추진될 전망이다.

M2M을 활용한 자동차 연동 모바일 텔레매틱스 애플리케이션 시장이 개화하고 의료용 애플리케이션과 기업이 자체적으로 제작한 비즈니스용 애플리케이션도 크게 증가할 것으로 기대된다. ABI리서치는 세계 자동차용 애플리케이션 이용자가 2010년 140만 명에서 2015년 2,800만 명으로 급증할 것으로 전망하고 있다. IDC는 2011년 미국 성인의 14%가 의료용 애플리케이션으로 건강을 관리할 것으로 예측한다.

향후 애플리케이션 시장을 주도하게 될 서비스 유형(한국콘텐츠진흥원, 2010. 8.)

구 분	특 징	사 례
위치기반 서비스	통신신호를 통해 단말 위치를 인식하여 이용자의 위치에 적합한 지역 서비스 제공	−내비게이션 서비스 −주변 뉴스 및 일기예보 −위치기반 모바일 광고
증강현실	카메라를 통해 촬영된 현실 공간에 디지털 이미지를 덧씌워, 현실과 가상의 경계를 허문 독특한 콘텐츠 제공	−AR코드 통한 부가정보 −LBS 연계 지역정보 −AR광고 및 프로모션
모바일 SNS	모바일 환경의 즉시성을 활용한 SNS서비스 제공. 다른 모바일 서비스와 연계하여 서비스 영역 확대	−실시간 SNS서비스 −LBS 연계로 근처 친구와 커뮤니케이션
M2M	기계 간 근거리 통신 기능을 통해 모바일 결제, 데이터 송수신 등의 서비스 제공	−모바일 결제 및 뱅킹 −홈 네트워크 서비스 −근거리 이동통신
일반 미디어 콘텐츠	음악, 동영상, 게임, 방송콘텐츠 등 일반 미디어 콘텐츠를 모바일 환경에서 제공	−모바일 미디어 콘텐츠 재생 서비스 −DMB 등

2010년 11월 출시된 아이패드iOS 4.2버전은 PC에 연결하지 않아도 기업에서 자체적으로 개발한 애플리케이션을 직원들의 아이패드에 무선으로 배포할 수 있도록 하는 기능을 갖추어 기업의 자체제작 비즈니스용 애플리케이션 증가에 기여할 전망이다.

향후 애플리케이션은 다음과 같이 다섯 가지 형태로의 발전이 진행될 것으로 전망된다(정보통신정책연구원, 2010).

첫째, 자동차 애플리케이션(Automotive apps). SK Telecom은 2011년 말 자동차용 모바일 시스템을 중국에서 상용화 할 예정이다. 이 시스템은 모바일폰으로 차량관제를 할 수 있는 위젯 사용을 지원한다. 포드(Ford Motors)는 마이포드(MyFord) 터치 시스템 구축을 추진하고 있다. 이 시스템은 단순히 스마트폰을 통해 클라이언트/서버 환경을 구축하여 자동차가 클라이언트가 되고 스마트폰은 서버 기능을 수행하는 구조이다.

둘째, 모바일 영상통화(Mobile VoIP+Video). 현재 진행되고 있는 모바일 VoIP의 다음 단계는 영상통화로 예상되고 있다. 모바일폰인 Nokia N900에서는 이미 모바일 영상통화가 구현된다. 애플도 iPhone4에 FaceTime을 이용하여 영상통화를 할 수 있도록 하고 있는데, 이 서비스는 Wi-Fi 네트워크에서 iPhone4 사용자만이 이용할 수 있다. 야후는 Wi-Fi와 3G 네트워크를 이용한 무료 메신저 앱을 준비하고 있는데 이 앱은 모바일과 PC 간 영상통화가 가능하다.

셋째, 소셜 미디어(Social Media). TNS에 따르면 모바일폰 이용자들은 평균적으로 주당 3.1시간을 소셜 네트워킹에 이용하는 반면, 이메일에는 주당 2.2시간을 이용하는 것으로 나타났다. 모바일폰 사용량이 높아지면서 소셜 미디어에서시장과 애플리케이션시장은 상호 성장을 견인하는 구조가 확대될 전망이다.

넷째, 증강현실(Augmented reality: AR). 증강현실 앱이 지속적으로 증가할 전망이다. 증강현실형 애플리케이션은 모바일게임은 물론 박물관 가이드까지 다양한 형태로 제공되고 있다. 네트워킹 블로그 중 하나인 리드라이트웹(ReadWriteWeb)은 아이튠즈 앱스토어에 200개 이상, 안드로이드 마켓에 50개 이상의 증강현실 앱이 있다고 분석하고 있다. Qualcomm은 자체 기술을 활용하여 새로운 애플리케이션 콘셉트와 원형(prototype)을 개발하기 위해 조지아공대(GIT)에 증강현실 게임 연구개발센터(AR gaming R&D center)를 설립했다.

다섯째, 성인용 엔터테인먼트(Adult Entertainment). 모바일 성인 콘텐츠를 견인할 것으로 주목받는 애플리케이션은 비디오 채팅(Video Chat)이다. 성인용 애플리케이션 판매가 제한되고 무료 콘텐츠에 대한 접근성이 높다고 하더라도 가입자 기반 비디오 채팅 애플리케이션의 발전 가능성은 큰 것으로 예상된다.

5.2. 스마트TV의 진화 전망 및 성장조건

스마트TV는 양방향 맞춤형 콘텐츠 서비스 환경을 구현해줄 것으로 기대된다. 스마트TV 환경에서는 디지털 방식으로 현실보다 더 현실 같은 초현실을 가능케 한다. 시청자는 콘텐츠를 중심으로 상호작용 가능. 수동적인 관람형 콘텐츠 범위를 넘어서 IP 네트워크를 기반으로 다양한 형태로 진화할 것으로 전망된다. '보다 재미있는 콘텐츠'를 '보다 편리하게' 볼 수 있는 소비자의 니즈를 만족시킬 것이다.

스마트TV 환경에서는 VOD 및 PPV뿐만 아니라 TV를 통해 다양한 생활정보를 탐색하고, 상거래와 뱅킹 서비스도 이용할 수 있으며, 메신저 서비스를 통해 다른 사람과 쌍방향으로 커뮤니케이션하고 노래방이나 게임 등의 엔터테인먼트도 가능하다. 스마트TV 환경에서 TV는 고화질(HD: High Definition) 동영상 서비스를 제공한다. TV화면이 16 대 9의 대형 디지털 화면으로 바뀌면서 시청자들은 DVD급 화질을 감상할 수 있게 된다. 멀티 모드 서비스(MMS: Multi Mode Service)의 제공도 가능하다. HD 채널을 여러 개의 SD(SD: Standard Definition) 화면으로 나누어 채널 수 증가가 가능한데, 예컨대 SBS가 HD채널을 SD 채널로 활용하면 SBS-1, SBS-2, SBS-3, SBS1-4 등 여러 개의 방송 채널을 확보할 수 있게 되는 것이다. MMS는 여러 카메라가 잡은 한 장소의 다양한 화면을 시청자에게 제공하기 위해 고안된 기술이다. 예컨대 야구 경기 중계방송에서 멀티모드 서비스를 적용하면 운동장 전체의 풍경, 덕아웃의 모습, 관중의 응원 등을 담은 화면을 동시에 여러 채널로 내보낸다고 가정할 때, 시청자는 여러 채널을 돌려가거나 한 화면에 여러 채널을 띄워 놓고 훨씬 실감나게 야구중계를 시청할 수 있게 된다.

스마트TV 서비스의 궁극적 지향점을 정리하면 다음과 같다.

- 3E: Expansion(확장), Effort-free(편의), Ecosystem(상생)을 기반으로 한 새로운 콘텐츠 생태계 구축
- 통합 오퍼링: 장르별 채널, VOD, 부가서비스, 쇼핑의 통합장르 제공을 통한 접근편이성 향상 및 매출증대 기반을 마련, 콘텐츠 간 시너지 효과 극대화
- UI 혁신: 실시간 채널영역 및 VOD, 부가서비스, 쇼핑 영역의 통합 인터페이스 제공

- 비주얼 혁신: 이미지 롤링을 통해 콘텐츠에 해당하는 이미지를 보여줌으로써 즉시적인 선택이 가능
- Meta DB 활용한 향상된 검색기능: 시놉 화면상에서 클릭을 통한 관련 인물정보 검색기능 제공
- 업그레이드된 연계성: VOD 시청 중 손쉬운 연관검색 기능 제공을 통해 관련 콘텐츠 검색기능 제공(쇼핑과 연계 시 콘텐츠 관련 상품정보 제공 및 구매 등과 연계 가능), 시놉 화면상 '관련 시리즈 보기' 제공을 통해 연계된 콘텐츠 검색
- All-in-One: 통합 장르 내 채널, VOD(스타 인터뷰, NG모음 등), 쇼핑, 레시피, SNS 문자전송 등의 부가정보를 통해 콘텐츠 감상은 물론 정보탐색, 쇼핑까지 원스톱으로 이뤄지는 시스템 구축
- 개인화: 캐릭터 제공을 통해 개인화된 메뉴를 제공
- I−Screen: 시청자에게 인터랙티브 쇼핑 및 인터뷰, NG, 제작발표회, 관련 상품 등의 연관 콘텐츠를 제공

스마트TV가 제공하는 스마트 서비스는 다음과 같은 네 가지 기술적 조건을 특성으로 한다.

첫째, 개방형(연동)이다. 하나의 콘텐츠가 다양한 타 미디어에 작동할 수 있는 연동성과 소비자들이 참여할 수 있는 환경 조성을 의미한다.

PC, 휴대전화, 게임기 등과 같은 다양한 기기와 콘텐츠가 연동될 수 있도록 지원하는 환경이다. 플랫폼, 단말 구분에 상관없이 콘텐츠가 자유롭게 넘나드는 크로스 플랫폼, 크로스 미디어 콘텐츠를 구현한다. 소비자들이 미디어나 플랫폼에서 콘텐츠를 소비하면서 직접 동영상 등 콘텐츠를 만들어 올리거나 의견을 제시하고 여기에서 쇼핑

등의 거래가 일어날 수 있는 환경이다. 콘텐츠 재제작 등 자유로운 변환을 지원한다. 콘텐츠 사업자가 직접 소비자들에게 자신들의 콘텐츠를 팔고 미디어 사업자는 그 중간에서 유통 역할만을 하는 환경이다.

둘째, 실감형(입체형)이다. 화면에서 벌어지는 상황과 동일한 주변 상황을 연출하여 관객의 오감을 자극함으로써 몰입증진 및 독특한 흥미를 제공함을 의미한다.

콘텐츠와 인간의 상호작용이 가능한 양질의 3D 콘텐츠를 제공한다. 다시점 3D 입체영상 제작기술을 통해 2차원 영상의 한계를 뛰어넘어 관객이 바라보고자 하는 모든 시점에서의 입체 영상 콘텐츠를 제작하여 현장감, 사실감을 제공한다. 오감자극에 따른 이용자의 생리적, 심리적 반응을 분석하여 이용자의 다양한 배경적 조건이 고려된 감성분석을 콘텐츠에서 해석하여 능동적으로 변화 가능한 형태로 제공한다. 사용자 인터랙션(오감정보 센서링), 실사/실측 기반의 실감형 Full 3D 영상, 다시점(멀티카메라) 등의 개념을 구현한다.

셋째, 사용자 참여형(대화형)이다. 사용자가 시점 및 시나리오를 자유스럽게 변경하여 감상 가능한 차세대 양방향 3차원 미디어 서비스를 의미한다.

사용자가 리모컨 등의 인터랙션 도구를 이용하여 사용자의 행위정보를 전송하고, 시점 제어, 객체 제어 및 시나리오 변경을 통해 원하는 정보를 맞춤형으로 획득할 수 있는 차세대 대화형 미디어 서비스를 제공한다. 사용자 인터랙션(시점/객체 제어) 지원, 이동성 및 휴대성 보장, 상호작용(사용자의 다양한 제어 및 편집 지원), 상황인식 및 지능형 콘텐츠 등의 개념을 구현한다.

넷째, 개인형(개인맞춤)이다. 개인의 요구에 맞게 콘텐츠와 서비스를 제공한다는 의미이다.

사용자의 시청 패턴 및 다양한 유저 인터페이스 입출력 결과들을 이용한 맞춤형 광고 서비스를 제공한다. 사용자의 감성적 상태를 파악하고, 이를 콘텐츠에 내재화하기 위한 방법을 구체화하거나 기존 콘텐츠의 감성적 상태를 세부 요소를 기반으로 추론한다. 개인이 원하는 방송 콘텐츠 및 시간을 미리 선택, 나만의 고정채널을 생성, 더 이상 채널변환 없이 TV만 켜면 나만의 방송을 시청하게 해준다. 이용자의 특성에 대한 다양한 정보를 수집하고 분석하여 IT자원, 콘텐츠, 광고 등을 맞춤형으로 패키징하여 제공한다.

한편, 스마트TV 패러다임은 새로운 규제 이슈를 제기한다.

종전의 양방향 서비스만 제공하는 인터넷TV의 경우, TV제조사가 '부가통신사업자'로 신고하면 더 이상 규제 이슈가 발생하지 않았다. 하지만 스마트TV에서 실시간 방송을 제공할 경우에는 스마트TV가 '방송'의 영역으로 넘어올 수 있기 때문에 복잡한 문제가 발생할 수 있다. 과거 IPTV가 등장할 때와 마찬가지로 기존 방송사업자와 신규 사업자 간 충돌이 예상된다. 스마트TV가 활성화될 경우 망 중립성 및 이용대가의 문제도 제기될 것이다. 집에서 초고속인터넷을 이용해 스마트TV를 설치할 경우 상당한 데이터 트래픽이 발생하기 때문이다. 현재 국내에서 IPTV 사업을 동시에 제공하고 있는 초고속인터넷사업자들이 스마트TV의 '프리 라이딩(free riding)'을 견제할 가능성이 농후하다고 하겠다.

따라서 신중한 정책적 접근이 필요하다. 스마트TV 애플리케이션 개발에는 스마트폰 개발환경과 비슷한 생태계(ecosystem) 조성이 적합하다. 애플리케이션 생태계가 잘 조성되도록 정부가 정책을 통해 환경을 조성해줄 필요가 있다. 이런 환경은 정부가 직접 자금이나 세제를 지원하는 것이 아니다. 정부가 보유한 공공정보를 애플리케이션 개발자에게 공개하고 개인 및 소규모 개발자들이 참여하게 하는 등 민간의 역량을 극대화시키는 방향으로 추진되어야 할 것이다.

5.3. 스마트 비즈니스 전략

스마트폰 환경에서 고객유인 전략도 스마트해야 한다. 먼저 제품이나 브랜드의 고유 경험을 제공할 수 있는 애플리케이션 커뮤니케이션을 구성해야 한다. 놀라운 이용자 경험과 중독적인 요소를 갖추는 기획이 중요하다. 카메라, GPS, 터치UI, 진동센서 등을 활용하여 시각, 청각, 촉각 등의 감각적인 색다른 경험들을 고객에게 제공해야 한다. 고객의 TPO 접점에 기반한 실시간 개인화 및 다양한 경험 전달이 요구된다. 정보와 엔터테인먼트를 결합해야 한다. 이용자의 상황(Context)을 기반으로 이용자가 원하는 것(Needs Wants Demand)을 정확히 선별하여, 쉽고 빠르고 편리하게 제공하는 똑똑한 서비스가 되어야만 하는 것이다.

스마트 비즈니스 기획 전략을 구체적으로 제시하면 다음과 같다.

첫째, 실생활의 모든 것이 데이터화되어 저장되고 유통되는 시대인 만큼, 이를 활용하라. 실시간 데이터의 유통과 처리가 대세인 상황에서 이것을 어떻게 잘 활용할 것인지 고민해야 한다. 발상의 전환이 필요하다. Contextual Computing에 기반, 실시간 분석(Who you are, Where you are, What are you doing)을 통해 예측(What you want next)해 내야 한다.

둘째, 모든 아이디어, 콘텐츠, 서비스를 LBS와 연계(Mash-up)해야 한다. 위치 정보를 실시간으로 모든 사물에 연결하면, 미지의 세계(블루오션)가 열리게 될 것이다.

셋째, 시장점유율(Market Share)이 아닌 시간점유율(Time Share)에 주목해야 한다. 그간 주로 같은 업종 안에서 치열하게 펼쳐졌던 시장점유율 경쟁이, 업종 간의 장벽이 붕괴되고 두 업종이 한데 용해되어 있는 시장환경(액체사회)에서 점차 고객의 시간점유율 경쟁으로 바뀌고 있음을 고려해야 한다. 나이키(Nike)의 경쟁자는 '닌텐도 DS'이다. 운동을 위해 신발을 구입하거나 게임을 위해 게임기를 구입하는 소비자는 같은 사람이다. 이로써 스포츠업계와 게임업체 중 누가 고객의 시간을 더 많이 차지하는가를 놓고 경쟁하는 것이 된다. 사용자의 시간을 확보하는 기업이 비즈니스에 유리하다. 동종 업체와 직접적인 경쟁보다 사용자의 시간을 확보하는 경쟁에 집중해야 할 것이다.

넷째, 관계와 소통이다. 모든 제품, 서비스에 관계와 소통을 결합해야 한다. 관계와 소통을 쉽게 할 수 있도록 도와주는 소셜 미디어와 결합해야 한다. 소셜 미디어를 활용한 마케팅, 제품 개발이 주요한 전술이 된다. 포스퀘어의 mayor 경쟁과 혜택, 트위터로 쿠폰 날리기 등이 대표적인 예이다.

스마트폰 기반 제품(혹은 서비스)은 '스토덕트(Stoduct)'이어야 한다. 스토리텔링(Storytelling)과 제품(Product)의 합성어인 스토덕트는 단순하게 이야기하는 제품을 말하는 것이 아니다. 개인의 감성과 소통하는, 기업의 철학이 담긴 소비 이상의 이야기를 전달하는 제품이라는 뜻이다. 그에 반해 스투피덕트(Stupiduct)는 물건 이상의 가치를 증명하지 못하고 금세 잊히는 제품이다.

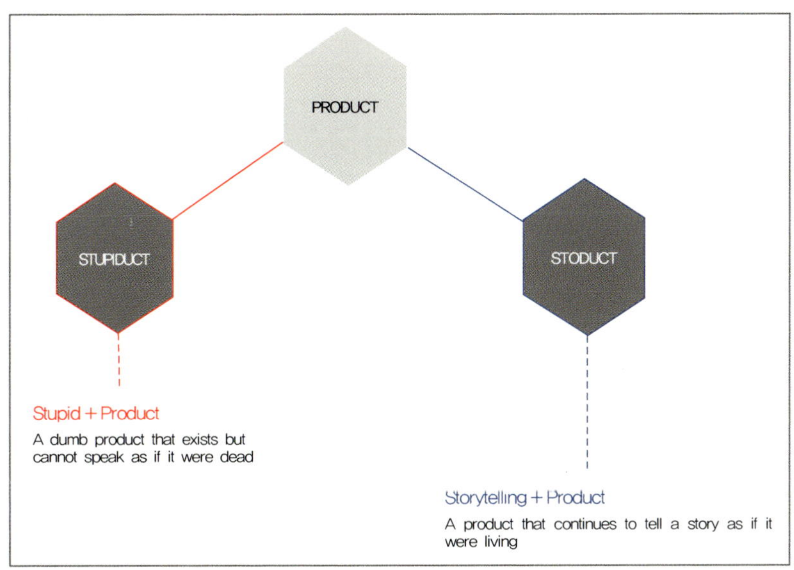

스토덕트의 개념(METATREND, January 2010)

소비자의 잠재욕구를 파악하고, 아이디어를 취합하는 단계, 여러 가지 스케치로 제품의 윤곽을 잡아가는 단계, 그리고 구체적으로 제품을 개발하면서 일어나는 복잡다단한 수고의 과정은 모든 상품이 가지고 있는 공통적인 스토리이다. 상품 안에 기업 철학이 담겨 있는 스토리를 담아 상품을 구매하는 시점뿐만 아니라 사용하면서도 쌍방향으로 소비자와 대화하는 제품이 바로 스토덕트이다.

스토덕트는 상품의 가치와 자아를 동일시하는 소비자들이 감성적으로 제품을 구매하는 문화와 연관성을 갖는다. 스토덕트를 만들기 위해서는 기업 철학이 바탕이 되는 장기적인 안목의 종합적인 스토리 디자인 능력이 필요하다. 스토덕트는 기업이 소비자에게 전달하고자 하는 메시지를 명확하게 함으로써 다른 상품과 구별되게 하며, 소

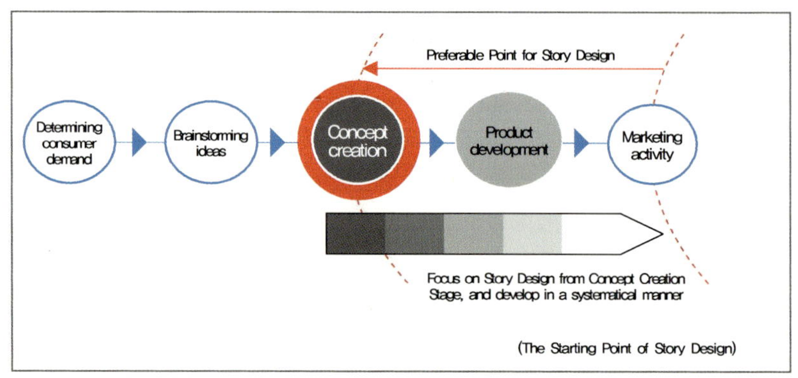

스토덕트 기획 콘셉트(METATREND, January 2010)

비자와의 상호작용을 개선시키고, 지속적인 관계를 형성할 수 있도록 도와준다. 궁극적으로 스토덕트는 소비자와 밀착된 감정을 공유함으로써 제품 생명력을 가지는 제품이다.

애플의 아이팟, 아이폰, 아이패드는 스토덕트를 통해 충성스런 고객을 잡아두고 있음이다. 이런 스토덕트여야만 스마트폰 기반 비즈니스 시장에서 성공할 수 있는 것이다.

참고문헌 및 자료

김원제(2010). 스마트폰 동향 및 전망. EIC 동향원고.
김원제(2010). 스마트TV 동향 및 전망. EIC 동향원고.
김원제(2010). 스마트폰 기반 비즈니스 모델 및 성공전략. EIC 동향원고.
김원제(2009). 콘텐츠 실크로드 미디어 오디세이. 아담북스.
방송통신위원회(2011. 1.). 제2차 스마트폰이용실태조사.
방송통신위원회(2011. 1.). 스마트TV의 영향과 정책과제.
방송통신위원회(2011). 스마트워크 활성화 추진계획.
정보통신정책연구원(2011). 모바일 인터넷으로 인한 미니어 이용패턴의 변화: 스마트폰 이용자를 중심으로.
정보통신정책연구원(2010). 모바일 애플리케이션의 동향과 전망.
한국콘텐츠진흥원(2010. 8.). CT심층리포트 - 3호(상): 스마트폰 단말의 기술 및 산업 동향
현창희(2010). 스마트미디어빅뱅과 2011 글로벌트렌드. Digital Media World Conference 2010.
한영수(2010. 6.). 구글TV와 애플TV로 미리 본 스마트TV 시장의 경쟁. LGERI 리포트.
KT 경제경영연구소(2010. 11. 24.). 아이폰이 가져온 모바일 생태계 변화.
METATREND. STODUCT. VOL. 1 January 2010 Preview, http://www.themetatrend.com/data/1001/stoduct/index_html_kr
METATREND. Always Connected. VOL. 2 February 2010, http://www.themetatrend.com/data/1002/always_connected/index_html_kr

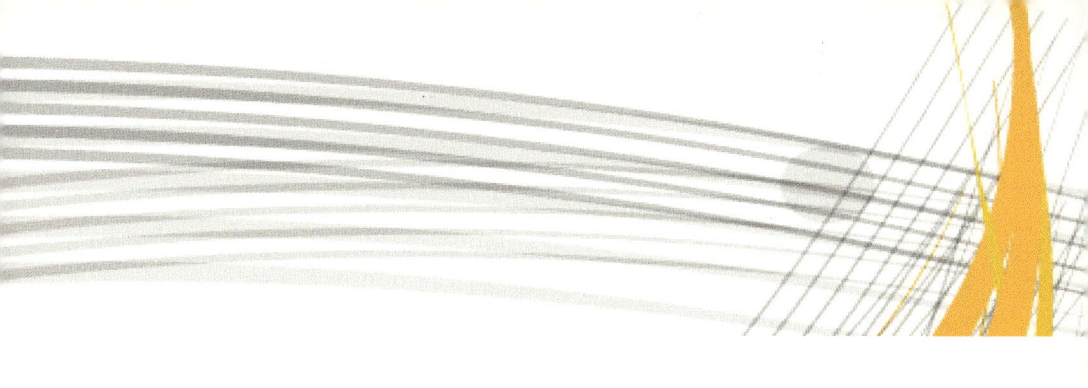

융합미디어—콘텐츠, 공존의 조건

컨버전스 환경과 지속성장 위한 과제

1. 융합 패러다임

바야흐로 미디어 혁명 시대이다. 디지털 방송, 위성방송, 디지털 케이블TV, DMB, IPTV 등 이름만으로는 쉽게 구별하기 어려운 신 미디어들이 이미 등장했거나, 등장을 예고하고 있다. 미디어 환경의 지각 변동은 미디어 조직이나 생산과정, 콘텐츠, 소비자에 이르기까지 광범위한 변화를 추동한다. 미디어 관련 네트워크, 콘텐츠, 단말기 사업자의 경계가 허물어지는 미디어융합 환경이 도래하고 있음이다.

미디어 혁명을 추동하는 동력은 바로 컨버전스, 즉 융합이다. 기존 매체의 좋은 기능만을 흡수한 신매체의 등장, 편리성과 다양성의 증

디지털화와 미디어환경 패러다임 변화(문화체육관광부, 2009)

기 술	디지털화(digitalization)	아날로그 기술 → 디지털 기술
시 장	개방과 경쟁(globalization)	지리적 시장경계의 파괴 → 글로벌시장 형성
산 업	융합(convergence)	매체, 사업자 간 융합 → 새로운 산업구조 형성
이용자	참여자, 소비자(prosumer)	수동적 이용자 → 문화적 향유자
정 책	탈규제(deregulation)	통제 중심의 규제 → 지원 중심의 정책

가, 새로운 수익모델의 창출과 시장 파이의 급속한 성장 등이 미디어
의 융합으로 발생한 현상들이다.

1.1. 컨버전스 개념 및 전개

컨버전스(Convergence)는 디지털 기술의 발전에 따라 이제까지 상이
한 영역으로 간주되었던 기능 및 서비스가 하나의 제품에서 활용될
수 있도록 수렴되는 현상을 말한다.

사전적 의미의 융합이라는 용어는 서로 다른 방향으로부터 같은
지점으로 접근하거나 서로 교차하는 것을 의미하고, 융합화란 연합
및 공통적 결론을 향한 움직임을 의미한다. 그리고 이 용어가 커뮤니
케이션 분야에 적용될 때의 의미는 서로 다른 미디어시스템이나 조
직이 서로 결합하고 교차하는 것이다(Pavlik, J. V. and Dennis, E. E.,
1993; 2). OECD(2005)는 "단일의 전송/분배플랫폼을 통하여 음성, 영
상, 데이터 등 여러 가지 서비스들을 제공하는 것"으로 정의하며, EU
는 Green Paper(1997)에서 "서로 다른 네트워크 플랫폼이 본질적으로
유사한 서비스들을 수행할 수 있는 것, 또는 전화·TV·개인용 컴퓨
터와 같은 소비자 단말기들이 결합하는 것"으로 정의하고 있다.

따라서 융합이란 다른 종류의 네트워크 플랫폼으로 기본적으로 같
은 종류의 서비스를 전송할 수 있는 가능성 혹은 전화기·TV·PC 등
의 소비형 기기의 통합화를 의미한다고 하겠다.

기술적으로 컨버전스는 디지털 기술을 매개로 컴퓨터, 가전, 통신,
멀티미디어 등 여러 디지털 기기와 기반기술, 그리고 콘텐츠가 서로 유
기적으로 융합(merging)되는 현상이다. 신호(signals)와 대역폭(bandwidth)

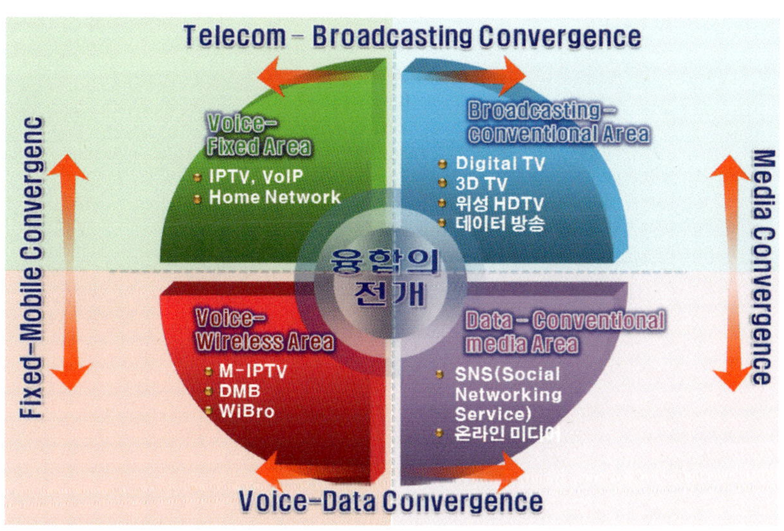

융합 개념 및 전개(안치득, 2009. 6.)

에 있어서 디지털화는 사운드, 이미지, 문자, 그래픽, 영상 등을 비트 (bits)라는 최소의 디지털 형태로 변환하여 동일한 네트워크와 단말기를 통해 결합하고, 저장하며, 가공하여 빠르고 효과적으로 전송할 수 있음에 따라 융합을 발생시키는 핵심 추동요인이라 할 수 있다. 이에 따라 디지털 융합은 디지털 기술을 매개로 컴퓨터, 가전, 통신, 멀티미디어 등 여러 디지털 기기와 기반기술, 그리고 콘텐츠가 서로 유기적으로 융합되는 현상을 의미한다(이재동·김원제, 2007).

융합현상은 모바일 빅뱅을 거치면서 본격화된 것으로 평가된다.

융합화는 기술적 차원뿐만 아니라 정치적, 사회적, 경제적, 문화적 차원에서 구조적 융합관계를 내재하는데, 단계별로 '기술의 융합(technology convergence)'에서 '콘텐츠 또는 서비스의 융합(contents or service convergence)'으로, 그 결과 '산업의 융합(industry convergence)'뿐만 아니라 더

나아가서 '사회의 융합(society convergence)'으로까지 가치의 융합구조
를 이루고 있는 것이다.

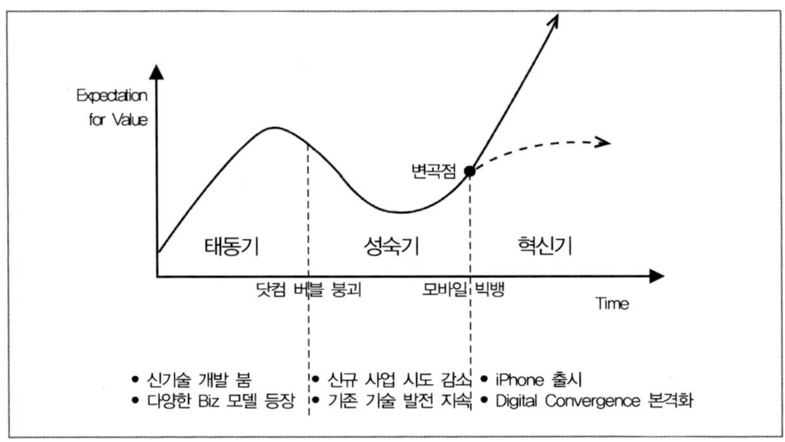

모바일 빅뱅과 컨버전스 심화(Entrue World 2010 자료)

융합의 형태

사업자의 융합 (시장의 융합)	방송·통신 사업자 간의 인수·합병 및 전략적 제휴 등으로 방송·통신 복합 사업자가 등장하면서 산업구조가 변화
서비스의 융합	방송과 통신 서비스를 복합적으로 제공 －인터넷방송, IPTV, 케이블TV의 인터넷 접속 등 －TPS(Triple Play Service; 전화＋인터넷＋방송) 및 QPS(Quadruple Play Service; TPS＋이동전화) 서비스
네트워크 융합	기존의 방송망을 통한 통신서비스, 기존의 통신망을 통한 방송서비스가 가능하여 방송망과 통신망의 구분이 무의미 －통신망 기반 방송서비스: 인터넷방송, IPTV, 모바일 방송 등 －방송망 기반 통신서비스: 케이블TV 인터넷 접속, VoIP 등
단말기의 융합	하나의 단말기로 방송통신서비스 제공 가능 －휴대전화(전화＋방송수신), TV(방송수신＋T-Commerce＋SMS), PC(인터넷＋방송수신)

기술과 사회구조는 서로 독립된 것이기보다는 서로 상호작용하며 발전하는 것이다. 기술융합, 산업융합, 서비스융합으로 시도되는 융합현상은 나중에 생명기술을 응용하여 인간과 기계의 융합까지 나아갈 것으로 기대된다. 기능들의 단순한 결합을 복합이라고 한다면, 융합은 결합을 통해 새로운 가치가 창출되는 것을 의미한다.

1.2. 컨버전스의 진화

융합은 미디어-콘텐츠산업의 가치사슬(콘텐츠-매체-소비자)의 변화를 족발하고 있다. 디지털 혁명 이전의 아날로그 시대에는 콘텐츠제작자와 매체가 별개가 아닌 하나로 소비자에게 콘텐츠가 전달된 반면, 디지털 시대에는 콘텐츠제작자와 매체가 구분되어 콘텐츠가 소비자들에게 전달되는 가치사슬 구조를 가지고 있었고 최근에는 DMB(위성/지상파), WiBro, IPTV 등 융합플랫폼의 등장으로 매체부문이 다변화하는 동시에 소비자와 융합플랫폼 간 양방향성이 향상되었다.

또한 융합패러다임은 콘텐츠 부문에서의 변화를 촉진시켰는데, 융합콘텐츠는 총체적인 매체를 활용하여 재창출된 제반 내용물로서 양방향성을 가지며 정보 이용자가 동시에 정보 제공자가 되기도 하고 정보의 습득과정이 비순차적이기 때문에 시공간의 제약 없이 업데이트가 쉽고 비용이 저렴한 특징을 가진다. 향후에는 이러한 추세가 매체 간 융합과 이에 대응하는 미디어콘텐츠 간 융합으로 진전될 것으로 전망된다.

사회현상으로서 디지털 컨버전스가 가속화되고 있다. 국내외 가전통신업계는 단순 복합기능(MP3＋디지털카메라 등)이나 모바일에 부가기능을 추가하는 신제품을 개발해내고 있다. 또한 최근에는 업종 및 서비스 간 융·복합 현상이 두드러져 새로운 사용가치가 창출되는 방향으로 심화·확대되는 추세이다. 최근의 웰빙에 대한 추구, 소비자 니즈 등 다양한 라이프스타일의 변화와 더불어 사회 트렌드에서도 컨버전스 현상이 활발하게 일어나고 있다.

사회현상으로서의 컨버전스를 기반으로 기기·기능 간 복합화에서 인간과 사물공간으로 디지털 컨버전스가 진행되고 있다. 로봇 팔이나 피부 내 칩 이식 등 사이보그 기술이 발전되면서 사람과 기계 간 경계가 허물어지고 있는 양상이며, 도서·농축산물 등 각종 사물에 RFID칩이 내장되면서 사물-사물 간 커뮤니케이션이 가능해지는 시대도 조만간 도래할 것이다. LBS, 디지털 홈, u-City 등 공간의 IT컨버전스뿐만 아니라 현실과 가상공간의 융합을 통한 영화 속의 디지털 공간도 형성되고 있다.

미래의 인간+IT, 사물, 공간의 컨버전스는 현재 진행되고 있는 디지털 컨버전스보다 더 큰 사회변화를 초래할 것으로 예상된다. 즉, 모든 경계가 허물어지는 새로운 공간과 커뮤니케이션이 등장할 것이며, 새로운 개념의 서비스뿐만 아니라 산업구조를 개편하는 비즈니스가 창출될 것이다.

앞으로 디지털 컨버전스가 심화되면서 획기적으로 소비자의 효용이 증대할 것이며, 고부가가치의 블루오션이 창출될 것이며, 산업 외부에 있던 기업들에 새로운 기회를 주는 게임 룰의 변화 등 소비자와 기업들에게 긍정적 기회를 제공해줄 것으로 전망된다(이재동·김원제, 2007).

호주의 시드니와 미국의 샌프란시스코, 영국의 런던 등에 거점을 두고 글로벌 네트워크를 형성하면서 활동하고 있는 Future Exploration Network(2006)는 미디어 전반의 변화를 예측하면서 미래 프레임워크를 나름대로 제시해주고 있는데, 향후 구조적인 변화를 예측할 수 있는 몇 가지 중요한 단서를 제공해주고 있다.

첫째, 앞으로는 신문과 방송 같은 기존의 주류 미디어(mainstream media)와 블로그나 온라인 사회 네트워크와 같은 사회적 미디어(social media)가 보다 적극적인 공생 관계(symbiotic relationship)로 발전해 나가게 될 것이라고 보았다. 이는 기존 매스미디어로서의 방송이 새로운 네트워크와의 결합을 통해 보다 소통적인 매체로 진화된다는 점을 말하는 것이기도 하다. 둘째, 과거 수동석인 소비사이넌 미디어 수용자가 앞으로는 수동적 소비자인 동시에 적극적인 생산자로 변화되어 간다고 했다. 방송의 경우에 있어서도 일방적으로 주어지던 콘텐츠를 주로 받기만 하던 수동적인 소비자 단계에서—특히 젊은 세대의 경우—적극적인 창조적 생산자이자 참여자로 진화되어 간다고 할 수 있을 것이다.

셋째, 과거의 콘텐츠는 주로 미디어가 제작하고 여과하였는데(media created, filtered content) 이제는 점차 이용자가 제작하고 거르는 단계(user created, filtered content)로 이동해 가고 있다고 보았다. 오늘날의 텔레비전 방송은 그 과도기적 양상으로 이용자가 만든 것을 미디어가 여과하는 양상을 보여주고 있는데, 이러한 모델도 이제는 유튜브의 경우에서 보는 바와 같이 이용자가 만들고 이용자가 여과하는 방식에 의해 도전받고 있음을 지적하고 있다. 넷째, 과거의 미디어 콘텐츠는 미디어 자체 내에 내장되어 있는 형태("embedded" content format) 그대로 이용자에게 전달되어 소비되었지만 이것이 점차 이용자가 통제하는 형태의 콘텐츠(user-controlled content format)로 변해가고 있다고 보았다. 콘텐츠를 이용하는 시간과 소비하는 장소에 대한 통제는 물론 콘텐츠의 포맷 자체도 이용자가 임의로 변경시키거나 통제할 수 있는 상황으로 가고 있다는 것이다. 방송의 경우에 있어서도 이제는 VOD, DVR, 휴대이동방송수신기 등을 통해 콘텐츠 이용 시간이나 공간을 마음대로 선택할 수 있고, 보다 저렴하고 개인화된 디지털 편집기를 통해 기존의 콘텐츠를 편집·재가공할 수도 있게 되었다.

다섯째, 새로운 미디어는 자체 콘텐츠와 광고를 이전의 미디어보다 표적화된 고객(수용자) 집단에게 직접적으로 훨씬 잘 전달할 수 있고 또 그 효과측정도 더욱 용이하게 할 수 있다고 하였다. 여섯째, 미디어 채널과 도구들이 보다 이동 혹은 휴대 가능한 모바일형으로 발전해가기 때문에 시간과 장소의 구애를 받지 않고 콘텐츠를 제작, 전달, 이용할 수 있는 상황으로 바뀌고 있다는 것이다.

일곱째, 미디어가 글로벌화 되는 유무선망을 통해 전 지구적 접근이 가능하게 됨으로써 한편으로는 전 세계적인 보편적 관심거리가 되는 콘텐츠가 각광을 받게 되기도 하지만, 다른 한편으로는 지역적으로 특수한 것이 세계적인 것이 될 수 있는 가능성도 동시에 열리게 되었다고 보았다. 세계적인 미디어가 되기 위해서는 한편으로는 세상 사람들의 일반적 관심사에 부합될 필요도 있지만, 콘텐츠를 지역화하고 이를 다시 세계화하는 과정에 대한 이해와 투자도 필요하다고 보았다(Future Exploration Network, 2006, pp.9-12).

이제 융합은 전 부분에 걸친 가치사슬의 파괴와 새로운 시장창출 등 다양한 형태로 전개되고 있다. i-Pod은 iTunes 음원서비스, i-Phone은 앱스토어와 스마트폰, i-Pad는 Media 태블릿PC와 퍼스널 클라우드

시장활성화를 촉발했다.

융합의 현재 진화형은 매시업(Mash-up)이다. 매시업은 인터넷상에서 제공되고 있는 다양한 서로 다른 서비스와 기능을 합쳐서 새로운 서비스 또는 응용으로 만들어내는 것을 의미한다. 원래는 힙합음악 용어로 여러 음악을 섞어 리믹스하는 테크닉을 의미하는 용어이다.

결합 혹은 통합은 아주 오래전부터 지금에까지 이르는, 그리고 시간이 지난다고 사라지지 않을 진정한 메타트렌드 중 하나이다. 이런 결합이나 통합은 시간의 흐름에 따라 조금씩 달라지는 양상을 보이고 있다. 기술, 디자인, 라이프스타일 등 사람들의 삶이 연결되어 있는 수많은 분야에서 지속적으로 이뤄지고 있는 이 같은 트렌드는 인티그레이션, 컨버전스를 거쳐 이제는 매시업 세상(Mashable World)을 향해 가고 있다.

인티그레이션이 어떤 하나에 다른 무언가를 추가하고 통합하는 것이라면, 컨버전스는 두 개 이상의 동일한 비중을 갖고 있는 것들이 서로 합쳐지는 것을 의미한다. 매시업은 무수히 많은 여러 가지 다른 요소들이 하나로 합쳐지면서 완전히 새로운 것을 창조해내는 것을

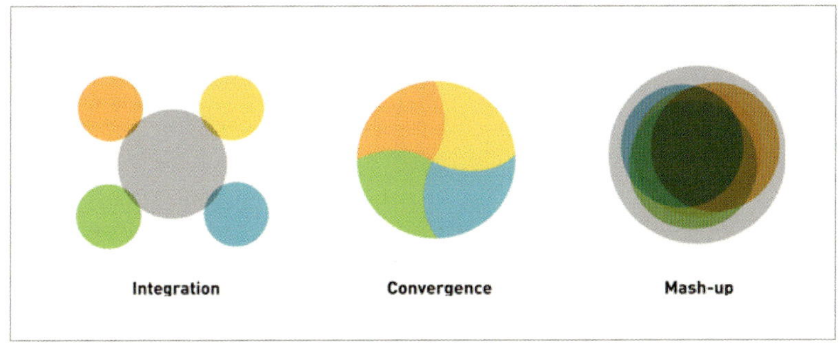

매시업의 개념(METATREND, April 2010)

지칭한다. 인티그레이션은 '1+1=2', 컨버전스는 '1+1=2+α', 매시업은 여기서 더 확장되어 '1+1'은 무엇이든 될 수 있는 가능성을 가진다(METATREND, 2010. 4.).

미디어의 매시업을 통해 콘텐츠의 생산자와 소비자가 통합되며, 미디어들이 서로 결합함으로써 새로운 미디어를 창조해 나간다.

매시업은 반드시 하나의 기기에 모든 기능을 집약하는 것을 의미하는 것이 아니다. 하나의 기기 안에 여러 가지 기능을 집약하는 대신 네트워크를 통한 유기적인 결합을 통해 이를 대신한다. 현재 Wi-Fi, 3G 통신 기능과 고효율 배터리를 기본으로 탑재한 기기들은 인터넷과 항상 연결된 Always Connected 환경을 구현하고 있다. 심지어 중간 서버 없이 주변 기기와 무선으로 교신할 수 있는 기술 개발에서도 그 성과가 서서히 나타나고 있다. 인터넷이나 기기 간 통신이 항상 가능하다면 굳이 하나의 기기에 모든 기능을 집약시킬 필요가 없기 때문이다.

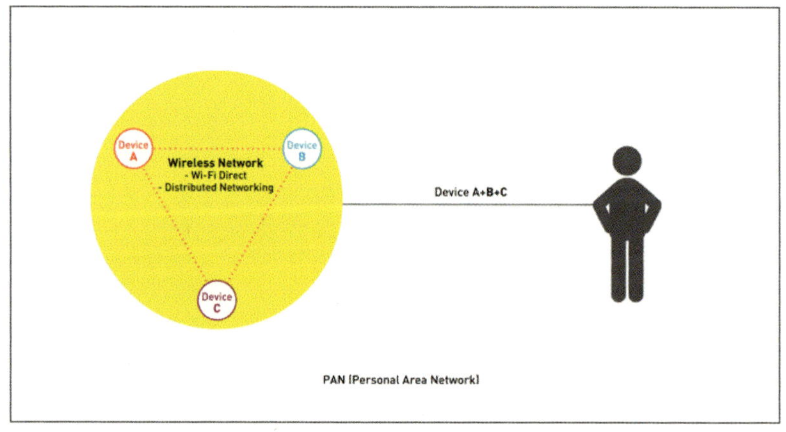

컨버전스의 진화, 매시업 환경(METATREND, April 2010)

2. 융합에 따른 미디어 – 플랫폼시장 변화 양상

2.1. 융합미디어 전경

디지털기술을 기반으로 전개되고 있는 방송통신 융합은 미디어환경을 새롭게 정의하고 있다. 특히 방송, 유·무선 통신, 인터넷, 신문, 출판, 영화 등이 별개로 구분되었던 이전의 시장이 융합하며 상호 영향을 미치는 멀티미디어 시장으로 통합되는 추세이다.

미디어 환경의 지각변동은 미디어 조직이나 프로세스, 콘텐츠, 수용자에 이르기까지 광범위한 변화를 동반한다. 매체 간 상호 결합과 콘텐츠 융합이 촉진되면서 신문과 방송, 방송과 통신의 경계도 사라지고 있다. 테크놀로지의 혁신적 발전, 미디어콘텐츠 수용자의 욕구 변화 등이 배경이 되어 네트워크의 융·복합화 현상 추세가 강화됨으로써 디지털 컨버전스가 심화되고 있는 것이다. 이러한 환경에서 방송과 통신의 융합(DMB, IPTV), 유선과 무선의 융합(와이브로, HSDPA) 등 이종 산업 간 가치사슬의 해체와 통합을 통해 새로운 시장, 산업,

서비스 및 단말이 출현하고 있다.

　TV를 보면서 해당 내용을 검색하고 모바일을 통해 동영상을 다운로드하는 '3스크린' 라이프가 확산되고 있다. 분기별로 3Screen 라이프에 관한 조사보고서를 내고 있는 닐슨미디어 보고서에 따르면, 미국인들이 텔레비전을 보면서 동시에 인터넷을 검색하는 데 점차 더 많은 시간을 사용하고 있다.

　닐슨보고서에 따르면, 60%에 육박하는 미국 TV시청자들이 최소한 달에 한 번꼴로 TV를 보면서 웹을 이용하고 있다. TV시청 및 인터넷, 모바일 폰 사용을 분석한 결과, 미국인들이 전년 동기 대비 TV와 인터넷을 동시에 사용한 시간의 총량이 35% 정도 증가한 것으로 나타났다. 미국인들은 현재 매월 평균적으로 3.5시간씩 인터넷을 이용하면서 동시에 TV를 시청한다. 또한 TV 시청에 주당 35시간을 할애하며 검색이나 비디오 녹화(DVR) 등 '타임시프트(Time Shift)' 기능을 이용해 TV를 시청하는 시간도 2시간 정도 되는 것으로 조사됐다. DVR을 소지한 미국인 가정은 약 35% 정도이며, 해당 기능을 주로 사용하는 연령대는 25~34세가 가장 많은 것으로 나타났다.[1]

3Screen 환경과 TP시트프족의 일상

---

1) http://blog.nielsen.com/nielsenwire/online_mobile/three-screen-report-q409/

이러한 조사결과는 모바일 및 인터넷 사용량 증가로 TV 시청률이 줄어들 것이란 전망이 틀린 것임을 시사한다. 전문가들은 인터넷과 모바일 비디오와 엔터테인먼트가 전통적인 TV시청을 잠식할 것이라는 우려를 제기해왔다. 그러나 다양한 윈도의 등장/성장과 동시에 꾸준히 TV시청률이 증가하는 경향은 소비자들이 무언가 완전히 다른 동시적인 매체소비(multi-tasking)를 원하고 있다는 것을 반영한다. 예컨대, 모바일 동영상 사용자는 1년간 약 57% 증가한 것으로 나타났는데, 이는 스마트폰의 성장에 힘입은 것으로 해석된다.

3스크린은 TV, 컴퓨터, 휴대전화 등 3가지 유형의 스크린에 콘텐츠를 제공하는 서비스로 네트워크 통합을 통해 콘텐츠의 자유로운 이동과 함께 3Screen을 통해 끊임없이 이용할 수 있는 환경을 말한다. 가정에서 TV를 통해 시청하던 콘텐츠를 집 밖에서는 휴대전화를 통해 시청할 수 있으며 컴퓨터를 통해서도 볼 수 있다. 예컨대, IPTV 가입자가 시청하던 콘텐츠를 이동상황이 발생했을 때 모바일 기기로 연결해서 볼 수 있도록 하는 서비스(Time Shift)가 가능하다. 셋톱박스 사용자를 인식할 수 있는 카메라를 통한 사용자 행동 인식 및 셋톱박스 사용 상황을 자동으로 추적하여 사용자별 맞춤형 이용 환경을 제공하게 된다. IPTV를 통해 보던 드라마를 지하철에서 휴대전화로 연결하면 중지했던 부분부터 이어 보기가 가능하며, PC의 뷰어를 통해 읽던 책을 휴대전화로 연결하면 읽었던 부분에 책갈피가 되어 이어 읽기가 가능하게 된다. 또한 이용자는 미디어나 플랫폼에서 콘텐츠를 소비하면서 직접 동영상 등 콘텐츠를 만들어 올리거나 의견을 제시하고 여기에서 쇼핑 등의 거래를 할 수 있게 된다.

3Screen 개념의 등장은 웹 2.0의 개념과 맞물려 기존의 '1 콘텐츠: 1

AT&T의 3Screen

미디어'의 개념을 한 단계 더 발전하여 '1 콘텐츠: 多 미디어'로 확장시켰다. 이러한 개념은 단순히 통신 사업자뿐만 아니라 단말기 제조업자, 콘텐츠 제작자 등 콘텐츠의 제작부터 전달, 배포 등에 이르는 모든 사업자에게 혁명으로 다가서고 3Screen은 국내외의 IT시장의 커다란 화두를 제공하고 있으며 대규모 기업들이 3Screen 시장의 우위를 점령하기 위해 앞다투어 핵심전략으로 삼고 있다.

3Screen은 하드웨어, 소프트웨어, 콘텐츠 간의 사업 영역 붕괴와 융합을 통해 기존의 방송, 통신, 제조 등의 콘텐츠 생태계의 변화를 이루고 있다. 또한, 이러한 변화는 AT&T의 사례처럼 단순히 통신과 결합된 영상 분야를 비롯하여 다양한 형태로 나타나고 있다. 애플은 3Screen환경 조성에 있어서 경쟁기업에 비해 진일보하고 있다는 평가를 받는다. 아이튠즈, 앱스토어, 아이팟, 아이폰, 애플TV 등을 내놓으며 하드웨어, 소프트웨어, 콘텐츠를 망라하는 3Screen 시장의 강자로 부상하고 있다.

2.2. 융합시장 생태계

융합플랫폼 등장에 따라 미디어콘텐츠 접근에 대한 병목현상이 사라지면서 미디어산업의 가치사슬이 콘텐츠 중심으로 재편 중이다. 방송, 통신, 영화 및 음악 등의 유형에 따라 수직적으로 배열된 네트워크, 플랫폼, 콘텐츠 등의 구분이 모호해지고 있는 것이다.

최근 융합 콘텐츠 시장에서 나타나는 가장 뚜렷한 변화 양상은 아날로그 콘텐츠 시장을 장악하던 거대 미디어 기업들의 본격적인 시장 진입이 잇따르고 있다는 점이다. 융합 콘텐츠 시장이 단말기 벤더, 솔루션 벤더 등 비(非)콘텐츠 진영의 시장 진입으로 콘텐츠 사업자들 간에 이루어지던 기존 경쟁구도와는 구별되는 '다극적 경쟁구도' 체제로 전환되고 있다. 융합 환경에서 콘텐츠 사업자 간의 제휴는 필요조건이 되고 있는데, 이는 융합시장 전면에 OSMU전략이 보편적으로 등장하면서 이종 업종 간, 이종 사업자 간 제휴와 협력이 광범위하게 확산되고 있기 때문이다.

미디어융합시대로 진입하면서 글로벌 기업들의 영역 확대와 복합미디어그룹으로의 변신이 가속화되고 있다. 실제로 Sony, GE, 애플, MS, IBM 등 세계적인 하드웨어 기업들이 복합 미디어기업으로 거듭나고 있다. 향후 수평결합을 통한 대형화, 수직 결합을 통한 다각화를 넘어 이종 업종 간 결합을 통한 사업영역확대와 다각화를 이루는 복합결합화가 글로벌 기업에 일반적 경향이 될 것으로 전망된다. Sony는 가전(소니일렉트로닉스), 영화(소니픽쳐스), 음악(소니뮤직), 게임(소니컴퓨터), 금융(소니파이낸셜) 등에서, GE는 방송(NBC, Direc TV와 제휴), 영화(NBC 유니버설), 테마파크(유니버설 스튜디오) 등으로 영역을 넓혀가며 미디어콘텐츠기업으로 좌표를 수정해가고 있다. AT&T 등 통신시장에서 방송시장으로 진출하는 사례는 더 이상 낯선 풍경이 아니다.

미디어콘텐츠산업이 수평적 산업구조로 변화하면서 생산주체의 다양화, 유통의 다각화, 소비행태의 다원화 등이 발생하고 있다. 특히, 제작과 유통 간의 수직적 관계가 해체되면서 유통단계의 세분화가 두드러지고 있다. 플랫폼, 미디어, 채널 등 콘텐츠를 배포하는 창구(window)의 증가로 다각적 이용구조(OSMU)가 확산되고 있는 것이다.

미디어콘텐츠산업의 유통구조에 있어 공통적으로 나타나는 산업 발달 추이를 보면, 유통의 발달 단계의 모습이 오프라인에서 인터넷, 모바일, 신규 플랫폼 등장에 따른 디지털콘텐츠화로 변화하고 있다. 더불어 유통단계의 세분화, 다각적 이용구조의 확산은 콘텐츠에 대한 (이용)권리를 통제하여 가치를 획득하는 비즈니스를 확대시켜 콘텐츠 권리관계의 처리에 대한 중요성을 부각시키고 있는 상황이다. 특히 온라인콘텐츠 비즈니스 모델의 대두로 온라인 콘텐츠 유통시장이 활성화되면서 저작권을 보호하고 처리해야 하는 사회적 거래비용이 증가하는 문제가 발생하고 있다.

특히 2010년 이후 스마트폰은 미디어 콘텐츠 생태계에 혁신을 가져왔다.

스마트폰의 성장조건은 바로 앱스토어이다. 아이폰 구입 이유 중 가장 큰 부분이 애플리케이션이 주는 매력 때문이다. 애플리케이션은 스마트폰의 활용가치를 제고해 스마트폰 판매를 증가시키고, 이는 애플리케이션 시장규모를 확대해 신규 애플리케이션의 진입을 증가시킨다. 이로써 스마트폰의 활용가치가 높아져 또다시 스마트폰 판매가

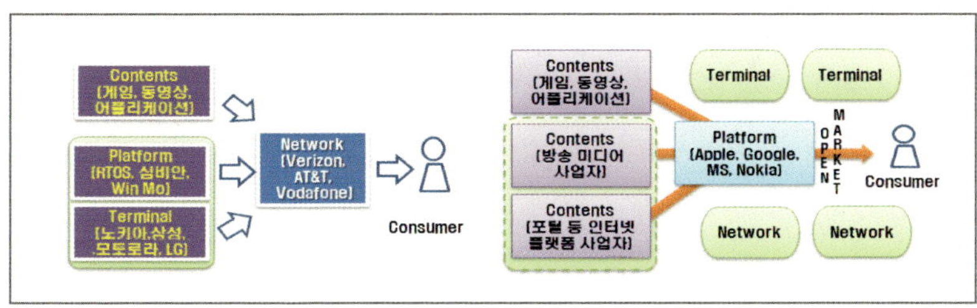

오픈마켓에 의한 모바일 생태계의 변화

증가하고 더불어 애플리케이션 시장규모가 확대되어 또 다른 애플리케이션이 개발되는 선순환구조를 구축하게 된다.

소비자와 개발자 모두 이러한 혁신 패러다임에 열광하고 있다. 우선 소비자 입장에서 보면, 앱스토어라는 오픈 마켓이 등장함으로써 중간단계에서 사업자의 선별작업 없이 사용자 선택의 폭이 확대되었다. 이로써 소비자가 콘텐츠 선택의 주도권을 행사하게 되었다.

개발자에게는 매력적인 단일 플랫폼 및 단말 스펙을 제공한다. 스마트폰은 단일 디바이스 제공, 단말마다 서로 다른 스펙을 만족시켜야 했던 개발자의 고민을 없애 진입장벽을 철폐했다.

스마트폰 등장에 따라 모바일 서비스 성장의 중심축이 '네트워크→단말→OS→콘텐츠'로 급속히 전환되고 있다. 애플, 구글 등 콘텐츠 및 OS에 강점을 가진 글로벌 사업자의 진입으로 경쟁구도가 바뀌고 있다. 개방·분산형, 콘텐츠·APP, OS 및 APP S/W기능, APP 생태계 구축역량 우위 등으로 요약된다. 이동통신사가 서비스를 주도하는 중앙 집중형에서 이통사와 무관하게 서비스 가능한 개방·분산형으로, 통신미디어는 통화(전화기인 휴대전화) 중심에서 콘텐츠·APP(스마트한 모바일 인터넷) 중심으로, 단말기는 디스플레이·카메라 화소

기능 중심에서 운영시스템(OS)·앱 기능 중심 경쟁으로, 경쟁의 원천
이 개별적인 경쟁 우위 요소 중심에서 앱 생태계 구축역량 우위 중심
으로 전환되고 있다. 이로써 오픈생태계(open ecosystem)가 구축되고
있음이다.

3. 미디어융합과 콘텐츠시장 변동

3.1. 멀티플랫폼 환경과 콘텐츠

  디지털 컨버전스는 콘텐츠의 개념을 더욱 확대시키고 있다. 실제 유선과 무선의 통합, 방송과 통신의 통합, 온라인과 오프라인의 통합, 단말기의 통합 등 전방위적으로 이뤄지는 장르 간, 영역 간 통합이 가속화되고 있다. 이를 통해 수동적 개념의 콘텐츠 향유와 생산의 개념이 더욱 확대되고 있다. 디지털 컨버전스를 통해 소비자와 콘텐츠 간 접점이 거의 무한대로 늘어나고 있는 것이다. 기술의 융합에서 시작된 디지털 컨버전스는 사회문화적 융합으로 확대되어 거대한 복합 문화사회를 형성해 나가고 있다. 이와 같은 융합화는 탈장르화로 이어지며 이종 산업 간의 활발한 협력체계를 구축하게 한다. 콘텐츠 제작에 있어서도 기존의 획일화된 구획은 더 이상 생산적이지 못하며, 복합적이고 장르 구분 없는 새로운 문화콘텐츠 제작방식이 출현하고 있다. 실제로 게임과 교육콘텐츠가 통합되어 에듀테인먼트 형태로 발전하는 것과 같은 장르 간 융합으로 인하여 복합콘텐츠화는 더욱 가속화되고 있는 것이다.

콘텐츠의 탈장르화와 수용자 중심성으로 귀결되는 새로운 시대가 도래함에 따라 기존 문화콘텐츠 생산방식과는 전혀 다른 방식이 등장하였는데 그 속성의 변화를 정리하면 다음과 같다. 첫째, 미디어와 콘텐츠의 공존, 크로스플랫폼화이다. 예컨대 TV를 통해 시청하던 드라마를 이제는 PC를 통해 다운로드해 볼 수도 있고, 휴대전화를 통해 이동 중에 시청할 수도 있게 된 것이다. 물론 현실적으로는 미디어와 콘텐츠의 기술적 분리 가능성 여부와는 상관없이 관련 진영 간의 다양한 이해관계나 규제에 의해 미디어와 콘텐츠 간의 높은 결합도가 여전히 존재하고 있어 당분간 결합과 분리가 다양한 수준에서 공존해 나갈 것으로 전망된다. 결국 융합으로 인한 새로운 미디어, 서비스 등은 소비자의 취향과 필요에 맞춰 분화되고 특화된 형태로 재탄생한다. 융합으로 DMB, IPTV, TV포털, VOD서비스 등 소비자의 취향에 따라 매체 선택이 가능하게 되는 것이다. 개인 단말기도 소비자 선호 애플리케이션에 따른 다양한 조합의 부분적 컨버전스형 기기들로 분화되고 서비스 역시 고객 개인을 대상으로 특화된 맞춤형 서비스가 등장한다. 이는 융합의 흐름 속에 다양화와 세분화의 트렌드가 공존함을 보여준다.

둘째, 콘텐츠의 재이용성(reusability) 확대와 복합화(fusion)이다. 콘텐츠의 융합화로 콘텐츠의 재이용과 융복합화가 가속화되고 있다. '반지의 제왕'과 같이 영화의 개봉과 동시에 동일 시나리오(콘텐츠)에 기반을 둔 게임, 만화, 음반의 동시 발매가 이루어지고 있음을 어렵지 않게 볼 수 있다. 에듀테인먼트, e-스포츠(게임+스포츠), 무비라마

(영화＋드라마), 모비소드(모바일＋에피소드), 게임 속 광고(Advertising in game) 등 다양한 모습으로 다가온다. 내용적 차원에서도 하이브리드 경향이 두드러지고 있다. 내용적으로는 'Fun(재미), Function(기능), Feel(감동)'이 어우러지는 멀티테인먼트적인 즐거움이 대세가 되고 있으며, 감성적 소비 성향을 가진 감성세대의 등장으로 콘텐츠 소비의 Fun 코드가 일상화(원하는 행동의 정확한 표현과 설득을 위해 엔터테인먼트 요소를 적극적으로 활용)되고 있다. 유치한 재미를 선사하는 키덜트(Kidult) 콘텐츠의 인기사례가 그 대표적인 예이다. 또한, 교육적 기능(에듀테인먼트), 건강 증진(노인용 두뇌 게임) 등 세부 기능이 강조된 콘텐츠('닌텐도'의 사례)의 소비도 늘어나고 있으며, 개개인의 욕구와 감정을 고려한 콘텐츠 소비환경을 제공하는 감성지향형 콘텐츠가 중요하게 부상하고 있다. 능동적 참여를 통해 재미와 감동을 극대화한 체험형 콘텐츠 등장도 내용적 퓨전의 또 다른 면으로 볼 수 있다. 제품을 실제 경험하고 느끼며 자신을 만족시키고 싶은 욕구를 충족하는 경향이 커지면서, 문화콘텐츠 향유도 체험이라는 코드 중심으로 변화하고 있다(한국문화콘텐츠진흥원, 2007).

셋째, 체험형 감성 콘텐츠의 가치 증가이다. 체험형 콘텐츠의 신조류인 엑스퍼테인먼트(Expertainment)가 호황이다. 체험지향 사회가 가속화되면서 이를 반영하는 제품과 마케팅이 주를 이루고 있다. 2007년 최고의 히트상품으로 꼽히는 애플의 '아이폰'과 명품폰의 트렌드를 주도한 LG의 '프라다폰' 등의 성공배경에는 모두 터치, 즉 체험이 있다. 터치스크린을 메인으로 내세우며 만지는 즐거움에 초점을 맞추었다. 출시된 지 1년도 안 돼 세계적으로 1,300만 개가 판매된 '닌텐독스'의 경우도 엑스퍼테인먼트의 성공사례로 꼽힌다. 닌텐독스는 휴대용 애완견 게임이지만 과거의 다마고찌와는 전혀 다른 방식이다. 터치스크린을 통해 직접 쓰다듬고 강아지는 거기에 반응을 하기 때문에 실제 교감을 느끼는 효과를 볼 수 있다. 이처럼 게임도 눈으로 보고 손으로 플레이하는 방식에서 온몸으로 직접 하는 방식으로 전환되고 있다. 엑스퍼테인먼트 현상은 제품과 마케팅뿐만 아니라 일상생활에도 확산되고 있다. '프리허그(free hug)'가 UCC를 타고 전 세계에 열풍을 몰고 온 것도 체험이라는 코드가 통했기 때문이다. 국내에서도 이 같은 체험열풍은 매우 뜨거운 상황이다. 기존에 민속촌이나 박물관은 관람이 주가 되었으나 요즘에는 체험관이 마련되어 있고, 직접 만들어서 기념으로 가져갈 수 있게 해 큰 호응을 얻고 있다. 직접 체험하고 경험하면서 콘텐츠를 향유하는 문화가 확산되면서 콘텐츠도 더욱 감성화되고 있다.

3.2. 콘텐츠 '독립'

융합시대에는 콘텐츠 못지않게 플랫폼도 핵심적 역할을 수행하고 있다. 융합시대를 대변하는 명제는 'Contents is King, Media is Kingdom'으로 정리된다. 플랫폼 간의 구분이 없고 하나의 플랫폼으로 모든 콘텐츠를 향유할 수 있는 시대가 융합시대이기 때문이다. 융합환경에서 크로스미디어(Cross Media) 네트워크가 더욱 고도화하고 있다. 콘텐츠가 네트워크 흐름을 따라 다양한 플랫폼에서 구현된다. 이 상황에서 콘텐츠는 장소, 네트워크, 단말에 상관없이 이용자에게 끊김 없이 제공된다.

컨버전스 및 모바일 환경의 확산으로 개인이 사용하는 컴퓨팅 단말의 숫자가 점차 늘어나 한 명의 사용자가 일상적으로 5~6개 이상의 하드웨어 단말을 사용하는 환경이 구축되고 있다. 이런 상황에서 사용자들은 여러 개로 분산된 단말에서 동일한 경험, 즉 항상 사용하던 환경을 그대로 사용하기를 원한다. 스마트폰에서 사용하던 애플리케이션과 콘텐츠를 PC나 태블릿, 혹은 TV나 게임 콘솔 등을 통해서도 사용하고자 하는 것이다. 하드웨어의 일차적인 사용 목적은 애플리케이션과 콘텐츠라는 점을 고려할 때, 콘텐츠가 '독립(independence)' 되는 것은 당연한 요구다. 그럼에도 불구하고 지금까지 콘텐츠는 각각에 한정된 하드웨어의 틀에 갇혀 존재했다.

하지만 이런 상황이 점차 역전되고 있다. 바로 애플리케이션과 콘텐츠가 하드웨어로부터 독립을 선언하고 있는 것이다. 3Screen 그리고 클라우드 컴퓨팅 등의 환경이 조성되면서 콘텐츠와 애플리케이션을 사용자가 원하는 단말에서 사용자 경험을 연장해줄 수 있게 되었으며, 애플리케이션이나 콘텐츠 업체들에는 새로운 성장 동력을 제시하고 있다.

사람들은 다양한 플랫폼 사이에서 사용자 경험을 계속해서 유지하기를 원한다. 또한 사람들은 게임기, 휴대전화 등 다양한 기기를 자신이 원하는 방식대로 사용하기를 바란다. 통신업체들은 안드로이드와 아이폰, 윈도 모바일 등 다양한 플랫폼에 동일한 애플리케이션을 구동시킬 수 있게 함으로써 콘텐츠의 독립을 부추기고 있다. 지금까지 콘텐츠와 애플리케이션의 독립을 이끌어 온 애플이 아이팟을 통해 음악의 독립을, 아이폰과 아이팟터치를 통해 애플리케이션의 독립을, 그리고 아이패드를 통해 다양한 콘텐츠의 완전한 독립을 이끌어갈 것이다.

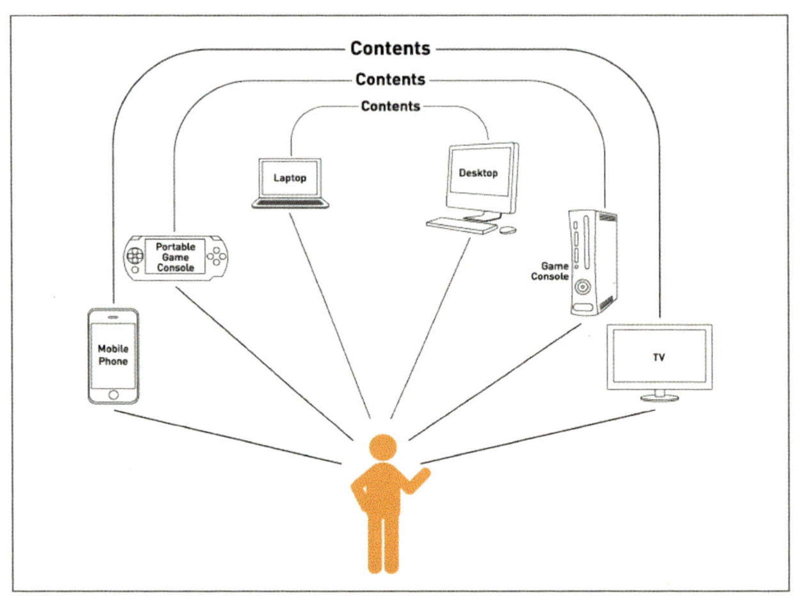

콘텐츠 독립(Contents Independence) 환경(METATREND, May 2010)

　다양한 플랫폼의 디바이스를 이용하는 사용자들은 다양한 플랫폼에서 즐길 수 있는 콘텐츠 역시 요구한다. 스마트폰뿐 아니라 게임 콘솔이나 PC, 가전제품, 태블릿 등 수많은 종류의 단말들이 증가함에 따라 동일한 애플리케이션, 동일한 콘텐츠를 여러 플랫폼을 지원할 수 있도록 개발하는 경우가 급격히 증가하고 있다. 이미 게임 분야에서는 서로 다른 플랫폼용으로 출시된 게임으로 멀티플레이를 할 수 있는 수준에 이르렀다.

　하드웨어나 플랫폼으로부터 독립함으로써 애플리케이션은 자체적인 생명력을 갖고, 사용자의 경험을 보다 넓게 연장시킴으로써 더욱 많은 사용자를 끌어들일 수 있는 계기가 될 것이다. 이러한 사용자 니즈에 부응해 다양한 콘텐츠 비즈니스 모델이 등장하고 있다. 기존 콘텐츠산업의 비즈니스 모델은 영화, 음반 등 콘텐츠산업과 방송, 출판 등 미디어산업의 범주 내에서 단순한 형태로 형성되어 왔던 반면에, 융합환경에서 콘텐츠산업은 콘텐츠-단말기 연계형, 온-오프라인 결합형, 광고수익형, 라이선싱 기반형 등 다양한 수익모델들이 창출되고 있다.

기술이 시장을 창출하는 산업모델도 등장하고 있다. 혁신적 기기가 콘텐츠·서비스의 수요를 견인하고 있음이다. 애플(Apple)사의 'MP3 기기(iPod)+서비스(iTunes)+콘텐츠(음악, 영화, 방송)'의 결합모델은 대표적인 성공사례이다. '콘텐츠-미디어서비스-정보기기'를 연결함으로써 부가가치를 창출하고 있다. H/W 기반에서 S/W 빛 콘텐츠 융합 접목(삼성전자는 제조사)으로 브랜드 충성도를 강화하고 있다.

IT융합은 기존 제품·서비스 및 공정의 혁신으로 새로운 부가가치를 창출하여 글로벌 시장에서 차별화에 의한 경쟁우위 확보가 가능하게 해준다. IT와 BT(바이오), NT(나노), GT(그린), HT(휴먼) 등이 결

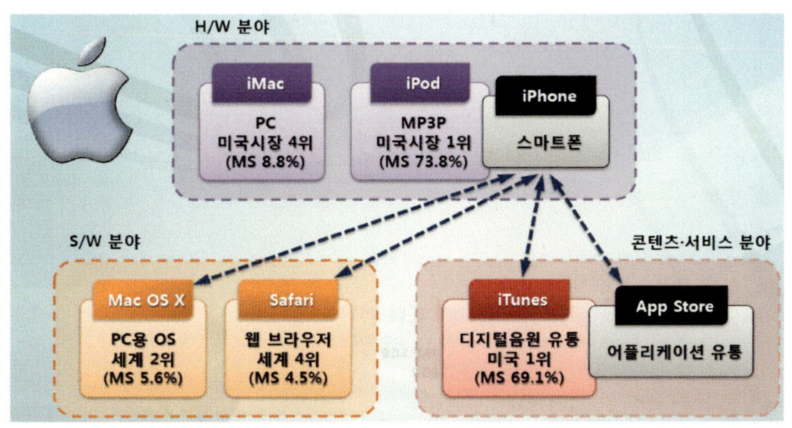

애플의 연계모델(단말 · 콘텐츠)

합하여 신기술·신제품 창출이 가능하다. 스마트폰, 스마트TV, 스크
린골프, e-Learning, u-Health 등 IT융합 신시장이 창출되고 있음이다.

3.3. 융합환경에서 콘텐츠산업의 가치사슬 변화

융합환경은 콘텐츠 생산과 유통의 비용을 현저히 낮춤으로써 미디
어 산업의 경쟁을 촉발시키고 콘텐츠의 양과 유통채널을 대폭 확대
하고 있다. 과점시장에서 경쟁시장으로 변모하면서 산업적인 관점이
부각되고 있으며, 로컬시장에서 글로벌시장으로 영역이 점차 확대되
고 있는 상황이다. 인터넷, 모바일, 케이블TV, IPTV, WiBro, HSDPA
등의 새로운 매체의 등장으로 콘텐츠 유통 채널이 다양화되었으며,
그 결과 유통산업의 가치사슬이 변화하였고, 미디어콘텐츠산업 전체
의 가치사슬이 변화하게 되었다.

융합기반 미디어 산업의 가치사슬 확대(현창희, 2010)

또한 콘텐츠 형식이 매체 특성으로부터 자유로워짐에 따라 콘텐츠와 매체 간 수직적 결합이 해체되고 있다. 기존 패러다임에서는 음악, 영상, 도서 등 각각의 콘텐츠가 TV, 전화, PC 등 개별 플랫폼과 단말기에 일대일로 연결되었으나, 융합 환경에서는 하나의 콘텐츠가 다중 매체에 동시다발적으로 유통되는 다중창구화(multiple windowing) 현상이 일반화되고 있다.

융합에 따라 미디어콘텐츠산업의 가치사슬 역시 새롭게 재편되고 있다. 일반적인 콘텐츠 가치사슬의 구성은 콘텐츠 사업자, 네트워크 사업자, 서비스 사업자와 단말기를 거쳐 소비자에게 콘텐츠가 전송되는 구조를 가지고 있다. 그러나 융합환경에서는 방송 및 통신영역 간의 융복합화에 따라 기존의 네트워크, 플랫폼 중심의 산업구조가 콘텐츠 중심의 가치사슬에 따라 재편되고 있다. 물론, 융합은 콘텐츠의 서비스 및 배포 방식에 대한 변화일 뿐이며 기획과 창작의 문화적 행위라는 콘텐츠의 본질적 속성은 불변하며, 콘텐츠의 특성과 가치에 따라 미디어, 플랫폼, 네트워크가 서로 교차(cross-over) 또는 통합하는 모습을 지니게 된다.

디지털 기술의 융합은 콘텐츠산업 가치사슬의 변화를 주도하여 콘텐츠, 패키징, 전송 등 과정을 통해 다양한 특성을 보인다. 이를 통해 디지털시네마 등 전통적인 유통방식에서의 변화와 배급의 특성변화, 거대기업의 독과점 특성 등이 나타나는가 하면, 디지털 플랫폼 성장과 유통을 주관하는 통합자(Aggregator)의 등장, 타 분야와의 수직적 결합과 사업 다각화 등 다양한 특성이 나타나고 있다.

결국 융합화로 미디어산업구조는 수직적 구조에서 수평적 구조로 재편되고 있다.

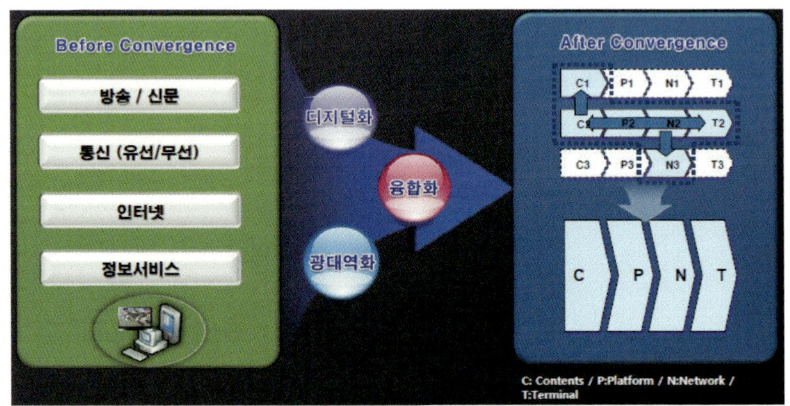

미디어산업 가치사슬의 변화(현창희. 2010)

지구촌 곳곳에서 거대 미디어그룹이 속속 나오고 있다. 2009년 12월 미국 최대 케이블TV인 컴캐스트와 지상파 방송인 NBC유니버설 간 합병 협상이 성사됐다. 최대 케이블 회사가 지상파 방송국과 영화사를 보유하고 있는 콘텐츠 회사와 결합해 초대형 미디어그룹이 탄생하게 된 것이다.

글로벌 미디어업계에서 기업 간 인수·합병은 이제 일상이 됐다. 타임워너·뉴스코퍼레이션·월트디즈니 등 전통적인 글로벌 미디어그룹은 그동안 전략적 가치를 지닌 자산기업을 인수·합병(M&A)해 규모를 키워왔다. ABC는 월트디즈니에 편입됐고, CBS는 비아콤이 소유하고 있다.

이러한 상황에서 IPTV와 3D TV에 이어 스마트TV 등 뉴미디어가 속속 등장하고 있다. 이들은 지상파 방송과 케이블TV, 위성방송 등 올드미디어들과 무한경쟁을 벌이고 있다. 트위터, 구글, 아이폰, 페이스북으로 대표되는 SNS도 큰 파괴력을 갖고 미디어 지형을 뒤흔들고 있다.

콘텐츠 회사와 단말기 제조회사가 인터넷 플랫폼에, 영상유통업체가 인터넷 플랫폼·셋톱박스에 진출하는 등 '크로스오버' 현상이 활발히 진행 중이다. 삼성전자·LG전자 등 TV 단말기 제조회사가 커넥티드TV를 출시했고 미국 최대 DVD 판매 업체인 월마트가 온라인 영화서비스 업체인 부두(Vudu)를 인수한 것, 미국 지상파방송사연합이 인터넷 플랫폼인 훌루닷컴(Hulu.com)을 만든 것 등이 대표적인 사례로 꼽힌다.

기존의 콘텐츠 유통과정은 각 전송 단계(Value Chain)의 수직적 통합 형태가 다수였으며, 시장지배력을 이용해 경쟁사를 배제해 왔다. 또한, 과거에는 통신업자나 방송사 등 망사업자가 지배력을 행사했으나, 서비스의 채널이 다양화되면서 양질의 콘텐츠에 대한 중요성이 부각되고 있는 상황이다.

3.4. 융합미디어 - 콘텐츠, 지속성장 공존의 조건

향후 매체와 콘텐츠는 공진화를 거듭할 것이다. 즉, 매체가 다양해지고 다원화됨에 따라 그에 속할 콘텐츠 역시 다양하게 제공되며 진화해야 한다. 따라서 융합시대의 매체와 콘텐츠의 진화는 거대화된 규모로 나타날 것이다. 이종 산업 간의 결합은 이전에 존재하지 않던 새로운 거대 시장을 창출하기 때문이다. 또한 기존의 엔터테인먼트 혹은 단일 영역에 한정되어 있는 콘텐츠에서 융합시대에는 교육과 오락의 결합인 에듀테인먼트나 정보와 오락의 결합인 인포테인먼트 등의 장르 간의 결합을 통한 시너지 효과를 극대화하는 콘텐츠가 급부상할 전망이다.

컨버전스의 진전에 따라 3Screen은 NScreen으로 진화하고 있는데, 콘텐츠서비스는 Everywhere, Everytime, Everyscreen(Everydevice)에 콘텐츠를 공급, 소비자 욕구 변화에 효과적 대응하는 서비스로 진화할 것으로 기대된다. N-Screen은 TV, PC, Mobile Device 등 다양한 단말에서 콘텐츠를 끊김 없이(Seamless) 공유, 소비할 수 있도록 지원하는 스크린 확장 개념이다. NScreen 서비스의 미래를 가장 잘 확인할 수 있는 서비스로 디지털 음악파일 서비스를 예로 들면, 특정 음악파일을 재생할 수 있는 단말기(모바일폰, MP3플레이어, PC 등)가 다양해짐을 의미한다.

3Screen 혹은 NScreen 서비스는 사업자에게는 동일한 콘텐츠 유통으로 서비스가입 단말기의 다변화 및 결합상품과 번들링 상품의 다양화를 가능하게 해준다. 예컨대, 이 서비스가 도입되면 케이블 방송사는 1가구 단일 가입자 형태를 넘어서서 1가구 N가입자를 확보할 수 있게 될 것이다.

공통된 OS를 기반으로 이 OS를 N개의 디바이스(휴대전화/TV/PC/태블릿 등)에 장착하고, 이를 기반으로 공통된 서비스를 제공하면서 하나의 가치사슬을 만들어 소비자를 록인(lock-in)하는 전략이라고 할 수 있다. 게다가 이 OS가 휴대전화, TV, 노트북, 태블릿뿐만 아니라, SoIP, 자동차, 냉장고 등 생활 속에 확장될 것으로 기대된다.

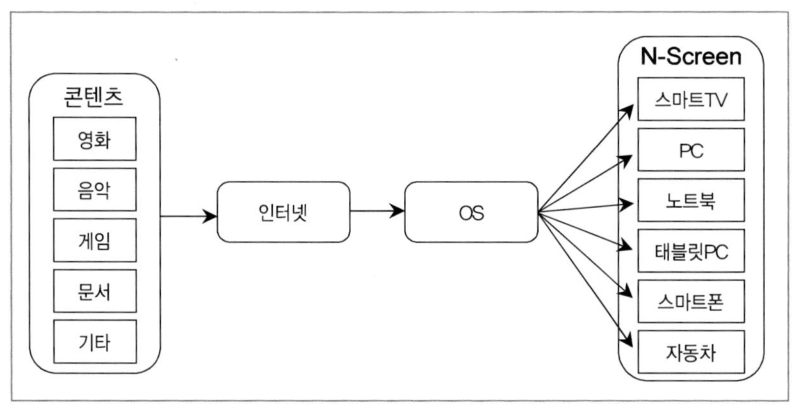

N-Screen 개념 및 전경

N-Screen 환경은 미디어의 구분과 한계를 뛰어넘어 트랜스 미디어로서의 역할을 수행할 수 있도록 해준다. 트랜스 미디어(Trans-media)란 통합(integration), 상호작용(interaction), 디지털 기술 접목(digital code) 단계에서 한발 더 나아가 오픈소싱(open sourcing), 창조성(creation), 집합성(aggregation) 등 감성적 요소까지 포함하는 것을 의미한다. 기존 미디어 간 단절되어 있는 구조에서는 단순한 정보 전달에 그쳤다고 한다면 트랜스미디어는 여러 매체가 유기적으로 연결돼 언제 어디서든 사용자가 원하는 모습으로 콘텐츠를 융합할 수 있다.

NScreen 서비스는 새로운 미디어 플랫폼의 활성화에 기여할 것이다. 지능형 케이블 방송 및 위성방송에 적용되어 기존 미니어보다 더욱 양방향성을 높여 사용자 친화적인 방송 제작 환경을 구축할 수 있게 해줄 것이다. 개방형 플랫폼을 통해 서비스 간 융합을 유도하여 새로운 시장을 창출할 것으로 기대된다. 다종 기기 간 호환성을 확보함으로써 기기 개발－생산과정의 재원/예산을 절감해줄 것이다. 콘텐츠 창작 및 제작에 소요되는 자원의 절감과 제작기간 단축을 지원하여 중소 제작사의 경영 합리화에 기여할 것이다.

새로운 뉴미디어 플랫폼의 시장 진입 시 콘텐츠 부족 문제를 해결하는 안정적 콘텐츠 공급 인프라로 작용할 것이다. 나아가 이용자 편의성 증대를 통해 불법으로 유통되는 콘텐츠의 합법적 이용을 유도할 것으로 기대된다.

Future Exploration Network(2008)는 오늘날 모든 비즈니스와 사회적 활동을 미디어의 한 형태로 정의했으며, 사회적 상호작용의 비율이 미디어 채널 전반에서 증가하고 있다고 분석하고 있다.

미디어와 콘텐츠에 대한 접근이 더욱 확대되어 정보와 엔터테인먼트에 대한 소비자의 욕구는 사실상 끝이 없다. 모든 연령대 사람들이 빈번히 텔레비전, 인터넷, 신문, 메신저 그리고 그 외의 다른 미디어를 동시에 겹쳐서 멀티미디어로 소비하는 것은 평범한 일상이다. 앞으로 평균 미디어 총 소비는 깨어 있는 시간을 초과할 것이고, 대부분 미디어는 부분적인 주목을 받으면서 광고 영향력은 감소할 것이다.

동시에 더 많은 미디어를 소비하기 때문에 현존하는 미디어 채널은 분화되고 새로운 채널도 신속히 추가되고 있다. 예컨대, 전보다 더욱 많은 텔레비전 채널을 시청하지만, 새로운 채널의 증가는 채널마다 더욱 시청시간이 지속적으로 줄어드는 것을 의미하는 것이다. 인터넷과 모바일이 새로운 채널과 콘텐츠를 급증하게 만들면서, 수용자 집단은 더욱 작게 나누어지고 있다.

미디어는 항상 라이프사이클을 가지고 있다. 그러나 그것의 특징은 극적으로 변화하지 않는다. 새롭게 대두되는 미디어의 라이프사이클은 우리가 미디어를 소비하는 계속적인 콘텐츠의 흐름에 창조적 행위를 통해 개인이 참여하는 방법에 의해 추동된다.

한편, 국내 미디어콘텐츠산업은 전반적으로 선순환구조가 확립되지 못한 상황으로, 콘텐츠 생태계가 불건전한 모습으로 작동하고 있어 지속 가능한 성장 가능성이 미약한 수준이라고 하겠다.

사실 수용자 입장에서 기술적인 혁신 자체는 별로 중요한 것이 아니며, 사업자 간의 융합 여부도 관심사가 아니다. 단지 자신에게 필요한 서비스에, 또한 원하는 서비스에 관심을 가질 뿐이다. 미디어환경이 어떻게 변화하고 진화하든지 간에 결론은 '콘텐츠'가 핵심이라는 거다. 융합미디어가 보편화되는 시점에서 사용자들은 자신이 원하는 콘텐츠를 장소와 시간에 구애받지 않고 접하고자 하는 욕구가 높게 나타나기 때문에 기업은 보다 질 좋은 콘텐츠를 보다 빠르고 편리하게 제공해야 한다. 결국 융합미디어의 성공은 킬러콘텐츠의 안정적인 확보에 있다고 하겠다. 실제로 DMB의 경우 콘텐츠 부족이 성장세를 이어가는 데 있어 가장 큰 문제로 부상하고 있는데, 특색 없는 콘텐츠 수급으로 인해 DMB에 대한 관심도가 약화된 상황이다. IPTV 역시 경쟁력 있는 콘텐츠 확보가 충족되지 못한다면 시장 확대를 장담하기 어려움은 분명하다.

융합미디어 플랫폼의 등장으로 미디어콘텐츠산업에 새로운 기회 요인이 발생하고 있기에, 미래를 위한 전략적 대응방안을 모색할 필요성이 제기되는 상황이다. 또한 다양한 플랫폼의 급속한 등장은 위협요인으로 작용할 수도 있다. 현재의 융합미디어콘텐츠시장은 서비스사업자 주도로 유지되고 있어 미디어콘텐츠시장의 안정화, 자생적 산업발전의 여건 등이 부족한 실정이다. 결국 현재 다양하게 등장하고 있는 융합미디어 플랫폼은 그에 적합한 새로운 콘텐츠를 보여주지 못하고 있다. DMB의 등장이 콘텐츠의 '다양성'을 담보할 것으로 기대되고 주장되었지만, 현재 플랫폼에 실린 내용물은 기존 플랫폼에 실린 내용물을 재탕하는 것에 불과하다고 하겠다. 이러한 현실은 미디어콘텐츠시장에 대한 냉정한 성찰과 새로운 방향성 제시를 요구하고 있다.

4. 공존의 조건(지속성장 위한 과제)

4.1. 기본 방향 설정: 건전생태계 구축

융합 상황은 국내 미디어시장에 콘텐츠 생산주체의 다양화, 유통 창구의 다변화 등 수평적 산업구조를 형성해갈 것으로 기대되었으나, 현실은 그렇지 못하다. 여전히 지상파, 이통사업자, 포털의 파워가 막강하다. 특히 KT, SKT 등 플랫폼을 보유한 통신기업들은 콘텐츠를 확보하고 직접 서비스하면서 콘텐츠시장에서 거대 기업으로 부상하고 있으며, CJ그룹 등 전통 제조업 및 대기업들도 종합엔터테인먼트 기업으로 탈바꿈하면서 자금과 브랜드 파워를 가진 소수 거대기업이 시장을 주도하는 형국이다. 반면 대부분의 콘텐츠기업은 자본력이 영세한 중소기업으로 새로운 자본 유입 및 재투자의 선순환구조를 구축하지 못하고 있다.

서비스사업자가 주도하는 현재의 콘텐츠시장 구도가 개선되지 않으면 시장의 외연만 확장될 뿐이며, 정작 시장에서 거래되고 유통되는 콘텐츠는 부족한 상황이 발생할 수도 있게 된다. 융합에 따른 채널의 증가는 양질의 콘텐츠를 확보하기 위한 콘텐츠 사업자 간의 경쟁을 초래할 뿐, 전체 콘텐츠시장 차원에서 보면 콘텐츠의 수급 불균형을 초래할 수 있다는 것이다.

콘텐츠가 시장수요를 충족시킬 만큼 충분히 공급되지 못할 경우, 융합의 산업적 시너지 효과는 오히려 위축될 수 있다. 자칫 융합미디어라는 거대 규모의 시장이 개화됨에도 불구하고 시장에서 거래되고 선택될 상품(콘텐츠)은 별로 없는 기형적인 상황이 발생할 수도 있다는 것이다. 이는 결국 소비자들이 원하는 콘텐츠 니즈를 충족시키지 못하게 되는 결과를 낳아 해당 융합미디어서비스에 대한 기피로 이어질 것이며, 융합미디어와 콘텐츠시장이 경쟁력을 유지하기 어렵게 만드는 악순환 고리를 구축할 우려가 있다.

해외에서는 융합콘텐츠시장의 지속성장을 담보하기 위한 새로운 전략들을 추진하고 있는데, 유럽연합은 산업생태계의 건강성과 활력을 극대화할 수 있는 환경기반 구축을 목표로 '디지털비즈니스생태계 프로젝트'를 추진 중이다(EC, 2005a, b). OECD(2006)와 다보스포럼[2] 또한 디지털콘텐츠산업의 주체인 산업과 정부, 소비자가 함께 새로운 협력, 협업 관계를 만들어 동반성장을 꾀하고 궁극적으로 디지털생태계의 번영을 추구해야 한다는 취지를 명확히 해나가고 있다. 이들의 공통적인 주장은 콘텐츠시장의 선순환을 이끄는 건전한 '콘텐츠 생태계(content ecosystem)'를 구축하는 데 모아진다. 생태학적 개념에 근거해 시장을 하나의 생태계로 간주, 생태계를 구성하는 요소

---

2) 2006년 1월(1. 25.−1. 29.) 스위스 다보스에서 개최된 세계경제포럼에서는 '네트워크화된 디지털생태계 (networked digital ecosystem)'라는 표현을 사용해 디지털콘텐츠산업의 현실 및 미래 과제를 천명했다.

들의 건전 활성화를 통해 지속 가능한 성장을 담보한다는 것이다. 디지털생태계를 선도적으로 주창했던 다보스포럼이나 OECD 회의에서 논의된 내용들의 공통점은 '이용자의 편의성을 최대로 고려한 디지털생태계 조성'이다. 그러나 두 기구에도 개념적인 차이점은 존재하는데 다보스포럼에서는 기술과 산업, 이용자 간의 동반 성장을 강조하며, OECD에서는 디지털콘텐츠의 생산-유통-이용 간의 상호 연계성을 강조하고 있다(OECD, 2006).

세계경제포럼에서는 디지털생태계를 조성해 나가는 데 있어서 세 가지 위험 이슈가 있음을 밝히고 있다(Elron, D. & Golob, J., 2006). 첫째는 네트워크 이슈이다. 실제로 네트워크 인프라에 보이지 않는 취약점들이 드러나기 시작(예: 콘텐츠 저작권 관련)하면서 위험에 노출된다는 것이다. 둘째는 콘텐츠에의 접근(access to content) 이슈이다. 콘텐츠 제작자와 배급/유통자가 콘텐츠 구매, 저장, 이용에 있어서 발생하는 충돌(friction)을 최소화시키는 해결방안들이 시급히 모색(예: 불법복제 문제, 신규서비스와 관련해서는 플랫폼 간 호환 미비로 인한 콘텐츠의 배타적 거래 등)되어야 한다는 것이다. 마지막으로 규제 이슈이다. 네트워크화된 디지털생태계의 역동성(dynamics)에 기존 규제의 변화가 보조를 맞추지 못해 의도치 않은 영향을 미칠 위험성이 상시적으로 존재한다는 것이다. 이러한 위험 이슈들을 해결하기 위해서는 정부의 역할이 무엇보다도 중요한데, 실제로 정부는 균형자로서의 역할을 강조하고 중립적인 위치를 취해야 한다는 주장이 설득력을 얻고 있다.

디지털생태계의 진화된 개념인 '네트워크화된 디지털생태계'는 디지털콘텐츠와 서비스들을 생산하고 저장하며 전송하는 것을 중심 테마로 삼으며 통신서비스사업자, 컴퓨팅 기기 제조사, 네트워크 사업자, 소프트웨어 및 인터넷 애플리케이션 개발자, 콘텐츠 제작자와 어그리게이터(aggregator)들을 모두 포함하는 것 외에 나아가서는 정부와 이용자, 그 외 기업들을 모두 포함하는 전체 사회까지 아우르고 있다(Elron, Dan & Golob, James, 2006, p.3). 디지털생태계는 인프라와 이를 지지하는 구성요소로 이루어진다. 여기서 인프라는 이미 우리 사회에 스며들어 있는 '디지털 환경(digital environment)'을 의미하며, 디지털 구성요소(digital component)는 소프트웨어, 애플리케이션, 서비스, 지식, 비즈니스 프로세스와 모델, 트레이닝 모듈, 그리고 규제 프레임워크 등을 의미한다. 디지털생태계 인프라는 디지털구성요소와 지식의 구성, 진화, 통합, 공유, 분배 등을 지원하게 된다(EU, 2002).

디지털생태계에 대한 목표 및 비전은 정의하는 주체마다 상이한데, 디지털생태계를 선도적으로 주창했던 다보스포럼이나 OECD 회의에서 논의된 내용들의 공통점은 '이용자의 편의성을 최대로 고려한 디지털생태계 조성'이다. 실제로 시장은 편의성을 최대한 고려하는 방향으로 이동하고 있다.

이러한 논의를 융합환경에 적용하면, 향후 미디어 컨버전스의 추세가 더욱 활발해짐에 따라 융합산업의 서비스가 원활하게 유통되며 이용되는 환경 조성 마련이 결국 콘텐츠 이용자와 관련 산업, 그리고 관련 신기술 간의 동반성장을 견인하는 콘텐츠 생태계 조성의 중요한 관건이 될 것으로 전망된다.

4.2. 미래 정책과제

융합환경이 진전되면서 콘텐츠를 제공하고 소비하는 방식이 변화하고 콘텐츠산업의 전반적 구조가 변화하고 있음에도 불구하고 콘텐츠의 규제철학과 규제방식은 전통적인 틀에서 크게 벗어나지 못하고 있다.

기존의 진흥체계는 가치사슬별 단발성 진흥체계로서 이에 대한 개선이 필요한 상황이다. 융합 이전에는 네트워크, 플랫폼, 콘텐츠, 이용자, 단말 각각에 대한 진흥이 이루어졌다. 제작, 금융, 인프라, 유통, 인력분야별 지원과 이를 통한 제작활성화, 유통활성화, 인력양성이라는 지원목적하에 추진되었다. 이는 분야별 단발성 지원이라는 한계를 가지는 것으로, 방통융합시대 진흥체계로의 전환이 요구된다. 계층별 유기성이 높아짐에 따라 전 순환체계에 대한 진흥이 요구된다고 하겠다.

이러한 상황은 융합콘텐츠시장의 성공요소 및 정부역할에 대한 재검토를 요구하고 있다. 수평적 산업구조와 가치사슬 단계의 분화는 비즈니스 성공을 위한 새로운 요소와 조건을 요구하고 이를 확보하기 위한 정부역할 역시 변화해야 함을 역설한다. 국내 콘텐츠산업의 지속 성장과 국가경쟁력 제고를 위한 미래전략 마련이 시급한 것이다.

이에 생태계 개념에 기초해 정책을 일회적 또는 고립적 활동이 아니라 조직주체와 제도들의 상호작용을 고려해 수립·집행하고자 하는 전략적 패러다임의 이동이 요구된다. 정부의 역할은 다양한 이해관계자 사이의 공생적 네트워크를 촉진하고, 생태계 환경을 관리(governance)하는 것이다. 정부는 콘텐츠의 경제적 가치를 촉진하는 지원자이며 동시에 시장실패를 보완하는 조정자 역할을 수행해야 하는 것이다. 따라서 콘텐츠 생태계 정책의 목표는 개방형 산업혁신 생태계가 효율적으로 작동될 수 있도록 투자의 효율화, 혁신역량 강화, 비즈니스 인프라가 선순환 구조를 이룰 수 있도록 설정되어야 할 것이다. 콘텐츠 생태계 구성요소 간 공존·균형을 통한 순환작용, 조절작용, 진화작용으로 시장의 선순환구조를 구축해야 한다는 것이다(김원제, 2009).

융합콘텐츠산업의 발전을 위해서는 가치사슬의 각 영역이 구성하는 산업생태계가 선순환구조를 형성하는 것이 가장 중요하다. 콘텐츠산업의 생태계를 구성하는 각 영역이 조화롭고 균형 있는 성장을 통해 창출된 에너지를 다른 영역과 상호 협력적 관계를 유지하면서 발전적으로 진화할 수 있는 생태계의 구성이 중요한 것이다. 따라서 정책적인 측면에서도 콘텐츠산업의 생태계를 구성하는 가치사슬상의 모든 비즈니스 활동의 유기적 결합을 촉진하는 것이 콘텐츠산업 진흥정책의 핵심목표가 된다.

이러한 목표를 달성하기 위해 콘텐츠 생태계 구성요소 및 콘텐츠 라이프사이클을 고려한 세부전략과제를 도출하면 다음과 같다.

첫째, 융합콘텐츠 시장을 활성화하기 위해서는 융합정책 기반 조성 및 체계 구축이 선행되어야 한다. 융합콘텐츠에 대한 정책적 거버넌스 및 추진력이 확보되어야 한다는 것이다. 융합콘텐츠를 국가산업정책 어젠다화하고, 정책예산에 있어서도 점진적이고 획기적인 추가 확보가 필요하다.

융합콘텐츠 서비스 기획기능 및 관리기능의 강화가 절대적으로 필요하다. 융합콘텐츠의 범위를 규정하고 이를 효과적으로 사업화함으로써 혁신시스템을 구축하는 두뇌 역할을 수행하는 주체가 필요하다. 융합콘텐츠 사업을 발굴하고 시행하며, 축적된 지식을 효과적으로 시장에 이전하기 위해서는 주도적으로 리드하며 총괄할 수 있는 혁신전문기획(기능)이 필요한 것이다. 기획기능이 존재하지 않는 상황에서는 자칫 서비스라는 큰 범주에 묻혀서 고유한 기능을 활성화하지 못할 우려가 존재한다.

정책 지원체제는 각 영역 간 범위를 구분하고 상호협력 체제를 구축하는 것이 바람직하다. 융합콘텐츠 속성상 범부처 협력 통한 융합추진이 정책목표달성의 관건이 되는 것이다. 민간과 정부의 역할분담 및 산·학·연 네트워킹 협력도 강화되어야 한다.

둘째, 융합콘텐츠시장을 견인하는 콘텐츠 R&D가 확대되어야 한다. 새로운 성장 패러다임에 걸맞게 콘텐츠 R&D 정책 역시 변화해야 하는데, 서비스 R&D가 그 대안이다. 서비스 R&D는 서비스산업에서의 연구개발 활동을 말하는데, 일반적으로 제조업의 제품 및 신공정 개발에 대응하여 새로운 서비스 상품 및 서비스 전달체계 개발을 의미한다. 콘텐츠 분야에도 이러한 개념을 도입하여, 새로운 콘셉트의 콘텐츠서비스 R&D를 지향해야 할 것이다.

콘텐츠서비스 R&D는 콘텐츠서비스업에서의 연구개발 활동을 의미하는데, R&D를 통해 새로운 콘텐츠상품 및 서비스 전달체계를 혁신하는 것이다. 즉, 콘텐츠상품의 기획, 창작, 유통, 비즈니스, 소비 등에 걸친 일련의 창의적 혁신 R&D를 의미하며, 콘텐츠의 기획, 마케팅, 운영, 프로세스 관리 등 콘텐츠상품 수명주기의 각 단계를 고려한 R&D로서 기술과 시장을 함께 진흥하는 진화된 R&D 개념이다. 또한 공학, 인문학, 사회과학, 경영학 등 다양한 학문분야가 참여하는 융합 R&D 성격을 갖는다. 콘텐츠서비스 R&D의 또 다른 특징은 하드웨어에 대한 투자보다 콘텐츠 및 프로세스 혁신을 위한 비즈니스 모델개발, 서비스 프로세스 혁신방법론 개발 도입 등이 주요 내용이 되어야 한다는 점이다. 현재 콘텐츠의 개발단계와 상용화 초기 기술지원에 집중되어 있는 지원사업의 범위를 서비스상품의 수명주기를 기준으로 시장진입 직전단계, 상용화 이후 성장기, 성숙기까지 R&D사업 범위를 확대할 필요가 있다.

셋째, 융합콘텐츠 제작능력을 제고해야 한다. 콘텐츠의 상품가치는 문화, 예술, 역사, 지리 등 원천요소로부터 발생하기 때문에 이에 대한 발굴 및 개발 지원시스템이 필요하다. 디지털 융합에서 고품질의 콘텐츠를 구현하고 소비자의 니즈 및 이용행태에 따른 맞춤형 콘텐츠를 제작해야 한다.

문화콘텐츠의 특성상 영세 사업자에 대한 배려와 공정한 유통을 통한 최종 소비자로의 전달을 원활하게 하기 위해서는 정부의 개입이 필수적이며, 이러한 개입을 통해 강제적 조정기능을 수행해야 한다. 문화의 다양성 차원에서 다양한 장르의 콘텐츠가 유통될 수 있는 지원, 통제가 필요한 것이다. 스크린 쿼터제가 대표적인 사례이다.

넷째, 융합콘텐츠 유통질서의 건전화가 요구된다. 선진 유통환경 조성, 콘텐츠 유통시스템의 재정립이 필요하다. 콘텐츠 유통채널 간의 장벽을 해체하고 콘텐츠 사업자 간의 유효경쟁이 이루어지는 유통 비즈니스 환경을 조성해야 한다. 콘텐츠 제작자와 유통업체 간, 시장 지배적 사업자와 중소 콘텐츠 업체와의 불공정 거래가 여전하다. 플랫폼 사업자와 콘텐츠 사업자간 공정경쟁 유도, 판권계약 및 배급 관련 공정거래 가이드라인 마련 등의 현실적 대책이 요구된다고 하겠다. 창작자 및 중소 콘텐츠 사업자의 육성을 위하여 거래비용을 축소하고 비즈니스 수익이 가치사슬 전반으로 배분될 수 있는 합리적 유통구조를 구축해야 한다.

유통질서 건전화를 위해 콘텐츠저작권 체계를 정비해야 한다. 네트워크, 플랫폼 간의 콘텐츠 이동성, 그리고 콘텐츠의 공유 가능성을 제고하기 위한 저작권 체계 및 관련 제도 정비가 요구된다. 콘텐츠 불법 복제·유통은 기업의 수익기반을 위협하고, 중복적인 사업 진입 규제 등은 투자의욕을 저하시키기 때문이다. 융합시장에서 창의적인 콘텐츠가 다양한 경제적 가치로 전환될 수 있도록 저작권 보호 및 관리시스템 구축이 확대되어야 할 것이다.

다섯째, 미디어문화 향유 기회를 확대해야 한다. 미디어콘텐츠 이용 환경을 조성해야 하는데, 콘텐츠 단말의 표준화를 통해 이용자의 편의를 제고하고 콘텐츠 체험기회를 확대하여 콘텐츠 활용을 통해 삶의 질을 개선할 수 있는 기회를 제공해야 한다. 더불어 계층, 소득, 지역 등의 차이에 따른 콘텐츠 활용능력의 격차가 발생하지 않도록 미디어 리터러시를 확대해야 한다. 또한 미디어콘텐츠의 범람에 따른 역기능을 해소해야 하는데, 콘텐츠 중독의 예방과 치료에 관심을 두어야 하며 불법 콘텐츠의 유통을 차단하는 등 역기능을 최소화하는 정책시행과 지원이 필요하다.

생태계 개념을 적용할 때, 융합콘텐츠시장 정책방향은 '기획/제작－유통/서비스－소비/재생산' 사이클을 구성하는 요소들의 상호활성화를 통한 콘텐츠산업의 선순환 구조를 구축하는 것으로 요약된다. 하나의 가치사슬 안에서 유기체적 상호작용을 통해 지속적 성장이 가능하도록 유도해야 하는 것이다. 문화, 예술을 근본 토양으로 하면서 장르 간, 매체 간 연계는 물론, 저작권 제도, 통상·교류, 테크놀로지, 자본 투자 등 인접 시스템과의 유기적 연계 속에 통합적인 정책적 접근이 이루어져야 할 것이다.

이를 위해 융합미디어 콘텐츠 생태계의 구현은 일종의 '사회적 시장(social market)' 모델을 지향해야 한다. 사회적·공익적 가치를 우선

하되, 투자 가치도 적극적으로 인정함으로써 시장적 가치를 존중하는 것이다. 미디어 융합에 따른 새로운 콘텐츠와 서비스 시장의 활성화로 소비자의 콘텐츠 수요와 이용문화를 고려한 문화적 관점의 진흥정책인 것이다(김원제, 2009).

그 이념적 지향은 '공사(公私)균형'적 통섭의 이념이 되어야 한다. 공익과 사익의 균형, 상업성과 비상업성의 균형, 국내적인 것과 국제적인 것의 균형, 서울과 지방의 균형을 목표로 해야 한다. 이는 국민권력의 틀에서 시장 경제와 결합을 촉진하는 개념이며, 사유화 반대, 공유 영역의 확대를 지향하는 정책이념이다. 이는 콘텐츠 영역에서 사적 영역은 가급적 규율하고, 공유 영역을 확대시키며, 민주적 통제를 강화시키는 것으로 실현된다. 경제적 효율성과 다양한 선택의 자유를 보장하되 효율성과 자율이 갖고 오는 부정적인 문제들을 사회정의(법, 제도)의 구현을 통해 보완한다. 결국 콘텐츠 생태계 정책은 '수용자 복지'를 최우선으로 하되, '산업 활성화'와 '공공성 제고'를 함께 고려해야 하는 것이다. 사업자 간 경쟁촉진을 통해 새로운 미디어와 콘텐츠를 활성화함으로써 소비자의 선택범위를 확대하고 소비자 권익을 보호하는 한편, 시장원리를 통해 제공될 수 없는 다양한 공공 정보와 의견이 유통될 수 있도록 미디어의 공익성을 증진시킴으로써 궁극적으로 수용자의 복지를 증진시키는 데 초점을 두어야 하는 것이다. 이를 통해 융합 환경에 대응한 새로운 콘텐츠 생태계 구축이 가능하게 된다.

참고문헌 및 자료

김원제(2009). 콘텐츠 실크로드 미디어 오디세이. 이담북스.

문화체육관광부(2009). 미디어환경 변화에 따른 방송콘텐츠산업 활성화 방안.

손용(2003). 디지털 네트워크 시대의 텔레커뮤니케이션. 한울.

이재동·김원제(2007). 퓨전 테크 그리고 퓨전 비즈. 아이티씨.

방송통신융합 실무준비TF(2006). 방송통신융합 의제(안).

한국문화콘텐츠진흥원(2007). 2007 세계 문화콘텐츠산업 전망. 문콘진 07 - 09.

관계부처 합동(2010. 7.). IT융합 확산전략.

방송통신위원회(2010. 7. 14. 보도자료). "생활공감·다매체 연동형 방송통신
    융합서비스 본격 추진."

장용호 외(2004). 디지털 문화콘텐츠의 생산, 유통, 소비과정에 관한 모형. 한국
    정보통신정책연구원.

현창희(2010). 스마트미디어빅뱅과 2011 글로벌트렌드. Digital Media World Conference
    2010.

KT(2008). Global Leading company의 Contents Biz 전략.

METATREND. MASHABLE WORLD. VOL. 4 April 2010 SPECIAL REPORT.
    http://www.themetatrend.com/data/1004/mashable_world

METATREND. Contents Independence. VOL. 5 May 2010. TREND INSIGHT.
    http://www.themetatrend.com/data/1005/contents_independence

Elron, Dan and Golob, James(2006). Digital Ecosystem: Convergence between IT,
    Telecoms, Media and Entertainment. Keynote speech of joint session with IT,
    Telecoms, Media and Entertainment Governors, 27 Jan. Davos, Switzerland.

European Commission, DG-INFSO(2005a). What is an European Digital Ecosystem?
    Policy Priorities and Goals. internal report, Bruxelles, February 2006.
    http://www.digital-ecosystems.org/doc/fp7-de-shortintro.pdf

European Commission, DG-INFSO(2005b). Towards Business Cases and User-Oriented
    Services in Digital Business Ecosystems. Conclusions of the FP7 Workshop on
    Needs and Requirements of Regions, Bruxelles, 18 April 2005.

EU(1997). Green Paper on the Convergence of the Telecommunications, Media and
    Information Technology Sectors, and the Implications for Regulation.

http://europa.eu.int/ISPO/convergencegp/97623en.pdf

European Union(2002). Directive 2002/21/EC of the European Parliament and the Council of 7 March 2002 on a common regulatory framework for electronic communications networks and services (Framework Directive). Official Journal of the European Communities, L 108/33.

Future Exploration Network(2006). Future of Media.

Future Exploration Network(2008. 7.). Future of Media Report 2008. http://rossdawsonblog.com/Future_of_Media_Report2008.pdf

OECD(2005). Roundtable on Communications Convergence, London, 2 − 3 June 2005. http://www.oecd.org/document/53

Pavlik, J. V. and Dennis, E. E.(eds) Demystifying Media Technology; Readings from the Freedom Forum Center (California, Mountain View; Mayfield Publishing Company, 1993)

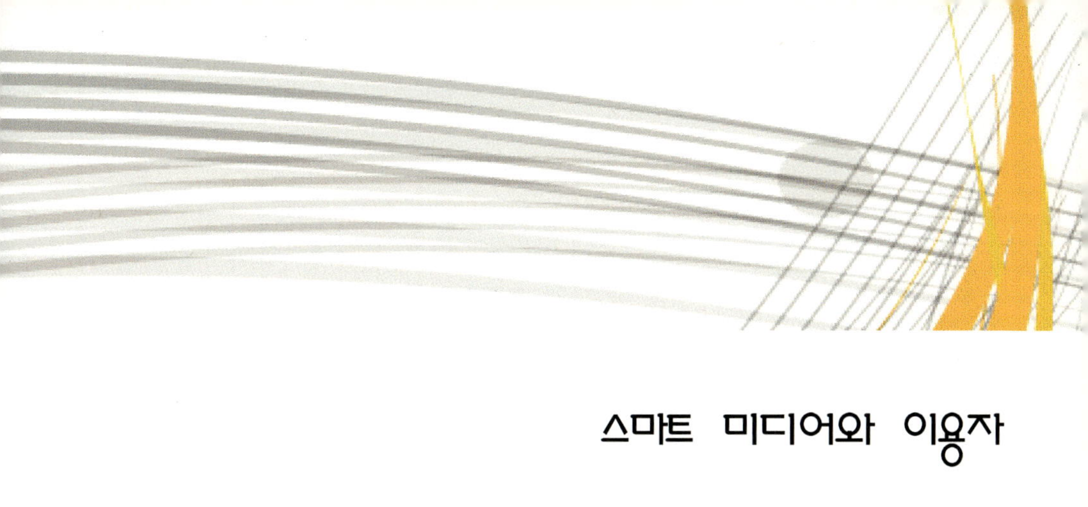

스마트 미디어와 이용자

1. 도입

　하루가 멀다고 다양한 미디어 기기가 쏟아져 나온다. 신제품으로 등극한 미디어 기기가 시장에 확산되기도 전에 동일한 미디어의 업그레이드 버전이 등장한다. 급속도로 변화하는 미디어 환경에서 소비자들은 구입해야 할 타이밍을 알 수가 없다. 곧바로 구입해야 할지, 아니면 새로운 제품이 등장할 때까지 기다려야 하는지를 알 수가 없다. 최근 삼성전자가 SK텔레콤을 통해 출시했던 휴대전화 '옴니아2'의 '웹서핑'서비스 중단 예고에 사용자들의 불만이 폭주하고 있는 것도 그런 예 중의 하나이다. 스마트폰의 베타버전임에도 불구하고 구입을 서두른 초기 소비자만 낭패를 본 것이다.

　작금의 미디어 환경은 다양한 기기들의 등장으로 도입기의 사용 기간을 점차적으로 단축시키고 있다. 이런 시점에서 현재의 미디어와 여기에서 파생된 콘텐츠의 이용행태를 파악하여 향후에 어떻게 변할지를 예측해보는 것은 의미 있는 일이라 할 수 있다.

　먼저, 콘텐츠의 변화를 이해하기 위해서는 미디어의 유형이나 진화에 대한 이해가 선행되어야 한다. 특정 목적을 위해 탄생한 미디어와 또 다른 목적으로 등장한 미디어와의 융합을 통해 새로운 형태의 콘텐츠가 탄생하고 이런 미디어나 콘텐츠가 다시 결합하고 화학적으로 융합을 해서 전혀 다른 개념의 콘텐츠가 탄생을 한다. 물성적 형태를 갖춘 미디어의 미래 모습은 대략적인 예측이 가능하지만, 무형의 콘텐츠는 한 치 앞을 예측할 수 없다. 하지만 현재 미디어나 콘텐츠의 이용행태를 통해 어느 정도 예상을 할 수 있을 것이다. 최근에 실시된 소비자 조사 결과와 연구 보고서 및 관련 자료를 바탕으로 향후의 미디어 및 콘텐츠의 모습을 전망해 보고자 한다.

미디어 및 콘텐츠의 진화는 스마트폰, 태블릿PC 등과 같은 스마트 기기를 통해 이루어지고 있다. 양적인 측면을 보더라도 2011년 스마트폰 국내 가입자 수가 1,500만 명으로 전년에 비해 2배 이상 증가하였고 국내 태블릿PC 시장규모도 4배 이상 급성장할 전망을 보이고 있다(방송통신위원회, 2010).

이처럼 스마트 기기의 보급이 확산되는 것은 예전에 비해 통신망 부하 문제가 개선되고 보다 빠른 무선 통신 환경이 조성되면서 대용량 콘텐츠 공유 및 SNS(Social Network Service) 활용이 본격화되고 있고 있기 때문이다. 올해 국내의 경우에도 국내 이동통신 3사는 와이파이존 및 와이브로 망을 확대하고, 4세대 이동통신 방식인 'LTE(Long Term Evaluation)'도 연내 조기 도입할 계획이라고 한다. 이처럼 이동통신 기술의 발달로 미디어의 형태 및 내용도 더욱 발전할 것으로 예상이 된다. 아울러 소셜 미디어의 근간을 이루는 페이스북, 트위터, 미투데이 등의 국내 가입자 수도 계속적으로 늘어날 전망이다.

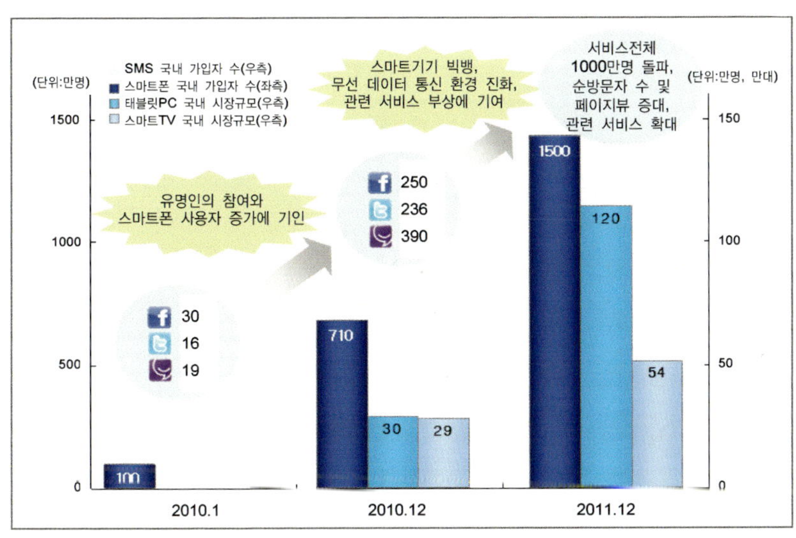

스마트기기 시장과 SNS 활용의 확대
(삼성경제연구소, 디지털타임스, NHN 자료 등을 토대로 작성)

미국 상황을 보더라도 페이스북의 성장세는 놀랄 만하다. 2011년 1월 Nielsen의 미국 내 웹 브랜드와 뉴스 사이트 방문자 조사 결과에 의하면, 구글이 순방문자 수 1억 54백만 명으로 1위, 페이스북이 1억 36백만 명으로 2위를 차지했는데 흥미로운 건 이용자별 이용시간이다. 1위인 구글이 1시간 21분인 반면, 페이스북은 무려 7시간 24분이다. 그런데 조사 결과는 집과 직장에서 일반 PC와 랩탑PC로 이용한 경우만 포함시켰으니 실제 순사용자 수나 사용시간은 더 증가할 수 있다. 페이스북 같은 경우는 모바일기기로 접속하는 비중도 꽤 높다고 한다(Nielsen Wire blog.nielsen.com, Jan., 2011).

유명인의 참여로 트위터, 페이스북이 세간의 관심을 이끌었고, 이러한 현상은 스마트 기기 사용과 증가를 이끈 동인 중의 하나가 되었다. 최근에 무바라크나 카다피 등 중동의 철권 정치를 무력화시킨 내면에는 트위터 등 SNS의 역할이 매우 크다고 할 수 있다. 이 또한 손으로 들고 다니는 스마트 기기가 없었다면 불가능했을 것이다.

2. 미디어 및 콘텐츠의 진화 프로세스

미디어는 과거의 아날로그 시대에서 시작하여 디지털 시대를 거치면서 타 미디어로의 대체와 진화를 거쳐 지금은 융합(convergence)과 매시업(mash-up) 단계에 이르렀다. 미디어(media)라는 용어가 쓰인 당시만 해도 미디어의 유형은 많지 않았으나 지금은 정보통신기술의 발달로 다양한 미디어와 콘텐츠가 등장하고 있다. 진화에 진화를 거듭하여 파생된 미디어와 콘텐츠의 진화를 연대기 형식으로 정리하면 다음과 같다.

	아날로그	디지털		매시업
미디어	•유선전화기(시티폰) •Pager	•휴대전화 (PCS, 셀룰러폰)	•Smart phone (아이폰, 갤럭시S, etc.)	
	•아날로그 TV	•IPTV •3DTV	•3D Cinema	
	•녹음기 •Radio	•MP3 Player (아이팟)	•PC Radio(미니, 콩, etc.) •모바일 Radio	
	•Book	•e-book	•태블릿PC •(아이패드, 갤럭시탭, etc.)	
	•필름카메라	•디지털 카메라	•3D카메라	
		•유선인터넷 •WiBro서비스 •DMB서비스		
콘텐츠	•통역(번역의 관점)	•실시간 번역	•음성인식 번역	
	•지도책(종이 지도)	•2차원 내비게이션 (평면지도)	•3G 내비게이션 (3D 지도)	
	•I love School	•Cyworld •Blog •Internet cafe	•Twitter •Facebook •Youtube •Hulu •Netflix •Myspace •카카오톡	
	•교과서 (내용적 측면)	•디지털 교과서 (번역도 가능)		
	•유아 그림책(평면)	•디지털 그림책(PC)	•3차원 영상 그림책	
	•인화사진	•디지털 사진		
	•액자	•디지털 액자		
	•종이 다이어리	•스마트폰 일정관리		
		•Google •Yahoo		

미디어 및 콘텐츠의 진화 프로세스

미디어나 콘텐츠는 그 자체가 계속 존속하는 것이 아니라 이질적인 미디어 또는 콘텐츠와의 융합을 통해 계속적으로 분열을 한다. 미디어나 콘텐츠의 분열은 다양한 형태의 콘텐츠들로 쪼개진다는 의미이다. 이어서 유사한 콘텐츠 간 경쟁 속에서 수용자의 니즈(Needs)에 절대적으로 부합한 미디어나 콘텐츠만이 생존하고 진화한다.

모바일 기기의 확산 이후 조그만 기기에 '휴대 가능'한 정보의 양은 무한대로 증가하고 있다. 디지털의 탄생이 종이의 발명이나 인쇄술을 대체하였다. 미디어 형태의 큰 틀은 변함없지만, 콘텐츠는 지속적으로 변화하는 양상을 보이고 있다. 기존의 미디어는 사라지는 것이 아니라 다른 형태의 미디어로 진화하거나 타 미디어와의 결합을 통해 융합형 미디어로 거듭나고 있다. 종이지도의 경우도 내비게이션으로 진화하였고 다시 스마트폰과 태블릿PC의 어플을 통해 조정과 변화를 거쳐 3G 형태로까지 발전하였다.

한편, 과거의 휴대전화는 전화기라는 개념으로 인식되었으나, 현재 스마트폰은 음성 통화 기능은 기본이고 디카, MP3플레이어, PMP, 전자사전 등 다양한 기능이 가능하다. 최근에는 스마트폰으로 진화하면서 수많은 애플리케이션을 활용할 수 있는 다기능 미디어로 변신을 하게 되었다. 실제로 주위에서 그런 예를 찾아볼 수 있다. 요즘 전자상가에는 MP3, PMP, 전자사전 매장은 파리만 날리고 있다. 과거 주말이면 20~30명 이상 찾았었는데 요즘은 주말에는 2~3대 겨우 팔고 평일에 문의하는 손님조차 없다고 한다. 이제는 스마트폰 하나면 모든 기능이 해결되기 때문이다. 가격비교 사이트 '다나와닷컴'의 제품 판매 추이를 보면, 작년 1월을 100으로 놓았을 때 스마트폰 판매량은 8~9월까지 급격하게 증가한 반년, MP3와 PMP 등은 1년 내내 하락세를 보였다.

심지어는 다이어리도 '앱'으로 등장하는 바람에 다이어리 제조사는 긴장을 하고 있는 실정이다. 사무 공간의 모습도 바뀌고 있다. 스마트폰으로 기업 내부망 접속이 가능한 '업무용 앱'이 보급되면서 물류·금융·유통업계·영업직을 중심으로 외근과 내근의 구분이 사라지고 있다(조선일보, 2011. 2. 27.).

태블릿PC의 성장세도 스마트폰 못지않게 관심이 집중되고 있다. 아이패드를 시작으로 갤럭시탭과 함께 성장을 이끌었고 그 외 동일한 미디어 기기의 업그레이드 버전과 다수의 태블릿PC가 시장 출시를 앞두고 있다. 태블릿PC는 일반 소비자들이 일부 사용하고 있지만 병원이나 건설현장, 영업 현장 등 기업체나 산업체에서 오피스 기능으로 편리하게 사용하고 있다. 또한, 태블릿PC는 화면이 휴대전화보다 크기 때문에 스마트폰과 확산이 예상되는 스마트TV의 미해결 영역을 커버할 수 있는 미디어 기기로 적합하다(중앙일보, 2011. 2. 18.).

3. 스마트 미디어 및 콘텐츠

3.1. 스마트폰의 지속성

미래의 미디어는 다양한 기능이나 서비스가 하나의 미디어를 통해 실행 가능해야 수용자의 니즈(needs)를 충족시킬 수 있다. 스마트폰의 경우가 그렇다. 노트북, 내비게이션, 넷북, 게임기, 태블릿PC, 전자사전, PMP, 스마트TV, 이북리더, UMPC 등은 스마트폰의 일부 기능과 유사할 뿐 아니라 완전 대체도 가능하다. 미디어 기기 간 시장 상황을 보면 제조업체 간 신제품 개발 경쟁이 치열하여 스마트폰은 새로운 신제품들이 계속 쏟아져 나오고 있다. 냉장고 한 대의 수명이 20년이라고 하면 그 부피의 1/100도 안 되는 스마트폰은 구매 사이클도 2~3년으로 짧아 전자제품 제조업체에서는 매우 매력적인 상품이 아닐 수 없다. 또한, 스마트폰은 제조사에서 R&D 역량을 최대한 집중하고 있다. 애플사의 아이폰은 수많은 특허기술을 보유하고 있으며 특히, 태양광을 이용한 충전기술(Solar Cells on Portable Devices 특허출원

2008. 5.)은 배터리의 보조적인 용도로 사용이 가능할 경우 소비자들에게 매우 매력적인 제품으로 어필할 것이다(김석기, 2010).

데스크PC로만 주로 이용할 것 같은 유튜브(Youtube)의 경우에도 2010년 국내 트래픽 중 20% 이상이 모바일(스마트폰으로 추정)에서 발생하였다. 이는 전 세계에서 가장 높은 수치라고 한다. 특히 2011년 1월 모바일 트래픽 비중은 지난해 같은 기간에 비해 9배 이상 증가했다. 유튜브가 모바일 트래픽을 강조하는 건 이를 통해 SNS를 강화할 수 있다고 보기 때문이다. 업계에서는 트위터, 페이스북 등에 비해 SNS가 약한 구글이 유튜브를 통해 모바일 미디어의 영역을 확대하려는 것으로 보고 있다(중앙일보, 2011. 2. 23.).

디지털 미디어의 기능과 산업간 융합의 구조를 보면 스마트폰과 태블릿PC와 같은 스마트 기기는 매우 핵심적인 위치에 있다.

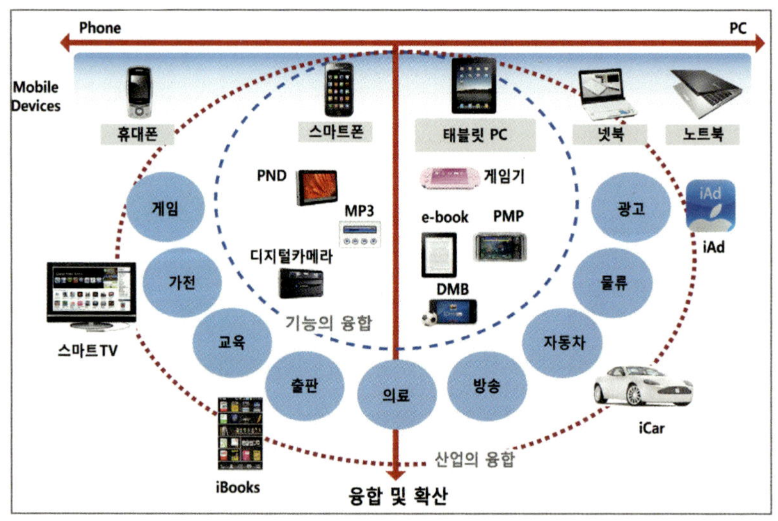

Mobile Digital Media Device Map(ETRI 자료 수정 및 보완)

3.2. 스마트폰 이용 확대

방송통신위원회의 '2010년 스마트폰 이용실태조사(2010. 12.)'에 의하면 향후 스마트폰을 통해 SNS를 이용할 의향은 87.0%로 나타났으며, 세부적으로 보면 '현재 스마트폰을 통한 SNS 이용자'의 SNS 이용의향은 98.0%로 스마트폰을 통한 SNS 무경험자의 이용의향보다 상대적으로 높은 것으로 나타났다. 즉, 스마트폰 이용자들의 SNS 이용 충성도는 매우 높으므로 스마트폰이 계속 확산할수록 SNS 이용은 계속적으로 증가할 것이라는 전망을 해본다(방송통신위원회, 2010. 12.).

한편, 스마트폰 기반 모바일오피스 이용자의 69.9%(일반 직장인 스마트폰 이용자의 34.1%)가 스마트폰 기반 모바일 오피스가 업무 수행에 도움을 준다고 응답하고 있다. 서비스를 이용해본 사람의 계속적인 이용을 엿볼 수 있는 대목이다(방송통신위원회, 2010. 12.).

또한, 스마트폰 기반 모바일 오피스 이용 의향을 보면 일반 직장인의 경우는 63.4%, 모바일 오피스 이용자는 94.2%로 모바일 오피스를 이용하는 집단에서 이용의향이 상대적으로 높게 나타났다.

앞으로 스마트폰은 각 계정에 일일이 로그인하지 않아도 SNS, 이메일, 문자 등 모든 메시지를 통합해 쉽게 이용할 수 있도록 만들어질 것이다. 예전에 디자인과 하드웨어적 기능 등이 주요 구매 속성이었으나 앞으로는 SNS의 특화 여부도 미디어 기기 구매 시 중요한 요소로 인식될 것이다. 일반적으로 SNS를 한 가지만 사용하는 것이 아니라 여러 개를 사용하기 때문에 페이스북, 트위터, 싸이월드, 미투데이 등의 통합 기능을 제공하는 앱이 등장할 것이다(방송통신위원회, 2010. 12.).

또 다른 기관의 소비자조사를 통한 결과를 보더라도 미디어를 통

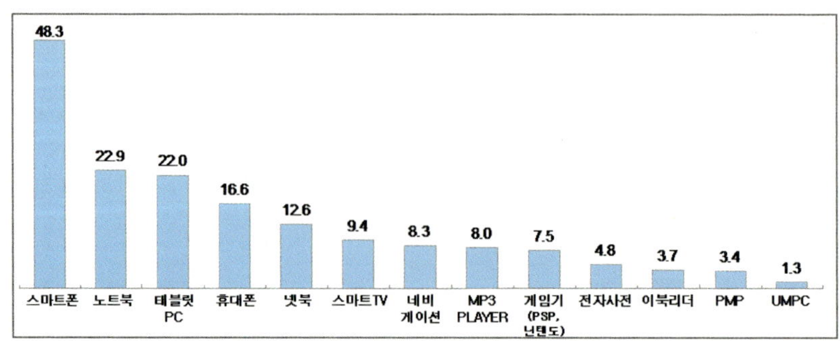

향후 구입할 의향이 있는 디지털 미디어 기기(통신사업자연합회, 2010)

해 수용자가 누릴 수 있는 대부분의 서비스는 스마트폰을 통해 구현 될 것으로 나타났다. 2010년의 미디어 기기 이용실태 조사를 보면 과 반수에 가까운 48.3%가 향후 스마트폰을 구입할 의향이 있는 것으로 나타났다(통신사업자연합회, 2010).

이와 같은 결과는 같은 조사에서 향후 구입할 의향이 있는 디지털 미디어를 보더라도 알 수 있다. 스마트폰이 48.3%인 반면, MP3 Player 는 8.0% 감소했다. 스마트폰이 디지털 미디어의 기능들을 통합하여 대체가 가능하기 때문인 것이다.

미디어의 만족도를 보더라도 스마트폰의 만족도가 다른 미디어보다 가장 높은 72.2점으로, 사용하는 데는 불편함이 덜한 것으로 나타났다.

스마트폰을 구입하는 이유를 보면 주로 '편리하고 다양한 애플리 케이션을 사용하기 위해'가 70.4%로 가장 높은 것으로 나타났으며 다 음으로 '다양한 멀티미디어 기능'(62.9%), '인터넷/검색을 쓰기 위 해'(47.2%) 등으로 나타났으며. 그 이외에도 '커뮤니케이션 기능의 확 장을 위해'(29.3%) 구입하는 경우도 있다.

그리고 미디어의 중요한 속성인 '이동성', '휴대성' 측면에서 스마

디지털 미디어 기기 속성별 만족도(통신사업자연합회, 2010)

구 분	휴대 전화	스마 트폰	노트북	넷북	태블릿 PC	게임기	MP3 Player	PMP	전자 사전	내비 게이션
종합 만족도	62.6	**72.2**	65.6	64.5	66.0	57.3	63.7	64.0	56.9	59.8
이동성/휴대성	84.2	**86.9**	56.3	70.7	69.9	73.6	86.5	79.1	74.6	69.9
콘텐츠 다양성	57.5	**82.6**	74.3	72.7	75.0	56.1	50.9	56.7	48.3	49.5
즉시성	79.4	**85.9**	63.2	69.0	75.7	71.4	82.2	74.7	74.0	64.6
지역성	79.2	**81.3**	59.5	64.8	68.2	70.4	83.7	77.7	74.8	66.8
신속성	68.6	**80.6**	70.1	69.6	72.6	58.6	64.6	65.9	69.0	65.2
고화질	59.3	**75.5**	76.3	69.6	75.7	66.3	62.5	76.4	60.0	65.4
요금 저렴성	49.6	**48.9**	65.7	62.1	57.4	60.5	76.0	77.9	68.4	72.1
접속 안정성	60.0	**56.9**	64.4	59.6	62.2	63.4	72.7	68.5	62.6	63.6
조작 편의성	69.5	**70.2**	71.4	70.4	70.9	68.8	78.9	72.9	69.6	68.6
상호 호환성	56.0	**69.4**	74.4	69.3	70.6	53.8	61.8	66.3	48.8	53.6
멀티태스킹	52.3	**71.4**	75.1	72.1	72.0	48.0	54.8	66.0	49.8	53.2
업데이트 신속/편의성	52.8	**68.8**	69.6	66.5	68.9	52.9	59.0	63.8	53.5	55.1

트폰의 만족도가 타 미디어 대비 86.9점으로 가장 높게 나타나 불편 없이 사용하기에 가장 적합한 미디어로 평가되었으며 콘텐츠의 다양성도 82.6점으로 우수한 편인 것으로 나타났다. 다시 말해 스마트폰 하나만을 휴대한다면 다른 미디어는 지참할 필요가 없다는 것이다. 이처럼 스마트폰은 다양한 멀티미디어 기능과 풍부한 애플리케이션을 활용할 수 있는 미디어의 조건을 모두 갖추고 있다.

3.3. 태블릿PC의 스마트 기기 군 합류

통신사업자연합회의 소비자 조사(2010)에서 태블릿PC 구입 이유를 보면 '다양한 멀티미디어 기능 때문에'가 56.9%로 가장 높은 것으로 나타났으며 다음으로 '편리하고 다양한 애플리케이션을 사용하기 위해'(51.6%), '인터넷/검색을 쓰기 위해'(48.2%) 등의 순을 보이고 있다. 태블릿PC는 이용 편의성과 큰 화면을 보유하고 있고 노트북보다는 스마트폰에 가까운 디바이스이므로 복잡한 컴퓨팅 작업보다는 콘텐츠 소비를 위한 기능에 주안점을 두고 있다. 동영상, 음악, 사진 등의 콘텐츠에 유리하며 또한, 텍스트 위주의 신문이나 잡지 e-북으로서도 기능이 유리하다(한국콘텐츠진흥원, 2010).

태블릿PC도 기업체에서도 필요성이 높아질 것이다. 스마트폰 대비 넓은 화면으로 가독성이 보장이 되어 더 많은 정보를 소비할 수 있다. 아이패드가 출시하면서 경쟁 디바이스인 노트북과 넷북의 매출이 떨어진 현상도 이런 맥락에서 해석할 수 있다. Morgan Stanley의 Alphaw 팀이 미국 소비자를 대상으로 실시한 2010년 3월 조사에서 아이패드 시장을 잠식할 우려가 가장 높은 세그먼트가 PC(넷북 포함)라고 밝혔는데 해당조사에서는 구체적으로 아이패드를 구입할 예정인 소비자들의 44%가 아이패드를 구입하는 대신 넷북 구입 검토를 그만둘 것이라고 밝히고 있다는 점이다(윤정호, 2010).

태블릿PC의 새로운 버전도 계속적으로 출시를 기다리고 있다. 삼성전자는 갤럭시탭 7인치를 출시한 이후 아이패드에 대항할 갤럭시탭 10.1과 갤럭시탭 8.9를 계속 출시할 예정이다. 스페인 바르셀로나 '모바일 월드 콩그레스(MWC) 2011'에서 첫선을 보여 관심을 끈 갤럭시탭 10.1을 시작으로 삼성전자의 다양한 크기의 라인업은 경쟁사들의 신제품 개발을 부추길 것이며 태블릿PC 시장도 스마트폰 못지않게 각축을 벌일 것으로 전망이 된다. 통신사도 기회라고 할 수 있다. 유선과 무선 통신 결합을 넘어 의료·친환경·유통·건설·자동차

주요 스마트 서비스 도입 사례

분야	도입기업	참여 통신기업	내용
의료	명지병원	LG유플러스	의료정보솔루션을 클라우드 방식으로 제공
	서울대학교병원	SK텔레콤	스마트폰 기반 진단정보 조회
제조	포스코	SK텔레콤	포항·광양제철소에 모바일기술기반 '스마트웍스' 시스템 구축
	현대중공업	KT	울산조선소에 와이브로 기반 작업 환경 구축
유통	이랜드	LG유플러스	모바일 그룹웨어, 모바일 패션 유통솔루션 도입
금융	외환은행	SK텔레콤	영상상담 기반 스마트브랜치 서비스 개발
교육	인제학교	LG유플러스	이동통신·와이파이·VoIP기반 통합 음성·데이터 서비스 제공
공공	국립공원관리공단	KT	전국 28개 사무소 영상회의시스템 구축
	서울도시철도공사	KT	모바일 기반 지하철 설비 관리시스템 구축

등과 융합되어 다양한 서비스를 도입하고 있어 새로운 성장 동력원이 될 수도 있다(전자신문, 2011. 2. 23.).

국내 주요 기업체의 스마트 서비스 도입 사례를 보면, 먼저 KT는 'S.M.A.R.T(Save cost Maximize Profit)' 전략을 앞세웠다. 기업 소호 및 중소기업, 공공, 빌딩, 공간, 그린 6개 분야별로 특화된 서비스를 제공하고 있으며, 이 전략의 또 다른 핵심은 산업별 중소기업과의 협력을 통한 상생 기반 마련이다.

SK텔레콤은 '산업 생산성 향상(IPE: Industray Productivity Enhancement)'이라는 이름으로 융합산업에 대응하고 있다. IPE사업은 SK텔레콤이 보유한 통신기술과 서비스 노하우를 기반으로 타 산업의 생산성을 높이고 새로운 부가가치를 창출하는 것이다. 특히, 유통·물류·금융·교육·헬스케어·제조·주택건설·중소기업 8개 대표산업에 걸쳐 서비스를 제공하며 협력을 강화하고 있다. LG유플러스는 기존 네트워크 운영 중심의 망 사업에서 벗어나 융합 기술을 접목해 통신 시장의

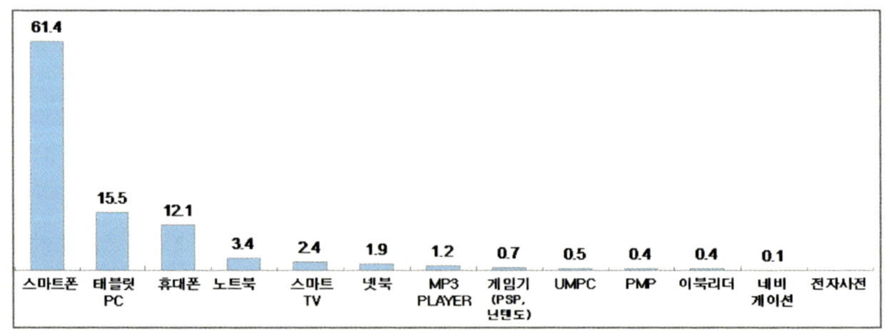

가장 이상적인 형태의 디지털 미디어 기기 간의 결합 – 메인(본체)
(통신사업자엽합회, 2010)

경계를 넘으려는 시도를 하고 있다(전자신문, 2011. 2. 23.).

이처럼 태블릿PC는 스마트폰 다음으로 활성화될 디지털 미디어 기기이다. 분명히 스마트폰과는 차별화된 영역으로 발전할 것이다. 향후 3년 이내 활성화될 디지털 미디어 기기에 대한 이유를 보면 태블릿PC의 '휴대 편리성'(20.1%), '기능 다양성'(17.5%) 등이 활성화의 주된 이유이다. 여기서 휴대 편리성은 스마트폰보다 편리하다는 의미가 아니라 말 그대로 노트북이나 넷북 대비 휴대가 필요하다는 말이다(통신사업자연합회, 2010).

한편, 미디어 기기 간 가장 이상적인 결합을 알아본 결과 스마트폰이 메인(본체)일 것이라는 경우가 61.4%로 가장 높은 것으로 나타났다. 다음으로 태블릿PC가 15.5%로 스마트폰과 큰 폭의 차이를 보이고 있어 스마트폰 하나로 다른 기능들이 모두 가능하다는 인식을 하고 있는 것이다.

한편, 가장 이상적 형태의 디지털 미디어 기기 결합에 있어 서브미디어로는 '태블릿PC'가 30.4%로 가장 높았고, 그다음으로 '노트북'(28.1%), '휴대전화'(22.9%) 등의 순이었다.

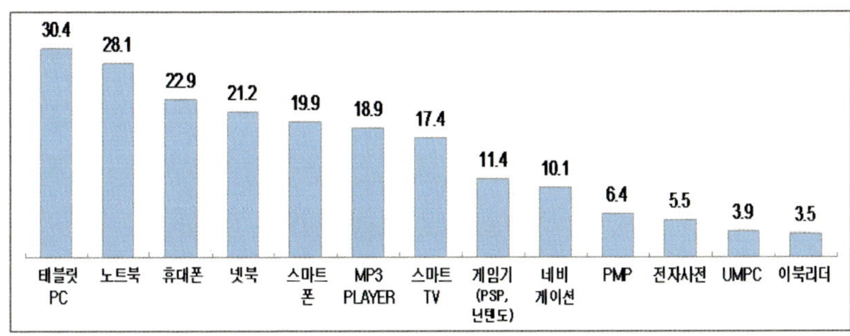

가장 이상적인 형태의 디지털 미디어 기기 간의 결합-서브기기
(통신사업자엽합회, 2010)

궁극적으로 스마트폰 또는 태블릿PC가 미디어의 주도권을 갖기보다는 기능과 용도에 따라 새로운 서비스 경쟁이 가속화될 것이다. 스마트폰은 신속성, 즉시성, 이동성/휴대성, 콘텐츠의 다양성이 다른 미디어 기기에 비해 경쟁력이 뛰어날 것이며, 특히 작은 화면이 적당한 서비스에 알맞은 미디어다. 반면, 태블릿PC는 멀티태스킹이나 e-북, e-노트, 웹다이어리 등 큰 화면이 필요한 서비스에 적당할 것이다.

4. 스마트한 미디어콘텐츠 소비

4.1. 스마트 수용자

개혁확산이론(diffusion of innovations)을 굳이 빌리지 않더라도 Early adopter 집단에서 초기의 혁신적인 제품은 도입기와 성장기 그리고 성숙기의 과정을 거치면서 모든 수용자들에게 전파된다. 미래의 미디어를 이용하는 수용자를 파악하기 위해서 현재 Early adopter 성향과 밀접하게 관련되어 있는 수용자를 알아보았다.

일반적으로 소비자의 유형을 마케팅적인 측면에서 보면, 연령이나 라이프스타일을 통한 분류가 주류를 이루었으나, 최근에는 미디어나 콘텐츠의 특성이나 트렌드를 반영한 집단도 분석의 한 요소에 포함하여 소비의 심리를 파악하고 있다. 주목해야 할 집단으로 모빌리언(Mobilian) 그룹이 있다. 모빌리언은 모바일(Mobile)과 능력(able), 사람을 뜻하는 접미어 ian이 결합된 단어이다(KOBACO, 2010).

$$Mobilian = 모바일(Mobile) + 능력(-able) + 사람(-ian)$$

　모빌리언은 10대부터 50~60대까지 나이 구분 없이 스마트폰을 적극적으로 활용하는 데 초점을 맞추고 새로운 경험을 찾는 것에 누구보다 열정적인 것이 특징이다. 모빌리언은 모바일 환경에 단순 참여하는 것뿐만 아니라 자신이 찾는 것을 모바일을 통해 적극 확보해 사회 속에서 경쟁력을 갖춘다. 또 모바일 환경에서는 수많은 경험이 쉽고 빠르게 제공되기 때문에 모빌리언들은 트위터, 페이스북 등 소셜 네트워크 속에서 새로운 사람을 만나는 경험에 익숙하다.

　2010년도 Media & Consumer Report(KOBACO) 자료에 따르면 소비자의 군집 중에 '스마트 모빌리어'을 포함시켜 놓았다. 즉, 다섯 가지의 Power Trend를 추출하였는데 각 트렌드를 대표하는 군집은 네트워킹 파워(스마트 모빌리언), 오피니언 파워(얼리어답터), 실버 파워(골드 시니어), 프리미엄 파워(프리미엄 컨슈머), 우먼 파워(알파맘)이다. 이 중 스마트 모빌리언은 인터넷 네트워크 서비스의 확대와 다양한 스마트 미디어의 등장에 따라 유비쿼터스(Ubiquitous) 환경에서 생활하는 네트워킹 파워 집단을 의미하고 있다. MCR 보고서에 따르면 스마트 기기 및 무선인터넷 서비스를 통해 언제 어디서나 인터넷을 이용하고 있다고 응답한 약 18.7%(전체응답자 6,000명 중에서 1,123명)의 응답자를 '스마트 모빌리언'으로 규정하고 있다. 앞부분에서도 언급했지만 스마트 모바일 기기 및 인터넷 네트워크 서비스를 적극 활용하는 스마트 모빌리언을 추적한다면 미래의 미디어나 콘텐츠의 윤곽을 그려볼 수 있을 것이다.

　통신사업자연합회에서 전국 1,000명을 대상으로 조사한 '소비자의 미디어 이용행태의 변화에 대한 연구'(2010)에 의하면 앞으로 3년 이내에 사라질 것으로 예상되는 미디어는 '전자사전'(38.5%), '휴대전화'(32.8%),

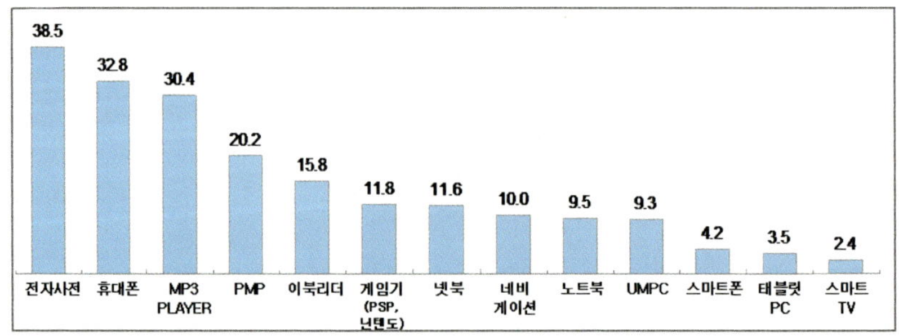

향후 3년 이내 사라질 미디어 기기(통신사업자연합회, 2010)

'MP3 Player'(30.4%), 'PMP'(20.2%) 등의 순으로 나타났다(중복응답 기준: 이하 그래프 동일).

각 미디어가 사라지는 이유를 보면, 휴대전화는 '스마트폰으로 대체할 수 있다'는 의견이 가장 높은 것으로 나타났으면(42.8%), '전자사전은 다른 기기에 전자사전 기능이 있어서'(2.0%), 'MP3 Player는 다른 기기로 음악을 들을 수 있어서'(14.9%), 그리고 '스마트폰으로 대체할 수 있어서'(13.5%), 'PMP는 스마트폰으로 대체'(14.0%), '태블릿 PC로 대체할 수 있어서'(12.8%) 등의 순으로 나타났다. 전반적으로 보면 복수의 기능이 지원 가능한 스마트폰이 다양한 미디어를 대체할 것으로 예상된다(통신사업자연합회, 2010).

구 분	휴대전화	전자사전	MP3 Player	PMP	이북리더	UMPC	게임기(닌텐도)	넷북
스마트폰으로 대체할 수 있어서	**42.8**	6.8	**13.5**	**14.0**	5.6	9.6	**11.9**	4.9
다른 기기에서 이용할 수 있어서	3.1	13.6	10.8	8.1	**23.6**	1.9	9.5	2.4
태블릿PC로 대체할 수 있어서	4.7	1.6	2.7	**12.8**	12.5	**13.5**	**11.9**	**9.8**
대체할 수 있는 기기가 많아서	1.2	5.8	7.4	8.1	11.1	11.5	4.8	4.9
다른 기기에 전자사전 기능이 있어서	0.4	**22.0**	2.0	0.0	0.0	0.0	0.0	0.0
다른 기기에 기능이 통합되어 있어서	0.0	7.9	6.8	2.3	11.1	0.0	4.8	0.0
기능이 중복되어서	0.8	3.7	1.4	7.0	2.8	**13.5**	2.4	2.4
더 업그레이드된 기기가 많아서	0.8	1.6	2.7	7.0	4.2	1.9	7.1	2.4
스마트폰 기능이 다양해서	7.4	1.6	1.4	0.0	1.4	0.0	2.4	0.0
쓸모가 없어서	0.0	4.2	1.4	1.2	5.6	5.8	4.8	2.4
다른 디지털 기기로 음악을 들을 수 있어서	0.0	0.0	**14.9**	1.2	0.0	0.0	0.0	0.0

4.2. 스마트TV 이용

KOBACO(2010) MCR 자료에 의하면 스마트 모빌리언 미디어 접촉률(해당 매체를 "매일+거의 매일" 이용한 사람의 비율)을 보면 지상파TV가 73%로 가장 높게 나타났으며, 다음으로 인터넷(69%), 케이블TV(36%), 잡지(31%), 신문(30%) 등의 순을 보이고 있다. TV가 정점인 위성방송(3%), IPTV(2%) 등까지 TV에 포함시킨다면 TV의 접촉률은 매우 높다고 할 수 있다. 일반적으로 우리가 가장 많이 접하는 매체가 TV인 것은 주지의 사실이다. 향후에는 모바일 콘텐츠와의 융합을 통해 스마트TV로 발전할 것이다. 스마트TV의 특징을 감안하면 토론프로의 경우 전화나 인터넷을 통해 반영하는 프로그램이기보다는 시청자가 직접 참여하는 프로그램이나 공개 토론방송에 적합하다. 인기 있는 프로그램이라면 한 채널에 집중하는 시청자가 많으므로 SNS를 기반으로 하는 콘텐츠가 위력을 떨칠 것이다. 또한 스마트TV 잠재 구매층은 인터넷 콘텐츠에 익숙하면서 방송 및 영화 콘텐츠 이용에 적극적인 소비자일 것으로 추측된다. 인터넷상에서 제공되고 있는 일부 기능과 서비스는 스마트폰으로 이전되고 그 외에 다른 기능과 서비스가 합쳐져서 새로운 형태의 기능으로 진화할 것이다(KOBACO, 2010).

한편, 향후 스마트폰 구입 의향을 보면 '다양한 애플리케이션을 사용하기 위해 구입한다'는 이유가 70.4%로 가장 높게 나타났으며, 다음으로 '다양한 멀티미디어 기능 때문에'(62.9%), '인터넷/검색을 쓰기 위해'(47.2%) 등의 순을 보이고 있다(통신사업자연합회, 2010).

향후 미디어는 한두 개 기능이나 서비스의 융합을 넘어 미디어와 콘텐츠들이 매시업(Mash-up) 형태로 진화할 것이다

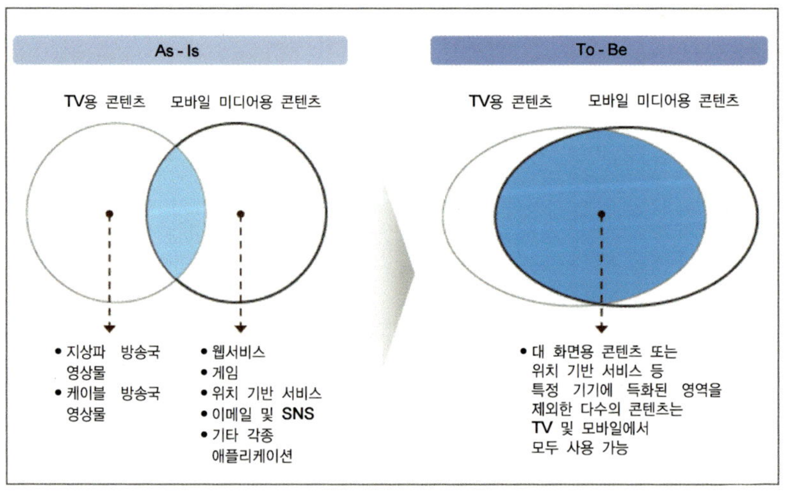

TV 및 모바일 미디어의 콘텐츠 중복도(이종근, 2010)

4.3. N스크린 서비스 이용

현재 미디어나 콘텐츠는 스마트화에 기반을 두고 '트랜스 미디어 (trans media)'화되어 가고 있다. TV의 영상도 스마트폰 또는 태블릿PC 를 통해 볼 수 있다. 지하철에서 스마트폰으로 최신 영화를 보다 집 에 돌아와 TV로 계속 이어서 본다. 다시 방으로 들어가 데스크톱PC 로 나머지 부분을 보면 된다. 이것이 하나의 콘텐츠를 다양한 화면, 즉 스크린으로 공유하는 'N스크린' 서비스다. 영화, 드라마, 음악 등 콘텐츠는 웹에 저장해 두고 스마트폰, 태블릿PC, 데스크톱PC가 인터 넷과 만나 언제든지 저장해둔 콘텐츠를 꺼내 볼 수 있는 서비스나. 스크린 기기들은 웹과 사람을 연결하는 '창' 역할만 맡는다. 스마트폰 사용자가 폭발적으로 늘고, 스크린의 정점에 있는 TV마저 인터넷과 연결되는 세상이 오면서 이 같은 N스크린 시장도 덩달아 성장할 것 으로 전망되고 있다(동아일보, 2011. 1. 25.).

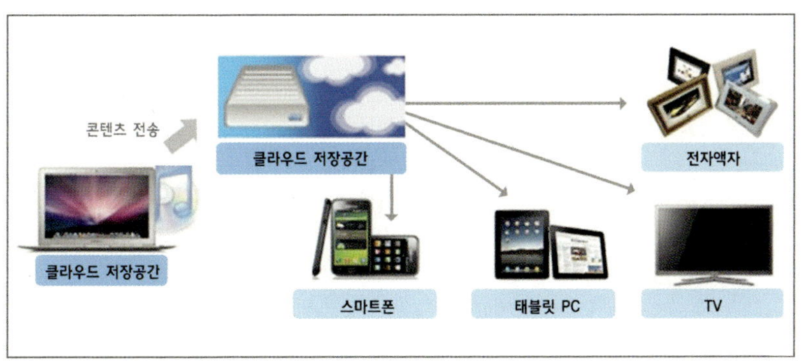

클라우드 기반 N스크린 서비스 구조

기업별	주요 기업의 N스크린 전략
SK텔레콤	−N스크린 서비스를 위한 콘텐츠 유통 플랫폼 '호핀' 제공 −TV 셋톱박스 역할을 하는 전략 스마트폰 삼성 갤럭시S호핀 시판
KT	−클라우드 서비스 '유클라우드'를 통해 인터넷 TV(IPTV), 스마트폰 등 연결
LG유플러스	−클라우드 서비스 '유플러스 박스'에 저장된 개인 콘텐츠를 스마트폰, PC뿐 아니라 IPTV에서 활용
애플	−아이튠즈, 앱스토어 등을 모바일 기기, PC, TV로 확장
구글	−구글 안드로이드 운영체제(OS) 활용해 검색, 지도 등 웹 콘텐츠를 스마트폰, PC, TV로 확장

4.4. 다양한 미디어에 OS의 동일한 적용

미래의 미디어 콘텐츠는 이질적인 미디어와 서비스가 결합해 전혀 다른 미디어 콘텐츠로 탄생할 것이다. 동일한 OS를 사용하여 하나의 군집으로 묶는다. 인터넷전화(VoIP)에 다양한 정보서비스까지 제공하는 개념인 SoIP(Service Over IP), 자동차와 태블릿PC와의 결합, 홈네트워킹 서비스의 핵심 매체로 냉장고를 이용하는 것 등이 그것이다.

(1) 스마트 자동차+태블릿PC

자동차 태동기에 광물을 통해 동력을 얻은 초기 자동차는 기계 장치로 발전하였고 최근에는 기계 장치라기보다는 전자부품과 기계 장치의 조합으로 이루어졌다. 수많은 전자부품들로 이루어졌기 때문에 부품을 교체하면서 비용이 만만치가 않다. 현대기아차가 2013년부터 국내외향 모든 차량에 태블릿PC를 탑재할 계획이라고 한다. 디지털 스마트 기기가 차량과 융합되는 것이다. 내비게이션 기능이나 교통안내 기능 등을 고려한다면 먼발치에서 바라볼 때 가독성이 적은 스마트폰보다는 상대적으로 모니터가 큰 태블릿PC가 유리할 것이다. 스마트기기의 장착은 비단 교통안내 기능에 국한되는 것이 아니라 이론적으로는 자동차의 모든 기능을 제어할 수 있는 장치로도 진화가 가능할 것이다(inews24, 2011. 2. 21.).

예전의 '로봇 태권 V'나 '에반게리온' 등과 같은 애니메이션을 보면 로봇의 머리 부분에 장착된 컨트롤타워(주인공이 타고 날아다니는 작은 비행체 등)를 통해서 로봇 본체를 제어하는 모습이 나온다. 미래의 자동차도 그러지 말란 법이 없다. 먼저, 이동하면서 각종 정보조회, 업무처리, 멀티미디어서비스를 제공하는 기능을 수행하면서 점차적으로 자동차의 핵심 부품으로 발전하게 될 것이다. 구동키 역할은 물론 자동차의 중추신경 역할을 할 것이다.

(2) 동시통역 스마트폰(음성인식기술과 번역 기술)

예를 들어, 우리나라 사람과 외국인 가운데 휴대전화 두고 자기 나라 말을 하면 상대방의 휴대전화 너머로 그 나라 국가의 말을 들을 수 있다. 그렇게 되면 우리나라로 시집온 베트남, 필리핀의 신부들이 큰 불편 없이 시어머니와 남편과 의사소통을 할 수 있다.

그것뿐만이 아니라, 외국 항공기를 탈 때 스튜어디스에게 음료 한 잔을 요구하는 것도 번거롭지 않을 것이다. 이럴 경우 어떤 변화가 예상될까? 외국계 항공사의 국내 수요 흡수가 가속화될 것이다(김중태, 2010).

일본 통신업체 NTT도코모는 동시통역 스마트폰을 전시회에 내놓았다(모바일 월드 콩그레스 2011). 스페인의 통신업체 텔레포니카는 동영상 정보를 문자정보와 신체정보로 동시에 바꿔주는 청각장애인용 솔루션 기술을 선보였다. 동영상 뉴스가 나오는 PC화면 위에 그 내용을 글자로 나타낸 스크립트 화면과 아바타가 수화 표현하는 동영상이 함께 나타난다. 스마트폰에서도 활용할 수 있도록 개발해 나갈 예정이라고 한다. 한편, 국내 이동통신사에서도 청각장애인용 스마트폰을 개발 중이며 소비자 조사를 통해 수용성을 파악 중이다.

(3) 교육용 콘텐츠 등

SK텔레콤은 모바일월드콩그레스 2011(스페인 바르셀로나)에서 '3D 매직 북'을 선보였다. 일반적인 2차원 형태의 그림책에 특수 제작된 모니터를 비추면 동화책의 캐릭터들이 3차원 영상으로 스크린을 통해 움직이는 모습을 볼 수 있다. 공룡이 그려져 있는 그림책을 모니터 아래에 갖다 놓으면 TV화면에 그림책 속 공룡이 벌떡 일어나 걸어 다니는 입체 영상이 나온다는 것이다. 이와 같이 시청각 교육 기기를 대체할 미디어와 콘텐츠는 계속 시장에 나올 것이다(중앙일보, 2011. 2. 18.).

5. 결 론

    미디어 및 콘텐츠의 변화와 진화는 제각기 자유롭지만 결국은 수용자의 니즈(needs)와 이용행태에 부합하는 '미디어와 콘텐츠(customized media & contents)'만이 생존한다. 소비자들은 매우 스마트하다. 스마트한 소비자들은 스마트한 콘텐츠만을 이용하므로 이해관계자(stakeholder)는 수용자의 입맛에 맞는 콘텐츠를 기획하고 제작해야 한다. 초기에 장밋빛 미디어라고 칭송받았던 DMB의 실패에서 보듯이 단지, 미디어나 콘텐츠를 개발하고 만드는 것이 중요한 것이 아니라 소비자의 마인드에 내재되어 있는 '충족되지 못한 니즈(unmet needs)'를 끄집어내어 그것을 콘텐츠를 통해 구현하는 것이 중요하다.

    앞으로의 전망을 예측하기 위해서 예상 수용자들을 대상으로 과학적인 조사가 이루어져야 한다. 일반 수용자들을 대상으로 하기보다는 앞에서 언급한 '스마트 모빌리언'을 대상으로 이들의 추구하는 콘셉트를 추출하고 개발한다면 미래의 콘텐츠를 예측하기 위한 중요한 단서가 될 것이다. '스마트 모빌리언'의 특성을 간략하게 요약하면 다음과 같다(KOBACO, 2010).

 '스마트 모빌리언'은 '현실 지향적 가치관을 가지고 있다.' 즉, 저축을 위해 매월 힘들게 살기보다는 현재를 즐기기 위해 돈을 쓰는 편이다. 또한 '자기중심적 가치관을 보유'하고 있다. 이들은 가족도 중요하지만 나를 먼저 생각한다. 그리고 여가 시간에는 주로 자기계발을 위한 활동을 한다. 새로운 패션이나 유행에 매우 민감한 편인 'Trend Chaser'이다. 취미에 대해서는 전문적인 지식을 보유하고 있으며, 영화, 연극, 뮤지컬, 스포츠 관람 등의 문화생활을 남들보다 더 즐기는 편이다. 'Early Adopter 성향이 강하다.' 신제품이 출시되면 남보다 빨리 구입하고 제품에 대한 정보를 빨리 얻는 편이다. 또한, 새로운 기술이나 디지털 제품은 주저 없이 구입하는 편이다.

 트렌드 성향이 강한 미디어나 콘텐츠의 미래를 예측하기 위해서는 그 제품이나 서비스를 잘 아는 수용자를 대상으로 조사를 하는 것이 적합하다. 아직 미래의 스마트 기기나 그에 파생된 서비스를 알 수 없기 때문에 위에서 앞서 서술한 것처럼 스마트 기기 선호군의 라이프스타일을 고려한다면 미래의 미디어나 콘텐츠 발굴이 용이할 것이다.

참고문헌 및 자료

마이데일리(2011. 2. 27.). '옴니아2' 사용자 뿔났다, "보상도 필요 없다" 불만 폭주.
방송통신위원회(2010). 국내 이동통신 3사의 스마트폰 및 태블릿PC 시장 관련
    자료 종합.
삼성경제연구소(2011. 1. 12.) 2011년 국내 10대 트렌드. CEO Information(제787호).
Top U.S. Web Brands and News Sites(January, 2011). Nielsen Wire
blog.nielsen.com
한국콘텐츠진흥원(2010. 8.). 스마트TV, 태블릿PC 기술 및 산업동향, 문화기술
    (CT)심층리포트.
소셜 미디어의 성격에 따른 분류. http://sopya.blog.me/90095478427
조선일보(2011. 2. 27.). '모바일 블랙홀' 스마트폰이 미워. 신동흔.
통신사업자연합회(2011). 소비자의 미디어 이용형태의 변화와 통신사업자의
    대응연구.
    • 조사방법: 온라인 패널을 이용한 온라인 조사
    • 조사대상: 20~40대까지의 디지털 미디어 기기 이용자
    • 표본 수: 총 1,000명
    • 표본 추출방법: 성/연령별 비율에 따라 비례 할당
    • 표본오차: 95% 신뢰수준에서 ±3.1%p.
    • 조사기간: 2011년 1월 11일~1월 18일(8일간)
김석기(2010). 애플 주요 Tech Trend로 예상하는 아이폰의 미래. Issue & Trend.
KT경제경영연구소.
중앙일보(2011. 2. 23.). 유튜브는 '한류 전도사'. 포털.
방송통신위원회/한국인터넷진흥원(2010. 12.). 스마트폰 이용실태조사보고서.
윤정호(2010). 아이패드의 기업용 시장으로서의 가능성과 전망. Issue & Trend.
KT경제경영연구소
전자신문(2011. 2. 23.). 스마트 신세계 '産+通' 끝에 탄생하다.
전자신문(2011. 2. 23.). '통신' 틀에서 벗어나 새로운 영역과 융합.
KOBACO(2010). 2010년도 MCR(Media & Consumer Report)
    • 조사방법: 개별면접조사
    • 조사대상: 만 13~64세 남녀

- 표본 수: 총 6,000명(상·하반기 각 3,000명)
- 조사 지역: 전국 41개 도시
- 표본 추출방법: 인구센서스에 기초한 비례 확률 표집
- 조사 기간: 상반기 2010년 6월 10일~7월 10일(4주)
              하반기 2010년 9월 16일~10월 21일(4주 - 추석연휴 제외)
- 표본오차: 95% 신뢰수준에서 ±1.3%p.

김원제(2009). 콘텐츠 실크로드 미디어 오디세이. 아담북스.

이종근(2010. 4. 7.). TV 대 모바일 기기 스마트 경쟁. LG경제연구소. LG Business insight.

동아일보(2011. 1. 25.). N-screen, 하나의 콘텐츠를 다양한 화면으로.

inews24(2011. 2. 21.). 내비게이션, '현대차' 후폭풍 오나 - 2013년부터 전 차량에 태블릿PC 부착…… 국내 80% 사라질까.

김중태(2010. 12. 22.). 뉴 바벨탑 시대의 글로벌 경쟁, Issue & Trend, KT경제경영연구소.

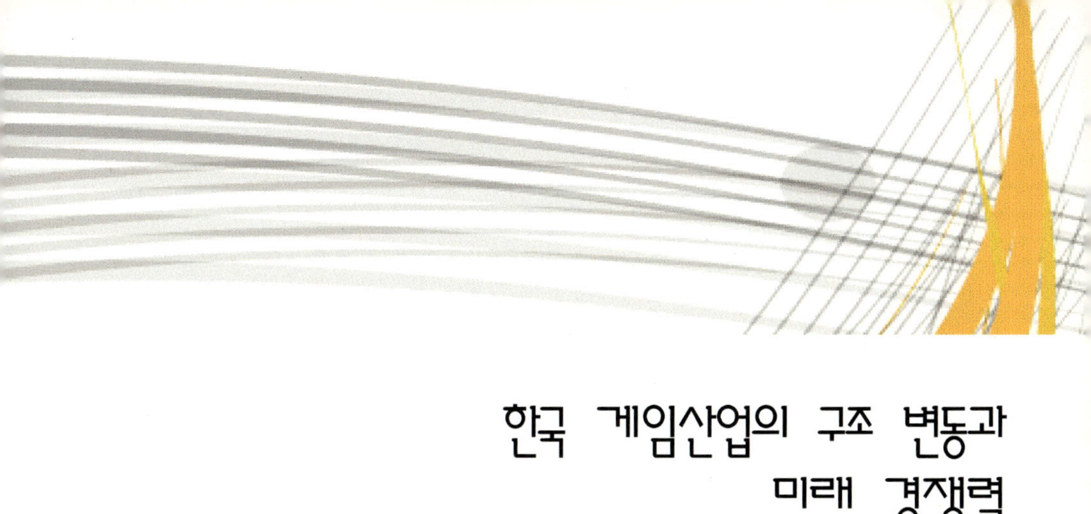

한국 게임산업의 구조 변동과 미래 경쟁력

1. 게임산업의 개념과 가치에 대한 이해

1.1. 게임산업의 정의 및 범위

국내의 <게임산업 진흥에 관한 법률>에서는 게임산업의 법적 개념을 제시하고 있다. <게임산업 진흥에 관한 법률>은 게임산업의 진흥과 관련하여 다른 법보다 우선적으로 적용되는 법이다. 따라서 게임산업의 진흥과 관련된 창업 및 영업, 전문인력 양성, 기술개발 및 기술표준화, 국내 유통, 해외시장 진출, 게임이용과 등급게임문화조성, 게임이용자 권익 보호, 게임 관련 지적재산권 보호, 게임산업실태 조사 등의 정책들이 모두 이 법을 우선적으로 따르고 있다.

<게임산업 진흥에 관한 법률>에서는 게임산업을 "게임물 또는 게임상품(게임물을 이용하여 경제적 부가가치를 창출하는 유·무형의 재화·서비스 및 그의 복합체를 말한다)의 제작·유통·이용제공 및 이에 관한 서비스와 관련된 산업을 말한다"고 정의하고 있다. 또한 이 법에서는 게임산업의 정의에서 사용되는 '게임물'의 개념에 대해

"컴퓨터프로그램 등 정보처리 기술이나 기계장치를 이용하여 오락을 할 수 있게 하거나 이에 부수하여 여가선용, 학습 및 운동효과 등을 높일 수 있도록 제작된 영상물 또는 그 영상물의 이용을 주된 목적으로 제작된 기기 및 장치를 말한다"고 규정하고, '게임물'의 범위에서 아래 각 항목 중 어느 하나에 해당하는 것을 제외한다고 명시하고 있다.

〈게임산업 진흥에 관한 법률〉이 '게임물'의 범위에서 제외하고 있는 대상

가. 사행성게임물
나. 「관광진흥법」 제3조의 규정에 의한 관광사업의 규율대상이 되는 것
다. 게임물과 게임물이 아닌 것이 혼재되어 있는 것으로서 문화체육관광부장관이 정하여
　　고시하는 것

한편, 게임물의 범위에서 제외되는 '가. 사행성게임물'에 대해 이 법에서는 아래의 항목에 해당하는 게임물로서, "그 결과에 따라 재산상 이익 또는 손실을 주는 것"으로 규정하고 있다.

〈게임산업 진흥에 관한 법률〉이 규정하고 있는 '사행성게임물'

가. 베팅이나 배당을 내용으로 하는 게임물
나. 우연적인 방법으로 결과가 결정되는 게임물
다. 「한국마사회법」에서 규율하는 경마와 이를 모사한 게임물
라. 「경륜·경정법」에서 규율하는 경륜·경정과 이를 모사한 게임물
마. 「관광진흥법」에서 규율하는 카지노와 이를 모사한 게임물
바. 그 밖에 대통령령이 정하는 게임물

　　게임산업의 보다 구체적인 범위는 문화체육관광부가 매년 발간하는 <문화산업통계> 작성에 사용되는 '문화산업분류체계'를 통해 확인할 수 있다. '문화산업분류체계'는 게임산업을 비롯한 10개의 문화산업 업

종을 대분류-중분류-소분류로 분류하고 있다. <2009문화산업통계: 2008년 기준(2010)>에 사용된 '문화산업분류체계'에서는 대분류 게임산업을 두 개의 중분류와 네 개의 소분류로 아래와 같이 구분하고 있다.

'문화산업분류체계'로 본 게임산업의 범위(문화체육관광부, 2010d)

대분류	중분류	소분류
4. 게임산업	41. 게임제작 및 배급	411. 게임 제작업체
		412. 게임 배급업체
	42. 소비유통업3)	421. PC방
		422. 아케이드게임장

위의 표에서와 같이 '문화산업분류체계'에서는 게임산업의 범위를 '게임제작 및 배급' 부분과 '소비유통업' 부분으로 중분류하고 있다. 또한 이 분류체계에서는 '게임제작 및 배급' 부분은 '게임 제작업체'와 '게임배급업체'로, 그리고 '소비유통업'은 'PC방'과 '아케이드게임장'으로 소분류하고 있다.

1.2. 게임물의 유형 분류

일반적으로 게임물은 플랫폼과 장르를 기준으로 그 유형이 구분된다. 먼저 플랫폼을 기준 으로 할 경우, 게임은 아케이드게임, 비디오게임, PC게임, 온라인게임, 모바일게임, 테이블보드게임, SNG(Social Networking Game) 등으로 구분된다.

---

3) 〈2009문화산업통계: 2008년 기준(2010)〉에서는 이와 같은 '문화산업분류체계'의 게임산업 분류를 따르면서도 '소비유통업' 대신 '게임유통업'이란 용어를 사용하였다. 또한 '소비유통업'의 소분류에는 '문화산업분류체계'의 'PC방', '아케이드게임장' 외에 '비디오게임장'을 추가하여 각각의 영역에 대한 매출액 현황을 제시하였다.

아케이드게임(arcade game)은 국내에서 오락실이라 불리는 게임업소에서의 주화 투입 후 이용하는 전자오락게임류를 의미한다. 대부분의 아케이드게임은 게임 진행이 단순하여 초보자도 쉽게 이용할 수 있지만, 동시에 고도의 민첩성도 요구된다. 아케이드게임이라는 용어는 북미 지역의 오락장(Game Center)이 아케이드(지붕이 덮인 상가 밀집지구)에 자리 잡고 있던 역사적 상황에서 유래하였다.

비디오게임은 콘솔게임(console game)이라고도 불리며, 텔레비전 등 모니터에 전용 게임기를 연결시켜 작동하는 게임을 말한다. 대표적인 비디오게임으로는 소니의 '플레이스테이션', 닌텐도 'Wii', MS의 'X-BOX' 등이 있다.

PC게임은 개인용 컴퓨터를 이용하여 즐길 수 있는 게임을 의미한다. PC게임은 CD를 활용하여 즐기는 것이 일반적 형태이며, '플레이스테이션', 'Wii', 'X-BOX' 등 비디오게임이 PC게임으로 출시되는 사례도 증가하고 있다.[4] 국내에서는 온라인게임이 주축을 이루고 있기 때문에 국내 게임개발사들의 PC게임 개발 시도는 상대적으로 감소하고 있다.

온라인게임은 일반적으로 인터넷에 접속하여 즐길 수 있는 게임을 말한다. 엔씨소프트의 <아이온>, 넥슨의 <마비노기영웅전>, <드래곤네스트>, NHN의 <C9> 등이 대표적인 국내 온라인게임이다. 온라인게임은 국내 게임 이용자들이 가장 많이 이용하는 게임 유형이다. 하지만 온라인게임 과몰입자가 일으킨 사건들이 사회적 관심사로 대두되는 사례도 증가하고 있다. 온라인게임은 클라이언트 기반 온라인게임과 웹브라우저 기반 온라인게임으로 구분되기도 한다. 클라이

---

4) 동일한 게임을 비디오게임, PC게임 등 다양한 플랫폼 별로 시차를 두고 출시하거나 동시에 출시하는 현상은 '단일게임 멀티 플랫폼화'라 불리고 있다.

언트 기반 온라인게임은 전통적인 온라인게임으로 사용자 PC에 게임 플레이를 위한 클라이언트 프로그램을 설치해 즐기는 게임을 말한다. 웹브라우저 기반 온라인게임은 웹게임으로도 불리며, 웹브라우저에 내장된 플러그인 프로그램을 통해 실행되는 게임으로 전통적인 온라인 프로그램과는 달리 클라이언트 프로그램의 설치 없이 미리 제공된 플러그인만으로 실행된다. 즉, 인터넷만 연결되면 별도의 다운로드나 설치 과정 없이 바로 실행할 수 있는 것이 웹게임의 장점이다. 대표적인 웹 브라우저 기반 온라인게임으로는 <칠용전설>이 있다.

모바일게임은 스마트폰 등 휴대전화, 아이패드와 갤럭시탭 등 태블릿PC, 그리고 PDA의 포디블 게임플레이어 등과 같은 모바일 난발기를 이용하여 즐길 수 있는 게임을 의미한다. 모바일게임 영역에서는 스마트폰과 태블릿PC를 통해 구글 안드로이드마켓과 애플 앱스토어 등 오픈마켓에 접속하여 게임 애플리케이션을 다운받아 즐기는 모델이 일반화되고 있다.

테이블보드게임은 게임판을 두고 그 위에서 말이나 카드, 주사위 등을 일정한 규칙에 따라 활용하면서 진행되는 게임을 말한다. 테이블보드게임의 본고장은 독일인데, 가장 많이 알려진 테이블보드 게임으로는 <부루마블>이 있다. 국내에서도 서점과 대형 할인점을 중심으로 테이블보드게임이 꾸준히 판매되고 있다. 테이블보드게임은 온라인게임의 과몰입으로 인한 사회적 부작용이 대두되면서, 이에 대한 대체제로서의 효용성이 부각되고 있으며, 글로벌 완구회사들의 테이블보드게임에 대한 국내 프로모션도 활성화되고 있다.

SNG는 온라인게임의 한 유형으로 분류되기도 하지만, SNS(Social Network Service)라는 소셜 플랫폼(Social Platform)에 기반을 두기 때문에 기존의 온라인게임과의 구분이 가능하다. 대표적인 소셜 플랫폼으로는 페이스북이나 트위터 등이 있다. SNG는 SNS와 연동되는 게임이며, <팜빌(Farm Ville)>과 <시티빌(City Ville)> 등이 대표적이다.

한편 장르를 기준으로 할 경우 게임물은 RPG(Role Playing Game, 역할수행게임)와 MMORPG(Massive Multi-user Online Role Playing Game), RTS(Real Time Strategy, 실시간전략시뮬레이션 게임), 슈팅게임, 스포츠게임, 캐주얼 게임, 액션게임, 어드벤처 게임, 음악게임, 기능성 게임(serious Game) 등으로 구분된다.

RPG는 이용자들이 게임 내 특정 캐릭터의 역할을 맡아 정해진 규칙을 따라 캐릭터를 육성하면서 즐기는 게임을 말하며, MMORPG는 대규모 다중 이용자가 온라인을 통해 즐기는 RPG를 의미한다. 국내의 대표적인 MMORPG로는 <리니지>시리즈, <미르의 전설>시리즈, <창천온라인>, <라크나로크> 등이 있다.

RTS게임은 일반적으로 이용자가 특정 캐릭터 및 유닛을 컨트롤하여 실시간으로, 그리고 전략적으로 자원을 채취하고 기지 및 건물 등을 건설하며 기술을 개발하면서 다른 이용자 또는 사전에 프로그램

대표적 RTS게임 〈스타크래프트〉와 〈아발론 온라인〉

화된 대상과 전투를 벌이는 형태로 구성된다. 대표적인 RTS게임으로는 <스타크래프트>시리즈, <아발론 온라인> 등이 있다.

슈팅게임은 1인칭 슈팅게임(FPS, First Person Shooting)으로도 불린다. 일반적으로 총이나 무기를 발사하여 적이나 장애물을 제거하는 형식으로 구성되며 대표적 사례로는 <서든어택>과 <스페셜 포스> 등이 있다.

스포츠게임은 골프를 소재로 한 게임 <팡야>와 같이 스포츠를 게임으로 구현한 것을 말한다. 국내에서는 월드컵(축구), WBC(야구), 올림픽 등 글로벌 스포츠 빅 이벤트의 인기에 힘입어 스포츠게임의 출시가 증가하는 추세를 보이고 있다. 대표직인 스포츠게임으로는 <팡야> 이외에도 <피파 온라인>, <프리스타일 풋볼>, <프로야구 매니저> 등이 있다.

캐주얼 게임은 게임조작이 쉽고 게임 플레이에 시간이 오래 걸리지 않아 여성과 성인 등 일반적으로 게임을 자주 이용하지 않고 복잡한 게임에 익숙하지 않은 계층들도 가볍게 즐길 수 있는 게임을 의미한다. 대표적인 캐주얼 게임으로는 <카트라이더>, <포트리스>, <크레이지 아케이드 비엔비> 등이 있다.

액션게임은 액션이 중심이 되는 스토리라인에 따라 캐릭터를 조정하면서 등장 캐릭터 간 대결 등을 경험하는 게임을 말한다. CJ인터넷은 1985년 일본의 '캡콤'에서 아케이드게임으로 처음 출시한 대표적 액션 게임 <마계촌>을 3D 온라인게임인 <마계촌 온라인>으로 다시 만들어 출시하기도 하였다.

어드벤처 게임은 이용자가 캐릭터를 조정하면서 프로그램된 다양한 모험 상황을 경험하면서 목표를 달성해 가는 과정으로 구성된 게임을 말한다. 어드벤처 게임 이용자는 주어진 상황을 해결하고 목표를 달성하는 과정에서 판단력과 통찰력 등 지적 사고와 관련된 부분을 많이 활용하게 된다. <페르시아의 왕자>, <툼 레이더>, <이코> 등 액션 어드벤처 게임과 <사일런트 힐>, <령 제로>, <제피>, <화이트데이> 같은 공포/액션 어드벤처게임, 그리고 <미스트> 등 퍼즐형 어드벤처 게임 등이 대표적이다.

음악게임은 리듬액션게임이라고도 불리며, 게임기에서 제공되는 음악과 화면의 그래픽에 맞게 이용자가 자신의 몸이나 게임 액세서리를 사용하여 즐기는 게임을 말한다. 대표적인 음악게임으로는 '액티비전 블리자드(Activision Blizzard)'의 <기타히어로(Guitar Hero)>와 닌텐도 <Wii 뮤직> 등이 있다. 음악게임은 개발비 이외에 높은 음악 저작권료가 발생한다. 2011년 액티비전블리자드는 음악게임업계의 불황과 높은 음악 저작권료로 인해 <기타히어로>의 새로운 버전 개발을 중단하기도 하였다.

시리어스 게임은 국내에서 기능성 게임으로 불리는 게임으로 게임의 재미를 체험하면서 동시에 교육, 치료, 건강 등 다양한 기능적 효과도 동시에 얻을 수 있는 게임을 말한다. 시리어스 게임은 일명 '착한 게임'으로 불리기도 한다. 게임 과몰입의 부정적 영향이 적고, 게임 이용을 통해 생산적인 결과를 창출할 수 있기 때문이다. 시리어스 게임은 'G-러닝(Game based Learning, 게임기반학습)' 시장의 성장과 맞물려 그 중요성과 게임산업 내에서의 비중이 크게 증가할 전망이다.

1.3. 게임, 콘텐츠로서의 특징과 가치

일반적으로 게임물의 특징은 잠재된 욕구의 소비성, 참여성, 상호작용성 등으로 설명되고 있다(김민규 외, 2009). 게임물 이용자는 현실과는 구분되는 가상의 공간에서 일상생활에서는 표출하기 어려운 자신의 잠재된 욕구를 소비한다. 이용자는 이 같은 과정을 통해 정서적 즐거움과 심리적 만족을 느끼게 되며 게임에 몰입하게 된다. 또한 게임물은 이용자의 참여성을 전제로 한다. 게임은 이용자의 참여 없이는 온존하게 구성되지 못한다. 이용자의 참여 자체가 게임의 일부를 구성하기 때문이다. 그리고 게임은 다른 미디어콘텐츠에 비해 상대적으로 높은 수준의 상호작용성을 지원한다. 게임 이용자는 실시간으로 다른 이용자와의 상호작용은 물론 프로그램화된 게임 내의 캐릭터 등과도 즉각적으로 상호작용하게 된다.

한편 콘텐츠로서의 게임물은 산업적 측면, 기술적 측면, 그리고 예술적 측면 등에서 중요한 가치를 지닌다. 산업적 측면에서 게임물은 다른 콘텐츠에 비해 상대적으로 높은 성장가능성을 지니고 있다. 비교적 전통적인 게임 유형에 속하는 비디오게임과 아케이드게임의 경우 상품주기가 성숙단계를 넘어 시장의 포화상황에 이르고 있지만, 온라인게임과 모바일게임의 경우에는 향후에도 지속적으로 높은 성장률을 기록할 것으로 전망되고 있다.

기술적 측면에서 게임물은 첨단 CT(Culture Technology)가 활용되는 대표적 콘텐츠로서 가치를 지닌다. CT의 최종 목표는 감성형 문화콘텐츠기술의 구현이다. 감성형 문화콘텐츠기술은 인간의 오감과 감성 및 뇌파 등을 연계해 가상현실 콘텐츠 등을 효과적으로 구현하고 활용하는 기술이다. 따라서 이 기술에는 인간의 체험적, 심미적 감성 측정 및 분석기술, 3차원 입체영상 기술, 디지털 미각 및 후각 기술, 뇌파분석 기술, 정서상태 판단 기술 등이 포함된다. 게임물에는 최신의 감성형 문화콘텐츠기술이 지속적으로 적용되고 있다.

예술적 측면에서 게임물은 스토리(문학 및 인문학), 음향(음악예술), 그래픽(미술디자인), 영상(영상예술) 등이 총체적으로 결합된 종합 예술적 콘텐츠의 일종으로 구분된다. 게임산업에 미술전공자, 음악예술전공자, 영상예술전공자 등 다양한 예술 분야의 전공자들이 종사하고 있는 것도 바로 이 때문이다.

2. 변화하는 게임산업의 패러다임

2.1. 새로운 성장동력, SNG와 시리어스게임

세계 게임산업에서는 비디오게임과 아케이드게임이 가장 큰 규모의 시장을 형성하고 있다. 하지만 이들 두 게임이 성장률의 정체 및 감소 경향을 보이고 있는 반면, 온라인게임과 모바일게임의 성장률은 지속적으로 상승하고 있다. 온라인게임 및 모바일게임과 더불어 세계 게임산업의 새로운 성장동력으로 인정받고 있는 게임이 있다. SNG와 시리어스게임이다.

SNG게임이 온라인게임이나 모바일게임을 능가하는 정도의 시장 규모를 형성하기는 쉽지 않을 것이다. 하지만 SNG가 세계 게임산업의 새로운 성장동력으로 기능할 가능성은 크다. SNS의 가입률이 지속적으로 증가하고 있고, 이에 따라 SNG시장의 급격한 성장도 이루어지고 있기 때문이다.

SNG시장의 가능성은 대표적인 SNG 개발사 '징가(Zynga)'의 급속한 성장을 통해 확인할 수 있다. 2007년 7월 페이스북에 소셜게임 <팜빌>을 오픈 한 '징가'는 이후 30여 개의 페이스북용 소셜 게임을 개발하면서 설립 2년 만에 2억 달러의 매출을 달성하였다. '징가'는 플레이피쉬(Playfish), 플레이돔(Playdom) 등 몇몇 업체들과 함께 세계 SNG시장을 지배하고 있으며, 2015년에는 16억 달러의 매출을 달성할 것으로 전망되고 있다. '징가'를 대표하는 SNG는 <팜빌>과 <시티빌>이다. <팜빌>은 페이스북의 대표적인 소셜게임으로 친구들과 농작물을 키우고, 키운 농작물을 다른 페이스북 이용자와 교환하거나 판매하여 돈을 버는 시스템으로 구성되어 있는 간단한 게임으로 연령에 관계없이 누구나 쉽게 즐길 수 있다는 장점을 가지고 있다. 이 게임은 기본적으로는 무료이지만 각종 아이템은 게임 머니를 통해 구입하도록 구성되어 있다. 또한 게임 머니는 현금 이외에 배너광고 클릭 등 다른 기업과 연계된 마케팅 프로그램을 통해서도 얻을 수 있도록 하고 있다. <팜빌> 이후 '징가'의 최고 SNG로 대두된 <시티빌>은 출시 42일째인 2011년 1월 13일 월간 사용자 1억 명을 돌파하기도 하였다.

징가의 소셜게임 〈팜빌〉과 〈시티빌〉

SNG와 SNS는 전형적인 상생모델로 평가받고 있다. SNS는 SNG 이용자의 유입 통로가 된다. 그리고 SNS는 SNG로 인해 이용자 증가와 이용자들이 오랜 시간 동안 머무는 효과를 얻게 된다.

'징가'의 성공으로 글로벌 엔터테인먼트 기업들은 SNG를 게임산업의 새로운 수익원으로 인식하고 이에 대한 투자를 단행하였다. 구글은 '징가'에 1억 5,000만 달러를 투자하기로 결정하였고, 구글은 페이스북의 또 다른 소셜게임인 <슈퍼포크(SuperPoke)>의 개발제작사 슬라이드(Slide)와 <위룰(We Rule)>의 개발제작사 ng모코에도 투자를 추진하였다. 디즈니는 소셜게임인 <소셜시티(Social city)>의 개발사 플레이돔(Playdom)을 인수하였고, EA는 2009년 플레이피시를 인수하였다. 소프트뱅크도 징가에 대한 투자를 통해 일본에 조인트벤처 '징가재팬'을 설립하였다.

국내에서도 SNG업체의 성장세가 두드러지고 있다. 국내 SNG를 대표하는 업체는 노리타운스튜디오이다. 이 업체는 안철수연구소의 사내벤처인 '고슴도치플러스'로 시작한 국내 SNG의 효시 업체이다. 이 업체는 국내 SNG시장 점유율 40%를 기록하기도 하였으며, 사업을 시작한 지 약 3년 만에 손익분기점(BEP)을 넘어서는 등 재정건정성을 보임에 따라 안철수연구소로부터 분사하여 '노리타운스튜디오'라는 이름으로 SNG개발을 진행하고 있다.

SNG산업은 향후에도 급속한 성장을 이룰 것으로 예상되고 있다. 스마트폰과 태블릿PC 이용의 증가가 SNG산업을 활성화시키는 중요한 요인으로 작용하고 있다. 또한 세계 게임시장의 흐름이 무거운 분위기의 게임보다는 캐주얼한 게임을 더 선호하고 있다는 점도 SNG의 성장에 긍정적인 영향을 미치고 있다. SNG는 이전에 게임을 전혀

해 보지 않았던 사람들까지 게임을 이용하게 하는 신규 수요 창출 능력을 가진 것으로 평가되고 있다. 즉, SNG는 기존 게임들의 주요 이용계층이 아니었던 여성과 중장년 계층으로까지 게임이용자의 범위를 확대시키는 데 기여하고 있는 것이다. 이 같은 상황은 SNG가 게임의 성격이 매우 가볍고 누구나 쉽게 즐길 수 있다는 특징을 지니고 있으며, 사회적 관계를 활용하여 게임이 진행되고 있기 때문인 것으로 분석되고 있다.

하지만 SNG는 해결해야 할 중요한 과제를 안고 있기도 하다. SNG는 라이프 사이클이 3~4개월 정도로 비교적 짧다. 이용자들은 이같이 짧은 기간에 SNG를 이용한 후 해당 게임에서 이탈해버리는 경향이 있다. 따라서 개발사들은 이 기간 내에 수익을 창출해야 하는 부담을 안게 된다. 이 같은 이유로 SNG개발자들은 라이프사이클을 길게 유지할 수 있는 방법 모색을 추진하고 있다.

SNG와 더불어 세계 게임산업의 신성장동력으로 자리 잡아 가고 있는 것이 시리어스게임이다. 시리어스게임이란 용어는 1997년 사회과학자 아브트(Abt, C.)의 저서에서 유래하였다. 이 저서에서 아브트는 시리어스게임을 "사용자에게 놀이와 즐거움이 주된 목적이 아닌 교육이 주된 목적인 게임"으로 정의하였다. 이후 2000년대 들어 기능성게임에 관한 국제 콘퍼런스가 활성화되면서 이 용어의 사용이 국제적으로 확산되기 시작하였다. 시리어스게임은 교육적 목적에서 출발하였지만 이후 교육을 포함한 보다 다양한 목적을 지닌 시리어스게임들이 개발되어 교육, 군사, 의료, 공공부문, 비즈니스 등에 활용되고 있다. 게임의 목적을 중심으로 시리어스게임의 유형을 구분하면 다음 표와 같다(문화체육관광부·한국콘텐츠진흥원, 2010).

개발 및 이용목적을 기준으로 한 시리어스게임의 유형구분
(문화체육관광부 · 한국콘텐츠진흥원, 2010)

목적	내용	활용분야	구성방식
훈련	특정 기능에 대한 훈련	교육, 군사, 의료, 공공부문, 비즈니스 등	지식전달형, 참여형, 체감형 등
교육	특정 내용에 대한 교육		
홍보	정보의 전달 및 홍보		
치료	콘텐츠의 활용을 통한 치료		
체험	일정한 과정 및 특수한 환경의 체험		

미국에서는 유명한 고위공직자들이 언론을 통해 시리어스게임의 중요성을 자주 역설하면서 기능성게임의 중요성에 대한 인식도 사회석으로 확산되어 가고 있디. 또한 교육, 군사 등 다양한 분야에서 시리어스게임의 활용사례가 증가하고 있다. 예비교사의 교육을 위해 시리어스게임을 활용한 시범학교가 운영되고 있고, 게임 개발사 게임스포체인지(Games for Change)가 개발한 기능성 게임 <피스메이커(Peace Maker)>는 이스라엘과 팔레스타인에 10만 개 이상의 게임이 배포되어 평화를 교육하는 데 사용되기도 하였다. 중동 분쟁을 소재로 하여 이스라엘과 팔레스타인 양쪽의 콘텐츠 전문가와 미국의 분쟁 전문가가 내용을 구성한 이 게임은 또한 미국 육군에서도 중동문제를 이해하기 위한 교육 교재로 활용되기도 하였다.

평화에 대한 교육에 사용되는 시리어스 게임 '피스메이커'

　유럽에서도 시리어스게임의 개발 및 활용이 증가하고 있다. 네덜란드는 운전 시뮬레이터의 유효성을 세계 최초로 공식 인정하였으며, 영국은 석사나 박사학위 취득 과정에도 시리어스게임을 활용하고 있다. 닌텐도의 위피트 등의 시리어스게임으로 유명한 닌텐도의 본사가 있는 일본에서는 의료분야에 시리어스게임을 활용하는 사례가 증가하고 있다.

　국내에서도 시리어스게임시장에 대한 민간의 시장참여와 공공부문의 지원이 활성화되고 있다. 대표적인 교육용 시리어스게임은 NHN의 <한자마루>, 온라인게임 업체 그라비티가 영유아 대상 IPTV용 교육게임으로 출시한 <뽀로로 놀이>, 한빛소프트의 <오디션 잉글리시> 등이 있다.

시리어스게임은 무거운 소재에 게임의 몰입성이 더해지기 때문에 인권과 기후변화 등 급박한 글로벌 이슈의 교육에도 적용될 수 있다. 따라서 향후 기능성 게임의 이용은 더욱 활성화될 것으로 전망된다.

시리어스게임의 활성화에 따라 '지러닝(Game-Base Learning)' 시장의 본격적인 확장도 이루어지고 있다. 게임을 이용한 학습체제를 의미하는 지러닝은 저연령층을 상대로 학습용 게임을 활용하는 수준에서 대학의 주요 교재로 활용되는 수준으로까지 발전하고 있는 상황이다. 지러닝은 '게임을 하면서 배운다'는 의미를 담고 있으며, 기존의 게임이 갖는 '흥미'외 '재미' 등의 장점을 최대한 살리고 동시에 학습적 요소를 적용한 것이 특징이다.

미국 플로리다 주립대학교는 2010년 가을 아너스 프로그램(우수한 학생들을 대상으로 혁신적인 교과목을 가르치는 프로그램)에 '스타크래프트의 21세기 스킬(21st Century Skills in Starcraft)'이라는 강좌를 개설하였다. 인디애나 주에 위치한 와바쉬대학교(Wabash College)는 2010년부터 필수과목인 '불후의 문제(Enduring Questions)'에 퍼즐게임 '포탈(Portal)'을 교재로 채택하였다. 국내의 경우 한자와 영어를 비롯해 수학과 사회 교과서 등에 나오는 복잡한 개념들을 쉽고 재미있게 이해할 수 있는 교육용 게임들을 제공하는 사이트도 증가 추세이다.

지러닝은 전국 각지의 초등학교와 고등학교 일부에서 연구학교 형태로서 공교육에 적용되고 있기도 하다. 특히 중하위권 학생들의 학업 성취도 향상에 높은 성과를 보임으로써 학력 격차 해소에 기여할 수 있다는 점이 현장 교육자들 사이에서 높은 평가를 받고 있다.

2.2. 실감형 게임의 증가

　　실감형 게임 개발이 활발하게 전개되고 있다. 실감형 게임이란 이용자의 오감(五感)에 최대한의 리얼리티 제공하는 게임이다(주진선·신윤희·김은이, 2006). 즉, 실감형 게임이란 3D입체음향 시스템을 지원하는 게임이나 3D게임모니터 속 물체를 이용자가 직접 만지고 느낄 수 있도록 지원하는 시스템 등으로 구성된 게임을 말한다.

　　3D입체음향시스템이 지원되는 게임 개발이 증가하고 있다. 3D입체음향이란 소리가 나는 방향과 거리, 그리고 공간감각을 느낄 수 있는 소리를 의미한다. 3D입체음향에는 이용자를 에워싸는 듯한 서라운드 경험을 만드는 심리음향학까지 동원된 고도의 기술이 적용된다. 넥슨의 <드래곤네스트(Dragon Nest)>는 3D입체음향을 적용하여 이용자들이 캐릭터가 다가오고 멀어지는 것을 소리로 먼저 감지할 수 있도록 하였다.

3D입체음향이 적용된 넥슨의 〈드래곤네스트〉

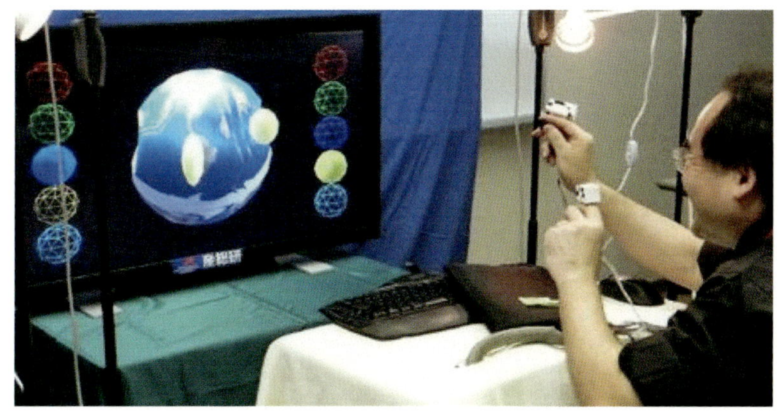

일본 산업기술종합연구소가 개발한 3D가상현실시스템

　3D모니터 속 물체를 직접 만지는 것과 같은 느낌을 느낄 수 있도록 하는 기술을 활용한 게임개발도 적극적으로 추진되고 있다. 일본 산업기술종합연구소는 손가락 끝에 장착하는 특수 장치와 카메라를 통해 이용자가 화면 속 물체를 직접 만지는 것과 같은 느낌을 받도록 하는 '3D가상현실시스템'을 개발하고, 이 시스템을 활용한 게임 제작을 추진하고 있다.

　'아이폰4'에도 실감형 게임을 구현할 수 있는 기술이 접목되었다. '아이폰4'에는 지금까지 휴대전화에는 탑재된 적이 없는 '자이로스코프(Gyroscope) 센서'가 탑재되었다. 이 센서는 휴대전화의 높이와 회전, 기울기를 섬세하게 감지할 수 있다. 이 센서의 활용으로 '아이폰4'는 닌텐도 'Wii'와 같이 이용자의 움직임을 감지하여 게임에 반영할 수 있게 되었으며, 이로 인해 이용자는 보다 실감나게 게임을 즐길 수 있게 되었다. 이 센서의 도입으로 '아이폰4'는 실감형 게임을 즐길 수 있는 게임단말기로 기능할 수 있게 되었다. 게임업체 ng모코

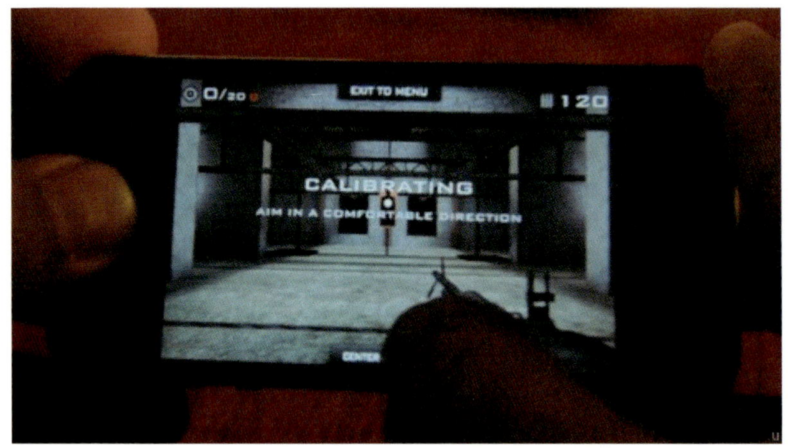

아이폰4를 통한 'Eliminate: GunRange'의 구현 모습

는 '아이폰4'가 출시되자 곧바로 이 센서를 활용하여 3차원 공간에 위치한 과녁을 사격하는 게임인 <엘리미네이트(Eliminate: GunRange)>를 선보이기도 하였다.

2.3. 클라우드 게임 서비스의 대두

다운로드를 통해 게임을 이용하는 방식이 아닌 클라우드(Cloud) 서비스에 기반하여 스트리밍 방식으로 게임을 이용할 수 있도록 하는 서비스가 활성화되고 있다. 미국의 게임업체 '온라이브(Onlive)'는 클라우드 컴퓨팅 기반 게임 서비스를 제공하고 있다. '온라이브'가 새롭게 시작한 클라우드 게임 서비스는 기존의 PC게임이나 플레이스테이션(PS), X박스360 등 게임 콘솔을 이용해 즐기던 고화질 게임을 클라우드 서비스에 기반하여 즐길 수 있도록 지원하는 서비스이다. 이 서

온라이브의 클라우드 게임 서비스 구조

비스를 이용하는 이용자는 고사양의 그래픽 카드나 그래픽 전용 프로세서를 갖춘 PC나 게임 단말기 없이도 게임을 스트리밍하여 즐길 수 있다. '온라이브'는 <배트맨>, <보더랜드(Borderlands)>, <잊혀진 사막(The Forgotten Sands)> 등의 게임을 클라우드 방식으로 제공하고 있다. 이 게임들은 게임 기록이 서버에 자동으로 저장되기 때문에 다음 접속에서도 이전에 이용하던 그다음 화면부터 게임을 진행할 수 있다.

게임을 클라우드 서비스에 기반하여 이용한다는 것은 단말기에 게임콘텐츠를 저장하지 않고 언제 어디서나 클라우드 서비스에 접속하여 원하는 콘텐츠를 온디맨드(On-Demand) 형태로 스트리밍할 수 있음을 의미한다. 따라서 클라우드 게임 서비스가 고도화되면, 모바일 게임과 콘솔형 비디오게임의 차이도 없어지게 될 전망이다. 현재의 모바일게임과 콘솔형 비디오게임의 차이는 기본적으로 단말기의 성능 차이에서 비롯된 것이기 때문이다. 따라서 클라우드게임 서비스는 모바일게임 시장의 성장에 긍정적인 영향을 미칠 수 있는 요인으로 주목받고 있다.

2.4. 오픈마켓을 통한 글로벌 유통

스마트폰과 태블릿PC의 보급이 활성화되고 스마트TV의 도입이 추진되며, IPTV가 스마트TV와 같은 형태로 변화되면서, 안드로이드와 애플 등의 오픈마켓이 애플리케이션 유통의 중심축 중 하나로 부상하고 있다.

게임 역시 오픈마켓에서 유통되는 주요 애플리케이션 유형 중 하나이다. 게임물등급위원회는 오픈마켓 활성화 초기였던 2009년, 전체 등급분류를 받은 게임물 중 오픈마켓 게임물이 40%를 넘었다고 발표하기도 하였다.

오픈마켓은 게임시장의 글로벌화를 더욱 촉진하고 있다. 그리고 이에 따라 국내 게임 애플리케이션의 해외진출도 활성화되고 있다. 국내 게임업체 게임빌이 출시한 게임 애플리케이션 <제노니아2(ZENONIA2)>는 출시된 지 하루 만에 한국 게임 최초로 애플의 미국 앱스토어 게임 애플리케이션 중 매출 순위(Top Grossing) 1위, 전체 애플리케이션 중 매출 순위 3위에 오르기도 하였다. 또한 이 업체의 <Baseball Superstars 2010>과 <하이브리드> 등도 해외 오픈마켓에서 좋은 반응을 얻었다.

게임빌의 '제노니아2', 'Baseball Superstars 2010', '하이브리드'

또 다른 국내 게임업체 컴투스의 <슬라이스 잇>은 출시 한 달 만에 미국 앱스토어에서 선제 유료 애플리케이션 순위 2위, 퍼즐 장르 1위를 기록하고, 일본, 영국, 독일, 오스트리아, 스웨덴 등의 앱스토어에서도 전체 유료 애플리케이션 1위에 오르기도 하였다.

게임 애플리케이션은 태블릿PC와 같은 새로운 게임 단말로 그 유통 범위를 확대해 가고 있다. 국내 게임업체 노리타운스튜디오는 아이패드용 소셜 보드게임 <펭귄락스>를 미국 애플 앱스토어에 선보이기도 하였다.

3. 국내 게임산업의 구조 변동

3.1. 인적자원의 수급과 숙련도

게임산업이 경쟁력을 갖기 위해서는 다양한 업무 직종에 종사하는 우수한 인적자원이 필요하다. 일반적으로 학력과 숙련도가 높은 인적자원의 풀(pool)이 풍부할수록 해당 국가의 게임산업은 경쟁력 확보에 유리하다. 그러나 국내 게임업체의 경우 숙련도 높은 인력의 수급에 어려움을 경험하고 있다.

국내 게임산업은 우수한 인적자원을 확보하기 위해 수시채용, 신입공채, 경력공채, 인턴십 등의 채용시스템을 운영하고 있다. 국내 게임업체들의 인적자원 확보는 공개채용에 의한 수급이 중심이 되며, 내부관계자와 관련 업계 외부 관계자의 소개에 의한 채용, 학교 및 학원 등에 의한 추천, 기존 인력의 재교육 후 활용, 타 기업으로부터의 스카우트 등을 통해서도 이루어진다.

국내 게임업체당 평균 종사자 수는 50명 내외이지만 종사자 30인

미만의 업체가 전체 게임업체의 약 50% 이상이다. 직종별로는 컴퓨터 프로그래머, 그래픽 디자이너, 기획, 일반 관리직이 상대적으로 높은 종사자 수 비중을 차지하고 있는 반면, 사운드 크리에이터 직종의 종사자 수 비중은 가장 낮은 상황이다.

국내 게임업체는 신규 채용에 있어 학력은 중요한 고려사항이 아니지만 게임PD 및 홍보마케팅 직종의 경우 대졸자를 선호하는 경향이 있다. 게임업체 종사자들의 학력은 대졸과 전문대졸 이상이 가장 높은 비중을 차지하고 있다. 하지만 고졸 이하의 학력을 지닌 종사자도 적지 않은 비중을 차지하고 있으며, 2009년 기준 국내 게임산업 종사자 중 석사 이상의 학위를 지닌 인적자원은 전체의 약 3% 내외였다.

게임업체는 신규 채용 종사자를 바로 업무에 투입하는 비율은 낮은 편이다. 신규 채용 인력은 보통 1~3개월 정도의 사내교육 프로그램 및 사내 OJT(On-the-Job-Training)를 거치게 된다. 국내 게임산업의 업무별 직종 구조는 아래 표와 같다.

신규 채용 시 국내 게임업체가 선호하는 전공은 존재하지 않는 편이지만, 컴퓨터 프로그래머와 시스템 엔지니어는 전자/공학 계열 전공자가 상대적으로 많이 종사하고 있고, 그래픽 디자이너 직종에는 예술/디자인 계역 전공자의 비중이 가장 높은 편이다.

국내 게임업체의 경우 일반적으로 컴퓨터 프로그래머와 그래픽 디자이너에 대한 수요가 가장 높고 인적자원의 양적 확보보다는 질적 자질 부족으로 인해 어려움을 경험하고 있다. 즉, 숙련도 높은 인적자원이 부족한 상황인 것이다. 일반적으로 종사자의 근무연한이 길수록 숙련도 역시 높아지는 경향이 있다. 하지만 2009년을 기준으로 국내 게임업체 종사자의 약 75% 정도가 5년 미만의 게임산업 근무경력을 가지고 있는 것으로 조사되기도 하였다.

국내 게임산업의 종사자의 직종구분 및 주요 업무

직종 구분	주요 업무
게임 PD	−게임 기획/개발과 제작 등의 전 과정을 관리·감독
기획	−게임 내 콘텐츠, 스킬, 아이템, 레벨, 이벤트와 보상 등의 기획 −게임 방향성을 결정하고 이를 유지, 발전
그래픽 디자이너	−디자인의 품질 향상 및 개선. UX설계 및 리서치 −모션 플래시 개발. 플래시 웹 컴포넌트 구현
컴퓨터 프로그래머	−클라이언트 프로그래밍. 모바일 애플리케이션 프로그래밍. 웹 애플리케이션 프로그래밍. 인프라 서비스 개발 프로그래밍
시나리오 작가	−게임 시나리오 기획 및 작성. 퀘스트 기획 및 작성 −캐릭터 설정. 동영상 콘텐츠 기획 및 작성 −콘텐츠 네이밍
사운드 크리에이터	−개발 게임에 적용되는 모든 사운드를 높은 수준으로 제작, 디자인하여 게임의 완성도를 극대화
H/W 개발	−게임 관련 H/W의 완성도 높은 개발
시스템 엔지니어	−DA(Data Architect). 데이터 분석 및 개발 −Database 운영. 정보서비스(BI/DW)
게임 운영자(GM)	−고객 니즈를 게임에 반영 −게임의 주요 지표를 관리하고 게임 내외적으로 발생할 수 있는 위험 요소를 관리 −게임 분석 및 고객 동향 보고서 등 작성 −고객 문의 처리를 통한 고객 서비스 업무 −담당 프로덕트 통계 및 데이터 분석 −이벤트 및 서비스 기획 및 진행
홍보마케팅	−기업 및 제품에 대한 언론 홍보 활동 −미디어와의 관계 관리 −기업 커뮤니케이션 전략 수립 및 수행 −마케팅전략 수립
일반 관리직	−인사관리. 경영기획 및 전략. 투자전략. 사업기획
품질 관리(QA)	−고객 분석 및 콘텐츠 이용 현황 분석 −게임 완성도 제고를 위한 콘텐츠 분석 및 피드백 −게임 기획서 및 방향성 점검 −시장 및 경쟁 게임 분석을 통한 시사점 제공
고객 지원(CS)	−고객이 원하는 가치 증대 및 고객 권익 보호

특히 현재 국내 게임산업에는 새로운 다양한 분야를 아우르는 융합형 숙련도를 지닌 인력을 요구되고 있다. 게임산업은 다른 어떤 콘텐츠산업보다도 온라인과 모바일 기반의 디지털 뉴미디어 테크놀로지의 급격한 변화를 흡수하고 있는 대표적인 컨버전스 산업 중 하나이다. 그리고 OSMU전략의 활성화로 게임산업의 다른 콘텐츠산업과의 융합도 심화되고 있으며, 게임산업의 해외시장 진출도 증가하고 있다. 따라서 국내 게임산업은 경쟁우위 확보 및 유지를 위해 새로운 창작 및 기술 시스템에 대한 이해를 기반으로 세계 뉴미디어 시장에서 국내의 게임콘텐츠 및 파생콘텐츠를 효과적으로 경영할 수 있는 우수한 융합형 인력의 확보가 시급한 상황이다.

융합형 인재란 미디어 테크놀로지 및 시장의 컨버전스와 콘텐츠산업의 장르 간 컨버전스에 대한 통합적 이해와 창의적 사고 및 전문적 기획능력을 기반으로 글로벌 시장진출과 OSMU비즈니스를 주도할 수 있는 핵심역량을 지닌 경쟁력 있는 기획 및 마케팅 인력을 의미한다. <2010 대한민국 게임백서>에 따르면 국내 게임업체의 경쟁력 강화를 위해 가장 필요한 사항 중 하나로 기획력 보강과 마케팅 능력 확보, 고급인력 확보 등이 제시되었다. 또한 수출/마케팅 전담 인력 부족이 주요한 수출 장애요인 중 하나로 작용하고 있는 것으로 확인되었다.

현재 국내 게임산업에서는 이 같은 융합형 인적자원에 대한 수요가 증가하고 있다. 융합형 인재는 국내 게임산업이 직면하고 있는 기술적·산업적 패러다임의 변화에 대응하여 생존하고 경쟁력을 확보하기 위해 가장 필요한 인적자원 중 하나에 해당한다. 따라서 이 같은 융합형 인적자원의 원활한 수급을 위해서는 기본적으로 국내 게임 교육기관 수가 증가하여야 하며, 커리큘럼 측면에서도 문화콘텐츠 산업의 전 영역에 대한 통합적 이해력과 더불어 기획 및 비즈니스 능력 향상을 중점적으로 지향하는 새로운 시스템으로의 재구조화가 이루어져야 하겠다(한국콘텐츠진흥원, 2009a).

3.2. 기술자원의 수준

해외 다른 국가들에 비해 상대적으로 세련된 첨단기술의 개발 수준이 높을수록 게임산업의 글로벌 경쟁력 확보 가능성도 높아지게 된다. 세계 게임산업의 기술 개발은 첫째, 보다 사실적인 표현, 둘째, 편리하고 자연스러운 양방향 인터페이스의 구현, 그리고 셋째, 이용자에 대한 더 많은 정보와 기능 제공 등 세 가지 방향으로 집중되고 있다.

먼저, 보다 사실적인 표현을 구현하기 위한 대표적 기술로는 3D입체영상기술이 있다. 세계 게임산업에서 이용되고 있는 그래픽 구현 시스템 자체는 이미 3D입체 변환에 필요한 데이터를 모두 포함하고 있다. 따라서 게임 시장에서의 3D입체영상기술 도입이 움직임도 활성화되고 있다. 일본의 게임업체 닌텐도는 전용 안경 없이도 3D입체영상을 즐길 수 있는 3D게임기 '닌텐도-3DS'를 출시하였다. 일본의 소니사 역시 자사의 콘솔 게임기인 '플레이스테이션3'의 펌웨어 업그레이드를 통해 3D기술을 지원하여 새로운 게임기를 구입하지 않고도 기존의 기기로 3DTV 등을 통해 3D입체영상게임을 즐길 수 있도록 하였다. 마이크로소프트 또한 'Xbox360'에 대한 3D영상기술을 지원하는 펌웨어 업그레이드를 추진하고 있다.

한편 국내에서도 3D입체영상기술을 적용한 게임 개발이 적극적으로 추진되고 있다. 국내 게임업체 게임빌은 국내 모바일게임 최초로 3D 입체 안경을 통해 3D로 게임을 즐길 수 있는 게임인 <놈5>를 출시하기도 하였다. 하지만 국내의 3D입체영상기술은 2010년 기준 관련 기술선진국 대비 2년 이상의 격차가 벌어져 있는 것으로 평가되고 있다(한국콘텐츠진흥원, 2010d).

다음으로, 편리하고 자연스러운 양방향 인터페이스의 구현을 위한 기술은 기능성 게임 시장이 활성화되면서 그 중요성이 더욱 부각되고 있다. 편리하고 자연스러운 양방향 인터페이스 구현에 필요한 기술은 다양한데 이를 정리하면 다음 표와 같다.

편리하고 자연스러운 양방향 인터페이스 구현을 위한 주요 첨단기술
(문화체육관광부 · 한국콘텐츠진흥원, 2010)

기 술	내 용	국내 발전수준
음성인식 및 음성합성 기술	효율적인 인터페이스로서 음성인식 활용을 지원하는 기술	상용수준의 기술 개발이 필요
카메라 기반 모션 검출 및 분석 기술	Xbox360을 기반으로 마이크로소프트가 발표한 기술. 마이크로소프트는 카메라를 사용하면서도 마커(Marker)라 불리는 모션 인식 액세서리를 사용하지 않은 방식을 개발	국산 상용화 기술 개발은 매우 미미한 상황
실시간 생체신호 인식 및 분석/처방 기술	실시간으로 뇌파 등의 생체 데이터를 획득해 내는 센서 기술과 이를 분석하는 추론 로직 등으로 구성	추론 로직 등의 기술 개발이 추가적으로 필요
체감형 인터페이스 기술	이용자의 움직임을 감지하는 센서를 기반으로 하드웨어와 게임의 리액션을 사용자에게 전달하는 액추에이터 그룹으로 구성	다양한 플랫폼에 공통적으로 적용할 수 있는 멀티플랫폼 지원 인터페이스 개발 필요
필기체 인식 및 패턴기술	이용자의 필기체 입력이나 입력 패턴을 게임 입력 패턴으로 인식하여 이용자의 의사를 반영하는 기술	상용화 단계에서 활용하고 있는 상황
센서 및 액추에이터 동기화 기술	스포츠게임이나 음악게임 등에 사용되는 장비들에 장착된 센서와 액추에이터로 구성되며, 실제와 유사한 느낌으로 이들 게임을 즐길 수 있도록 지원	각 디바이스 간의 동기화 구현을 위한 RFID나 Bluetooth 기술 활성화 필요

위의 표에서 알 수 있는 것처럼 국내의 편리하고 자연스러운 양방향 인터페이스 구현을 위한 첨단기술 개발 수준은 아직까지 해외의 기술선진국에 비해 경쟁우위를 확보하지 못한 상황이다.

마지막으로 이용자에 대한 더 많은 정보와 기능을 제공하기 위해 필요한 기술로는 증강현실 기술을 들 수 있다. 닌텐도는 DSi용으로 증강현실 게임 '고스트와이어(Ghostwire)'를 개발하였는데, 이 게임은 카메라로 찍힌 영상에 가상의 유령 이미지를 투영시켜 마치 카메라를 통해 보이지 않는 유령을 보는 것 같은 느낌을 제공하기도 하였다. 이 게임은 이후 아이폰 및 안드로이드용 애플리케이션으로 개발되었다. 국내의 경우 대부분 영세한 중소 개발사가 주도적으로 증강현실 콘텐츠를 개발하고 있다. 기술력 측면에서 국내의 증강현실 기술은 콘텐츠 제작 등의 기술적 완성도에서 기술선진국에 비해 뒤쳐져 있지만 세계적 수준에 근접해 가고 있는 것으로 평가되고 있다(한국콘텐츠진흥원, 2010d).

3.3. 자본자원: 자금 조달 환경과 비용

게임산업의 경쟁력은 조달할 수 있는 자본의 총량과 성격에 따라 영향을 받는다. 조달할 수 있는 자본의 총량뿐만 아니라 자본의 성격 또한 중요한 이유는 조달 가능한 자본이 무담보 부채인지 담보부채인지, 또는 정크(junk)본드인지 주식인지 등에 따라 게임산업에 상이한 영향을 미칠 수 있기 때문이다. 따라서 게임산업이 조달할 수 있는 자본시장의 규모와 함께 자본시장의 구조도 경쟁력 확보에 중요한 영향 요인으로 설명되고 있다.

기본적으로 국내 게임업체들은 경기침체 국면에서는 자금 조달에 어려움을 겪게 된다. 경기가 악화되면 투자자의 투자심리가 위축될 가능성이 높기 때문이다. 이 밖에 국내 게임업체들은 담보 등 금융권 대출의 제도적 어려움과 게임산업에 대한 투자자의 인식 부족으로 인해 자금 조달에 어려움을 경험하고 있다(문화체육관광부·한국콘텐츠진흥원, 2010).

국내 게임개발사들은 다양한 형태로 자금을 조달하고 있다. 국내 업체들의 대표적인 자금 조달 방법으로는 창업자/설립자 개인 자금 의존, 퍼블리셔로부터 유치, 개인 투자자 자금 유치, 창투사/투자조합 등의 기업투자 자금유치, 은행 등 금융권 대출, 주식 상장, 회사채 발행 등이 있다. 이 같은 방법 중 국내 게임업체들이 자금조달방법으로 가장 많이 이용하는 방법은 창업자/설립자 개인 자금에 의존하는 방법이다. 이 밖에 퍼블리셔로부터 유치하는 방법과 개인투자자로부터 자금을 유치하는 방법, 창투사/투자조합 등의 기업투자자금 유치, 은행 등 금융권 대출 등도 자주 이용되고 있으며 최근에는 KOSPI와 코스닥 등 증시에 상장된 국내 게임업체들의 수도 꾸준히 증가하고 있기도 하다.

플랫폼 유형에 따라서도 자금 조달 방법에 차이가 있다. 국내 게임업체의 글로벌 경쟁력이 다른 플랫폼에 비해 강한 것으로 평가되고 있는 온라인게임의 경우에는 창업자/설립자 개인자금 의존 방법과 퍼블리셔로부터의 유치 방법이 비슷한 정도로 이용되고 있고, 주식시장 상장 방법과 회사채 방행 방법의 이용률도 다른 플랫폼에 비해 상대적으로 높은 편이다. 반면 국내의 시장규모가 작고 경쟁력도 상대적으로 약한 것으로 평가되고 있는 아케이드게임의 경우 창업자/설립자 개인자금 의존 방법의 활용률이 다른 플랫폼에 비해 상대적으로 높다. PC게임의 경우에는 다른 플랫폼에 비해 창투사/투자조합 등의 기업투자 자금유치 방법 활용률이 높고, 모바일게임의 경우에는 퍼블리셔로부터 유치하는 방법의 이용률이 다른 플랫폼에 비해 높다.

한편 해외자본의 투자유치 실적이 있는 국내 게임업체의 비율도 조금씩 증가하고 있다. 하지만 해외자본을 투자받은 게임업체의 비중은 높지 않다.

게임 1편당 평균 개발 기간은 클라이언트 기반 온라인게임이 약 24.6개월로 가장 길고, 웹 기반 온라인게임이 약 13.5개월로 그다음으로 긴 평균 개발 기간이 필요하다. 또한 비디오게임과 PC게임은 각각 약 13.0개월과 약 12.6개월의 평균 개발 기간이 필요하다. 반면 모바일게임과 아케이드게임은 각각 약 8.0개월과 약 7.3개월의 상대적으로 짧은 평균 개발 기간이 필요하다. 게임 개발에 투입되는 인원은 온라인게임과 비디오게임이 각각 약 24.0명 정도로 가장 많고 모바일게임은 약 5명 정도로 가장 적은 편이다(문화체육관광부·한국콘텐츠진흥원, 2010). 따라서 게임업체들은 게임 개발기간 동안 인력 및 기타 개발요소 활용을 위해 풍부한 비용을 필요로 하게 된다. 국내 게임 중 가장 높은 경쟁력을 지닌 온라인게임의 경우 1편을 개발하는 데 100억 원 이상이 투자되기도 하며, 아케이드게임의 경우에도 1편을 개발하는 데 최소 3억에서 많게는 30억 원 이상의 비용이 필요하다. 반면 모바일게임의 경우 다른 게임들에 비해 상대적으로 저렴한 비용이 소요되는데, 1편의 모바일게임 개발에 필요한 최대 비용은 약 20억 원 이하이다. 하지만 국내 게임제작개발업체의 연평균 매출액은 전체 업체의 약 90% 정도가 50억 원 미만인 상황이다. 따라서 국내 게임제작개발업체의 경우 기업 외부에서의 자금 조달이 절대적으로 필요하며, 이를 위해서는 원활한 자금 흐름에 장애요인들이 제거되어야만 국내 게임 제작개발 분야의 활성화가 가능할 것이다.

3.4. 수요조건 및 내수시장의 게임문화

일반적으로 수요조건 및 내수시장의 구조는 특정 국가의 게임산업 경쟁력과 밀접한 관련을 지닌다. 특히 내수시장 소비자의 니즈가 세련되고 까다로우며 해외 소비자의 니즈에 선행할수록 해당 국가에 기반을 둔 게임업체는 혁신의 압력을 받게 되기 때문에 경쟁력 향상에 유리하다. 또한 향후 글로벌 게임시장을 주도할 가능성이 큰 게임 분야에서 내수시장의 수요가 크고 수요의 성장률이 높을수록 해당 국가에 기반을 둔 게임업체가 미래 글로벌 시장에서 경쟁력을 확보할 가능성이 크다.

플랫폼을 기준으로 세계 게임시장에서 가장 큰 비중을 차지하는 분야는 콘솔게임과 아케이드게임이다. 세계 게임시장에서 차지하는 콘솔게임과 아케이드게임의 상대적으로 높은 비중은 2014년까지도 지속적으로 유지될 전망이다. 하지만 콘솔게임과 아케이드게임의 2009~2014년 연평균 성장률은 각각 3.5%와 2.5%로 전망되어 시장이 포화상태에 있는 것으로 분석되고 있다.

향후 글로벌 시장에서의 성장 가능성이 가장 높은 차세대 성장동력 분야는 장르는 온라인게임과 모바일게임이다. 온라인게임과 모바일게임의 2009~2014년 연평균 성장률은 각각 15.6%와 12.1%로 예상되고 있다. 따라서 국내 이용자의 니즈가 온라인게임과 모바일게임에 집중되어 해외시장에 비해 상대적으로 큰 시장규모를 형성하고 있을수록, 그리고 이 두 시장의 성장률이 높을수록 국내 게임업체의 글로벌 게임시장에서의 미래 경쟁력은 강화될 가능성이 높다.

국내 게임산업의 매출액 규모는 세계 5위권 수준이다. 국내 게임산업의 매출액 규모에서 온라인게임의 매출액이 차지하는 비중이 가장 높고, 다음으로 높은 비중을 차지하는 게임 분야는 비디오게임이다. 모바일게임은 비디오게임에 이어 세 번째로 높은 매출액 비중을 점하고 있다. 따라서 국내 게임산업은 향우 모바일게임산업에 있어 경쟁력을 지속적으로 유지할 수 있을 것으로 보인다.[5] 현재도 온라인게임은 국내 게임산업에서 가장 높은 수출 비중을 차지하고 있다.

한편 향후 국내 게임업체가 글로벌 시장에서 좀 더 강화된 경쟁력을 확보하기 위해서는 국내의 모바일게임 시장 규모가 확대될 필요가 있다. 전술한 바와 같이 모바일게임시장은 온라인게임시장과 함께 향후 성장 가능성이 가장 높은 게임 분야이기 때문이다.

게임 장르를 기준으로 할 경우 미래 게임산업의 블루오션은 SNG와 기능성 게임이 될 것으로 전망된다. SNG와 기능성게임은 미래 글로벌 게임산업의 중요한 성장동력으로 작용할 가능성이 높은 것으로 예상되고 있다. 미국 시장조사기관 '스크린다이제스트'는 2014년 SNG 시장 규모가 2009년 세계 PC게임 매출액 규모의 약 30% 정도에 해당하는 13억 7,200만 달러에 이를 것이라는 예상을 제시하기도 하였다. 또한 기능성 게임의 경우 2005~2010년 연평균 40%대의 성장률을 지속적으로 유지해 오고 있으며, 향후에도 지속적으로 높은 성장률을

---

5) 2008년의 경우, 국내 온라인게임산업은 중국에 이어 세계 온라인게임시장 점유율 2위를 기록하였다.

기록할 것으로 예상되고 있다. 따라서 국내 게임산업의 글로벌 시장에서의 미래 경쟁력 확보를 위해서는 SNG와 시리어스게임에 대한 일정 규모의 내수시장 수요 확보가 중요하다.

미국 등 SNG시장 규모가 큰 지역에 비해 상대적으로 국내 SNG시장 규모는 상대적으로 열악한 상황이다. 또한 세계적인 SNG업체 징가가 개발한 게임은 평균 수백만 MAU(Monthly Active User)를 기록하고 있지만, 국내 업체가 개발한 SNG는 최대 수십만 MAU를 기록하는 데 그치고 있는 상황이다. 국내 시리어스게임 시장 역시 SNG와 비슷한 상황이다. 국내에서는 다양한 기업들이 컨소시엄을 구성하여 시리어스게임 콘텐츠 개발에 적극 나서고 있고, 관련 전시회를 통해 시리어스게임을 일반인들에게 알리는 사업을 활발하게 진행하고 있다. 또한 G-러닝 연구학교 사업 등을 통한 시리어스게임의 전국적 활용도 이루어지고 있다. 하지만 세계 시리어스게임 시장에서 가장 큰 내수시장 규모를 형성하고 있는 국가는 미국이며, 일본과 유럽국가들도 국내에 비해 상대적으로 시리어스게임에 대한 세련된 수요와 더 큰 시장규모를 지니고 있다. 일본의 경우 닌텐도가 다양한 시리어스게임들을 적극적으로 출시하고 있으며, 2007년 정부와 대학들이 협력해 기능성게임연구소(SGI)를 만들기도 하였던 유럽은 국내보다 더 고도화된 시리어스게임 시장을 보유하고 있다.

한편 국내에서는 게임이 하나의 여가문화로 자리 잡아 가고 있다. 이 같은 상황은 국내 게임산업의 경쟁력 확보에 긍정적인 영향을 미칠 수 있는 요인이 된다. 문화체육관광부와 한국콘텐츠진흥원이 <게임백서> 발간을 위해 매년 조사해 오고 있는 '게임이용자의 게임 관련 생활 실태 및 게임이용 현황'에 따르면 게임은 TV시청, 영화관람 등과 더불어 여가 시간에 가장 많이 하는 활동 중 하나인 것으로 지속적으로 확인되고 있다.

게임이 여가문화 중 하나로 자리 잡을 수 있는 배경에는 국내의 발달된 PC방 인프라가 큰 기여를 하고 있다. 게임은 정보검색 및 이메일 확인, 음악/영화/만화 이용 등과 더불어 PC방 이용자가 가장 많이 하는 활동 중 하나이다.

게임 이용 시 비용결제수단이 비교적 다양하고 편리한 것도 국내 게임산업 발전에 긍정적인 영향을 미칠 수 있다. 국내 게임시장에서 가장 큰 비중을 차지하는 온라인게임의 주요한 결제수단은 '휴대전화 과금', '문화상품권', '신용카드' 등이다. 연령이 높을수록 '신용카드'와 '휴대전화 과금'의 이용률이 높고 낮은 연령대에서는 '문화상품권'의 이용률이 상대적으로 높다.

이같이 국내에서는 게임을 즐기는 것이 하나의 문화로 형성되어 가고 있다. 하지만 게임 과몰입과 관련된 사회적 이슈들이 지속적으로 제기되면서 게임에 대반 부정적 인식도 존재하고 있는 것이 사실이다. 게임에 대한 부정적 인식은 국내 게임산업의 발전과 경쟁력 강화에 좋지 않은 영향을 미칠 가능성이 크다. '게임 셧다운제'의 적용 대상 게임의 범위에 대한 문화체육관광부와 여성가족부의 대립은 국내 게임산업의 발전에 게임에 대한 부정적 인식이 어떻게 영향을 미칠 수 있는지를 보여주는 대표적인 사례라 하겠다. '게임 셧다운제'는 청소년을 게임 과몰입으로부터 보호하기 위해 밤 12시~새벽 6시에 청소년의 게임이용을 제한하는 제도를 말한다. 두 부처는 2010년 이 제도의 도입 대상이 대는 청소년의 연령을 16세로 합의했지만, 적용되는 게임물의 대상 및 범위를 두고 상호 대립하기도 하였다.

게임이 핵심적인 여가형태 중 하나로 자리 잡아 가고 있는 가운데 국내에서는 게임물에 대한 등급분류제도를 실행하고 있다. 따라서 게임물을 유통시키거나 이용에 제공할 목적으로 게임물을 제작 또는 배급하고자 하는 사람은 당해 게임물을 제작 또는 배급하기 전에 게임위로부터 등급분류를 받아야 한다. 하지만 중앙행정기관의 장이 추천하는 게임대회 또는 전시회 등에 전시할 목적으로 제작, 배급하는 게임물이나 국가, 지방자치 단체, 교육기관, 종교기관 등이 교육, 학습, 종교 또는 공익적 홍보활동(비영리 목적) 등의 용도로 제작·배급하는 게임은 등급분류를 받지 않아도 된다. 게임물이 등급분류 예외 게임물에 해당하는지 여부는 미리 게임위에 확인받을 수 있다. 게임물 등급분류는 아래 그림과 같은 과정을 거쳐 이루어지게 되는데, 게임업체들의 경우 국내의 게임물 등급분류제도가 보다 간소화되기를 희망하고 있기도 한다. 게임물 등급분류는 게임물 등급위원회에서 주관하고 있으며 그 과정은 다음의 그림과 같다.

게임물 등급분류에는 콘텐츠 중심성, 맥락성, 보편성, 국제적 통용

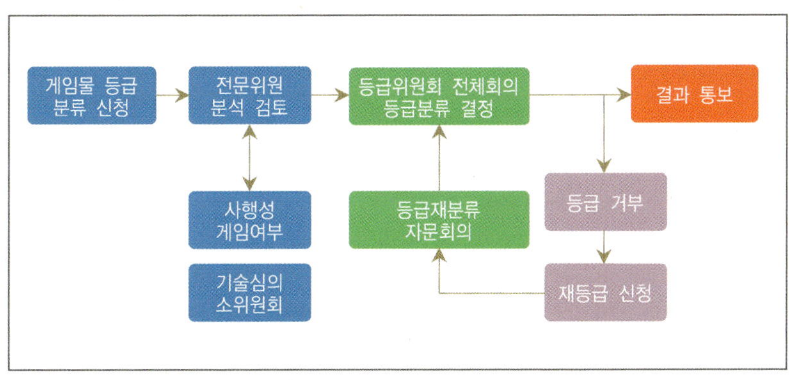

게임물 등급분류 과정(게임물등급위원회 홈페이지)

성, 일관성 등의 원칙이 적용되고 있다. 콘텐츠 중심성은 콘텐츠 이외의 부분에 대해서는 등급분류 대상에서 제외한다는 원칙이다. 맥락성은 전체적인 게임물의 맥락과 상황을 보고 등급을 결정한다는 의미이며, 보편성은 사회적 통념에 부합하는 등급을 결정한다는 뜻이다. 또한 국제적 통용성은 범세계적인 일반성을 갖도록 등급을 결정한다는 의미이며, 일관성은 동일 게임물의 경우 심의시기와 심의주체가 바뀌어도 동일한 등급을 결정한다는 원칙이다.

국내 게임물 등급위원회는 또한 구체적인 등급분류를 위해 선정성, 폭력성, 범죄 및 약물, 언어, 사행성 등의 기준을 활용하고 있고, 이 같은 기준에 따라 게임물을 PC/온라인/모바일/비디오게임물은 전체이용가, 12세이용가, 15세이용가, 청소년이용불가 등의 등급, 그리고 아케이드게임물은 전체이용가, 청소년이용불가 등으로 분류하고 있다.

3.5. 기업의 경쟁환경과 비즈니스 전략

시장에서의 경쟁압력이 어느 정도인가에 따라서도 게임산업의 글로벌 경쟁력은 영향을 받게 된다. 경쟁압력의 정도는 혁신에 영향을 미칠 수 있으며, 지속적인 혁신은 글로벌 경쟁력 강화에 긍정적으로 기여하기 때문이다. 일반적으로 혁신을 위해서는 많은 인적 자원과 비용이 필요하다. 따라서 시장을 지배하고 있는 대규모 기업이 혁신에 유리한 자원 동원 능력을 지니고 있다고 볼 수 있다. 하지만 대규모 기업이 아닌 치열한 경쟁환경에 직면한 중소기업의 경우에도 생존을 위해서는 혁신을 적극적으로 추진하게 되는 경향이 있다.

국내 게임업체의 수가 전체 콘텐츠산업에서 차지하는 비중은 음악

산업업체 다음으로 높다. 국내 게임업체들 중 게임제작만을 전문적으로 하는 업체보다는 게임제작과 배급을 함께하는 업체의 수가 상대적으로 더 많다. 또한 국내 게임업체들이 비즈니스 활동을 하는 대상 플랫폼 중 온라인과 모바일의 비중은 전체의 약 50% 이상이다. 그리고 국내 게임업체들이 제작 및 배급하는 장르는 롤플레잉과 액션 및 어드벤처에 집중되어 있다.

국내 게임시장은 엔씨소프트, 넥슨, NHN, 네오위즈, CJ인터넷 등 거대 게임업체들이 지배하는 구조를 형성하고 있다. 국내 게임산업은 이들 거대게임업체들이 중심이 되어 해외 게임업체들과 치열한 경쟁을 펼치고 있다. 국내 게임산업 내에 해외의 거대 게임업체들과 경쟁할 수 있는 규모의 대형 업체가 존재한다는 것은 긍정적인 면과 부정적인 면을 모두 지닌다. 긍정적인 측면은 이들 대형 업체들이 해외 거대 게임업체와의 경쟁에서 경쟁우위를 확보하기 위해 필요한 지속적인 혁신을 위해 일정한 자원동원능력을 지니고 있다는 점이다. 이들 5개의 국내 대형 게임업체들은 다양한 장르의 중소 게임업체에 대한 인수합병을 통해 대형화를 이루었다. 이들 대형 게임 기업들은 신규 성장 동력 확보와 약점 보완 위해 중소 개발사 인수를 지속적으로 추진해 왔다. 대작 게임 제작비에 점점 더 많은 비용이 투입되지만 성공률이 낮아지고 독자개발 게임의 성공 가능성은 예측하기 힘든 상황에서 독자 콘텐츠 제작 능력과 기술을 갖춘 중견개발사 인수로 지속적인 성장 모멘텀을 확보하기 위한 시도였다.

하지만 이처럼 소수 대형 게임업체를 심으로 시장이 재편되면서 국내 게임 시장의 다양성이 약화될 수 있는데, 바로 이 점이 시장을 소수의 업체들이 지배하는 데서 발생할 수 있는 부정적인 측면이라고 하겠다.

국내 게임업체는 내수시장 중심에서 탈피하여 글로벌 시장으로의 수출 증대 전략을 적극적으로 추진하고 있다. 수출의 경우 온라인게임과 모바일게임을 중심으로 확대되고 있다. 하지만 온라인게임업체와 모바일게임업체의 경우 해외 시장에 대한 정보 부족으로 인해 수출에 어려움을 경험하고 있다. 해외 시장에 대한 풍부한 정보 확보 및 유통 활성화에 대한 정책적 지원이 필요한 상황이다. 국내 게임산업이 성장하면서 게임업체들의 해외투자 및 해외 현지법인 설립 사례가 조금씩 증가하고 있다. 게임제작과 배급을 겸하는 업체에서 상대적으로 많은 해외투자를 실행하고 있고, 플랫폼별로는 모바일게임업체의 해외투자실적이 가장 높은 경향을 보이고 있다. 해외 현지법인 설립의 경우 역시 게임제작과 배급을 겸하는 업체의 설립 건수가 단순히 제작업이나 배급업만을 운영하는 업체에 비해 높은 편이다. 또한 온라인게임업체가 다른 플랫폼에 비해 해외 현지법인 설립을 상대적으로 많이 하고 있다.

국내 게임사업자들의 내수시장에서의 서비스 전략 및 요금부과 방식을 온라인게임과 모바일게임을 중심으로 살펴보면 다음과 같다. 온라인게임의 경우 부분유료화와 무료 온라인서비스, PC가맹비, 정액제, 이용시간제 등의 서비스 형태 및 요금 부과 방식을 이용하고 있다. 이 중 부분유료화가 가장 높은 비중을 차지한다. 이에 따라 아이템 판매가 온라인게임의 매출 중 가장 높은 비중을 차지하고 있다. 아이템 판매가 부분유료화의 대표적 형태 중 하나이기 때문이다. 아이템 판매 이외에 개인이용료와 해외로열티, PC방 가맹비도 온라인게임업체 매출의 주요한 구성 요소들이다. 모바일게임의 경우 망사업자를 통한 다운로드 서비스 방식을 활용하는 업체의 비중이 가장 높다. 이 밖에도 모바일게임의 서비스 방식으로 오픈마켓 활용, 웹 포털 사업자를 통한 웹투폰, 휴대전화 사업자를 통한 프리인스톨 등이 활용되고 있다. 스마트폰 이용이 확산되면서 모바일게임 사업자들의 스마트폰용 모바일게임 개발이 증가하고 있다.

하지만 모바일게임사업자들은 게임개발 과정에서 망사업자와의 우월적 지위 남용에 따른 불공정거래 상황에 상시적으로 노출되어 있기도 하다. 문화체육관광부는 방송통신위원회와 공정거래위원회 등과의 협력을 통한 모바일콘텐츠시장에서의 불공정거래관행 개선을 추진 중에 있다.

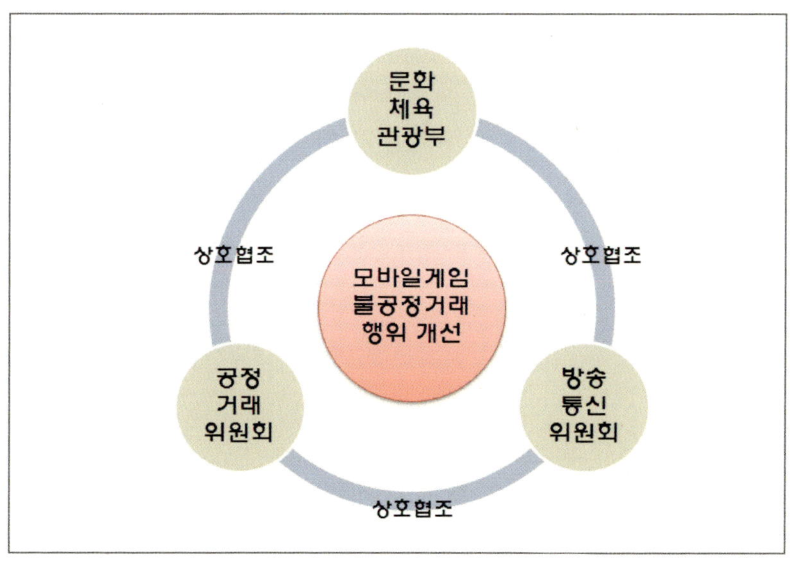

모바일게임시장의 불공정거래행위 개선을 방향

4. 게임산업의 지속 성장 위한 정책 방향

4.1. 게임산업 진흥을 위한 정책 환경

특정 산업의 경쟁력 향상에 있어 정부의 정책은 결정요인일 수는 없지만 중요한 영향 요인 중 하나인 것만은 분명하다. 국내 게임산업 진흥을 위한 정책의 제도적 기반은 「게임산업진흥에 관한 법률」이다. 이 법은 다른 법에 우선하여 게임산업 진흥을 위한 정책 마련 및 집행에 우선적으로 적용된다. 다만 「게임산업진흥에 관한 법률」에 관련 규정이 없을 경우 「콘텐츠산업진흥법」, 「문화산업진흥기본법」, 「방송통신발전기본법」, 그리고 2009년 11월 발의된 「지식재산기본법(안)」 등에 따라 정책이 이루어지게 된다.

게임산업진흥정책과 관련된 주요 제도적 기반

제도적 기반	목적
게임산업진흥에 관한 법률	게임산업의 기반을 조성하고 게임물의 이용에 관한 사항을 정하여 게임산업의 진흥 및 국민의 건전한 게임문화를 확립함으로써 국민경제의 발전과 국민의 문화적 삶의 질 향상에 기여
콘텐츠산업진흥법	콘텐츠산업의 진흥에 필요한 사항을 정함으로써 콘텐츠산업의 기반을 조성하고 그 경쟁력을 강화하여 국민생활의 향상과 국민경제의 건전한 발전에 기여
문화산업진흥기본법	문화산업의 지원 및 육성에 필요한 사항을 정하여 문화산업 발전의 기반을 조성하고 경쟁력을 강화함으로써 국민의 문화적 삶의 질 향상과 국민경제의 발전에 기여
방송통신발전기본법	방송과 통신이 융합되는 새로운 커뮤니케이션 환경에 대응하여 방송통신의 공익성·공공성을 보장하고, 방송통신의 진흥 및 방송통신의 기술기준·재난관리 등에 관한 사항을 정함으로써 공공복리의 증진과 방송통신 발전에 기여
지식재산기본법(안)	지식재산에 관한 체계적이고 종합적인 국가전략을 효율적으로 추진

게임산업의 진흥을 위한 국가의 구체적인 정책은 「게임산업진흥에 관한 법률」에 따라 수립 및 시행되는 <게임산업진흥 중장기 계획>에 기초하여 진행된다. 「게임산업진흥에 관한 법률」 제3조에서는 "문화체육관광부장관은 관계 중앙행정기관의 장과 협의하여 게임산업의 진흥을 위한 종합계획을 수립·시행하여야 한다."고 규정하고 있다.

<게임산업진흥 중장기 계획>은 5년마다 새롭고 수립되며, 매 계획마다 아래와 같은 사항이 반드시 포함되어야 하도록 「게임산업진흥에 관한 법률」이 의무화하고 있다.

〈게임산업진흥 중장기 계획〉에 반드시 포함되어야 하는 사항

1. 종합계획의 기본방향
2. 게임산업과 관련된 제도와 법령의 개선
3. 게임문화 및 창작활동의 활성화
4. 게임산업의 기반조성과 균형 발전
5. 게임산업의 국제협력 및 해외시장 진출
6. 위법하게 제작·유통되거나 이용에 제공되는 게임물의 지도·단속
7. 게임산업의 건전한 발전과 이용자보호
8. 그 밖에 게임산업의 진흥을 위하여 필요한 사항으로서 대통령령이 정하는 사항

또한 이 법은 아래 사항 중 지방자치단체장이 '게임산업과 관련된 제도와 법령의 개선', '게임문화 및 창작활동의 활성화', '게임산업의 국제협력 및 해외시장 진출' 등에 해당하는 사업을 추진하고자 하는 경우에는 미리 문화체육관광부장관과 협의하도록 하고 있다.

4.2. 정책의 역할과 방향

최초의 <게임산업진흥 중장기 계획>은 2009년 발표된 <게임산업진흥 중장기 계획(2008~2012)>이었다. 물론 이 계획에도 위에서 제시한 사항들을 구체적인 정책으로 시행하기 위한 내용들이 포함되었다. 이 계획을 통해 게임산업 창작인프라 조성을 위한 창업지원시설이 지원되었고 다수의 신생 게임업체들이 새롭게 배출되었다. 또한 게임콘텐츠 개발 및 마케팅 지원을 위한 투자조합이 결성되어 운영되고 있으며, 게임 전문인력 양성과 게임기술 관련 연구개발 사업도 추진되었다. 이 밖에 해외 유명 게임전시회 참가 지원 및 해외수출 상담회와 게임수출 로드쇼, 신흥시장 개적, 해외 게임홍보관 개관 등의 성과도 창출되었다. 아울러 국제게임전시회인 'G-star'를 개최하여

국내 게임업체의 해외 마케팅 기회를 제공하고, 글로벌 시장에서의 e-sports 주도권 확보를 위해 국제 e-sports연맹(IeSF) 설립과 관련 세계 대회 개최도 정책적으로 지원되었다(문화체육관광부, 2010c).

국가의 역할 중 하나는 생산성이 높고 글로벌 경쟁력을 지닌 산업 분야를 창출하고, 이 산업분야에 될 수 있는 한 많은 인적자원이 최대한으로 높은 임금수준을 향유하며 종사할 수 있도록 지원하는 것이다. 이 같은 원리는 게임산업에도 동일하게 적용될 수 있다. 현재 국내 게임산업은 다른 콘텐츠산업에 비해 상대적으로 높은 생산성과 글로벌 경쟁력을 유지하고 있는 산업 중 하나이다. 산업의 부가가치율을 통해 생산성 수준을 간접적으로 유추할 수 있는데, <2009콘텐츠산업백서(2010)>에 따르면 국내 게임산업의 부가가치율은 2008년 기준 50.10%로 국내의 다른 콘텐츠산업에 비해 가장 높은 것으로 나타났다. 따라서 게임산업에 대한 정책적 지원은 게임산업의 생산성을 지속적으로 유지·증가시키고 이를 통해 좋은 일자리를 많이 창출하는 방향으로 집중되어야 할 것이다.

참고문헌 및 자료

김민규 외 24인(2009). 엔터테인먼트산업의 이해. 넥서스BIZ.

문화체육관광부(2010a). 2009콘텐츠산업백서.

문화체육관광부(2010b). 2011년 주요 업무계획: 함께 누리는 문화 행복한 대한민국.

문화체육관광부(2010c). 디지털융합시대 콘텐츠산업 미래정책 연구.

문화체육관광부(2010d). 2009문화산업통계: 2008년 기준.

문화체육관광부·한국콘텐츠진흥원(2010). 대한민국 게임백서 상·하.

박세혁(2010). 디지털시대의 여가 및 레크리에이션. 가림출판사.

이동연(2010). 게임의 문화코드: 갤러그에서 리니지까지 게임으로 문화읽기. 이매진.

장희동 외 4인(2010). 게임시장의 양상과 특징. 글누림.

주진선, 신윤희, 김은이(2006). 신체 장애우를 위한 얼굴 특징 추적을 이용한 실감형 게임 시스템 구현. 2006 추계학술발표회 33권 2호. 한국정보과학회.

한국게임산업진흥원(2010). 한국게임산업연감.

한국문화관광연구원(2010). 게임산업 경영분석 및 경제적 효과 연구.

한국콘텐츠진흥원(2009a). 뉴미디어 시대의 콘텐츠비즈니스 전문인력 양성방안 연구.

한국콘텐츠진흥원(2009b). 국내 게임시장 동향. 게임산업 트렌드 12월 1호.

한국콘텐츠진흥원(2010a). 글로벌 게임산업 트렌드. 12월 2호.

한국콘텐츠진흥원(2010b). 콘텐츠산업분야 인력수급 전망 및 해외선진사례 벤치마킹 조사.

한국콘텐츠진흥원(2010c). 소셜네트워크게임(SNG)의 현황과 전망. KOCCA포커스 18호.

한국콘텐츠진흥원(2010d). 체감형 콘솔게임의 기술 및 시장 동향. CT심층리포트.

한국콘텐츠진흥원(2010e). 글로벌 게임산업 트렌드 분기보고서. 2010-3호.

한국콘텐츠진흥원(2011). 글로벌 게임산업 트렌드. 1월 1호.

한국 만화산업의 카투노믹스 (Cartoonomics) 전략

1. 서 론

1.1. 만화의 문화적 경제성

1) 만화의 다원적 가치

만화는 사회적(공공재), 문화적(경험재), 경제적(정보재) 가치를 창출하는 문화작품이자 상품으로서 인간의 삶과 사회 전반에 영향을 미침에 따라 그 접근방식도 역사·기술·윤리·문화·경제·비판적 관점에서 다원적 의미를 지닌다. 경제적 가치로서 만화는 예술에 기반한 생산, 유통, 소비가 이루어지는 경제구조로서 예술의 교환가치와 원작산업으로서 출판물(만화단행본/만화잡지/일일연재만화/그림동화 등)뿐만 아니라 뉴미디어(웹툰, 디지털만화, 모바일만화 등)에도 적응하면서 다양한 형식으로 진화하고 있다. 특히 만화콘텐츠는 극장용/TV용 애니메이션, 영화, 드라마, 게임, 광고, 캐릭터 등 타 장르에 다각적으로 활용(One Source Multi Use)되어 파생 문화콘텐츠 상품으로 확대되고 있다.[6]

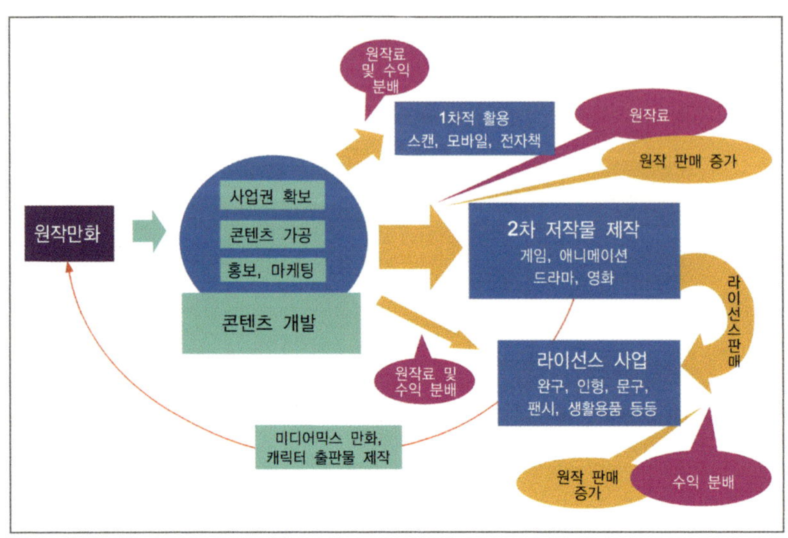

만화산업의 OSMU(One Source Multi Use) 비즈니스 모델

또한 사회문화적 가치로서 만화는 기본적으로 그림(캐릭터+이미지)과 스토리(세계관+서사구조)로 구성된 가장 대중적인 영상매체이며, 미술(데생), 문학(서사), 연출(연극/영화), 편집(출판) 등 복합적인 종합예술로서 다양한 문화예술분야와 교류발전 가능성(synergy effect)이 크다. 그런 의미에서 100년의 역사를 지닌 한국만화는 1960년대의 만화방, 1970년대의 신문과 잡지 연재, 1980년대의 만화방과 어린이 잡지, 1990년대의 일본식 주간지 시스템과 대여점 시스템을 통해 유통된 코믹스, 2000년대의 어린이 대상 에듀테인먼트 만화(학습만화)와 포털의 온라인 만화(웹툰)를 중심으로 교육 및 정보전달 매체로서, 오락 및 여가활용 수단으로 성장해 왔다. 최근에는 전통적인 출판만화(만화잡지, 만화단

---

6) 일본 만화 〈신의 물방울〉은 와인이 소재로 드라마, 영화로 제작되어 와인 산업(와인바, 와인 마케팅, 와인 서적, 와인관련 산업)을 활성화시켰다.

행본 등)와 함께 인터넷을 만화문화 공간으로 확장한 온라인 만화가 새롭게 각광받고 있으며, 만화의 교육적 가치를 활용한 아동교양 학습만화, 그리고 대중을 대상으로 한 만화 관련 축제들과 광고 · 홍보 · IR 등 다양한 영역에서 효과적인 마케팅 수단으로 활용되고 있다. 이처럼 대중과 소통하는 도구인 만화는 보는 사람의 참여도를 높여 진지하게 생각하게 하는 '지면의 예술'이라 할 수 있다. 이에 프랑스는 만화를 <제9의 예술>이라 부르며, 창작예술의 한 장르로 승화시켰다.

2) 카투노믹스(만 화경제학, Cartoon+Economics)는 산업생태계로서 만화산업시스템

만화는 문화예술, 미디어, 콘텐츠, 관광, 제조상품, 서비스분야에 원천콘텐츠로서 촉매(Catalyst) 역할을 통해 사회문화적, 산업경제적 가치를 증대시키고 있다.[7] 따라서 만화산업은 창작자와 제작, 유통, 소비자 등 모든 만화생산, 제작, 향유 주체들을 유기적 고리에서 파악하는 생태적 관점을 필요로 한다. 즉, 문화예술 기반의 출판산업으로만 바라보는 관점에서 다양한 미디어와 서비스 분야에서 창작의 원천이자 완전 상품으로서 기능하는 만화로 접근할 필요가 있다. 카투노믹스로서 만화산업시스템은 1차 윈도인 온/오프라인 만화시장(만화단행본과 만화잡지 판매, 온라인만화서비스), 2차 윈도인 미디어 시장(다양한 장르에 대한 판권), 3차 윈도인 머천다이징 시장(다양한 상품화)을 거쳐 사회문화적 취향과 트렌드로 확산된다.

---

7) 온라인게임으로 매출 1조원을 달성한 순정만화 〈리니지〉, 영화와 드라마로 제작된 요리만화 〈식객〉, 1983년 발간되어 2천여 종의 상품이 판매되고 있는 가족만화 〈아기공룡 둘리〉, 2천만 부 이상 판매된 학습만화 〈Why?〉, 인터넷과 모바일 만화시장을 개척한 〈웹툰〉 등 만화는 경제가치뿐 아니라 사회문화적 트렌드까지 선도하고 있다.

산업시스템으로서 만화산업의 다양한 영역(문화부, 2008)

	잡지 · 단행본 시스템	일일만화 · 프로덕션	서점용 단행본	신문만화	온라인만화	아마추어/ 동인만화
저작권	작가	프로덕션	작가	작가	작가	작가
게재/출판	잡지 게재 후 단행본 출간	대본소용 단행본 출간	서점용 단행본 출간	신문 게재 후 단행본화	온라인 게재 후 선별 출간	동호회지 게재
유통경로	작가 ↓ 출판사 ↓ 코믹스/ 잡지총판 ↓ 서점/대여점/ 대본소 ↓ 독자	프로덕션 제작 ↓ 대본소 총판 ↓ 지역총판 ↓ 대본소	작가 ↓ 출판사 ↓ 일반 서적유통망 ↓ 서점 ↓ 독자	작가 ↓ 신문사 ↓ 독자	작가/동호회 ↓ 웹게재 (포털) ↓ 독자 ↓ 퍼가기&링크에 의한 2차 소비 활발	작가/동호회 ↓ 만화페스티벌, 전시전, 통신판매 ↓ 독자
유통경로	대여점, 대본소, 서점	대본소	서점	·	온라인 게재	각종 만화행사
소구대상	10대 청소년	30~40대 (주로) 남성	·	신문독자층과 같음	·	10대 청소년

1.2. 만화산업의 산업연관 효과[8]

    국내 만화산업의 2007년 산출액은 7,617억 원으로 2007년 GDP의 0.1%를 차지하는 미미한 수준이다. 만화산업의 생산유발계수는 2.148 (만화산업의 1억 원 생산이 전산업에 미치는 효과는 2억 1,480만 원임)로 높은 생산유발효과를 지닌다. 특히 만화산업을 제외한 타 산업의 생산에 미치는 효과는 1.113으로, 그중 서비스업, 저기술 및 고기술제조업에 큰 영향을 미친다. 부가가치유발계수는 0.828(만화산업의

---

8) 만화산업은 산업연관표상의 기본부문 「0134 출판」으로 정의함. 산업연관표상의 기본부문 「0134 출판」은 일반서적, 교과서 등의 단행본 서적류와 잡지류의 정기간행물 및 그 밖의 팸플릿, 그림책, 악보, 지도 등을 포괄함. 따라서 그림책 등을 포함하는 출판 부문이 만화산업을 포괄하고 있음.

1억 원 생산이 전산업에 미치는 부가가치 창출효과는 8,280만 원임)로 제조업보다는 높은 부가가치유발효과를 지닌다. 특히 만화산업을 제외한 타 산업의 부가가치 창출에 미치는 효과는 서비스업, 저기술제조업에 큰 영향을 미친다. 고용유발계수는 15.9(10억 원당)로 도소매업과 캐릭터산업 다음으로 큰 고용유발효과를 지닌다. 이는 만화산업의 10억 원 생산이 약 16명의 고용을 창출하는 것을 의미한다. 특히 만화산업을 제외한 타 산업의 고용창출에 미치는 효과는 7.4로 이중 서비스업 3.4명, 저기술제조업에 1.6명이다.

만화산업의 피급효과 분석(문화부, 2008)

생산유발계수	부가가치유발계수	고용유발계수
2.148	0.828	15.9

2008년 기준, 국내 만화산업의 부가가치율(부가가치액/매출액)은 39.2%로 전년 대비 2.2% 증가하였다. 이는 전산업(26.9%), 제조업(21.4%)보다 높은 비율이며, 서비스업 중심의 비제조업(36%)보다도 높은 비율이다.

만화산업 대비 타 산업의 부가가치율 비교(2008년 기준; 한국은행, 2009)

산업구분	전산업	제조업	비제조업	만화산업
부가가치율	26.9	21.4	36.0	39.2

2. 세계 만화산업의 구조분석

2.1. 해외 만화산업 시스템 분석

1) 미국의 만화산업시스템

미국 신문 가판대 및 서점의 만화시장 규모(2007년 기준)는 2006년에 비해 12% 성장한 6억 8천만 달러로 지속 성장을 하고 있으며(The Comics Chronicle, 2008), TV애니메이션, 영화, 장난감, 완구 등과 같은 연계 사업을 통하여 다양한 수익모델을 비즈니스로 체계화하고 있다. 미국에서 발행되는 만화단행본 발행종수(2007년 기준)는 망가의 발간 종수에 힘입어 3,314종으로 증가하였고, 일본 만화가 1,086종(82%), 한국 만화가 146종(11%), 기타 망가풍의 만화가 88종(7%)을 차지하고 있다. 메이저 출판사인 마블엔터테인먼트와 DC코믹스가 전체시장 매출의 65%를 차지하며, 이미지, 다크호스 등의 업체가 10% 미만의 시장점유율을 보이고 있다.9)

---

9) 미국에서 유통되는 만화는 크게 4가지 종류로 구분할 수 있는데, 코믹스(Comics, 30페이지 정도 분량의 전

다이아몬드의 발표만으로 집계할 때, 2009년 북미 만화시장 규모는 약 4억 2,800만 달러이며, 그중 18.1%에 해당하는 7,765만 달러가 그래픽 노블(망가 제외) 시장이다. 코믹스트립 시장은 전년에 비해 약 2%가 감소하여 큰 변동이 없으나, 그래픽노블은 약 15%가 감소하여, 전체적으로 약 5%의 시장 감소가 있었던 것으로 추정된다. C2E2 컨벤션(시카고)에서 발표된 ICv2 백서 내용에 따르면, 북미 코믹스트립 및 그래픽 노블(망가 포함) 시장은 각각 3%와 6% 줄어든 것으로 추정되었으며, 두 시장을 합한 규모는 2008년 7억 1,500만 달러에서 약 5%가 축소된 6억 8,000만 달러인 것으로 나타났다.

특히 ICv2 백서에 따르면, ① Disney의 Marvel Comics 합병, ② DC Entertainment 확장 출범, ③ 불경기에 의한 대형서점 반품으로 그래픽 노블 전문 출판사 타격, ④ 디지털 만화 급부상, ⑤ Watchmen 영화화로 만화기반 콘텐츠 산업 새로운 전기 마련, ⑥ 코단샤 미국시장 직접 진출, ⑦ Diamond Distribution의 도매 최저한도 부수 상향 조정, ⑧ 대형출판사와 주요 고전 캐릭터 창작자간 저작권 분쟁 격화, ⑨ 에로만화책 소지의 미성년보호법 위반 여부에 관한 법적 논쟁, ⑩ Twilight 시리즈의 만화화[10] 등 10가지를 2009년 미국만화 10대 뉴스로 발표했다.

미국의 만화산업시스템은 한마디로 만화원작의 프랜차이즈 콘텐츠화 전략이라 할 수 있다. 프랜차이즈 콘텐츠란, 주로 영화나 TV 시리즈를 중심으로 하나의 타이틀로 여러 편의 후속편 시리즈를 내놓을 수 있는 브랜드화된 작품을 뜻하는 용어로서, 시리즈가 획득한 대중적 인지도와 신뢰도를 바탕으로 안정적이고 장기적인 수익을 보장

통적인 만화단행본), TPB(코믹스를 단행본으로 묶어 놓은 책), 그래픽 노블, 일본의 망가 또는 한국의 만화다.
10) 작가가 한국인 김영으로 알려진 점도 주목할 만하다.

2000년대 이후 세계 박스오피스 150위 내에 든 만화원작 활용 영화

(단위: 백만 달러)

제 목	제작연도	제작사	미국 내 수익	전 세계 수익 (미국 내 수익 포함)	전 세계 순위
스파이더맨3	2007	Sonny	336.5	890.9	18
트랜스포머 패자의 역습	2009	Par/DW	402.1	836.2	24
스파이더맨	2002	Sonny	403.7	821.7	26
스파이더맨2	2004	Sonny	373.5	783.8	33
트랜스포머	2007	Par/DW	319.2	709.7	42
아이언맨2	2010	Par.	312.4	622.1	53
아이언맨	2008	Par.	318.4	585.2	63
엑스맨 라스트 스탠드	2006	Fox	234.4	459.3	100
300	2007	WB	210.6	456.1	105
맨인블랙2	2002	Sonny	190.4	441.8	111
엑스맨 유나이티드	2003	Fox	214.9	407.6	127
슈퍼맨 리턴즈	2005	WB	200.1	391.1	135
엑스맨 울버린	2009	Fox	179.9	373.1	149
배트맨 비긴즈	2005	WB	205.3	372.7	150

* Box Office Mojo(http://www.boxofficemojo.com)

하는 대형시리즈들이라는 매력을 지니고 있어, 많은 제작자나 감독들은 자신의 작품이 프랜차이즈 콘텐츠로 성장할 것을 기대하며 기획에 임하고 있다. 미국 만화원작의 프랜차이즈 콘텐츠화로 역대 미국 내 박스 오피스 100위 안에 든 영화 가운데 만화 원작을 활용한 영화가 현재까지 모두 13편(<스파이더맨>, <배트맨>, <맨인블랙>, <엑스맨>, <슈퍼맨>, <트랜스포머>, <300> 등)에 이르고 있다.

만화원작의 경우, 프랜차이즈 콘텐츠로서의 성공가능성이 검증되어 최근 들어 할리우드에서 가장 각광받는 원작 장르가 되고 있다. 특히 2002년 <스파이더맨> 영화 시리즈의 성공 이후 만화원작에 대한 할리우드의 관심은 더욱 증가하고 있으며, 한때 가장 각광받는 할

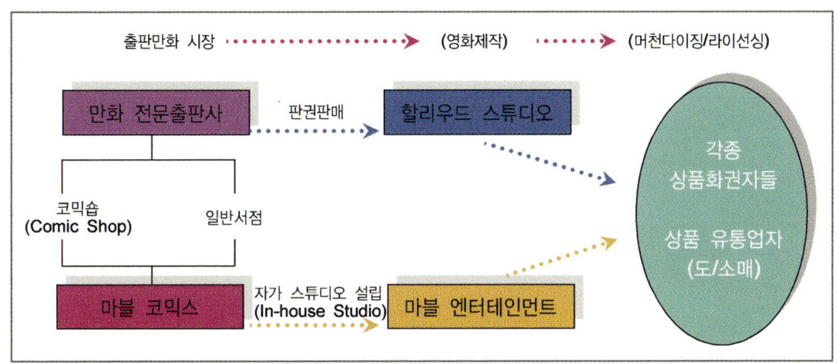

미국 만화산업의 비즈니스 구조

리우드 원작 장르였던 소설에 대한 관심을 능가하게 되었다. 최근에 이러한 만화원작의 프랜차이즈 콘텐츠화 전략은 만화출판사 입장에서 단순히 자사 타이틀, 혹은 캐릭터 라인업의 저작권을 판매하는 데 그치지 않고, 보다 적극적으로 영화제작 프로덕션을 설립하여 직접 자사 원작만화의 영화 제작과 배급에 나서 원작활용 프랜차이즈 콘텐츠화의 수익을 극대화하는 전략으로 발전하고 있다. 특히 디즈니는 2006년 픽사스튜디오와 2009년 70년 전통의 마블엔터테인먼트를 인수해 자사의 영화, TV쇼뿐 아니라 디즈니랜드와 여러 캐릭터 라이선싱에 기반한 머천다이징 상품까지 비즈니스화할 수 있는 환경을 더욱 확고히 했다.

2) 일본의 만화산업 시스템

일본 출판만화 매출규모는 최근 10년 이상 지속적으로 감소되고 있는 상황이며, 특히 잡지의 경우, 2000년도 2,861억 엔 규모에서 계속 감소하여 2008년에는 2,111억 엔 규모에 그쳤고, 2009년도에는 1,913억 엔으로 큰 폭으로 하락해 18년 만에 2천억 엔을 밑돌았다. 잡지 판매부수 또한 2000년도의 1,044만부에서 2008년에는 669만부를 기록, 현재도 계속 하향세를 보이고 있다. 일본의 대표적 만화지 <소년점프>는 95년도만 해도 최고 650여만 부(3, 4호 합병호)를 판매했으나, 09년도에는 평균 280만 부 정도의 판매량을 보여 부수가 절반 이하로 줄어들었다. 그러나 단행본의 경우, 2006년부터 약간의 감소를 보이긴 하지만, 거의 10년 전과 다름없는 매출을 유지하고 있다.

한편, 출판만화 시장 매출의 감소와 달리 일본 디지털 만화시장은 급속한 성장세에 있다. 일본의 디지털 만화 시장은 전자책 시장의 80% 이상을 차지하며, 2005년 34억 엔에서 2006년에는 약 190억 엔, 2008년 356억 엔으로 가파른 성장을 지속하고 있다. 출판만화, 특히 잡지 시장 쇠퇴에 따라 출판사들이 전략적으로 디지털화를 도모하고 있고, 기술적, 사회문화적 환경도 이를 뒷받침한 데 기인한다.

일본 만화 시장은 슈에이샤, 쇼가쿠칸, 코단샤, 스퀘어에닉스, 카도가와 그룹 등의 출판사를 중심으로 전개된다. 주요 만화 잡지로는 슈에이샤의 <주간 소년점프>, <점프스퀘어>, <월간 코러스>, <주간 영점프>, 코단샤의 <주간 소년매거진>, <모닝>, 스퀘어에닉스의 <월간 소년강강>, <월간 G판타지>, <영강강>, 쇼가쿠칸의 <주간 소년선데이> 등을 들 수 있다. 일본출판협회에 따르면, 현재 가장 많이 발매되고 있는 만화잡지는 슈에이샤의 <주간 소년점프>로 약 280만 부를 발간하고 있다. 그 뒤는 코단샤의 <주간 소년매거진>으로 약 165만 부를 발간하고 있는데 100만 부 이상의 차이를 보이고 있다.

일본 만화산업의 미디어믹스 전략은 만화잡지의 흥행 출판만화 작품을 중심으로 한 장르별 전문 기업들의 연합체인 '제작위원회'를 통해 구현된다. 즉, 만화잡지에서 흥행에 성공한 작품이 나타나면 출판사는 이 작품의 애니메이션 제작을 필두로, 드라마, 영화, 게임, 소설, OST 등 다양한 장르의 부가 콘텐츠 제작과 장난감, 문구, 의류, 식음료 등 다양한 분야의 머천다이징을 추진하기 위한 한시적 법인인 '제작위원회'를 설립하여 운영한다. 이러한 '제작위원회'는 각 장르 전문기업, 방송사 등 배급관련 기업, 투자사, 라이선싱 기업 등이 참여하여 자금 조달은 물론 참여업체들의 전문성을 살려 각 장르와 분야별 비즈니스에서 성공가능성을 제고한다.

만화를 원작으로 한 TV 애니메이션 제작은 일본에서 가장 보편화된 만화원작의 미디어믹스 콘텐츠화 전략이다. <드래곤볼>, <슬램덩크>, <세일러문>, <원피스>, <나루토> 등 만화잡지에서 흥행한 대부분의 일본만화는 TV 애니메이션 시리즈로 제작되어 안정적인 캐릭터 노출 기회를 확보함으로써 라이선싱 프로퍼티로서 가치를 확보하고 있다. 만화원작의 TV 애니메이션 시리즈들은 평균 시청률을 상회하는 높은 시청률을 확보하며, TV 애니메이션 시리즈의 성공이 극장용 시리즈로 발전하거나 원작만화 단행본 판매 증가로 선순환되는 구조를 이루고 있다.

2010년에 만화를 원작으로 하는 영화로 <피안도>, <소라닌>, <노다메 칸타빌레 최종악장> 등이 개봉되었으며, 2011년 개봉 예정으로 제작중인 작품도 <우미자루>, <GANTZ> 등 다수가 대기 중이다. 이는 영화/드라마 제작사 입장에서는 리스크 감소 효과를, 만화출판사 입장에서는 소비자 확대의 효과를 노릴 수 있기 때문에[11], 향후에도 이러한 방식으로의 OSMU가 지속적으로 시도될 것이라 전망된다.

---

11) TV 애니메이션이 방송되면 만화 단행본 판매량이 최대 300%까지도 신장되는 효과가 있다고 평가된다(만화규장각 Magazine).

2007년 상반기 주요 만화원작 TV 애니메이션 시리즈의 시청률

작품명	최고 시청률(%)	평균 시청률(%)
나루토	8	5.8
원피스	10.5	8.5
나나	6.1	4.7
블리츠	5.6	4.7
노다메 칸타빌레	5.5	4.4
데스노트	4.7	3.1

또한 만화를 원작으로 한 실사 영화의 제작도 최근 꾸준히 증가하고 있다. <나나>(2005), <데스노트>(2006), <20세기 소년>(2008, 2009) 등 만화를 원작으로 한 실사영화의 빅 히트가 거의 매년 등장하고 있다. 이 중에 '주간 소년점프'(슈에이샤)에 연재되어 단행본 권당 판매 부수 200만 부 이상을 기록한 <데스노트>의 경우, 실사영화 이외에도 소설, TV 애니메이션, 게임, DVD 등으로 제작되어 다양한 윈도를 통한 수익을 구현하였고 일본 영화사상 처음으로 전·후편이 제작된 사례가 되기도 하였다. 만화원작의 드라마 제작은 2000년대 들어 다수의 성공사례를 남기고 있다. <너는 펫>(2003), <에이스를 노려라>(2004), <H2>(2005), <고쿠센>(2005), <꽃보다 남자>(2005), <노다메 칸타빌레>(2006) 등이 있는데, 이 중에서 <꽃보다 남자>는 소녀만화 역대 판매순위 1위의 작품으로 한국과 대만에서도 드라마로 제작되는 등 전 아시아적 흥행성공을 거둔 바 있다. 이 밖에도 일본에서 만화원작들은 게임, 캐릭터 상품 등으로 제작되어 많은 성공사례들을 남기고 있다.

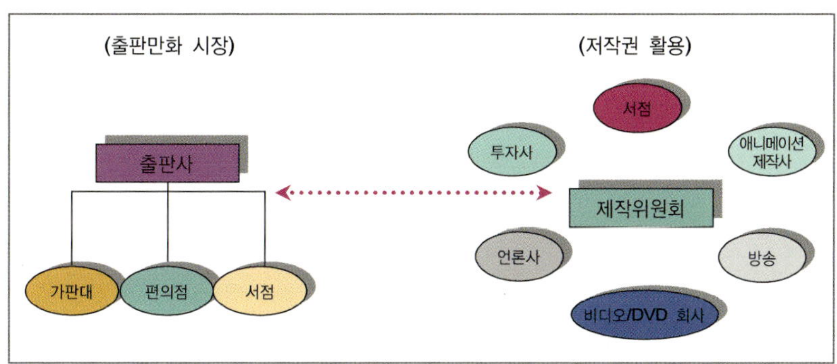

일본 만화산업의 비즈니스 구조

2.2. 국내 만화산업 시스템 분석

1) 만화산업의 구조분석

국내 만화산업 총 매출액(2009년 기준)은 7,391억 원이며, 만화출판업(42.8%)→만화도소매업(39.9%)→만화책임대업(9.9%)→온라인만화 제작·유통업(7.4%) 순이다. 전체 매출액은 2008년 대비 약간 증가(158억 원)하였으나, 만화책 임대업과 만화 도소매업이 0.4%, 2.1%씩 감소하였다. 반면에 온라인 만화(인터넷/모바일) 제작 및 유통업은 15.0%의 높은 성장을 보였으며, 만화부문의 인터넷 서점은 전년대비 17.7%나 증가하였다. 지역별 매출액은 서울이 3,489억 원(50.4%)으로 가장 높은 비중을 차지하였고, 수도권(서울, 경기, 인천)이 전체 시장 규모에서 85.1%를 차지해 집중화 경향을 보이고 있다.

사업체 수(2009년 기준)는 10,109개이며, 전년 대비 증감률('08·'09)은 −0.7% 감소했다. 종사자 규모별로는 소기업(1~4인)이 9,888개(97.8%)로 대부분을 차지한다. 또한 매출액으로는 1억 원 미만이

9,497개(93.9%)로 대부분을 차지하여 영세함을 단적으로 보여준다. 반면 만화산업의 사업체당 평균 매출액은 7천3백만 원으로 대부분 영세하며, 1인당 평균 매출액도 6천9백만 원으로 사업체와 차이가 없는 등 전년에 비해 만화사업체의 경영환경이 개선되지 않고 있다.

국내 만화산업 수출액(2009년 기준)은 전년 대비 1.8% 증가한 421만 달러로 출판시장에서 미미한 수준이다. 반면에 수입은 549만 달러로 전년에 비해 감소했다. 국내 만화산업의 수출률(2009년 기준)은 0.6으로 전년도와 비슷하였으나, 수입률은 0.7로 전년 대비 다소 감소하였다. 국내 만화산업의 해외진출 형태 및 경로는 전년 대비 완제품 수출(49.3%→31.7%)과 라이선싱 수출(50.1%→66.9%)의 비중이 높다. 반면 해외진출 경로는 국내 에이전트 활용(58.1%)과 해외전시회 참가(39.6%) 비중이 크다.

국내 만화의 수출권역은 유럽→북미→일본→동남아→중국 순으로 전년도와 비슷하게 나타났다. 이 중에서 동남아권 수출이 3.6% 증가한 반면, 일본 수출은 3.1% 감소했다. 북미와 유럽에 대한 만화수출은 꾸준히 증가하는 추세다.

2009년 만화산업 종사자는 총 10,748명으로 전년 대비 3.1% 감소하였으며, 연평균도 4.4% 감소하였다. '만화책 임대업'의 종사자가 4,369명(40.6%)으로 가장 많으며, 그다음은 '만화 도소매업' 종사자 3,904명(36.3%), '만화출판업' 종사자 2,007명(18.7%), '온라인 만화 제작·유통업' 종사자 468명(4.4%)으로 나타났다.

국내 만화산업의 수출률/수입률 현황

	2005년	2006년	2007년	2008년	2009년
수출액(천$)	3,268	3,917	3,986	4,135	4,209
수출률(%)	0.8	0.5	0.5	0.6	0.6
매출액(백만 원)	436,235	730,072	761,686	728,782	739,094
수입액(천$)	900	3,965	5,901	5,937	5,492
수입률(%)	0.2	0.5	0.8	0.8	0.7

2) 출판만화 시장현황

2008년 국내 만화계는 비정기·정기간행물을 포함해 총 9,403종의 만화책을 출판하였다. 출판만화의 발행종수는 2007년 대비 소폭 증가하였으나, 2000년 이후 지속적으로 감소하는 추세다. 특히 코믹스만화의 도서 발행종수는 2,875종으로 전체 출판만화 발행종수의 30.5%를 차지한다. 코믹스만화 출판사의 유통망 재정비와 신규 제작전략은 인터넷서점의 도서매출 확대와 만화전문서점 개설 붐으로 이어지면서 위축됐던 출판만화시장의 활성화 요인으로 작용하고 있다. 작가들의 창작 활동 영역인 연재만화는 인터넷 포털로, 전작 단행본은 학습만화와 교양만화로 이전하고 있다. 국내 창작 코믹스만화 중에서 순정만화의 판매점유율은 50%(일본만화 포함 시 30%)로 장르 편향이 심화되고 있다.

만화단행본 발행종수(2009년 기준)는 3,730종으로 지속적인 하락 추세를 보이고 있다. 전체 출판종수(36,456종) 대비 만화단행본종수(3,730종)의 비중은 9.3%로 한국 출판시장에서 차지하는 비중이 여전히 타 분야보다 높은 수준이다. 한국만화와 번역만화의 출판 현황을 살펴보면, 전체 3,730종의 발행종수 중 한국만화는 1,259종(33.8%)으

로 증가하였고, 번역만화는 2,471종(66.2%)로 2004년 이후로 번역만화
는 감소하는 반면, 한국만화의 비중은 점점 높아지고 있다. 번역만화
중 일본만화의 비중(64.4%)이 절대적이지만 감소 추세(07년 70.1%→
08년 67.6%→09년 64.4%에 있고, 2008년 들어 미국만화의 수입이 계
속해서 증가(07년 0.1%→08년 0.6%→09년 1.1%)하고 있다.

만화단행본 점유율은 코믹스 시장에서 대원씨아이, 학산문화사, 서
울문화사 등 주요 3사의 비중이 점차 높아지는 추세다. 2009년 기준,
상위 3사가 전체 출간종수의 59.4%를 차지한다. 한국만화의 경우 서
울문화사가 21.5%, 번역만화의 경우 학산문화사가 88.9%로 국내 만
화시장에서 가장 높은 점유율을 차지하고 있다.

일반 출판물 대비 만화 단행본의 발행종수 비교(대한출판문화협회, 2010)

		2004년	2005년	2006년	2007년	2008년	2009년
한국 만화	발행종수	2,046	1,383	1,248	1,110	1,190	1,259
	점유율	37.42%	30.34%	30.48%	29.6%	31.7%	33.8%
	증감률	−17.2%	−32.4%	−9.8%	−11.1%	7.2%	5.8%
	증감종수	−426	−663	−135	−138	80	69
번역 만화	발행종수	3,421	3,175	2,847	2,640	2,565	2,471
	점유율	62.58%	69.66%	69.52%	70.4%	68.3%	66.2%
	증감률	−10.2%	−7.2%	−10.3%	−7.3%	−2.8%	−3.7%
	증감종수	−390	−246	−328	−207	−75	−94
합계(발행종수)		5,467	4,558	4,095	3,750	3,755	3,730

주요 3사의 만화단행본 발행현황(대한출판문화협회, 2010)

		2005년	2006년	2007년	2008년	2009년
주요 3사	대원씨아이	1,058	922	892	915	897
	학산문화사	1,047	99	845	830	840
	서울문화사	786	555	535	557	478
소계		2,891	1,576	2,272	2,302	2,215
3사 점유율		63.4%	60.5%	60.6%	61.3%	59.4%
그 외 출판사		1,667	1,619	1,479	1,453	1,515
총계		4,558	4,095	3,751	3,755	3,730

한국 만화단행본 장르별 발행종수 및 비중 추이(대한출판문화협회, 2010)

	2005년		2006년		2007년		2008년		2009년		합계	
	종수	구성비	송수	구성비	종수	구선비	종수	구성비	종수	구성비	종수	구성비
순정	836	18.34	699	17.08	699	17.6	823	20.6	894	23.8	5,921	18.4
드라마	1,199	26.31	1,044	25.49	1,004	25.2	1,091	27.3	882	23.5	8,545	26.6
성인	643	14.11	894	21.93	731	18.4	729	18.2	840	22.4	6,097	19.0
판타지	510	11.19	462	11.27	461	11.6	375	9.4	400	10.7	3,136	9.8
액션	427	9.37	360	8.79	307	7.7	207	5.2	181	4.8	2,370	7.4
스포츠	190	4.17	221	5.40	191	4.8	186	4.7	139	3.7	1,625	5.1
학원	202	4.43	166	4.05	95	2.4	106	2.7	137	3.6	1,089	3.4
SF	123	2.70	93	2.27	92	2.3	109	2.7	92	2.5	816	2.5
야오이	317	6.95	97	2.37	105	2.6	60	1.5	49	1.3	1,138	3.5
무협	66	1.45	43	1.05	27	0.7	31	0.8	21	0.6	546	1.7
언더	2	0.04	0	0.00	4	0.1	0	0.0	0	0.0	13	0.0
기타	43	0.94	16	0.39	233	5.9	282	7.1	120	3.1	810	2.5
합계	4,558	100	4,095	100	3,949	99	3,999	100	3,755	100	32,106	100

한국 만화단행본의 장르별 발행종수 점유율은 순정→드라마→성인→판타지→액션→스포츠 순이며, 세계적으로도 비슷한 추세다. 반면에 번역만화 단행본의 장르별 비중은 순정→드라마→성인→판타지 순이며, 한국만화에 비해 SF 등의 비중이 높다.

출판시장 전체에서 만화의 비중이 커짐에 따라 어린이 만화잡지는 출간종수에서 장르만화잡지보다 적으나, 높은 권당 가격과 많은 발행 부수에 힘입어 매체력을 담보하고 만화잡지 시장을 주도하고 있다. 어린이 만화시장은 2004년 이후, 포화상태이며, 소수 메이저 히트작의 과점이 강화되는 양상이다. 그 결과 어린이 만화시장의 특성상 신작의 시장진입이 점점 어려워지는 추세다. 2009년에는 학산문화사의 소년 만화지 <찬스>, 청소년 만화지 <부킹>이 월 2회 발행에서 월간지 발행 체제로 전환되었다. 그동안 오프라인 성인만화잡지로 유일하게 존속되었던 씨네21의 <팝툰>은 일차적으로 월간지 체제로 전환하였으나 이후에도 잡지와 단행본 판매가 부진하자 2009년 12월 결국 휴간을 발표하여 아쉬움을 남겼다. 서울문화사의 아동 순정만화잡지 <밍크>는 높은 잡지 판매율을 보여주었지만 발행되는 코믹스 단행본의 판매 부진을 이기지 못하고 2010년 2월호를 끝으로 휴간하였다. 대원씨아이의 청소년 만화지 <영챔프>는 발매 15주년이 되는 2009년 5월 오프라인 잡지의 발매를 중단하면서 SK네트웍스 네이트의 새로운 만화 사이트 '툰도시'에서 서비스를 시작하였다.

이러한 오프라인 만화잡지의 잇따른 휴간은 1990년대 코믹스 만화시장의 호황기를 이끌었던 만화잡지들이 그 영광을 뒤로하고 이제는 미래의 운명을 걱정해야 하는 단계에까지 이르게 되었다. 기존의 2030코믹스를 잡지 형태로 발전시킨 <코쿤>과 같은 새로운 만화잡지의 창간도 있었으나, 아직까지는 큰 전환점을 찾지 못하고 있는 상황이다.

창작 활동의 영역이 무제한인 온라인 만화는 오프라인 출판만화의 침체와는 달리 양질적으로 성장세가 꺾이지 않고 있다. 온라인 만화는 지속적인 신진작가의 유입과 다양한 소재의 히트작이 출현함에 따라 끊임없는 자기변신을 이루며 영역을 확대하고 있다. 네이버, 다음, 네이트, 야후 등의 포털 사이트는 온라인 웹 만화를 양적으로 확대하면서 만화 산업에 있어서의 영향력을 더욱 공고히 하였다. 가장 많은 독자와 작가 군을 보유하고 있는 네이버는 기존 연재작의 타이틀 수를 더욱 확장하여 2010년에는 무려 100여 타이틀에 이르는 연재작을 보유하게 되었다. SK네트웍스의 네이트는 2009년에 대원씨아이와 학산문화사의 기존 오프라인 만화잡지를 편입하면서 새로운 온라인 만화 웹진 <툰도시>를 오픈한 데 이어, 2010년에는 이현세, 장태관, 형민우, 연우 등의 온/오프라인 인기작가 작품을 망라하여 모바일, PC, TV에서 볼 수 있는 세계 최초의 디지털 만화잡지 <비트>를 창간하며 새로운 만화 비즈니스 모델의 접목을 시도하고 있다.

반면 온라인 만화는 만화의 독자가 바로 만화의 소비층인 동시에 잠재적으로 만화 작가가 될 수 있다는 특성이 있고, 그에 따라 자칫 작품 내용에 있어 수준 미달인 작품이 다수 배출될 수도 있다는 한계성을 갖고 있다. 뿐만 아니라 이러한 요소들과 함께 현재까지는 안정적이고 독자적인 수익구조를 확보하지 못하고 있기 때문에 기획의 연속성이 부족하다는 지적이 나오고 있다. 또한, 특정 포털 사이트가 웹 만화 시장을 과점하고 있는 점도 아직은 해결해야 할 문제점이다. 이에 따라 오프라인 출판과의 연계를 모색하면서 다양한 OSMU 사업과의 접목을 시도하는 돌파구를 계속 찾아내고 있는 중이다.

주요 유로 온라인만화 서비스 업체(2010년 1월 기준)

서비스명	URL	운영사
네이버 만화	http://comic.naver.com/charge/charge.nhn	NHN
네이트 만화	http://comics.nate.com	SK커뮤니케이션즈
다음 만화	http://comic.daum.net	(주)다음커뮤니케이션
드림위즈 만화	http://comic.dreamwiz.com	(주)엔조이365
미스터 블루	http://www.mrblue.com	미스터블루(주)
싸이월드 만화	http://comics.nate.com/main/	SK커뮤니케이션즈
야후코리아만화	http://comics.yahoo.co.kr	야후!코리아
이코믹스	http://www.ecomix.co.kr	(주)이코믹스미디어
인터넷만화방	http://www.manhwa.co.kr	(주)한아름닷컴
일간스포츠유료만화	http://comics.joins.com	중앙엔터테인먼트스포츠
잼코믹스	http://www.jamcomic.com	(주)아이온스타
조이코믹	http://joycomic.co.kr/main/	(주)와우소프트
코믹뱅 만화방	http://www.comicbang.com/ebooks	씨앤씨레볼루션(주)
코믹스투데이	http://www.comicstoday.com	(주)엔조이365
코믹일구	http://www.comic19.com	씨앤씨레볼루션(주)
코믹타운	http://www.comictown.co.kr/	(재)한국만화영상진흥원
코믹플러스	http://www.comicplus.com	(주)엔조이이삼육오
툰도시	http://toondosi.nate.com/	SK텔레콤 주식회사
파란만화	http://comic.paran.com	케이티하이켈(주)
프리챌만화	http://comic.freechal.com	(주)프리챌
하나포스닷컴만화	http://comic.hanafos.com	하나로드림주식회사

3) 국내 만화콘텐츠 소비 행태

국내 만화 소비자가 읽은 만화의 형태(2010년 기준)로는 오프라인
(65.8%)이 온라인(34.2%)보다 높게 나타났으나, 2008년에 비해 오프라
인은 감소(70.4%)했고, 온라인은 증가(29.6%)했다. 이는 최근의 스마
트폰 이용 등으로 인한 것으로 볼 수 있다. 세부적으로 살펴보면, 단
행본만화(77.4%)가 가장 많았으며, 그다음으로 인터넷만화(51.8%), 아
동·학습만화(30.7%), 신문연재만화(21.6%), 만화잡지(7.9%), 스마트폰
만화(5.4%) 순으로 나타났다. 2008년과 비교하여 보면, 단행본만화는
62.5%에서 증가, 인터넷 만화는 47.3%에서 증가, 아동·학습만화는
27.9%에서 증가, 신문연재만화는 31.7%에서 감소, 만화삽시는 11.4%
에서 감소, 스마트폰만화는 1.6%에서 증가함으로써 전체적으로 이용
률이 높아진 것으로 나타났다.

연도별 만화 소비자 이용 경험 형태(복수응답)

구분	단행본만화	신문연재만화	인터넷만화	아동/학습만화	만화잡지	스마트폰만화
2008년	62.5%	31.7%	47.3%	27.9%	11.4%	1.6%
2010년	77.4%	21.6%	51.8%	30.7%	7.9%	5.4%

*2008년 N=1,500명, 2010년 N=1,200명. 단위: %

2010년 국내 만화 소비자들의 만화 구독 시간은 1회 평균 41.1분으
로 나타났다. 또한 만화 소비자들은 코믹·명랑(35.0%) 만화를 가장
선호하는 것으로 나타났으며, 그다음으로는 액션·무협(19.9%), 순정
(15.7%), 판타지(14.4%)의 순이다. 특히 아동·학습만화는 2008년 대비,
직접 구입 비중이 33.0%에서 55.8%로 22.8%나 증가하였고, 대여 비중
은 67%에서 44.1%로 22.9% 감소하였으며, 남성(66.7%)이 여성(46.8%)

보다 직접 구입하는 비중이 높은 것으로 나타났다.

　단행본 만화 이용은 일본 만화가 59.6%로 가장 큰 비중을 차지하고 있으며 그 비중은 2007년 이후 꾸준히 증가하고 있는 것으로 나타났다. 인터넷 만화 이용은 포털사이트를 통한 경우가 66.8%로 가장 높게 나타났으며, 인터넷 만화를 보기 위해 즐겨 찾는 사이트 1위는 네이버(70.9%)이고, 인터넷 연재 웹툰(69.2%)이 가장 많이 이용된 콘텐츠로 나타났다. 국내 만화 소비자 중 스마트폰 사용 비중은 5.4%, 전자책 태블릿 사용 비중은 1.0%로 낮게 나타났으나, 새로운 플랫폼을 이용한 만화의 소비는 더욱 증가할 것으로 예상된다.

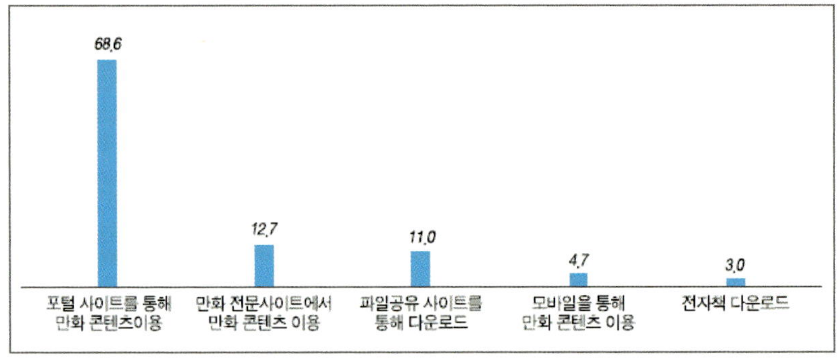

인터넷 만화 주 이용 방법(단위: %

3. 국내 만화산업의 카투노믹스 전략

3.1. 국내외 만화산업 시스템 분석을 통해 본 시사점

　미국, 일본, 프랑스의 만화원작이 자국시장뿐만 아니라 세계를 무대로 출판, 영화, TV 애니메이션, 게임, 캐릭터, 관광, 머천다이징 등으로 OSMU 비즈니스화되는 사례를 만화산업시스템을 통해 살펴보았다. 그 결과 다음과 같은 시사점을 도출할 수 있었다. 첫째, 출판만화 시장의 확고한 기반을 구축해야 한다는 점이다. 저작권 비즈니스의 기본은 안정적인 원작 콘텐츠의 확보라는 점에서 미국과 일본 만화산업의 저작권 비즈니스는 자국 내의 안정적이고 영향력 있는 출판만화시장의 역량을 토대로 삼고 있다. 출판만화시장에서 치열한 경쟁을 통해 선별된 원작들을 중심으로 저작권 비즈니스를 추진하게 때문에 만화원작의 미디어 믹스 프로젝트들의 성공 가능성이 매우 높다. 따라서 국내 출판만화시장의 침체가 지속되고 있어, 만화산업의 원작산업화가 성과를 거두기 위해서는 출판만화시장을 정상화하는 전략의 수립과 시행이 필요하다.

둘째, 철저한 저작권 보호 시스템이 작동되어야 한다는 점이다. 미국과 일본 등 선진 문화콘텐츠 강국들은 일찍부터 문화콘텐츠에 대한 철저한 저작권보호 시스템을 구축하여 작동시켜 왔다. 미국은 일명 <미키마우스법>을 제정하여 저작권 보호 기간을 사후 50년에서 70년으로 20년을 연장한 후, 이를 FTA 등의 국제협정을 통해 다른 국가들에게까지 적용시켜가며 자국 문화콘텐츠의 저작권을 강력하게 보호하고 있다. 일본은 TV 애니메이션 발전기부터 철저한 지적재산권의 보호 아래 애니메이션과 미디어 믹스, 캐릭터 산업이 함께 발전해 왔다.

셋째, 라이선스 비즈니스(Licence Business)의 시스템 구축을 통한 수익모델 다각화를 구현해야 한다. 선진 문화콘텐츠 강국들은 작품의 기획단계부터 프랜차이즈 콘텐츠화를 위한 다각적인 미디어믹스 전략과 라이선싱 전략을 준비하여 작품 공개와 동시에 머천다이징 라인업이 동시에 출시되도록 하고 있다.[12] 마블 엔터테인먼트의 경우, 직접 영화 스튜디오를 설립하여 자사 라인업의 영화화를 직접 추진하면서 이를 바탕으로 쇼핑몰, 테마파크, 각종 프로모션 이벤트 등 라이선싱 비즈니스의 다각화를 적극적으로 추진하여 수익을 극대화하고 있으며, 일본 데스카 프로덕션 판권사업부장 나이토씨에 의하면, <아톰>을 비롯한 데츠카 프로덕션 프로퍼티들의 경우, 제작비의

---

12) 영화 〈스파이더맨2〉는 전 세계적으로 30여 개의 소매점과 60여 개의 홍보파트너와 파트너십을 체결하고 현지화 전략에 의한 글로벌 마케팅을 진행하여, 약 12,000종 이상의 라이선신 상품 출시 및 수익 2천만 달러 이상, 전 세계 22,500개 이상의 소매점에 라이선싱 상품 입점 등의 머천다이징 실적을 올려 라이선싱 및 관련 상품 판매에 있어 가장 성공적인 영화 가운데 하나로 평가받게 되었음. '〈스파이더맨2〉의 원소스 멀티유즈 성공사례', 2005년 KOCCA 미국 사무소 이슈 페이퍼

30~40%를 일본 국내에서, 나머지를 해외에서 회수한다는 계획으로 프로젝트의 수익 포트폴리오를 구성한다고 밝히고 있다.[13] 이처럼 선진 문화콘텐츠 강국의 저작권 비즈니스 추진을 위한 선결 요소로는 전문인력, 조직, 기업 간 협업 시스템 확보 등을 꼽을 수 있으며, 이들의 라이선싱에 대한 확고한 목표의식은 국내 문화콘텐츠업계에 가장 필요한 마인드라고 할 수 있다.

넷째, 만화산업계의 공격적인 원작산업화 전략을 도입해야 한다. 미국 마블의 경우, 영화 제작 분야에 진출하며, 자사 프로퍼티 가치를 공격적으로 확장해 나가고 있다. 일본 출판사들도 만화원작의 미디어믹스 콘텐츠 제작에 있어서 제작위원회를 주도하는 전통을 잃지 않고 있다. 이처럼 만화산업계가 주도적으로 저작권 비즈니스의 전략을 수립하고 추진하며 만화콘텐츠의 원작 가치를 활용한 다양한 수익원 창출을 시스템화하여, 만화원작 저작권 비즈니스의 열매가 만화산업계 안에서 선순환되도록 하고 있다. 이에 비해 국내의 경우 만화원작 저작권 비즈니스의 실질적인 수익은 만화원작의 저작권을 구입한 타 장르 산업계에 귀속되는 경우가 대부분이어서, 원작산업화에 따른 수익 선순환 구조가 자리 잡지 못하고 있는 실정이다.

또한 국내 만화산업 구조분석을 통해 나타난 시사점은 다음과 같다. 첫째, 문화산업을 이끌 양질의 전문인력이 부족하다는 점이다. 많은 전업 작가가 있고, 만화전문 출판사가 있고, 만화관련 학과가 있지만 개별 인력의 수준이 높지 않다. 창작에 대한 열정이 가득한 많은 신인작가가 있지만, 상업작가로서 역량과 전문성이 미흡하거나 재충

---

13) '다매체 시대의 만화 OSMU 전략', KOCCA 콘퍼런스 자료집

전의 기회가 빈곤하여 쉽게 고갈되는 사례가 발생한다. 특히 창작 및 편집 인력 사이에서 작품의 전체 방향 및 분량, 전개 과정 등을 확립하고 서로 논의하는 프리프로덕션 관행이 부실하다. 그 결과 장기 시리즈의 연재 중 질적 변질과 조기중단 사례, 또는 작품성을 희생한 임의의 내용 연장 등이 발생하고 있다.

둘째, 만화출판업체들은 대여시장에 의존하며, 온라인 만화업체들은 무료만화와 포털CP 위주의 사업모델을 형성함으로써 시장 전체적으로 수익성이 높지 않거나 높아질 수 없는 상황이다. 만화단행본과 온라인 만화콘텐츠의 전반적인 가격대가 낮게 설정되어 있으며, 그나마 정액제 등의 방식으로 소비되어 실질 매출은 더 낮다. 만화소비의 방법으로서 대여가 판매보다 열등한 것은 아니나, 매체 특성(공연, 체험, 전시 위주의 장르와 다름)과 저렴한 콘텐츠 이용대가(상대적으로 싼 만화책 값)를 고려할 때 구입하여 감상하는 것이 가능한데도, 실제 시장 형성이 대여 위주로 이루어지는 것은 바람직하지 않다. 이는 장기간 고착한 시장구조와 사회적 인식에 기인한 것으로 구입을 지향하는 쪽으로 지속적인 노력이 필요하다.

셋째, 만화소비가 만화시장으로 이어지지 않는다는 점이다. 한국인이 만화 콘텐츠를 소비하는 정도는 세계 어느 나라보다 활발하지만, 그것이 만화시장 형성으로 충실하게 이어지지 않고 있다. 소비와 시장의 불균형 사례로서 대여매출 중 매우 적은 부분(최초의 한 권 구입비)만 만화계로 돌아온다는 것이다. 즉, 신문만화, 포털의 무료 웹툰 서비스가 창출하는 무형의 부가가치는 매우 크지만, 매우 적은 부분(일부 작가 고료)을 제외하면 만화계로 귀속되지 않고 있다.

3.2. 한국 만화산업 경쟁력 강화를 위한 카투노믹스 전략

1) 지적재산 기반의 라이선싱 비즈니스 활성화

국내 만화원작을 활용하여 라이선싱을 통한 머천다이징에 성공한 비즈니스는 <아기공룡 둘리> 이외에는 거의 없을 만큼 부족한 실정이다. 무엇보다 출판만화시장의 침체국면을 전환하기 위해서는 소수 흥행 성공작들의 사례가 전체 만화시장의 성장으로 이어질 수 있는 선순환 시스템 마련 등 시장회복을 위한 과감한 전략이 필요하다. 특히 타 장르의 만화원작 활용이 상당 기간 지속될 전망으로 만화산업계의 보다 적극적인 원작산업화 전략이 필요하다. 미국 마블엔터네인먼트의 영화 스튜디오 설립 사례와 일본의 출판사 주도의 제작위원회 사례가 시사하는 것처럼, 만화산업계가 주도적으로 저작권 비즈니스를 주도하여 만화산업 전체의 수익원을 다각화하려는 노력이 필요하다.

업계 관계자들에 따르면 2009년 현재 대략 50여 개 국가에 100여 타이틀 이상의 국산만화가 판권 수출되어 출판하고 있는 것으로 추정하고 있으며, 그중 20여 타이틀은 한 국가에서 1만 부 이상 판매되는 베스트셀러가 되고 있는 것으로 파악되고 있다. 예컨대, <라그나로크>(이명진)는 전 세계적으로 권당 10만 부 이상이 판매된 슈퍼 베스트셀러이기도 하다. 영화나 드라마, 대중음악 등에서의 한류가 아시아권에 머무르는 한계를 지니고 있는 것과 달리, 만화는 이미 북미와 유럽 등 서구의 주요 문화콘텐츠 메이저 시장에 진입하여 작품별로 국제적인 높은 인지도와 대중성을 확보하고 있다. <프리스트>(형민우)는 2006년 미국 소니픽쳐스와 영화화 계약을 체결하여 현재 프로젝트가 진행 중이며, <궁>(박소희)은 드라마로 제작되어 일본에 소개된 후 100만 부가 판매되었으며, <라그나로크>, <메이플스토리> 등은 게임으로 개발되는 등 국산만화의 세계적 원작 활용사례가 증가하고 있다. 따라서 장기적으로 세계시장에 기 진출한 국산만화들을 활용하여 글로벌 원작산업 기반의 저작권 비즈니스를 추진할 필요가 있으며, 애니메이션, 영화 등 탈 아시아를 준비하는 국내 타 문화산업 장르와 적극적인 협력을 통해 만화원작을 활용한 국내 문화산업의 세계시장 동반진출을 전개해야 할 시기다.

2) 대안만화로서 기능성 만화 확산

기능성 만화(Serious Comics)란, 만화의 장르적 특성을 활용하여 교육, 홍보, 치료, 선전 등 특정한 목적을 달성하기 위해 만화의 기능을 활용한 콘텐츠라고 정의할 수 있다. 2000년대 들어 국내 출판만화시장의 한 축으로 성장한 어린이 교양학습만화(에듀테인먼트)가 대표적인 기능성 만화라고 할 수 있다. 예컨대, 2000년 <만화 그리스 로마 신화>의 성공 이후, <먼나라 이웃나라>, <이희재 만화삼국지>, <마법 천자문>, <살아남기 시리즈>, <Why?> 시리즈 등이 베스트셀러에 올라 어린이 교양학습만화시장을 확대하였다. <마법 천자문>의 경우, 2009년 현재 17권까지 발매되어 누적판매부수 1천만 부를 넘었으며, <Why?>시리즈는 2천만 부를 돌파하였다. 이밖에도 정책홍보 등을 위한 공공 캠페인 만화, 기업과 제품을 홍보하는 홍보만화 등 어려운 내용을 쉽게 전달할 수 있는 만화의 장르적 특성을 활용한 각종 기능성 만화들이 제작되고 있다.

기능성 만화가 만화산업의 한 축으로 성장하기 위해서는 어린이 교양학습만화시장의 질적인 전환이 필요하다. 구매자(부모)와 소비자

(어린이)가 구별되는 어린이 교양학습만화시장의 특성 때문에 소수의 베스트셀러가 시장을 독점할 가능성이 높다. 실제로 2000년대 초반 어린이 교양학습만화시장의 베스트셀러들이 현재까지 대부분 베스트셀러 상위권을 독점하고 있다. 따라서 교과과정에서 벗어난 다양한 교육 테마를 발굴하고, 어린이의 감성과 눈높이에 맞춘 다채로운 표현기법을 개발하여 시장의 종(種) 다양성을 확보할 필요가 있다. 보편적인 교육테마를 발굴할 경우, 중국 등 아시아권을 비롯하여 유럽과 미국 등 어린이 교양학습만화시장이 성숙하지 않은 메이저 시장을 선점할 수 있을 것이다. 그 밖의 기능성 만화들의 경우, 낮은 가격에 원고를 제작하려는 발주처의 문제와 만화에 대한 전문성이 떨어지는 기획인력들에 의한 진행 등으로 작품 자체의 완성도가 낮은 경우가 대부분이어서, 기능성 만화를 제작하려는 주체들의 인식의 전환이 요구된다. 예컨대, 일반출판사 또는 외부 자본이 만화분야에 진입하고자 할 때, 만화계의 필요와 시장의 필요에 맞추어 적절히 사업모델을

기능성 콘텐츠 서비스(Serious Content Service) 유형

분류	내용
교육적 (educational)	학습만화(수학/한자/영어/전문정보 등), 추리기법 역사소설, 음악작곡 도우미, 두뇌개발(우뇌 트레이닝), 영어 가상체험, 문화유산 및 우주탐사 등
사회적 (social)	학교폭력예방 게임, 경제시스템 이해, 이야기 소통 블로그, 에티켓 배우기, 문화정체성 찾기, 평화대사(중동/팔레스타인/북한), 다문화 가정, 이민자 및 소외계층 행복실현 등
심리적 (psychological)	사이버상담, 가상 역할극, 정서치유 프로, 감정표현법, 조형예술품 심리치료, 슬로우(예: 큐점프)
휴식적 (relaxational)	명상, 휴양림, 문화농장, 템플스테이, 음악치료, 실버 콘텐츠, 가상녹지형 휴게텔, 선글라스 mp3 등
생리적 (physical)	의료처치 시뮬레이션, 가상 음주측정, 불쾌지수 및 스트레스 측정, 시계형 만보계, 모기퇴치 프로그램 등
심미적 (aesthetic)	생활디자인(DIY), 사이버갤러리, 미술치료, 한스타일(한글/한식/한복/한지/한옥/한국음악)

수립할 수 있도록 도와주는 창구를 형성하거나, 저작권, 세제 등 프리랜서 사업자로서 맞닥뜨리게 될 여러 실무적인 문제에 대해 상담을 제공하는 것도 필요하다.

3) 뉴미디어 만화(웹툰, 모바일 만화)의 확대

출판시장의 침체에도, 디지털 만화시장은 빠르게 성장하고 있으며, 최근의 인기 작품 중 상당수는 온라인, 특히 인터넷 만화를 기반으로 하고 있다. 아직까지 국내 만화산업구조는 뉴미디어 환경에 맞춰 혁신되지 못한 상태로, 신기술 표준, 수익 배분, 판권계약 등에서 새로운 미디어 환경에 맞는 가이드라인이 빈약하므로 이를 위한 정책이 필요하다.

온라인 만화는 IT 강국인 우리나라의 인터넷 환경을 기반으로 성장하여 현재 우리나라 온라인 만화는 질적, 양적으로 세계 최고로 인정받으며 다른 국가 온라인 만화계의 롤 모델이 되고 있다. <파페포포>의 심승현, <순정만화>의 강풀 등 1세대 온라인 만화작가들이 온라인 만화의 장르적 양식을 완성했고, 최근에는 윤태호, 이충호, 양영순, 강도하, 원수연 등 오프라인 출판만화 출신의 중견작가들이 장편 내러티브 구조의 온라인 만화를 선보여 온라인 만화의 감성적 지평을 확장해 가고 있다. 또한 다음, 네이버, 네이트 등 주요 포털 사이트들이 만화를 핵심 콘텐츠로 파악하고 높은 비중으로 만화 페이지들을 운영하며 온라인 만화시장을 주도하고 있다. 현재 국내 온라인 만화는 누구든지 만화가로 데뷔할 수 있어 다양한 감성의 작품들이 선보여질 수 있고, 온라인 만화의 표준을 선점하여 세계 온라인 만화시장으로 진출 가능성이 높다는 긍정적인 요소가 있다. 그러나 소수 대형 포털들에 의한 시장의 과점, 낮은 저작권 보상 체계, 불완전한 저작권 보호 체계 등의 부정적 요소들이 해결되지 않으면 시장의 안정적인 성장에 큰 장애 요인으로 작용할 것이 우려된다. 국내 IPTV들이 만화 콘텐츠를 경쟁적으로 편성하여 콘텐츠 수급에 나서고 있으나, IPTV 시장 자체의 확장이 본격화되지 못해 아직까지는 큰 수익성을 기대하기는 어려워 보인다.

특히 기존 모바일 만화는 화면 자체의 한계(작은 액정화면 사이즈) 때문에 10컷 내외로 구성되는 단편 형태로만 서비스되어, 국내에서 큰 인기를 끌지는 못했다. 하지만 최근 아이폰 등 3G 폰의 등장으로 화면의 사이즈가 대형화되고 해상도가 개선되는 등 서비스 환경이 개선되어 웹스토어 기반의 모바일 만화 서비스 시장의 가능성이 주목받고 있다. 더욱이 모바일인터넷 정액제 서비스가 출시되면서 만화 제공 서비스도 증가하고 있는 추세다. 네이버가 웹스토어 시장 진출 및 무료 개방선언으로 만화계와 마찰을 빚었으나, 이를 철회하면서 국내 만화 웹스토어 시장이 어떤 질서를 구축하여 성장할 것인지에 대한 다양한 전망이 나오고 있다. 웹스토어 시장의 경우, 안정적인 콘텐츠 라이브러리를 구축하면 세계적으로 표준화된 웹스토어 체계를 활용하여 세계시장에 진출하기 용이하다는 장점이 있다. 우리나라의 앞선 온라인 만화 창작 기술 및 풍부한 온라인 만화작가 인력을 활용한다면 세계 웹스토어 시장 진출 성공 가능성이 높다 할 것이나, 그 이전에 국내 웹스토어 시장의 안정적인 구축이 선행되어야 할 것이다.

4) 한국만화의 해외진출 확대

한국만화의 해외진출을 미래 성장전략으로 삼아야 한다. 이를 위해 다음과 같은 노력이 요구된다.

첫째, 우수 만화콘텐츠 제작을 활성화해야 한다. 온/오프라인의 만화 판매시장의 복원 노력을 통해 국내 만화출판시장의 우수 콘텐츠 변별력을 높이고, 이를 통해 만화 흥행시스템을 강화하여 우수 만화콘텐츠의 안정적 제작 기반을 마련해야 한다. 둘째, 전문인력을 양성해야 한다. 기성작가들의 창작환경을 개선하고, 출판사와 대학의 신인작가 인큐베이팅 프로그램을 시스템화하여 창의력 있는 신진 작가군을 육성해야 한다. 만화콘텐츠 기획인력과 함께, 저작권 비즈니스 전문인력도 함께 양성해야 한다. 셋째, 국내외 인적 네트워크를 구축해야 한다. 타 장르, 타 분야 인력과의 교류가 상대적으로 활발하지 못한 것이 국내 만화산업계의 특성이다. 국내외 타 장르, 타 분야 전문인력들과의 교류를 통해 국산 만화콘텐츠들이 다양한 글로벌 프로젝트의 원작으로 활용될 수 있는 기회를 적극적으로 모색해야 한다.

넷째, 만화콘텐츠의 법적 지위가 향상되어야 한다. 저작권법, 문화산업진흥법 등 문화산업 관련 법령에 제외되어 있는 만화(콘텐츠)에 대한 육성 근거를 분명히 하고, 이를 통해 만화콘텐츠 저작권 비즈니스의 실효적 법적 보호를 받을 수 있어야 한다. 특히 만화에 대한 사회적 인식이 경쟁국가들에 비해 낮은 국내 현실에서, 만화의 법적 지위 확보는 만화에 대한 사회적 인식을 전환하여 만화콘텐츠의 가치를 제고하는 효과를 가져 올 것으로 기대된다. 국내는 P2P 사이트 등을 대상으로 불법 파일 복제 및 배포 단속 등의 저작권 보호 사업에 국가가 적극적으로 지원하는 등 문화콘텐츠 저작권의 산업적 가치 보호가 정책적 어젠다로 자리 잡고는 있으나, 저작권법 자체의 보완 등 보다 체계적인 저작권 보호 시스템 구축이 필요하다. 다섯째, 만화와 타 장르 윈-윈 인식의 공유가 필요하다. 만화콘텐츠의 저작권 비즈니스는 타 장르, 타 미디어와 윈-윈 하는 전략이라는 인식을 만화산업계가 먼저 인식하는 것이 필요하다. 만화와 타 장르, 타 미디어가 융합하여 함께 성공을 추구하는 비즈니스라는 인식은 단지 만화원작의 판권을 높은 액수에 파는 비즈니스에 한정되는 것이 아니라, 융합을 통해 만화의 새로운 문화산업적 가치를 창출하고 프로젝트 전체의 파이와 부가가치를 키우는 비즈니스로 확장해 나가야 한다는 것을 인식해야 한다. 출판, 게임, 인터넷, 모바일 콘텐츠를 제작하는 업체와 애니메이션 제작사, 영화사, 독립프로덕션의 결합을 통한 복합 콘텐츠 기획은 제작, 마케팅, 사업부분에서 동시에 시너지 효과를 일으키며, 더 나아가 해외 공동제작 및 해외시장 진입을 위한 효율적 모델이 될 것이다. 최근 코믹스만화출판사는 기존의 전통적 제작 관행과 유통구조, 신작 발행 출구와 번역만화 선정 전략, 판매 마케팅에 이르기까지 많은 부분에서 변화를 꾀하고 있다. 인터넷 서점 미리 보기 서비스의 대폭 확대, 인터넷 포털을 통한 신작 연재 후 단행본 발행, 국외 시장 수출 및 데뷔 지원 등 대 고객 판매 증진을 위해 노력하고 있다.

참고문헌 및 자료

박성식. 만화콘텐츠의 산업적 활용사례 분석과 저작권 비즈니스 모델 구축에
대한 연구. 상명대학교 예술대학원 석사논문.
문화부(2008). 만화산업 중장기 발전계획(2009~2013).
한국콘텐츠진흥원(2008). 방통융합시대 콘텐츠 OSMU 비즈니스 모델분석 및
개발연구.
The Comics Chronicle(2008).
Box office Mojo(http:www.boxofficemojo.com).
채지영. 만화원작활성화를 위한 기초조사. 한국문화관광연구원.
Business Week. Unravekkubg Spider-Man's Tangled Web.
일본 출판과학연구소 간행원간회보 2008년 2월호.
ACBD(http://acbd.fr).
다매체 시대의 만화 OSMU전략. KOCCA 콘퍼런스 자료집.
문화부(2010). 2009 콘텐츠산업통계.
한국은행(2010). 2009 기업경영분석.
<대한출판문화협회> 출판통계.
<2010 만화산업백서>.
<2010 한국만화연감>.

올드미디어의 역습, I—magazine
잡지산업의 현실 및 지속성장 위한 과제 [14)

전경 하나.

77년 역사를 가진 미국 시시주간지 <뉴스위크>가 2010년 8월 하이파이 스테레오의 개척자이자 자선사업가인 시드니 하먼에게 매각됐다. 1933년 창간한 뉴스위크는 61년 워싱턴포스트가 인수·운영해왔지만 최근 판매부수와 광고수입이 감소하면서 경영상의 어려움을 겪어왔다. 매각 대금은 (공식적으로 비공개이지만) 단돈 1달러에 팔렸다고 뉴욕타임스(NYT)는 전했다.

전경 둘.

영국 버진그룹은 지난 10월 애플 태블릿PC '아이패드'에서 볼 수 있는 전자잡지 <매버릭>을 창간했다. 종이로는 발간하지 않는다는 게 <매버릭>의 특징이다. 종이값, 인쇄비 등 고정비를 줄이기 위해서다.

---

14) 2010년 11월 잡지공청회 발제문에 기초하였음을 밝힌다.

일본에서는 이미 모바일 전용 잡지가 활발하게 유통되고 있다. 일본 최대 광고회사인 덴쯔(DENTSU)는 2009년부터 전용 잡지숍인 '마가스토어(MAGASTORE)'를 통해 모바일 전용 잡지(사진)를 판매하고 있다. 유명 신문·잡지사 36개가 참여해 현재 39개 잡지를 제공하며, 콘텐츠나 잡지 형식에 따라 잡지 한 개당 115~700엔에 판매된다. 소비자가 동영상 광고, 그래픽 등 멀티미디어 정보를 선호한다는 점이 모바일 전용 잡지 발간이 늘어나는 이유다.

전경 셋.

노숙인 자활을 돕기 위한 월간지 <빅이슈코리아>가 잔잔한 반향을 얻고 있다. 2010년 7월 5일 발간을 시작해 창간호만 4,200부가 팔렸다. 판매원 14명이 올린 실적이다.

1991년 영국 런던에서 시작된 <빅이슈>는 사회적 기업을 표방하는 매체로 해외에선 일찌감치 주목받은 모델이다. 이 잡지는 가판대에서만 매매되며 판매는 노숙인이 전담한다. 수익은 잡지사와 판매인이 절반씩 나눠 갖는다. 영국에서만 노숙인 5,500여명이 자립했다

'빅이슈코리아'의 경우 1부당 3,000원이며, 이 가운데 1,600원이 판매인 수중에 떨어진다. 창간 뒤 한 달 동안 판매원 14명이 그렇게 500만 원 넘게 벌었다.

'빅이슈'는 현재 남아공, 호주, 미국 등 전 세계 9개국 13개 도시로 퍼졌을 만큼 성공을 거뒀다. 아시아에선 일본 대만에 이어 세 번째다. 서울 지하철 2호선 이대·신촌·홍대입구·을지로입구·서울대입구·역삼·선릉·강남역 등지와 3호선 고속터미널역, 5호선 공덕·여의도역 등에서 살 수 있다.

외국에선 조니 뎁, 폴 매카트니 등 유명인사들이 보수를 받지 않고 표지모델로 나서거나 아멜리아 노통브, 조앤 K. 롤링 같은 작가들이 무료로 글을 기고하기도 한다.

이른바 '재능 기부'다. 기사 역시 정신과의사, 블로거, 에세이스트 등으로부터 '기부'받고 있다. 그만큼 제작비가 적게 든다. 다만 언론 매체로서 광고비에 의존할 수밖에 없는 '숙명'을 어떻게 뛰어넘는가 하는 문제가 남아 있다.

1. 디지털시대, 아날로그 잡지미디어의 현실

한국 잡지산업의 혁신 도약이 절실한 상황이다.

한국의 잡지산업은 변혁의 소용돌이, 기로에 놓여 있다고 하겠다. 유구한 전통의 인쇄매체로서 국가 근대화에 일익을 담당해온 한국의 잡지산업은 이러한 신조류에 의해 존폐 위기로 내몰리느냐, 아니면 향후 아시아의 지식문화 콘텐츠시장을 주도하는 글로벌 미디어산업으로 도약하느냐의 기로에 직면해 있다.

주류미디어인 잡지가 최근 침체국면에 진입했다.

미국, 유럽에서 잡지는 언론 산업으로서 크게 성장해왔다. 이들 국가의 미디어시장에서 잡지시장의 비중은 높은 편이다. 잡지 산업은 영상·뉴미디어의 출현으로 판매·광고가 완만한 하향추세이지만 적절한 포지셔닝으로 2000년대에도 주류 미디어로서의 영향력과 경쟁력을 유지해왔다. 그러나 최근 경기 침체와 온라인 매체, 무료뉴스 매체의 증가로 인해 잡지업계의 경영난이 가중되고 있다. 이에 따라 대형 잡지사의 파산 릴레이가 이어지고 있다. 급기야 "월요일 아침마

다 가판대에서 Time과 Newsweek를 골라들고 한 주를 내다보던 시대
는 이제 완전히 끝났다"고 NewYork Times는 선언하기에 이르렀다.

잡지업계의 경영난이 가중되고 있는 가장 직접적인 원인은 잡지사
수입의 대부분을 차지하고 있는 광고 수입 감소에 기인한다. '09년
유명 잡지들이 전년대비 35% 정도의 광고 수입 감소를 기록했다. 경
기 침체의 장기화에 따른 광고시장 자체의 감소 때문이기도 하지만,
동시에 온라인 매체의 영향력 증대에 따른 올드미디어의 광고 감소
라는 측면에서 잡지업계의 불안이 가중되고 있다.

한국 잡지업계 역시 절박한 현실에 직면해 있다.

한국에서 잡지는 TV, 신문, 라디오와 함께 4대 언론매체로 여겨져
왔다. 그러나 최근에는 인터넷에 밀려 제5미디어로 전락했다고 해도
과언이 아니다. 독자의 외면, 판매·광고 수익의 감소로 그 위상이 추
락하고 있음이다.

2000년대 이전 잡지의 광고·판매 시장은 전체 미디어 시장과 비
슷한 비율로 확대되어 왔다. 그러나 2000년대 이후 전체 미디어 시장
에서의 점유율 하락세가 현격해졌고, 2003년 이후 경영 악화가 심각
해져 폐간되는 잡지가 급증했다. 저조한 잡지 구독률은 우리나라의
독특한 유통구조 때문이다. 우리의 잡지시장은 잡지 1권을 100~200
명의 독자가 보는 유통구조이다. 이런 구조 때문에 잡지사들은 광고
수익에 집중할 수밖에 없다. 무가지 배포를 늘리기 위해 제작 단가를
낮추거나, 광고 페이지를 많이 삽입하는 방식에 집착한다는 것이다.
결국 이런 과정에서 콘텐츠의 질이 하락하게 된다.

서구에 비해 한국 잡지는 산업이 영세하고 수용자들로부터 잊혀
가고 있는 매체이다. 언론 산업으로서의 위상 추락이 가파르게 진행

중이다. 잡지 저널리즘이 몰락해가고 방송, 인터넷 등 뉴미디어는 잡지 저널리즘을 대체하지 못하는 상황이다. 이에 따라 선진국에서 잡지 산업이 담당하고 있는 최신의 고급전문 지식의 대중적 확산 및 질적 향상과 같은 사회적 기능이 한국에서는 크게 위축, 범세계적 미디어 시장 융합 과정에서 한국 잡지산업은 국제경쟁력을 잃어가고 있다.

잡지산업 진흥을 위한 산업정책적 노력이 시급하다.

모든 산업 업종은 정부의 규제 정책과 육성 정책에서 예외일 수 없으며 잡지산업도 마찬가지이다. 잡지는 2000년대 중·후반기까지 주로 규제 대상이 되어 왔다. 잡지산업은 민간 잡지사, 출판사, 언론사가 주체이지만 국가 성장동력인 지식기반사업의 한 축으로서 공공성이 큰 영역이다. 그러나 시장 규모가 위축되는 등 침체일로이다. 잡지산업에 대한 정부 정책이 규제에서 육성으로 전환해야 할 공적 타당성이 있다.

잡지산업은 정보 및 지식 집약산업으로 21세기 정보사회의 기축산업으로서의 유용성이 매우 높다. 따라서 정부는 잡지의 자생적인 발전을 최대한 보장하고 대내외적으로 잡지산업이 경쟁력을 가질 수 있도록 제도적·정책적·법적 지원을 강화해야 할 것이다.

잡지산업 진흥방안 모색에는 과감한 새로운 틀짜기가 필요하다.

지금까지 우리 잡지산업은 국가 사회로부터 홀대를 넘어서 간섭과 규제를 받기 일쑤였고, 육성하고 진흥하려는 정책은 최근까지도 많지 않았다. 1990년대 후반에 들어와 정부의 잡지정책은 문화적 측면과 더불어 산업적 측면이 강조되는 방향으로 전환하고 있는데, 그 기본은 잡지계의 자생적인 발전을 최대한 보장하고 대내외적으로 잡지산업이 경쟁력을 가질 수 있도록 법제도적·정책적 지원 강화이다.

21세기 미래를 준비하는 새로운 산업정책프레임을 구축해야 한다.

21세기 잡지산업의 발전방향은 잡지산업을 국가의 기본적인 정보 인프라로 인식하는 점에서부터 출발해야 한다. 지식정보시대의 심화와 미디어 융합, FTA 체결 증가추세에 대비하는 잡지산업의 진로 설정과 육성 방안의 강구를 통하여 지식·문화 콘텐츠의 국가 경쟁력 제고를 위한 잡지산업 진흥 위한 전략 및 과제 도출이 요구된다.

창조경제, 지식기반사회에서는 지식과 콘텐츠의 창출과 활용이 국가 경쟁력을 좌우하는 중요한 요인이다. 특히 꿈과 감성, 창조적, 상상력에 바탕을 둔 지식콘텐츠는 미래 콘텐츠산업 진흥의 핵심동력이다.

잡지의 가치를 되새겨야 할 때다. 잡지는 다양하고 격소 높은 문화 콘텐츠로서의 높은 가치를 가진 매체이다.

잡지산업은 대표적인 창조적 문화콘텐츠 산업으로 문화 유산전승, 생활 양식발전, 문화 창조의 가치를 담고 있는 유용한 콘텐츠산업이다. 따라서 다양하고 격조 높은 문화콘텐츠로서 잡지의 미래 성장가능성은 열려 있다고 하겠다.

잡지산업을 진흥해야 하는 이유, (1) 국가품격, 국가브랜드 제고 위해

잡지는 한 국가의 지성, 문화, 지식 수준을 가장 잘 드러내 보여주는 미디어이다. 책이 갖는 깊이와 언론이 갖는 전파성(정기적으로 광범위하게 전달)을 동시에 지니고 있기 때문이다. 이 때문에 좋은 잡지는 국가의 품격과 브랜드 가치를 끌어 올리는 데 커다란 역할을 해왔다.

과학 지식의 최고 산실인 학술지 <네이처>와 <사이언스>, 시사지 <타임>과 <슈피겔>, 경제지 <이코노미스트>, 사진잡지 <내셔널지오그래픽>, 여성지 <엘르>와 <마리끌레르>는 인류의 지성과

문화, 감성을 대표해왔다. 또한 이런 잡지를 발행하는 국가는 그 국가의 이미지를 크게 고양해 왔다. 수많은 만화 잡지는 일본을 애니메이션 대국으로 만든 든든한 토양이다.

국가 브랜드 향상은 국가가 실제로 '존경할 만한 높은 수준의 지적 콘텐츠'를 지니고 있을 때 가능하다. 잡지는 정치, 경제, 사회, 예술, 문학, 연예, 과학, 정보통신, 종교, 스포츠 등 사회 전 분야에 대해 가장 깊이 있고 창의적인 정보를 제시해주는 미디어이다. 방송과 인터넷으로는 불가능한 '지성의 전파'와 '사회 교육'이 잡지에서는 가능하다. 여러 분야에서 다양하고 수준 높은 크고 작은 규모의 잡지가 잘 발달되어 있다는 것은 한 국가의 지적 척도가 된다.

국가 브랜드 지수가 높은 국가들은 공통적으로 문화 강국이다. 잡지는 사회 각 분야에서 문화 국가로서 지녀야 할 '내용'을 가장 확실하고 균질하게 채워준다는 점에서 반드시 필요한 매스미디어 수단이다. 모든 잡지강국은 문화 국가이고 선진국으로 평가된다.

한 국가의 지적 체계의 총체적 집합체인 잡지 산업의 수준과 잡지 콘텐츠의 수준을 적어도 아시아 최고 수준으로 높여야 하며 한국 잡지의 아시아 시장 진출이 활발히 모색되어야 할 것이다. 잡지 산업의 발달은 궁극적으로 특정 가치로의 쏠림과 갈등을 최소화하는 균형적 사회체제, 각 분야의 문화 수준을 고르게 향상시키는 지성적 사회체제, 지구적 화두가 되고 있는 '지속가능성(sustainability)'을 실현해 나가는 미래지향적 사회체제를 만들어 한 국가의 브랜드 가치를 업그레이드하는 데 기여할 것이다.

잡지산업을 진흥해야 하는 이유, (2) 지식정보사회의 핵심 콘텐츠

공급원

잡지는 방송, 유·무선 인터넷, 신문에 비해 훨씬 더 많은 양의 전문정보를 전달한다. 잡지의 콘텐츠는 방송과 인터넷이 전하는 '뉴스'와 책이 전하는 '지식'의 중간 형태이다. 신문에 비해 전문화되고 분석적인 정보를 제공하고, 도서에 비해 신속한 정보전달이 가능하다. 잡지는 과학, 의학, 법률 등 전문 분야에서부터 각종 생활밀착형 분야(패션, 미용, 요리, 레저, 교통, 부동산 등)까지 다양한 정보를 특화하여 제공한다. 방송, 신문, 인터넷도 생활정보를 보도하지만 잡지가 정기서으로 제공하는 생활정보 콘텐츠의 깊이와 충실도를 따라갈 수는 없다.

잡지는 정보에 대한 해설, 분석, 탐사, 주장 등 호흡이 길고 깊은 시각을 함께 제시하는 데 유용한 매체이다. 수용자는 잡지 기사를 읽으면서 스스로 학습, 성찰, 창의적 사고를 하게 된다. 정보 수용의 질적 가치가 현저히 높기 때문에 지식의 축적, 지적 능력의 향상을 이룰 수 있다. 잡지는 속보성은 뒤지지만 수용자에 대한 사회 교육, 사회 각 분야 문화 수준 고양에는 가장 탁월하다고 하겠다.

우리 사회는 '대량생산 대량소비'에서 '맞춤형 생산-소비'로 변화하여 분중(分衆)사회, 전문사회의 특성이 커지고 있다. 전문잡지의 발달은 전문사회의 지적 욕구와 발전 욕구를 충족시키는 데 기여할 수 있다. 잡지강국에서 전문 정보의 대부분은 잡지에서 나온다. 잡지는 사회 각 분야에 포진된 다품종 거점 미디어로서 자신이 다루는 해당 특수 분야에서 환경감시 기능을 수행한다. 또한 잡지는 해당 분야의 전문가들과 동호인들이 정보를 공유하는 거점으로서 새로운 지식의 유통 및 검증, 지식 축적 및 발전이 이뤄지는 공간이 되고 있다.

잡지산업을 진흥해야 하는 이유, (3) 창조콘텐츠 비즈니스, 일자리 창출

잡지 강국에서 잡지사는 양질의 일자리를 제공하고 있다. 2006년 세계적인 흥행성공을 이룬 미국 영화 <악마는 프라다는 입는다>와 2009년 높은 시청률을 기록한 한국 TV드라마 <스타일>의 공통점은 여주인공의 직업이 모두 잡지사 기자라는 점이다. 이들 영화와 드라마에서 잡지사 기자는 대중의 선망을 받는 직업으로 묘사되고 있다.

잡지 업무는 창조계급에 의한 창조비즈니스, 서비스산업으로 평가된다. 단순작업이 아니라 창조적이고 지적인 업무를 수행하고, 소규모 회사임에도 사회문화 트렌드를 가장 빨리 수용하고 이끌어가는 오피니언리더로 인정받을 수 있으며, 개인의 개성과 능력에 따라선 구성원들이 발전가능성을 보장받는 직장으로 인식되고 있다.

국내에서도 유명 잡지사에는 인턴사원, 수습사원 채용 때 우수한 실력을 갖춘 취업희망자들이 대거 몰리고 있다. 상당수 제조업은 자동화 과정을 통해 인력을 줄여나가지만 잡지사는 경영진, 기자, 프리랜서, 사진·영상담당 디자이너, 광고담당, 판매담당, 배송담당, 전산담당, 총무담당 등 다양한 정규·비정규 인력을 고용하는 노동집약성이 높은 체제이다.

잡지산업을 진흥해야 하는 이유, (4) 영상과 인터넷의 맹점 보완

잡지는 충분한 시간을 두고 다양한 정보, 깊이 있는 해석, 사고력을 배양할 기회를 수용자에게 제공한다. 수용자는 TV나 인터넷이 제공하는 불완전한 정보를 즉각적·피상적으로만 받아들이고 있는 상태이다. 영상 미디어와 인터넷 미디어는 수용자의 학습, 성찰, 분석,

창의적 사고 활동을 어렵게 하는 맹점을 지니고 있다.

잡지는 수용자의 지적능력과 전문성 향상에 기여함으로써 영상 미디어와 인터넷 미디어의 맹점을 보완할 수 있는 대안 미디어이다. 따라서 잡지 등 인쇄매체의 몰락은 국가적 손실이 될 수 있다.

젊은 층이 인쇄매체를 외면하는 현상은 심각한 수준이다. 콘텐츠 융합 시대에 반드시 성취해야 하는 사회적 목표는 온라인 콘텐츠와 오프라인 콘텐츠의 '균등성' 회복이다. 잡지 활성화는 영상 미디어와 온라인 미디어의 단점을 보완하는 방안이 된다. 오늘날 인터넷 시대의 폭발적인 '정보 스모그' 속에서 잡지는 정선된 지식·정보의 최대 공급원이다. 앨빈 토플러는 『부의 미래』(2006)에서 무용(無用)지식(obsoledge)을 가려내는 것이 '미래의 부'를 결정짓는 중요한 요소라고 강조했다.

언제 어디서나 공짜로, 원하는 정보를 얻을 수 있는 인터넷 시대에 잡지는 무용지물이라는 인식이 팽배하다. 잡지산업의 위기는 훌륭한 콘텐츠를 가지고 있음을 널리 알리지 못함, 즉 커뮤니케이션 왜곡 및 실패에 있다고 하겠다.

잡지는 분야별로 관심 있는 독자를 위한 심도 있는 정보와 논평, 전문성, 감각적인 디자인과 감성 등 인터넷은 물론, 신문이나 방송이 따라올 수 없는 고유의 문화적 기능과 장점을 지닌 매체이다. 이에 잡지 매체의 가치를 되새겨야 할 필요가 있겠다.

글로벌 경쟁시대, 국제경쟁력 확보 차원에서도 잡지산업의 진흥이 필요하다.

한-미 FTA, 한-EU FTA, 한-중 FTA, 한-일 FTA 등이 체결되고 자유무역의 확산이 가시화되는 상황이 되면 한국 미디어는 외국 미디어와의 자유경쟁이 불가피하게 된다. 문화종속 우려를 불식하고 미디어시장 개방을 해외진출 기회로 활용하기 위해서는 현 상태보다 체질을 튼튼히 하고 경쟁력을 갖추는 일이 시급한 실정이다.

정확한 국내외 타깃 오디언스(표적 수용자) 설정, 전문성·시의성·창의성·흥미성 갖춘 콘텐츠 개발, 해외 수출을 위한 번역 서비스, 효율적 해외 배급망 구축, 해외 광고시장 개척, 현지화 전략 등 잡지 산업의 글로벌화에 대한 잡지 업계의 인식전환뿐 아니라 적극적 국가 지원이 필요하다. 잡지 산업의 질적 수준과 경쟁력을 지금부터 끌어올려두어야, 향후 국경을 초월해 시장 규모가 비약적으로 커지고 외국 잡지사와의 무한경쟁체제로 접어드는 미래 상황에 대비할 수 있게 된다.

'한류'는 한국 잡지산업의 해외진출 활성화를 위한 중요한 수단이 된다.

한류를 콘텐츠로 하는 한국 잡지는 아시아 대중들 사이에서 상당한 소구력을 지닐 수 있다. 여성지와 유사한 성격의 연예정보 콘텐츠인 생방송TV연예 등의 TV프로그램은 아시아 여러 나라에 고가에 수출되고 있다. 이는 한국잡지가 아시아시장 진출에 있어서 일본 잡지, 중화권 잡지에 비해 우위에 설 수 있음을 강력히 시사한다.

잡지의 아시아시장 진출은 한류 견인차 역할을 할 것으로 기대된다.

2003년부터 한국 잡지는 국제판 발행 등 해외시장으로 진출하고 있다. 보안종합전문지인 월간 <시큐리티월드>는 2003년 봄부터 <Security World 아시아판>을 발행하고 있다. 이후 여성지, 패션지 등 일부 한국 잡지의 해외시장 진출이 가시화되고 있다. <노블레스차이나>는 럭셔리 마케팅으로 중국 진출에 성공한 사례이다. 여성중앙의 일본어

판, CeCi의 중국어판 등도 성공사례이다.

한국의 국가 브랜드 강화, 지식기반산업의 국제적 영향력 확대, 잡지 산업의 글로벌 경쟁력 확보를 위해선 적어도 한국 잡지의 아시아 시장 진출이 활성화되어야 한다. 또한 해외 진출을 적극 장려하고 지원하는 정책이 필요하다.

잡지는 글로벌 콘텐츠로 해외시장에 진출하기 수월한 매체이다.

<리더스 다이제스트>는 21개 언어로 전 세계 70여 개국에서 발간되고 있다. <타임>, <뉴스위크>와 같은 시사잡지, <보그>, <엘르>, <코스모폴리탄>과 같은 패션잡지, <에스콰이어>, <GQ>, <맥심>과 같은 남성잡지는 전 세계적으로 수많은 독자를 확보하고 매달 수백만 권이 팔리는 대표적인 문화상품이다.

잡지의 몰락은 단순히 한 산업이 쇠퇴하는 것 이상의 의미를 지닌다. 사회적 의견통로 중 한 축이 무너지는 현상에 다름 아니다. 사회적 공론을 일으키면서 다양한 필자를 발굴하던 잡지가 없어진다면 지식산업 매개체 하나가 사라지는 결과를 가져올 것이다. 이에 국가적인 지원이 필요하다.

'잡지 등 정기간행물의 진흥에 관한 법률'에 의거해 정기간행물 산업의 실태를 파악하고 국가 브랜드 강화, 영상·온라인·인쇄 미디어의 융합균형 발전 및 미디어 강국 구현, 고품격 콘텐츠 확보, 일자리 창출 등 공익에 기여하는 정기간행물 진흥방안이 수립되어야 할 때인 것이다.

세계 잡지 시장은 2008년 1,038억 9,400만 달러에서 2009년 904억 400만 달러로 감소한 것으로 추정되며, 2014년 9,490만 달러 규모로 전망된다.

전 세계적으로 2014년까지 1.0%의 미미한 성장세를 거둘 것으로 전망되며, 일본의 경우에는 0.7%의 감소세를, 가장 높은 성장세가 기대되는 중국의 경우에도 6.1% 수준의 높지 않은 성장세가 예측된다.

PWC에 따르면 세계 잡지시장의 부문별 매출액 비중은 광고매출(50%)이 가장 높으며, 구독료(48%), 온라인(2%) 순으로 나타났다. 현재 가장 높은 매출액 비중을 차지하고 있지만, 광고매출은 2009~2014년에 연평균 0.1% 성장하는 데 그칠 것으로 예상된다. 한편, 온라인은 23.1%의 성장률을 보일 것으로 전망되며, 2014년 온라인의 매출비중은 4.1%를 기록할 것으로 예상된다.

한편, 2009년 11월 시장조사회사인 '제니스 옵티미디어(ZenithOptimedia)'가 2012년까지 세계 광고시장 전체의 비용규모를 발표한 결과에서 잡지는 TV와 신문 그리고 인터넷에 이어서 4위의 매체인 것으로 밝혀

졌으며, 전체 광고시장에서의 비율은 점진적으로 감소하는 것으로 나타났다. 실제로 잡지는 신문 다음으로 급격한 감소세를 기록하는 매체로 2008년에는 11.6%, 2009년에는 10.3%, 2010년에는 9.8%, 2011년에는 9.3%, 2012년에는 8.9%로서 광고시장에서의 비율감소가 꾸준하게 나타날 것으로 예견되고 있다. 이에 반해서 TV의 경우에는 2008년에는 38.2%에서 2012년에는 40.2%로, 인터넷의 경우에는 2008년 10.1%에서 16.2%로 각 매체가 차지하는 광고시장에서의 비율이 점진적으로 상승하는 것으로 나타났다.

잡지 매출액 전체에서 광고비중이 높은 데 비해 전체 광고시장에서는 잡지광고의 점유비율이 낮아지고 있다. 수익원 다양화에 대한 전략적 모색이 필요한 시점이다.

광고수익 감소로 인한 해외 잡지사들의 경영난이 가속화되고 있다.

글로벌 경기 침체와 온라인 매체 증가로 인해 잡지업계의 경영난이 가속화되고 있는 추세이다. 대형 잡지사의 파산과 헐값 매각, 발행부수의 감소, 내용 개편에 대한 발표 등 위기의 징후를 타개하려는 움직임들이 속속 나타나고 있다. 가장 직접적 원인은 잡지사 수입의 대부분을 차지하고 있는 광고 수입 감소에 기인한다.

기술진보로 인한 디지털 잡지, 온라인잡지에 대한 관심과 니즈가 확산되고 있다. 디지털 환경을 위기가 아닌 기회로 삼아, 잡지미디어 비즈니스를 혁신하고자 하는 전략들이 일본과 미국 등 잡지선진국을 중심으로 실험되고 있다.

일본에서는 출판사들이 연대해 잡지기사 유료서비스를 전개하고 있다. 일본을 대표하는 '고단샤(講談社)', '쇼각칸(小学館)', '분게슌쥬(文芸春秋)' 등을 포함한 50여 개의 출판사가 연대하여 잡지 기사를 인터넷에서 유료 서비스하는 공동 사업을 2010년 1월 시작했다.

잡지 판매액이 30%나 감소한 출판업계로서는 인터넷 서비스의 강화로 매출 감소가 우려되지만, 모든 산업이 인터넷으로 옮겨가는 상황에서 특단으로 내놓은 조치라는 평가이다. 이 공동서비스에는 '슈칸분슌(週間文春)', '슈칸겐다이(週間現代)', '산데이마이니치(サンデー毎日)' 등의 일간지부터 <CanCan> 등의 여성지와 전문지까지 50사의 100여 잡지가 참가할 예정이다. 일본잡지협회(日本雜誌協会)를 중심으로 1년 전부터 준비, 출판사 외에도 휴대전화 사업자, 가전업체, 인쇄업체 등 관련 기업체 40여 곳도 함께 참여하여 과금 결제 방법부터 파일 형식의 통일, 저작권 처리 등의 시스템 구축을 진행하고 있다.

미국 잡지사 중 온라인 웹사이트를 운영하고 있는 비율은 상업용 잡지 기준 2005년 4,712개에서 2009년 3월에는 7,473개로 증가했다. 잡지사의 온라인 사이트 운영 비율이 증가하면서 잡지사 온라인 사이트 이용자 수도 급증하고 있다.

온라인 잡지 스토어에 대한 사업계획도 발표되고 있다. 미국의 메이저 잡지 그룹인 <타임>은 콘데나스트(Condé Nast), 허스트, 메레디스, 뉴스코프 등과 공동으로 잡지를 위한 디지털 스토어 사업을 추진하기 위해 합작회사를 설립하기로 했다고 밝혔다. 5社는 이미 공동 투자 계획에 합의했으며, 2010년 서비스 시작을 목표로 관련 사항들을 준비 중인 것으로 전해지고 있다. 이 서비스는 최근 주목받고 있는 온라인 동영상 서비스 훌루(Hulu)를 모델로 삼고 있는 것으로 보인다.

스마트폰 등 다양한 매체를 통해 독자들이 잡지를 골라볼 수 있는 '온라인 가판대 포맷'을 개발할 계획이다. '잡지의 아이튠즈(iTunes)'라고도 불리는 이 온라인 가판대가 만들어지면 이들 언론사는 콘텐츠를 공급하는 역할을 하게 될 것이다. 이러한 온라인 가판대는 광고를 실을 수 있으며, 다양한 비주얼 콘텐츠를 이용할 수 있으며, 다양한 플랫폼에서 콘텐츠를 볼 수 있다는 장점을 지니고 있다는 평가이다.

영국에서도 종이 잡지 매출이 지속적으로 하락함에 따라 디지털 버전 온라인 잡지 서비스를 제공하기 위한 잡지사들의 노력이 가시화되고 있다. 매일 480만 부의 신문과 260만 부의 잡지를 배급하는 맨지스 디스트리뷰션(Menzies Distribution)은 2008년 6월부터 디지털 잡지 서비스를 개시했다. 하지만 수익악화로 2009년 6월 서비스 중단을 선언했다.

디지털 잡지콘텐츠 제공사인 유두(YUDU) 역시 2009년 9월 디지털 잡지 서비스를 개시하였는데, 멘지스와 달리 유두는 소비자가 직접 잡지 세작에 참여할 수 있다는 점을 내세워 디지털 잡지 시장을 공략하고 있다.

자사의 온라인콘텐츠를 활용한 잡지발행도 디지털 시대 비즈니스 전략으로 실험되고 있다. 미국 백필드 캘리포니안(Bakersfield Californian) 신문사의 무료잡지 <베코토피아(Bakotopia)>가 대표적인 사례이다. 미국 캘리포니아의 <백 필드 캘리포니안>이라는 지역 신문사는 지역의 10대와 20대의 젊은 세대가 주로 이용하고 있는 '베코토피아 닷컴(Bakotopia.com)'이라는 지역커뮤니티 웹사이트를 운영하고 있다. 이 신문사에서는 '베코토피아'에서 콘텐츠를 제공받아 무료잡지를 만들어 배포하고 있다. 잡지는 주로 커뮤니티 구성원들이 직접 쓴 지역이야기를 위주로 싣고 있는데, 신작 영화 이야기나 가볼 만한 곳 소개, 스포츠나 취미 생활 등 지역의 젊은 세대들이 좋아할 만한 내용들로 꾸며져 있다. 잡지의 인기가 높아 한 번 발행 시 2만 부를 찍어내고 있다. 잠재적 독자이지만 신문을 잘 읽지 않는 지역의 젊은 세대를 겨냥해서 잡지 형태로 온라인 콘텐츠를 제공하고 있는 것이다. 발간

무료잡지 | Bakotopia

비용은 광고로 충당하고 있다.

이처럼 자체 생산보다 외부 소스의 필터링과 편집으로 독특한 지면을 생산하는, 이른바 '하이브리드' 잡지가 최근 잡지계의 중요트렌드로 부상 중이다.

2001년 미국에서 발간된 <더 위크>는 뉴스 수집을 위해 기자를 활용하기보다는 다수의 편집자들이 국내외 매체나 출판물에서 한 주의 보도를 수집해 요약한 2차 보도에 초점을 맞추고 있다. 정보의 홍수 속에서 독자들이 궁금해하는 한 주간의 중요한 현안을 상이한 매체를 통해 전달해주는 것이 주요한 목표이다. 이러한 제작방식은 자연스럽게 진보와 보수의 의견들을 균형 있게 소개하는 효과를 낳고 있으며, <더 위크>는 창간 1년 만에 25만 명의 독자를 확보했으며, 2005년엔 10만 명이 늘어나는 가파른 상승세를 보여주고 있다.

하이브리드 잡지의 원조는 프랑스에서 발간되고 있는 <쿠리에 앵테르내셔널(Courrier International)>이다. 국제뉴스 전문 주간지로 자리잡은 <쿠리에>는 1990년 11월, 4명의 젊은이들이 창간했다. 미국과 유럽은 물론 아랍, 이스라엘, 동아시아 권역 언론들의 사설과 기사들을 한데 모은 잡지를 표방한다. 실제로 걸프전이 터졌을 때 아랍권

뉴스를 집중적으로 게재해 예상 밖의 대성공을 거둔 바 있다.

모바일플랫폼이 추동하는 모바일잡지 시장이 펼쳐지고 있다.

인터넷에서 모바일로 패러다임 전환(shift)이 일어나면서 디지털잡지를 포함한 전자책 시장의 동반진화가 기대된다. 고속 데이터 전송이 가능하고 플랫폼이 개방화된 모바일 생태계에서 참여·공유·개방의 콘셉트를 기반으로 한 모바일잡지는 UGC 등 다양한 콘텐츠 확보를 통해 성장할 것으로 예측된다.

애플이 내놓은 디바이스들은 콘텐츠 생태계에 새로운 질서를 구축해 왔다. 음원시장을 재편한 iPod, 무선 애플리케이션 시장을 재편한 iPhone이 그러하였다. 최근 iPad의 등장이 줄판잡지시상의 생태계 질서를 재편할 것이라는 기대가 높아지고 있다.

아이패드의 출시는 출판물 사용에 최적화된 Device라는 점에서 더욱 주목되며, 특히 컬러스크린과 부드러운 책장 넘김 등의 사용자 중심의 UI를 지원한다는 점에서 모바일잡지에 최적화된 환경을 제공할 수 있다는 평가이다.

모바일전용 잡지는 최근 일본에서 가장 활발하게 활용되고 있다. 일본 최대 광고회사 덴츠(Dentsu)는 2009년부터 전용 사이트인 '마가스토어(MAGASTORE)'를 통해 아이폰 전용 유료잡지를 배포하고 있다.

iPad를 통한 모바일잡지의 구현

3. 디지털과 아날로그의 통섭, i-Magazine

디지털융합으로 인한 미디어, 서비스, 콘텐츠 진화가 가속화되고 있다. 융합·퓨전, 프로슈머 등의 키워드들이 시대흐름을 추동하고 있다. 잡지업계도 예외는 아닌데, 복합미디어시대 출판은 최근의 新화두인 창조경제, 지식기반사회의 지속가능 성장을 위한 원동력으로 작용하며 더욱 주목되고 있다.

특히, 모바일이 추동하는 콘텐츠시장의 새로운 변화흐름은 애플의 아이패드(iPad) 출시로 더욱 정점을 향해 달려가고 있다. 이러한 변화에 잡지산업도 조응할 수밖에 없는 것이 현실이다. 물론, 기존 종이잡지의 사회문화적 가치는 유지하면서 새로운 기술트렌드를 수렴하는 것이 중요한 정책적 근간이 되어야 하는 것은 재론의 여지가 없다. 이에 온라인과 모바일 상에서 수용자와 인터랙티브한 관계를 맺을 수 있는 소위 'i-Magazine' 시대가 도래하고 있다.

3.1. 해외 사례

잡지미디어에 동영상 광고가 부상하고 있다. 타임워너가 발행하는 미국의 연예 주간지 <엔터테인먼트 위클리(Entertainment Weekly)>가 2009년 9월호에서 출판업계 최초로 동영상 광고인 'VIP(Video-in-Print)'를 선보였다. VIP는 잡지 인쇄면 사이에 LCD 필름을 내장하여 독자가 해당 페이지를 열면 자동으로 동영상 광고가 재생되도록 지원하는 인쇄매체용 동영상 광고이다.

VIP 광고 기법은 에이머리칩(Americhip)社가 2년여간 개발한 기술을 적용하여 제작한 것으로, 두께 2.7mm, 크기 2.25inch TFT−LCD 스크린을 통해 40여 분에 달하는 광고영상 감상이 가능하다.

세계 최초의 잡지 동영상 광고주는 CBS와 펩시였다. 독자들이 해당 광고면이 게재된 잡지면을 넘기면 배우의 사용 안내 영상이 자동으로 재생되며, 그에 따라 광고면 아래의 단추를 누르면 총 43분 분량의 CBS 가을 개편 시트콤 및 드라마 예고편 6개와 Pepsi의 음료 'Pepsi Max' 동영상 광고를 볼 수 있다.

비싼 제작비용 때문에 정기 발행 180만 부 가운데 비디오 광고가 든 잡지는 우선 몇 천부만 제작되었다. 미 광고 전문가들은 전면 컬러 광고 한쪽에 9센트가 들지만, 동영상 광고 인쇄비용은 이보다 7배는 더 들 것이라고 추정하고 있다. 동영상 광고는 광고 단가(cost per mille) 측면에서는 그리 효율적이지 못하지만, 광고주들은 동영상 광고를 이용해 독자의 관심을 끌고 어느 정도의 입소문을 만들어냄으로써 상품에 대한 인식을 높일 수 있다는 점에서 성장가능성이 높다고 하겠다.

Entertainment Weekly의 CBS 동영상 광고면

　　미국뿐만 아니라 유럽에서도 VIP를 활용한 잡지광고가 등장했다. 프랑스의 유력 경제 잡지 <레제코(Les Echos)>는 프랑스 자동차회사인 시트로엥(Citroën)의 광고를 삽입하여 2010년 3월 공개했다. 45분 분량의 5개의 영화(시트로엥의 최신차량인 DS3의 캠페인 광고)가 2.4인치 LCD화면(3mm 깊이)에 삽입된 광고형태이다. 또한 같은 달 이탈리아 잡지 <파노라마(Panorama)>도 역시 시트로엥의 DS3광고를 잡지에 VIP형태로 삽입하여 공개했다.

　　증강현실잡지가 새로운 트렌드로 부상하고 있다.

　　허스트가 발행하는 남성 패션잡지 <에스콰이어> 2009년 12월호에 증강현실 기술을 활용한 콘텐츠가 선보였다. 12월호 커버 표지에

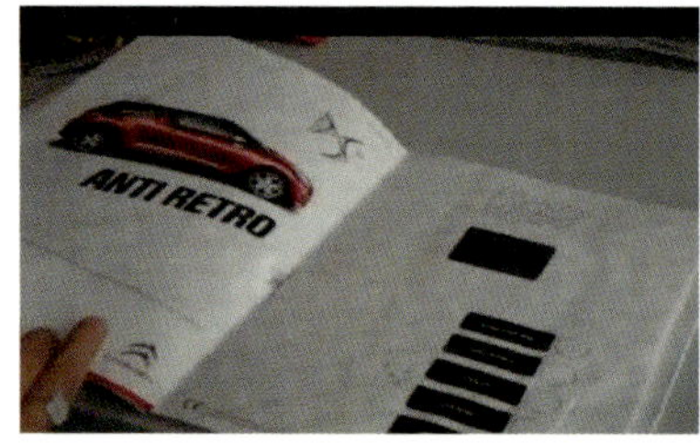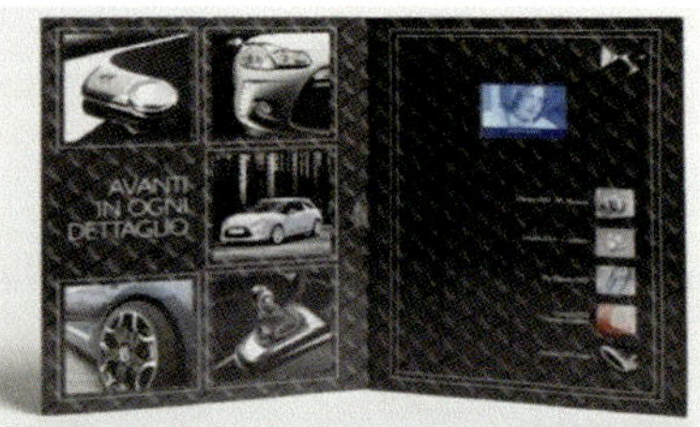

Citroën DS3의 VIP 광고 사례: Les Echos(좌), Panorama(우)

증강현실 기술이 활용된 Esquire 표지와 구현장면

는 증강현실 서비스를 위한 네모난 스티커가 붙어 있다. 웹캠을 통해 스티커를 비추면 디지털 신호를 인지한 컴퓨터에서 증강현실 콘텐츠로 제작된 6개의 패션 이슈와 2~3개의 광고 콘텐츠를 실행할 수 있다.

<Esquire>는 2010년 3월호에 20쪽이 넘는 3D 화보를 선보였다. 잡지와 함께 제공하는 3D 전용 안경으로 보면 화보 속 모델이 눈앞에서 포즈를 취하는 듯한 느낌을 준다.

2009년 7월 9일부터 12일까지 개최된 제16회 도쿄 국제도서전시회에 日 출판업체 DNP(大日本印刷)는 증강현실 기술을 이용한 전자책 서비스 데모 버전을 공개했다. DNP는 웹 카메라로 패션 잡지를 촬영해 잡지에 게재되지 않은 부가정보를 PC 화면상에 표시해주는 증강현실 서비스를 공개했다.

日 DNP社가 선보인 증강현실 잡지 시연모습

　이외에도 2008년 12월 독일의 자동차 회사 BMW는 '미니(Mini)'의 홍보 수단으로 잡지에 증강현실을 이용한 광고를 했으며, 미국 과학 기술 전문지 <파퓰러 사이언스(Popular Science)>는 GE가 만든 풍력발전기를 표지로 실으면서 증강현실을 결합해 선보였다. 미국의 청소년 잡지인 <컬러스 틴에이저(Colors Teenagers)>에서는 표지뿐만 아니라 내지에 다양하게 증강현실을 접목시켰다.

　새로운 Biz모델로 모바일전용 잡지가 부상 중이다.

　특히, 일본에서는 단순히 종이 잡지 애플리케이션을 제공하는 것에서 나아가 모바일전용 잡지로의 전환을 통해 신규 모바일 잡지 비즈니스 모델을 제시하고 있어 잡지업계의 주목을 끌고 있다.

BMW 'Mini' 광고

'Popular Science' GE 광고

'Colors Teenagers' 동영상 기사

日 최대 광고회사 덴츠가 2009년 7월 8일 콘텐츠 배급기술 개발업체 '야파(YAPPA)'와 기술제휴를 체결하고 9월 15일부터 전용 사이트인 '마가스토어'를 통해 아이폰 전용 애플리케이션을 배포하고 이를 통해 유료잡지 서비스를 제공하고 있다.

2009년 7월 기준 판매되고 있는 잡지 수는 총 16종류로 아사히(Asahi)의 AERA, 퓨소사(Fusosha)의 SPA!, 다이아몬드사(Diamondsha)의 Diamond Weekly 등의 유명 잡지가 다수 포함되어 있으며 곧 뉴스위크 일본판, 맥 팬(Mac Fan) 등의 잡지가 추가될 예정이다.

PDF 파일을 온라인 잡지루 만들어주는 서비스가 새로운 Biz모델로 각광받고 있다. 대표적으로 무료서비스로 제공되는 <유블리셔(Youblisher)>가 있는데, 독자가 PDF파일을 올리기만 하면 자동으로 잡지형태로 구성되는 서비스이다. <유두(Yudu)>와 <이슈(Issue)> 서비스도 있다.

영국의 <유두>는 기존의 무료잡지 및 개인과 소규모 사업자를 대상으로 한 전자출판 서비스를 통해 구축한 인지도를 활용하여 전자잡지 다운로드 사업을 시작했다. <유두>는 온라인 디지털 매거진

독자가 잡지제작에 참여할 수 있게 한 YUDU의 디지털잡지 서비스

콘텐츠 업체로서 사이트 이용자에게 백만 건의 콘텐츠를 무료로 제공하고 있으며, 이 콘텐츠들 중 많은 수가 중소 출판사 혹은 개인 출판사들의 자가 출판 형식으로 이루어져 있다. 개인 사용자들은 이 사이트에서 제공하는 잡지 등의 출판물 제작 플랫폼을 통해 자신이 원하는 내용을 디지털 형식으로 출판 가능하다.

독자맞춤 표지제작 서비스도 있다. <내셔널 지오그래픽>의 특별소장판이 대표적인 예이다.

2009년 8월 <내셔널 지오그래픽>은 특별소장판인 <내셔널 지오그래픽 유어 샷(National Geographic Your Shot)>의 표지를 독자들이 원하는 사진으로 제작했다. 영문판으로 제작된 특별소장판은 처음으로 잡지를 독자의 사진으로 꾸민 판이다. 현재 발행 중인 이 판은 독자들이 참여한 15만 장이 넘는 이미지에서 선정한 사진들로 꾸며진다.

독자는 잡지 홈페이지의 인기 있는 '유어 샷(Your Shot)' 웹페이지에 각자의 사진을 제출하고 <내셔널 지오그래픽>에 본인 사진이 출판되는 기회를 얻게 되는 것이다. 또한 특별소장판은 자신의 고해상도 사진 이미지가 표지로 실린 잡지를 온라인으로 주문할 수 있다.

독자맞춤표지를 기치로 내건 National Geographic 특별소장판 'Your Shot'

지난 2010년 5월, 애플의 아이패드가 정식으로 일본에 출시된 지 3일 만에 일본의 콘텐츠 업체인 소프트뱅크는 한 달에 450엔만 지불하면 한 달 내내 31개의 잡지를 볼 수 있는 '아이패드 서비스 뷰엔(Viewn)'의 서비스를 선보였으며 단순히 아이패드뿐만 아니라 소프트뱅크가 보유한 일반 휴대전화에서도 이용할 수 있는 것이 특징이다.

일본의 아이패드 서비스, 뷰엔(Viewn)

아이패드가 시장에 대폭 등장하면서 기존 오프라인 잡지의 아이패드 버전도 지속적으로 전자잡지 시장에 진출하고 있다. 오프라 윈프리가 발간하는 월간지 <O, The Oprah Magazine>은 지난 해 평균 발행부수가 243만 부에 달하는 인기 잡지라 할 수 있는데 2010년 12월호의 아이패드 버전이 최근 서비스를 시작하였다. 아이패드에 최적화된 형태로 기획된 전자잡지답게 기사 콘텐츠 내부의 상품을 360도 회전하여 볼 수 있거나 바로 구매 기능, 기사 콘텐츠를 더욱 확장하여 외부 정보와 연계하여 볼 수 있게 만든 점 등이 특징이며 이러한 인기 잡지의 아이패드 버전의 등장은 오프라 윈프리를 비롯, 미국 미디어업계의 유명인사인 마사 스튜어트 등이 주도적으로 진행하고 있다.

3.2. 국내 현황

잡지계의 빈익빈 부익부 현상이 더욱 심화되고 있는 추세이다. 고소득층과 소비 성향이 높은 골드미스의 증가, 명품 선호 정서 등에 힘입어 2007년경부터 라이선스 패션지, 멤버십지, 럭셔리지, 남성지 등이 큰 폭으로 성장했다. 반면에 시사교양지, 영패션지, 과학기술지, 전문지 등은 감소 추세를 보여 잡지의 양극화 현상이 매우 심화되고 있다. 잡지에서 취급하는 콘텐츠 특성에 따라 잡지기업의 흥망이 좌우되고 있는 것이다.

대중문화잡지의 추락은 심각한 수준이다. 권위 있는 영화잡지 <Film2.0>은 문을 닫았고, 영화잡지 <프리미어>, 장르문학 잡지 <판타스틱> 등은 월간지에서 계간지로 전환하는 등의 어려움을 겪었다.

잡지업계의 전반적 위기라는 진단을 받고 있지만, 라이선스 패션지, 멤버십지, 럭셔리지, 남성지 등은 재정구조에 여유가 있다는 평가이다. 이들 잡지사들 중에는 광고수급률이 90%가 넘는 경우도 많으며, IPTV 진출 등 잡지 콘텐츠를 다양하게 활용하기 위한 전략적 움직임도 보이고 있다.

이러한 명품잡지의 성장세에 힘입어 백화점들이 VIP고객들에게 직접 명품잡지를 제공하는 사례도 많아지고 있다. 롯데백화점은 명품관 개점을 앞두고 명품 잡지 <에비뉴엘>을 선보인 바 있다. 명품·화장품 뷰티관련 상품·여성의류 등을 소개하는 상품정보가 60% 이상 담겨 있다. 이 밖에도 현대백화점의 <스타일 H>, 갤러리아백화점의 <더 갤러리아> 등이 럭셔리 잡지 대열에 합류했다.

이렇게 고급 잡지들이 성장세를 거듭하고 있지만, 반면에 상업성을 배제하고 편집원칙을 지키면서도 끝까지 살아남은 독립잡지들도 여전히 많은 관심을 모으고 있다.

필진공동체를 지향하는 격월간지 <싱클레어>는 다양한 필자들에게 글과 사진을 얻어 잡지를 꾸리는 형태이다. 필진은 교사부터 변호사, 중학생, 70대 할아버지, 음악가까지 다양하다. 이외에도 독립문화잡지를 표방하면서 앞뒤 표지에 늘 작가들의 작품을 싣고 있는 <보일라>, '인디펜던트 그래픽 디자인 저널'인 계간 <그래픽>, 사진 전문지인 <포일_이안> 등은 철저하게 상업성을 배제하지만 훌륭한 콘텐츠로 인해 입소문을 통해 지속적으로 독자층을 넓혀가고 있다.

해외에서는 이미 다양한 잡지에 증강현실기술을 접목하고 있지만, 국내에서 최근에 와서 이러한 움직임들이 포착되고 있다. 특히 증강현실과 QR코드[15]를 활용한 사례가 증가하는 추세이다. 패션지 <데이즈드 앤 컨퓨즈드 코리아>에는 톱 모델 장윤주가 눈앞에서 기타를 치며 노래를 부르는 모습을 볼 수 있다. 표지에 증강현실 마커를 삽입했기 때문이다. 웹사이트에 들어간 뒤 웹캠에 마커를 비추고 시작 버튼을 누르면 장윤주가 자신의 노래 'April'을 배경으로 다양한 워킹을 선보인다.

이외에도 아모레퍼시픽도 2010년 3월 라네즈 브랜드 광고에 QR코드를 삽입하며 새로운 시도를 하고 있다. <보그걸>, <에스콰이어> 등 10여 개 패션잡지 4월호에 실린 '라네즈 화이트플러스리뉴'와 '라네즈 옴므 선BB로션' 제품 광고에 QR코드를 삽입했다.

---

15) QR코드(QR code)는 흑백 격자 무늬 패턴으로 정보를 나타내는 매트릭스 형식의 이차원 바코드를 의미함.

증강현실기술을 활용한 국내 잡지사례(우측 이미지는 웹캠을 활용한 실제 시연장면)

앞선 IT기술을 활용해 선도적인 온라인 잡지서비스도 현재 선보이고 있다. 그 대표적인 사례가 세계적인 패션지인 <엘르>의 인터넷 한국판인 <엘르엣진>이다. 단순히 <엘르>의 오프라인 잡지를 온라인에 소개하는 수준이 아닌 인터넷과 TV, 모바일을 모두 섭렵한 신개념의 컬처 트렌드 사이트로서 부상하고 있다.

독특한 인터페이스와 함께 사용자 참여위주의 운영 시스템은 웹진 콘텐츠의 새로운 시도로서 받아들여지고 있다. <엘르엣진>은 액티브 유저들이 웹사이트에서 제공되는 정보와 상품들을 활용해 자신만의 스타일을 구축해 잡지를 발행하거나 트렌드를 개척할 수 있도록 조력하고 있다. 이러한 호평 속에 <엘르>는 본사 차원에서 국내에서 제작한 솔루션에 대한 기술력을 높게 평가하고 이를 전 세계 자회사에 활용하며 확대 적용해 갈 방침이다.

최근 화두가 되고 있는 스마트폰과 잡지를 연계시킬 수 있는 서비스들도 향후 활성화될 것으로 기대된다. 즉, 잡지에 내장된 바코드를 스마트폰의 카메라를 통해 촬영하고 이를 통해 구매하고자 하는 패션상품의 가격과 정보를 확인할 수 있는 서비스가 활성화될 수 있을

기존 인터넷잡지의 한계를 극복했다는 평가를 받는 '엘르엣진'

것이다. 이미 국내에서도 인토모스(Intomos)가 아이폰 전용 바코드 리더인 'QrooQroo'를 앱스토어에 선보였다. 카메라로 바코드를 인식하면 해당 제품의 최저가를 검색할 수 있는 서비스이다.

패션 매거진 <마리끌레르(Marie Claire)>는 쇼핑 마니아들을 위해 2010년 5월 애플리케이션 '마리끌레르2'를 선보였다. 시즌별 트렌드와 스타일링 팁, 신상품 가격, 사이즈, 구입 가능한 매장의 정보까지 제공한다. 이용자는 컬러, 브랜드, 아이템, 뷰티 등의 카테고리에서 편리하게 쇼핑 아이템을 선택할 수 있다. 원하는 아이템을 구입하고 싶을 경우 현재 위치에서 가능한 가장 가까운 브랜드 매장 정보를 알려주며 동시에 지도와 전화연결까지 한 번에 제공한다. 뉴스, 인터뷰 기사, 모바일 이벤트 및 브랜드 세일 쿠폰 다운로드 등 실제 잡지와 같은 콘텐츠를 즐기는 것도 가능하다.

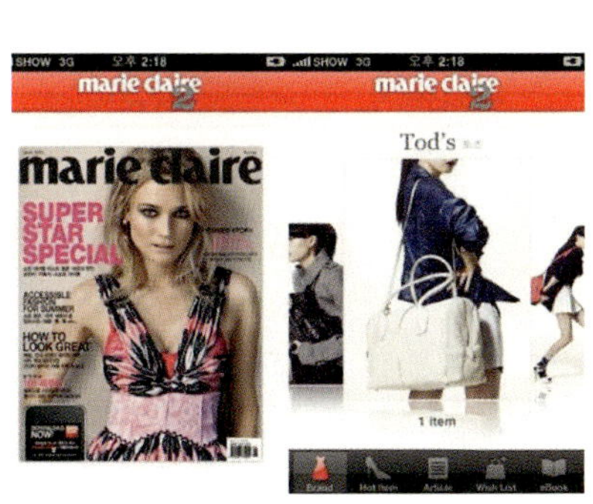

패션 매거진 마리끌레르에서 내놓은
애플리케이션 '마리끌레르2'

세계 최초 디지털 만화 잡지 〈비트(Beat)〉

국내에서는 제작 단계에서부터 디지털화를 염두에 두고 제작된 세계 최초의 디지털 전용 만화 잡지 '비트(Beat)'가 2010년 8월 창간되었다. 기존의 온라인상에서 접할 수 있었던 만화들이 원본을 스캔한 후 서비스되는 방식에서 벗어나 만화 제작 시 디지털 입력장치를 이용하여 제작되었다. 스캔 과정을 거치지 않기 때문에 디지털 영역에서 고화질의 만화를 볼 수 있는 것이 특징이며 국내의 유명 만화가들이 참여하여 오프라인 시장에 국한되어 있는 만화 잡지 시장을 온라인과 모바일, IPTV 등으로 확대시킬 수 있는 새로운 대안으로 관심을 모으고 있다.

4. 국내 잡지산업의 현실 및 정책과제

획기적 발전요구에도 불구하고 정체상황을 유지하고 있는 게 바로 한국 잡지업계의 현실이다. 열악한 수익구조와 저조한 온라인(디지털)화로 정체상황에 머물러 있다.

새로운 지식수요에 대응하는 지식창출의 확대가 요청되고 있다. 평생학습 시대와 자기계발 욕구 증대로 지식 텍스트 수요가 확대되고 있다. 고학력 세대 중심 고령사회 진입으로 지식소비 기회가 확장되면서 실버출판, 고령세대의 독서환경 조성 및 저작활동 지원이 필요한 상황이다. 주5일 근무제 등 여가시간 확대로 독서 수요가 증가하고 있다. 디지털미디어 시장의 급성장에 따른 원천 콘텐츠 수요가 증가하고 있으며, 교육제도(대입 논술) 등의 변화로 시사·교양 텍스트 수요가 급증하고 있다.

그간 국내 잡지산업 진흥정책을 보면, 국가 경제규모에 비해 타 국가들보다 제도적 육성과 지원정책 부족이 여실하게 드러나고 있다.

우리나라의 잡지산업은 시장 환경이 열악한 이유로 인해 국가의 경제규모에 비해서 크게 성정하지 못하고, 여타의 경쟁매체들에 비해서도 상대적으로 시장규모가 작은 상황이다. 이렇게 잡지시장이 주요 선진국들에 비해 규모도 작고 성장이 더딘 중요한 이유는 독자수가 상대적으로 적다는 점도 있지만, 타 국가와 다른 매체들에 비해서 국가의 제도적인 육성정책과 지원이 부족했다는 점도 중요한 요인으로 꼽을 수 있다. 우리나라와 인구가 비슷한 이탈리아나 영국은 우리보다 잡지시장이 월등하게 발달되어 있다. 이는 무엇보다도 국가의 제도적인 뒷받침과 시스템이 우리에 비해 상대적으로 우수하기 때문인 것으로 분석된다.

잡지계의 숙원사업이었던 잡지진흥법(잡지 등 정기간행물의 진흥에 관한 법률) 제정으로 향후 장기적인 발전모습이 기대되나, 획기적 변화를 위해서는 해결해야 할 난제가 산적해 있다.

결국 한국 잡지산업의 현실은 다음과 같이 정리된다.

잡지산업 진흥정책이 필요한 이유는 다음과 같이 네 가지로 정리된다: ① 국가품격, 국가브랜드 제고를 위한 역할론, ② 지식정보사회

한국 잡지산업의 현실에 대한 SWOT분석

강점요인(S)	약점요인(W)
• 콘텐츠의 다양성(고급, 독립 등 다양한 장르의 잡지 발간) • 뛰어난 온라인, 모바일 기술로 새로운 플랫폼에 잡지콘텐츠 이식 용이	• 내수시장 협소 • 영세성, 자본경쟁력 취약 • 우수 인력부족, 전문 교육기관 부재 • 유통구조의 취약 • 정부의 지원정책 미흡
기회요인(O)	위협요인(T)
• 잡지진흥법 제정으로 인한 위기탈출 기회 포착 • 온라인잡지, 모바일잡지에 대한 수요 증대 • 한류확산으로 인한 잡지수요의 글로벌화 • 스마트폰, 전자책 단말기 시장의 확대	• 활자매체에 대한 관심하락과 위상약화 • 잡지광고 시장의 축소로 인한 재정악화 • 해외미디어 기업들의 국내시장 잠식 본격화 • 전자책 시장의 본격화로 종이 잡지시장의 쇠락

의 핵심 콘텐츠 공급원으로서의 위상, ③ 창조콘텐츠 비즈니스, 양질의 일자리 창출의 핵심원천, ④ 영상과 인터넷의 맹점을 보완할 수 있는 솔루션으로서 잡지의 위상 확인.

잡지산업 진흥정책의 방향성은 세 가지로 요약되는데, 다음과 같다: ① 잡지콘텐츠 생산력의 획기적 증대, ② 국내외 산업경쟁력 강화 및 크로스미디어 전략, ③ 지식문화환경 조성.

이러한 과정을 거쳐 한국 잡지산업 진흥의 비전은 "잡지산업의 혁신도약을 통한 창조문화사회 구현"으로 설정되어야 할 것이다. 그 목표는 첫째, 잡지강국 기반 창조산업 활성화를 통해 사회적 기업활동을 주도해야 할 것이다. 둘째, 잡지한류 기반 글로벌 문화산업 선도를 통해 글로벌 도네이션 문화를 주도해야 할 것이다. 셋째, U-매거진 기반 미래 콘텐츠산업 견인을 통해 정보문화복지를 구현해야 할 것이다.

잡지를 비롯한 출판콘텐츠는 인류의 지적 소산인 저작물의 생산·보급 역할을 하며 정신문화의 공유·창조·전승을 수행하는 역할을 하고 있다. 또한 창의력과 상상력을 길러주는 핵심 매체로서 방송영상 등 타 매체에 비해 상상력과 창의력 배가에 더욱 큰 기여를 한다. 산업적 부흥도 중요하지만, 잡지가 갖고 있는 지식-복지-미래교육-독서문화 증진에서의 기여도는 매우 소중한 것이다. 정신문화를 깨우치는 지식의 보고로서, 문화소외계층(빈곤층, 장애인, 다문화 가정 등)에 보편적 서비스 혜택 제공 수단으로서, 교육현장에서의 MIE(Magazine In Education) 활용수단으로서, 침체된 독서문화를 부흥할 수 있는 중요한 수단으로서 잡지의 가치를 제고해야 할 필요성이 있다.

또한 중요하게 강조되어야 할 부분이 바로 잡지가 가진 국가적 품격(cultural respectability)의 가치이다. 해외각국에서도 잡지는 시류에만 편승하는 즉흥적인 매체가 아니라 각 국가의 지성을 대변하는 중요하고 역사적인 매체로서 자리매김하고 있다. 불행히도 우리의 경우에는 이러한 국가적 품격을 대변하는 잡지가 전무한 상황이다. 이에 대한 국가차원의 지원전략과 육성도 필요하다. 잡지문화의 수렴(출판)과 확산(독서) 촉진이 문화선진국으로 가는 지름길임을 인식할 필요가 있다.

마지막으로 잡지산업 진흥정책을 일관되고 충실하게 추진하기 위한 강력한 정책추진체계 구축이 요구된다. 잡지진흥정책을 추진하고 관장할 수 있는 정책담당주체가 필요하다.

잡지산업진흥의 정책적 어젠다화, 소요예산의 점진적이고 획기적인 추가 확보를 위해서는 무엇보다도 강력한 정책 거버넌스 및 추진력 확보가 요구된다. 중·장기 관점에서 잡지산업 진흥을 위한 지속적 정책기조 유지도 필요하다. 산업진흥을 체계적·전략적·효율적으로 추진하기 위해서는 문화부 차원에서 강력한 추진력을 가지고 잡지진흥정책 전반을 관장(컨트롤타워 역할)하고 사업을 통합적으로 수행할 수 있는 전문부서 설치(예컨대, 문화부 내에 '잡지과'의 신설)가 요구된다. 더불어 잡지산업 전반의 기획, 창작, 유통, 비즈니스, 소비 등에 걸친 전(全) 주기 지원이 가능한 진흥기관의 설립도 검토되어야 할 것이다.

현재 한국의 잡지산업은 낮은 수익성과 세계경제불황과 맞물려 사양산업이라는 인식이 더욱 커지며 커다란 위기에 봉착하고 있다. 뿐만 아니라 잡지산업에 투자되는 자본력이 낮기 때문에 지속적인 성장에서도 타 산업들에 비해서 불리한 입장이다. 그러나 이러한 위기의 인식은 그것의 극복을 위한 절호의 기회이기도 하다. 잡지업계의 노력과 정부의 정책적 지원이 결합된다면, 한국 잡지산업의 신 르네상스 시대가 열릴 것이다.

전 세계적인 잡지산업의 침체 속에서도 미래 가능성이 엿보이는 결과들이 제시되고 있다. 미국의 경우 생활 속 친근한 소비품목으로서 잡지의 영향력이 여전한 것으로 조사되었으며, 여가활동 속에서 독서 비중이 증가하면서 잡지의 이용인구도 상당부분 증가한 것으로 나타나고 있다.

미국 전역의 마트와 지역 상점에서 판매되는 진열 소비품목 중에서 잡지의 인기는 여전한 것으로 나타났다. 전미 잡지출판협회(Magazine Publishers of America, 이하 MPA)에서 2009년 발표한 <Retail Magazine Growth>에 의하면 계산대 앞에 진열된 다른 어떤 품목들에 비해 잡지가 가격 대비 가장 높은 효용성을 가진 소비품으로 나타났다. 조사 결과 잡지는 35.7%로 나타났으며, 이어서 캔디(14.7%), 껌(14.0%), 음료(13.1%)의 순이었다.

Share of Checkout Profits — by Category

Magazines	35.7%
Candy	14.7
Gum	14.0
Beverages	13.1
Mints	5.5
Batteries	4.5
Film/Cameras	3.4
Snacks	3.0
Razors/Blades	3.0
Other	3.8

美, 계산대의 진열품목 중에서 가장 효용성 높은 품목
(MPA, Retail Magazine Growth, 2009. 3.)

또한 미국 성인소비자들에 대한 조사에서 다른 여가 활동에 비해서 '독서'의 비중이 여전히 높은 것으로 나타났다. 1999년과 2008년의 조사결과에서 가장 빈번한(제1위의) 여가활동인 것으로 나타났다(Harris Interactive, 2008). 실제로 2008년 조사에서 여가활동 수단으로 잡지를 꼽은 경우는 30%였으며, 다음이 TV시청(24%), 가족과의 여가(17%), 운동(8%) 등의 순이었다.

이러한 결과와 맞물려 미국 내에서 2005년과 2009년 대비 인터넷을 제외하고 가장 높은 이용자 성장을 보인 매체도 잡지인 것으로 나타났다.

잡지를 읽는 독자들의 경우 다양한 상품 이용에 있어서도 개혁적인 성향이 큰 것으로 나타났다. 즉, 잡지 독자들은 새로운 상품을 구매하거나 활용하는 소위 '얼리어답터(early adopter)' 성향을 가진 것으로 상관관계가 확인된 것이다.

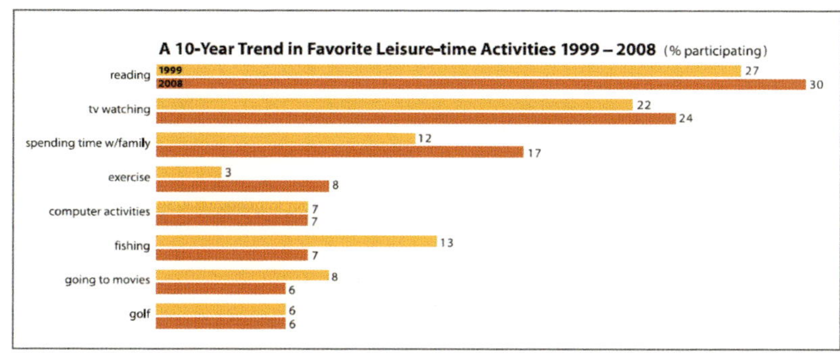

美, 최근 10년간 미국인들의 여가활동 행태 조사
(MPA, 2009; Harris Interactive, 2008)

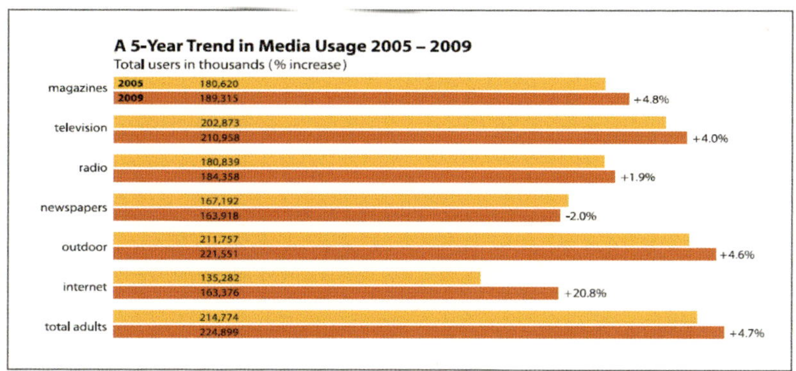

美, 최근 5년간 미디어 이용행태 트렌드
(MPA, 2009; Mediamark Research & Intelligence(MRI), 2009)

흔히 잡지는 구시대 매체로서 이를 읽는 독자들의 경우에도 새로운 상품을 사용하고 활용하는 얼리어답터적 성향이 다른 매체에 비해서 적을 것으로 예측된다. 하지만 미국의 시장조사기관인 MRI(Mediamark Research Inc.)의 2008년 조사결과에 의하면 얼리어답터들이 채택하는 개별 상품 카테고리에서 평균을 넘게 매체를 활용하는 소위 헤비유저 (heavy user)의 수치는 인터넷과 잡지가 가장 높은 것으로 나타났다. 이

Early Adopters and Media Use heavy media users (index=100)					
product category	magazines	tv	newspapers	radio	internet
Leisure	127	31	93	104	181
Food	117	84	101	104	113
Electronics	152	68	113	106	187
Financial	107	65	138	86	151
Home Appliance	112	83	112	93	134
Personal Care/Health	122	97	105	101	105
Super Innovators (3+ segments)	140	44	112	102	184

얼리어답터와 매체이용(heavy user)의 관계(MPA, 2009; MRI, 2008)

는 인터넷과 잡지를 통해 얻어진 정보를 가지고 개혁적 소비자집단이 새로운 상품을 이용하고 활용하는 경향이 높다는 의미이다.

잡지산업은 대표적인 창조적 콘텐츠산업으로 문화 유산전승, 생활양식발전, 문화 창조의 가치를 담고 있는 유용한 창조산업이다.

인터넷 시대의 폭발적인 '정보 스모그' 속에서 잡지는 정선된 지식·정보의 최대 공급원인이다. 잡지를 비롯한 출판콘텐츠는 인류의 지적 소산인 저작물의 생산·보급 역할을 하며 정신문화의 공유·창조·전승을 수행하는 역할을 하고 있다. 또한 창의력과 상상력을 길러주는 핵심 매체로서 방송영상 등 타 매체에 비해 상상력과 창의력 배가에 더욱 큰 기여를 한다.

잡지 미디어는 분야별로 관심 있는 독자를 위한 심도 있는 정보와 논평, 전문성, 감각적인 디자인과 감성 등 인터넷은 물론, 신문이나 방송이 따라올 수 없는 고유의 문화적 기능과 장점을 지닌 매체이다. 이에 잡지 매체의 가치를 재인식할 필요가 있다.

산업적 부흥도 중요하지만, 잡지가 갖고 있는 지식-복지-미래교육-독서문화 증진에서의 기여도는 매우 소중하다. 우리의 정신문화를 깨우치는 지식의 보고로서, 문화소외계층(빈곤층, 장애인, 다문화 가정 등)에 보편적 서비스 혜택 제공 수단으로서, 침체된 독서문화를 부흥할 수 있는 중요한 수단으로서 잡지의 가치를 제고해야 할 것이다.

<Blogmagazine>은 비정기적으로 블로거들의 글을 모아 전자잡지를 출간하고 있다. 정해진 출간일이 정해져 있지 않으며 운영진에 의해 결정된 블로거들의 글을 PDF 버전으로 변환한 후, 온라인 잡지 형식으로 게시하여 운영되고 있다. 비영리를 목적으로 하고 있으며 잡지 내에 어떠한 광고도 삽입되어 있지 않은 형태로 게재되고 있다. 단순히 정보 교환을 위한 장으로 운영되고 있지만 상당한 수의 블로거들의 참여가 이루어지고 있는 것으로 보이며 블로그의 콘텐츠의 잡지 콘텐츠로의 융합의 한 형태로 볼 수 있을 것이다. 국내에서도 일정한 기준을 통과한 블로거들의 글을 모아 웹진 형태로 노출시키는 블로그 매거진이 서비스되고 있으나 단순히 콘텐츠를 전달하는 수준에 머물 뿐, 잡지 제작 방식에 따른 편집 진행 과정 등은 아직 미비한 수준이지만 다양한 배경을 소유한 블로거들의 콘텐츠가 합쳐져 제작되는 잡지는 특정 독자의 영역을 확보할 수 있을 것으로 전망된다. 다만, 아직 특별한 수익 모델이 없다는 점은 해소되어야 할 문제일 것이다.

블로그 콘텐츠 기반 〈블로그매거진〉

온라인으로 배포되는 블로그 매거진과 함께 오프라인에서 무료로 배포되는 블로그 매거진도 등장하였다. 국내 그린비 출판사는 인문학을 주제로 하는 잡지 <gBlog>를 2009년 처음으로 출간하였으며 2010년까지 총 4회에 걸쳐 무료로 배포되었다. 이 잡지는 출판사 홈페이지에 등록된 인문학 관련 콘텐츠를 기반으로 도서에 대한 짤막한 소개를 담고 있는 형식을 가지고 있지만 출판사 입장에서 정해진 주제로 한정되어 있다.

주류 매체의 시각에서 벗어난 독특한 시각으로 독자들에게 접근하는 대안 잡지도 잡지 시장에 있어 새로운 움직임으로 나타나고 있다. 대안잡지는 독자들이 주체가 되어 대안을 만들어 나가고 실천해야 한다는 점을 알리는 것을 목표로 하고 있으며 폐쇄적인 대안이 아니라 개인이 스스로 문제를 인식하고

블로그 기반 무료 배포 잡지 〈gBlog〉

자신만의 대안을 도출하기 위한 길을 제시한다. 대표적인 대안잡지는 <UTNE reader>가 있다. 격월로 출간되는 <UTNE reader>는 저널, 신문, 1인 미디어, 음악, DVD 등의 다양한 미디어 소스를 통해서 정치, 문화, 환경과 관련된 의견을 수집한다. 특히, 글을 작성하는 필자들은 서적, 영화, 음악, 환경 등의 장르를 가리지 않고 긴급한 이슈를 다루면서 다양한 영역에서의 표현을 하고 있다. 국내의 대안 잡지로는 자연을 살리기 위한 목적으로 출간된 <작은 것이 아름답다>는 재생종이를 사용하여 잡지를 출간하고 있으며 주위에서 쉽게 생각할 수 있는 사소하고 평범하나 한 번쯤은 생각해볼 수 있는 소재들로 기사를 채우고 있다. 특히, 잡지가 운영되는 근본인 상업 광고 없이 독자들의 구독료로 운영되며 기고자들에게는 원고료 대신 유기농 쌀을 지불하는 등 독특한 운영 방식을 통해 독자들을 모으고 있다.

노숙인의 자활·자립 사업 모델로서 부상하고 있는 스트리트 페이퍼(street paper) <빅 이슈(Big issue)>의 성공적 안착에 주목할 필요가 있다.

대안잡지 〈UTNE reader〉와 〈작은 것이 아름답다〉

스트리트 매거진 <빅이슈(The Big Issue)>는 1991년 노숙인에게 일자리 창출을 하기 위해 영국에서 창간된 주간 대중문화잡지이다. 양질의 콘텐츠를 지닌 잡지에 대한 판권을 노숙인들에게만 부여하여 이들이 이 잡지를 팔아 자활할 수 있도록 돕고, 노동의 가치를 직접 현장에서 얻을 수 있도록 하는 것이 기본 취지이다.

영국의 런던 지하철 내 노숙인들의 문제를 해결하고자 화장품 기업 '더 바디 샵(The Body Shop)'의 고든 로딕과 존 버드가 함께 시작된 빅이슈는 점차 발전을 거듭하며 세계 8개국(잉글랜드, 호주, 일본, 아일랜드, 남아공, 나미비아, 케냐, 말라위)에서 각각 독립적으로 발행되고 있다.

현재는 세계 38개국에서 108종의 '스트리트 페이퍼(노숙인이 판매하는 신문·잡지)'로 발행되고 있으며, 외국 <빅이슈>의 경우에는 표지모델로 유명연예인(데이비드 베컴, 조니 뎁, 앤젤리나 졸리, 비욘세 등이 커버 기사를 장식) 혹은 유명인사가 등장하는 경우가 흔한데, 모델료는 모두 무료이며, 해리포터의 작가로 유명한 조앤 K. 롤링과 아멜리 노통브 등이 자신의 글을 무료로 기부하는 등 사회 유명 인사들의 재능기부로도 주목받고 있다.

잡지를 통한 수익액을 통해 홈리스 월드컵, 홈리스 예술제 등을 개최해 Homeless가 Hopeless가 되지 않도록 자활의욕을 고취하는 사업을 실시하고 있다. 국내에서도 2010년 7월에 <빅이슈 코리아>가 창간되었다.

잡지산업의 新복지모델을 제시한 〈Big issue(빅 이슈)〉

잡지계 퍼플카우(purple cow)로 불리는 네덜란드 잡지 <오드(Ode)>의 성공적 미국 진출사례[16]도 주목할 만하다.

네덜란드 잡지인 <오드(Ode, www.odemagazine.com)>는 2003년 초, 미국에 첫 영문판 잡지를 발행하고 1년이 채 되기 전에 독자들로부터 주목을 받았다. 다양한 종류의 잡지가 발간되어 소위 '잡지의 천국'이라고 일컬어지는 미국시장에서의 무명의 네덜란드 잡지의 성공기는 많은 이들의 주목을 받았다.

이러한 <오드>의 성공비결은 여러 가지가 있는데, 우선 콘텐츠 차별화를 꼽을 수 있다. 일반적으로 타임, 뉴스위크, 주류 미디어로서 세계 곳곳에서 벌어지는, 전쟁과 같이 부정적인 사건·사고와 흥미 위주의 가십거리를 제공하며 독자와 시청자의 시선을 끌어들이고 있다.

그에 반해 <오드>의 경우에는 세상을 변화시킬 긍정적인 생각과 그런 사람에 대한 콘텐츠로 지면을 채우고 있어 주목된다. 예컨대, 제3세계 사람들, 유기농제품, 전쟁반대, 남북문제, 안티 세계화, 인권, 환경, 웰빙 그리고 뉴에이지 등등은 미국의 주류 미디어에서 찾아보기

---

16) 자료 출처(http://www.coleomarketing.com/casestudies/ode.html)

힘든 독특한 기사거리이다. 또한 콘텐츠만큼이나 리마커블(remarkable)한, 독자들과의 약속을 내걸어 높은 신뢰를 얻고 있다.

이러한 공약들은 철저하게 지켜지고 있다. <오드>의 철학이 그대로 투영된 가격정책은 매우 혁명적이라는 평가를 받는다. 26개 OECD 가입국의 독자들은 1년 구독료로 59달러를 내야 하지만, 그 밖의 나라에 사는 독자들은 35달러로 구독할 수 있다. 이는 국가별 가격차별화 정책인 셈이다. 또한 1년 이상 정기 구독한 독자들에게는 사은품을 주는 대신 아프리카 우간다에 독자명의로 나무를 심는 캠페인을 벌인다. 또한, 종이는 100% 재생용지를 사용하여 환경보호에 일조하고 있다는 인상을 강하게 심어 준다.

특히, 미국 내에서 <오드>가 성공한 요인은 바로 차별화된 마케팅 전략 때문이었다. 미국 내에 첫 번째 영문판 발행시점에 전통적인 끼어들기 마케팅(interruptive marketing) 방법인 TV, 라디오, 지면 광고를 포기하고 대신 퍼미션 마케팅(permission marketing) 기법을 과감히 실행했다. 우선 <오드>에 관심 있는 사람들에게 체험 기회를 제공하기 위해 40,000부의 무료 증정본을 준비하였고, 잡지 안에 '친구에게 공짜로 Ode 선물하기'라는 독특한 신청 엽서도 넣어, 그것을 통해 <오드>를 직접 경험한 사람들의 소위 '입소문 마케팅'효과를 얻어 냈다. 2003년부터는 본격적으로 <오드>를 소개하기 위해 입소문 전문 마케팅 업체인 버즈에이전트(BzzAgent)에 의뢰, 입소문 마케팅을 본격적으로 실시했다. 버즈에이전트는 스니저(sneezer) 성향의 잠재 독자들을 발굴하여 마케팅 캠페인에 참가시켰다.

개별 캠페인 참가자들에게 무료로 1년 정기구독권과 5권의 과월호, <오드>에 대한 상세한 소개를 담은 안내서, 캠페인 참가자로서 준수해야 할 사항을 담은 행동 규범(code of conduct), 권장 입소문 활동이 상세하게 정리된 목록(activity list) 등으로 구성된 '버즈 키트(BzzKit)'를 전달하는 등 치밀한 전략을 수립했다. 키트에는 입소문을 퍼뜨릴 대상―사회 참여적인 사람, 진보적이며 미국의 대외 정책에 비판적인 사람, 요가, 스파 등 건강 관련 업종 종사자, 환경주의자 등등―을 구체적으로 명시했을 뿐만 아니라 입소문 활동 목록을 상세히 제시하여 캠페인 참가자들이 쉽게, 자발적으로 캠페인 활동을 펼칠 수 있도록 도움을 주었다.

글로벌 광고시장의 전반적인 하락세에도 불구하고 미국에서 소비자잡지(Consumer Magazines)의 광고는 여전히 높은 성장세를 보이고 있으며, 각 분야 소비자들의 물품구매 동기 등과 강력하게 연결되어 있는 것으로 나타났다. 이는 글로벌 시장에서 광고시장의 점유율 하

독특한 마케팅전략을 통해 성공을 거둔 〈Ode〉와 입소문 마케팅 도구인 BzzKit(우측)

락은 예견되지만 잡지광고가 소비자구매효과와 관련해서는 여전히 강력한 영향력을 발휘하고 있다는 근거이다.

2009년 리서처조사업체인 TNS의 <Media Intelligence>에 따르면, 미국 내에서 2004년 대비 2008년의 매체전체의 광고시장 점유율에서 유일하게 1% 이상 성장한 매체는 3개로 나타났는데, 대상은 소비자잡지(Consumer Magazines), 케이블TV, 인터넷이다.

실제로 소비자잡지의 경우 2004년에는 15.1%, 2008년에는 16.3%였으며, 케이블TV는 2004년에는 10.4%, 2008년에는 13.6%, 인터넷의 경우에는 2004년에는 5.1%, 2008년에는 6.9%로 나타났다. 또한, 실제로 잡지를 읽는 소비자집단은 타 매체에 비해서 잡지의 광고에서 긍정적인 인상을 받으며, 보는 것을 즐기고 있는 것으로 조사되었다. 2008년 The Futures Company Yankelovich MONITOR와 Sequent Partners의 공동조사에 의하면, '광고에 의해 가장 긍정적인 인상을 받는 매체는?'이라는 질문에는 1순위로 잡지를 꼽았으며, 다음으로는 2순위 매장(in-store), 3순위 TV, 4순위 신문, 5순위 라디오 순이었다. 같은 조사에서 '광고를 보게 된 경우 광고콘텐츠를 즐기는 매체는?'이라는 질문에는 비디오게임이 1순위였으며, 2순위 잡지, 3순위 라디오, 4순위 TV, 5순위 신문 순이었다.

소비자들이 광고를 통해 상품에 대한 긍정적 인식을 하게 되는 매체로도 잡지가 1순위로 꼽힌 바 있으며, 광고 주목도가 높은 매체로도 잡지가 높은 순위를 차지하는 것으로 나타났다. 이는 잡지이용자, 특히 소비자들의 잡지광고를 통한 구매욕구의 자극이 실제 물품 구매동기와 이어지고 있다는 가정을 가능하게 한다.

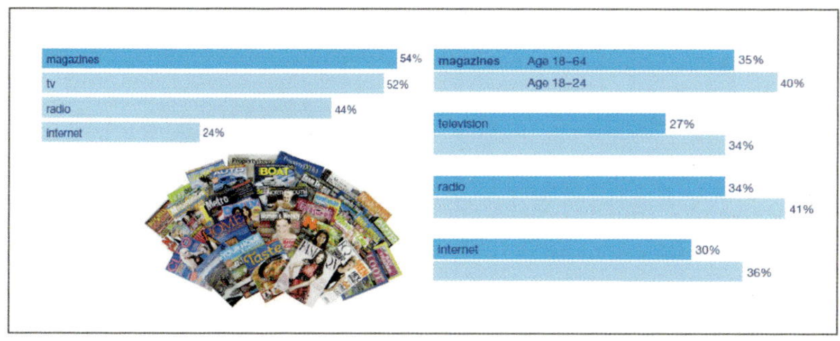

광고를 통해 상품에 대해 긍정적 인식을 하게 되는 매체, 매체별 광고 주목도
(Dynamic Logic AdReaction 4, 2007; JackMyers Emotional
Connections Survey, 2007)

한편, 실제 각종 소비재들의 구매행동패턴에 있어서도 잡지의 매체영향력이 상당히 높은 것으로 나타났다. 온라인시장조사업체인 BIG Research의 2008년 조사결과에 의하면 17개의 접근가능 매체 중에서 잡지는 전체 'Top 4'의 영향력 있는 매체로 선정되었고, 특히 의복/의류 품목의 구매에는 가장 영향력이 큰 매체인 것으로 나타났다.

소비자들의 광고신뢰도에 있어서도 잡지매체가 가장 높은 비율을 차지하고 있다. 18~54세의 성인층의 대상 조사에서는 잡지를 신뢰하는 비율이 48%로 가장 높았으며, 30세 이하의 젊은 층인 소위 밀레니엄 세대(Millennials)에게도 잡지가 가장 신뢰할 만한 매체(20%)인 것으로 조사되었다.

미국 내에서 실시된 조사들을 종합하면, 점진적으로 잡지 광고수주는 줄어들고 있지만 여전히 잡지광고의 정보를 통해 상품을 구매하는 소비자들이 많으며, 잡지광고에 대해서 높은 주목도와 신뢰도를 갖고 있다. 이는 우리의 경우에도 주목해 봐야 할 부분이다. 해외사례이기는 하지만 잡지광고의 신뢰도와 효용성이 높은 것으로 드러난

만큼, 잡지는 여전히 산업적 매력도가 높은 매체로 인정될 수 있기 때문이다.

영국에서도 광고 분야 및 정보 습득에 있어서 잡지의 영향력이 상당한 것으로 나타났다. 실제로 영국 내의 다양한 조사결과에 따르면 잡지는 광고영향력, 구매영향력, 온라인을 통한 제품정보 습득의 촉발(trigger) 매체로서 강력한 파워를 갖고 있는 것으로 확인되었다.

세계적 컨설팅 그룹인 Deloitte의 2009년 영국성인을 대상으로 한 조사결과에 따르면, 가장 영향력 있는 광고형식으로서는 TV광고가 꼽혔으며(84%), 뒤를 이어서 잡지광고, 신문광고(모두 54%)의 순이었다. 또한, 2002년 영국 PPA(Periodical Publishers Association)의 조사결과에 의하면, 소비자들의 물품구매에 있어서 중요한 가이드역할을 하는 매체로서 잡지가 가장 큰 영향을 주는(35%) 것으로 조사되었다. 이이서 상업TV방송(24%), 신문(22%), 웹사이트(14%) 등의 순이었다.

또한 사람들이 온라인을 통해 제품정보를 얻도록 만드는(혹은 제품구입을 위해 인터넷을 하도록 만드는) 촉발매체로서 잡지가 두 번째로 높은 영향력을 주는 것으로 확인되었다. 영국의 조사기관인 BMRB의 2007년 조사에서 잡지는 TV에 이어서 높은 영향력을 주는 것으로 나타났다(TV는 50%, 잡지는 45%).

온라인을 통한 제품 구매 시 정보와 아이디어의 습득을 돕는 매체로서 잡지의 영향력 역시 매우 높은 것으로 나타났다. BMBR의 동일한 조사결과에서 잡지는 온라인구매에 있어서 최고의 정보제공 매체인 것으로 나타났다.

이 조사는 2,784명의 16~64세의 인터넷 사용 인구를 대상으로 하였으며, 대략 1/3의 응답자들이 TV와 잡지를 가장 높은 정보 활용 매체(각각 32%)로 꼽았고, 다음으로 신문(21%), 라디오(10%)의 순이었다.

디지털융합으로 인한 미디어, 서비스, 콘텐츠 진화가 가속화되고 있다. 퍼놀로지, 융합·퓨전, 프로슈머 등의 키워드들이 시대흐름을 추동하고 있음이다.

잡지업계도 예외는 아닌데, 복합미디어시대 출판은 최근의 新화두인 창조경제, 지식기반사회의 지속가능 성장을 위한 원동력으로 작용하며 더욱 주목되고 있다.

특히, 모바일이 추동하는 콘텐츠시장의 새로운 변화흐름은 애플의 아이패드 출시로 더욱 정점을 향해 달려가고 있다는 평가이다. 이러한 변화에 잡지산업도 조응할 수밖에 없는 것이 현실이다. 그 대안 중 하나가 바로 'i-Magazine'인 것이다.

잡지 시장은 전반적으로 위기설이 나오고 있지만, 여전히 잡지가 가지고 있는 특성들은 미디어 시장에서 무시해서는 안 되는 점들을 보유하고 있다. 잡지의 몰락은 단순히 미디어 산업의 하나가 쇠퇴하는 것이 아니라 사회적 의견 통로의 한 축이 무너지는 것으로 보아야 한다. 이러한 잡지 시장으로 하여금 새로운 활로를 개척하는 데 있어 현재의 디지털 미디어 시장은 이전의 미디어 시장과는 다른 환경을 제공하고 있기에 전통적인 잡지 시장만을 고수하고자 하는 기업들에는 위기로 다가올 수 있을 것이다. 그러나 앞으로 더욱 가속화될 디지털미디어 시장에서 잡지의 올바른 위치를 세우기 위해서는 앞서의 미디어 환경의 파악과 함께 잡지 자체의 성격을 보완하면서 적응하는 전략이 필요할 것이다.

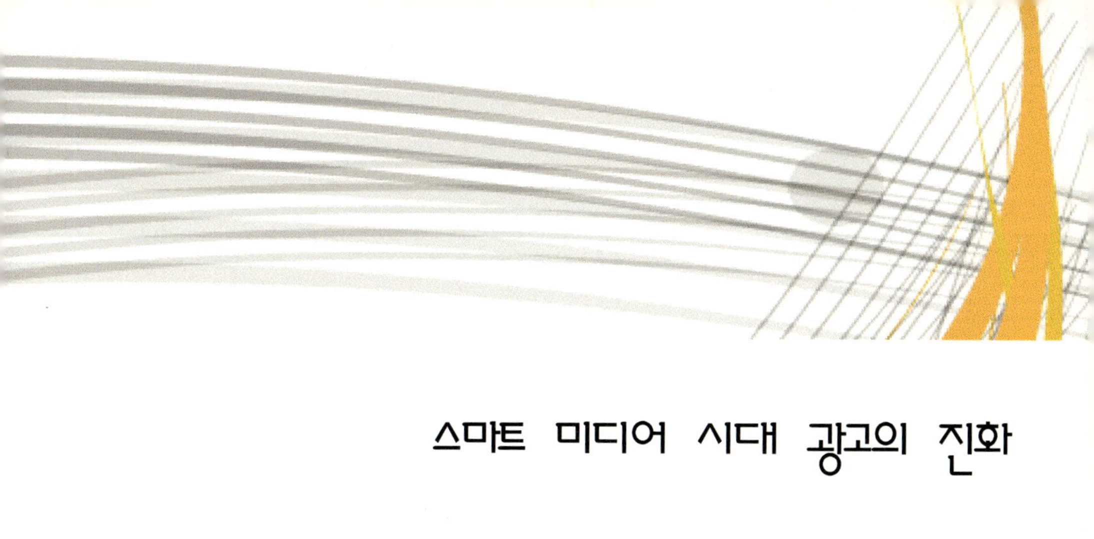

스마트 미디어 시대 광고의 진화

1. 광고의 개념과 광고산업의 범위

1.1. 광고의 개념

광고의 개념은 다양하게 정의될 수 있다. 일반적인 광고는 마케팅 측면의 기능과 커뮤니케이션 측면의 기능을 동시에 지니고 있기 때문이다. 마케팅적 측면에서 광고는 자신을 밝히는 광고주에 의한 아이디어·상품 또는 서비스의 비대인적 제시와 판매 촉진(Promotion)의 유료적 형태로 규정된다. 마케팅적 측면에서 광고는 마케팅 믹스 전략을 위한 4P(production, price, place, promotion)의 한 구성요소로 기능한다. 한편 커뮤니케이션 측면에서 광고는 광고주와 광고수용자 사이의 통제된 명시적 정보의 제공 및 설득을 위한 커뮤니케이션 현상으로 정의될 수 있다. 광고물은 그 자체가 광고 수용자를 대상으로 하는 설득 커뮤니케이션의 한 유형이다.

광고는 기본적으로 광고주와 광고의 대상이 되는 표적(target)수용자, 그리고 얻고자 하는 목표를 갖는다. 특히 광고는 표적수용자가 구

광고의 일반적인 진행과정

구 분	내 용
1. 상황분석	경쟁분석, 소비자분석(표적수용자설정), 제품분석 등
2. 광고목표 설정	측정 가능한 광고 목표 설정(정보제공, 행동촉발 등)
3. 메시지 전략	크리에이티브 전략 수립(무엇을 어떻게 말할 것인가를 결정)
4. 매체 전략 및 기타 촉진 전략	광고목표의 극대화를 위해 가장 적합한 매체가 무엇인지를 분석하고 선택. 통합적 마케팅 커뮤니케이션(IMC) 전략 고려: 다양한 촉진 수단을 혼합하여 여러 채널에 단일한 목소리를 전하는 통합적 전략 추진
5. 예상 설정 및 할당	예산 설정을 위한 방법으로는 매출액의 일정 비율을 예산으로 설정하는 방법, 기업의 지불능력에 따라 설정하는 방법, 경쟁사의 예산에 상응하여 설정하는 방법, 목표과업에 따라 설정하는 방법, 광고의 시장반응합수를 이용하여 최적의 예산을 도출하는 방법 등이 있고, 예산배분은 매체 계층(신문, 잡지, TV, 라디오 등), 매체 비클(vehicles), 매체 단위(신문지 및 방송시간 단위), 매체 스케줄링 등을 고려하여 추진
6. 효과측정	광고의 커뮤니케이션 측면(인지도 및 태도 변화)의 효과와 마케팅 측면(판매증진 등)의 효과 등을 측정

체적이어야 하고 목표가 달성 여부를 측정할 수 있는 명확한 것이어야 한다. 광고가 진행되는 일반적 과정은 아래와 같은데, 이를 통해 광고에서의 표적수용자와 광고 목표가 지니는 가치와 의미를 확인할 수 있다.

한편 광고의 광고주는 기업으로만 한정되지는 않는다. 정치광고의 경우 정치인이 광고주가 되며, 의견광고의 경우에는 일반 개인이나 특정한 사회적 조직이 광고주가 된다. 또한 공익광고의 경우 공공기관도 광고주가 될 수 있다.

광고의 표적수용자도 다양하다. 광고의 지역적 범위에 따라서는 내국인 중 일부로만 표적수용자가 한정될 수 있지만, 경우에 따라서는 전 세계의 일부 계층을 대상으로 할 수도 있다.

또한 광고는 달성하고자 하는 목표를 갖는데, 광고가 추구하는 목적은 영리적인 것뿐 아니라 비영리적인 것까지를 아우른다. 영리적 광고의 경우 상품이나 서비스, 또는 기업의 브랜드를 생산하고 이미지를 만들어서 가치를 향상시켜 광고수용자로 하여금 구매에 이르게 하는 것을 목표로 한다. 그러나 비영리적 광고인 의견광고나 공익광고의 경우에는 상품이나 서비스의 구매와 관련 없이 광고수용자의 인지와 태도 및 행동을 자신들이 원하는 방향으로 변화시키는 것을 목적으로 하는 것이 일반적이다.

한편, 광고는 다양한 커뮤니케이션 형태로 이루어진다. 광고는 통합적 마케팅 커뮤니케이션(IMC) 전략의 일환으로 진행된다. 통합적 마케팅 커뮤니케이션이란 모든 마케팅 커뮤니케이션 전략이란 도구와 수난 및 자원을 조정하고 통합하여 최소의 비용으로 수용자에게 최대한의 영향을 미칠 수 있는 통합적 프로그램을 기획하는 것을 의미한다(유재천 외 10인, 2008). 따라서 광고는 블로그 및 UCC, 쇼케이스, 프레스릴리스(Press Release) 등 다양한 마케팅 커뮤니케이션 수단들과 결합하여 단일한 핵심적 콘셉트를 수용자에게 전달하게 된다. 또한 신문, 잡지, TV, 라디오, 인터넷 등을 활용한 광고뿐만 아니라 옥외광고, 교통광고, 모바일광고, e-book광고 등 다양한 광고미디어가 등장하면서 미디어믹스(media mix)의 중요성이 강조되고 있다. 미디어믹스는 광고를 위해 둘 이상의 미디어를 이용해 메시지가 표적 수용자에게 효과적으로 전달될 수 있도록 전략적으로 계획하는 것을 말한다.

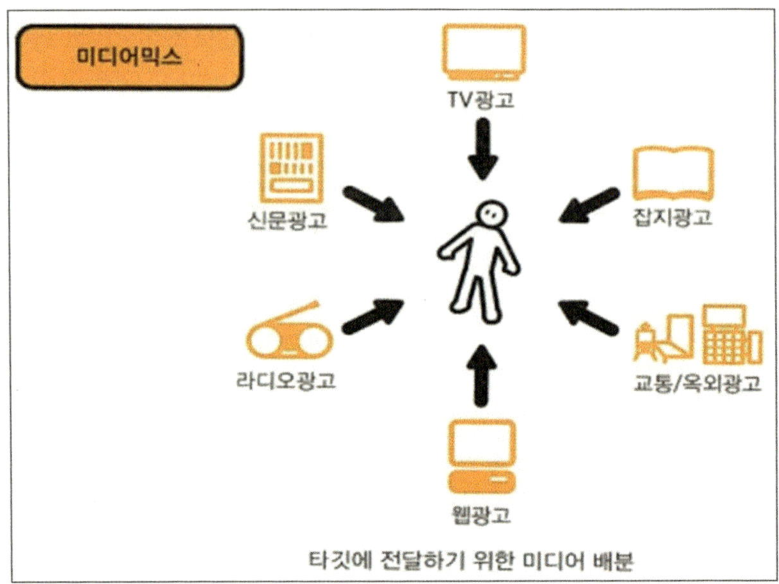

미디어믹스의 개념

지금까지 살펴본 내용들을 종합하여 광고의 개념을 정리하면 광고
란 광고주가 전략적인 목표를 달성하기 위해 표적수용자를 대상으로
진행하는 전반적인 커뮤니케이션 활동으로 규정할 수 있다.

1.2. 광고의 유형

광고의 유형은 분류기준에 따라 다양하게 구분할 수 있다. 광고는
광고대상, 광고매체, 추구목적, 지역적 범위, 소구방법, 상호작용정도,
개인화 정도 등에 따라 여러 가지 유형으로 구분된다. 광고의 일반적
인 유형 분류는 다음 표와 같다.

광고의 일반적인 유형 구분

분류기준	유 형
광고대상	상품광고, 서비스광고, 의견광고, 기업이미지광고, 공익광고, 정치광고 등
광고매체	TV광고, 라디오광고, 신문광고, 잡지광고, 인터넷광고, 옥외광고, 교통광고, 모바일광고, e-book광고 등
추구목적	영리광고(상품광고, 서비스광고, 기업광고 등), 비영리광고(공익광고, 의견광고 등)
지역적 범위	국내광고(전국광고, 지역광고), 글로벌 광고(표준화 전략 광고, 특성화 전략 광고)
소구방법	이성적 소구 광고(뉴스형, 비교형, 상기형 등), 감성적 소구 광고(유머, 정, 향수 등)
상호작용성 정도	일방향 광고(아날로그방송, 디지털방송 중 일방향 광고, 종이신문광고, 잡지광고, 일반옥외광고 등), 양방향 광고(디지털방송 양방향 광고, 인터넷광고, 디지털 옥외광고, e-book광고 등)
실시간성	리니어(Linear)광고: 실시간 방송 광고, 옥외광고 등 논리니어(Non-Linear)광고: 인쇄광고, 양방향 옥외광고 등
개인화 정도	개인형 광고(인터넷 이메일 광고, 인터넷 검색광고, SMS 및 MMS, 위치기반 모바일 광고, 인터넷 문맥 광고, 양방향 방송광고의 일부 등), 매스형 광고(일반방송광고, 인쇄광고, 옥외광고 등)
광고의 기능	직접행동 단기광고(할인광고 등), 직접행동 장기광고, 간접행동 광고(기업광고 등)
상품 사이클	도입직전기 광고, 도입기 광고, 성장기 광고, 성숙기 광고, 쇠퇴기 광고

앞의 표에서 제시한 유형 이외에도 광고의 유형은 기준에 따라 보다 다양하게 유형화할 수 있다. 디지털 뉴미디어의 지속적인 등장으로 새로운 광고형식과 광고매체가 지속적으로 등장하고 있기 때문이다. 새롭게 도입되고 있는 디지털 영상 미디어의 경우 다양한 16 대 9의 디지털TV 화면에서부터 스마트폰과 태블릿PC 소규모 화면 등 다양한 화면구조를 지닌다. 따라서 각 미디어의 화면구조에 맞는 광고유형의 차별화가 요구되고 있다. 또한 디지털 방송은 기술적으로 방송 프로그램 화면 이외에 다양한 2차 화면들을 제공할 수 있기 때문에 향후 광고제도의 변화에 따라 광고전용 2차 화면의 활용도 가능하다. 광고전용 2차 화면은 이용자가 정규 프로그램을 시청하는 1차 화면상의 텍스트나 아이콘, 이미지 등을 클릭하여 이동하는 구조를 지니게 될 것이다.

스마트폰을 통해 구현되는 증강현실

이 밖에 GPS기능을 적용한 모바일 단말기가 증가하면서 증강현실 (augmented reality) 기술을 적용한 광고가 등장하고 있는데, 이 같은 형태의 광고는 광고의 성격이 정보지향적으로 변화하고 있기도 하다.

또한 QR코드(Quick Response Code)가 인쇄매체의 광고기능을 진화시키고 있다. 잡지나 신문은 물론 일반 상품 포장을 통해서도 QR코드를 활용한 광고시도가 일반화되고 있다.

디지털 미디어 이외에 옥외광고 및 교통광고에도 새로운 유형의

QR코드를 활용한 광고

광고들이 시도되고 있다. 보건복지부는 기존에 국내에서 이용되지 않던 '택시 바퀴광고'를 시도하기도 하였다. 이 광고는 택시바퀴를 광고에 활용한 국내의 첫 금연광고이기도 하다.

한편, 방송광고의 경우에는 <방송법>이 그 종류를 명시하고 있다. <방송법> 제73조에서는 "방송사업자가 방송광고와 방송프로그램이 혼동되지 아니하도록 명확하게 구분하여야 하며, 어린이를 주 시청대상으로 하는 방송프로그램의 방송광고시간 및 전후 토막광고시간에는 대통령령이 정하는 바에 따라 반드시 광고임을 밝히는 자막을 표기하여 어린이가 방송프로그램과 방송광고를 구분할 수 있도록 하여야 한다."고 규정하고 아래와 같이 방송광고의 종류를 제시하고 있다.

국내에서 최초로 시도된 '택시 바퀴광고'

〈방송법〉에서 제시하고 있는 방송광고의 종류

방송광고의 종류	정 의
방송프로그램 광고	방송프로그램의 전후(방송프로그램 시작타이틀 고지 후부터 본방송프로그램 시작 전까지 및 본방송프로그램 종료 후부터 방송프로그램 종료타이틀 고지 전까지를 말한다)에 편성되는 광고
중간광고	1개의 동일한 방송프로그램이 시작한 후부터 종료되기 전까지 사이에 그 방송프로그램을 중단하고 편성되는 광고
토막광고	방송프로그램과 방송프로그램 사이에 편성되는 광고
자막광고	방송프로그램과 관계없이 문자 또는 그림으로 나타내는 광고
시보광고	현재시간 고지 시 함께 방송되는 광고
가상광고	방송프로그램에 컴퓨터 그래픽을 이용하여 만든 가상의 이미지를 삽입하는 형태의 광고
간접광고	방송프로그램 안에서 상품을 소품으로 활용하여 그 상품을 노출시키는 형태의 광고

지상파방송사업자의 경우 중간광고는 할 수 없다. 중간광고는 케이블TV에서 가장 단가가 높은 광고유형에 속할 정도로 광고효과를 인정받고 있다.

가상광고는 운동경기를 중계하는 방송프로그램의 경우에 한정하여 허용되고 있고, 가상광고의 노출크기는 화면의 1/4을 초과할 수 없으며 방송사업자는 방송프로그램에 가상광고가 포함되는 경우 해당 프로그램 방송 전에 가상광고가 포함되어 있음을 자막으로 표기하여 시청자가 명확히 알 수 있도록 하여야 한다.

간접광고는 오락과 교양 분야에 한정하여 할 수 있고, 어린이를 주 시청대상으로 하는 프로그램과 보도·시사·논평·토론 등 객관성과 공정성이 요구되는 방송프로그램의 경우에는 간접광고를 할 수 없도록 규정되어 있다. 간접광고 역시 방송사업자가 방송프로그램에 간접광고가 포함되는 경우 해당 프로그램 방송 전에 간접광고가 포함되어 있음을 자막으로 표기하여 시청자가 명확히 알 수 있도록 하여야 한다.

1.3. 광고산업의 범위

　　일반적으로 광고산업은 광고의 생산과 분배 과정에 참여하는 기업과 이들에 의해 수행되는 제반활동을 의미한다(오세성, 2009). 광고산업의 보다 구체적인 범위는 통계청이 사용하고 있는 <한국표준산업분류>와 문화체육관광부가 매년 '문화산업통계조사'를 위해 활용하고 있는 <문화산업분류체계>를 통해 확인할 수 있다.

　　<한국표준산업분류>에서 광고산업은 대분류 '전문, 과학 및 기술 서비스업(분류코드 M)'에 속한다. '전문, 과학 및 기술 서비스업'은 4개의 하위 중분류로 구성되는데, 광고산업은 이 중 중분류 '전문서비스업(분류코드 71)'에 포함된다.

　　<한국표준산업분류>에서 광고산업은 중분류 '전문서비스업'의 하위 소분류 중 하나인 '광고업(분류코드 713)'으로 구분되고 있다.

　　<한국표준산업분류>는 '광고업'을 "고객을 대리하여 각종 광고매체에 대한 광고기획 및 대행, 광고물 작성대리, 옥외광고 대리, 대중광고 매체를 대리한 광고권유 및 유인, 광고물 및 견본의 배부, 광고용 공간 및 시설 임대 등의 광고 관련 업무를 수행하는 산업활동을 말한다."고 정의하고 있다. 또한 이 분류에서는 광고업의 범위에서 '광고물의 인쇄', '간판 등의 설치용 비전기식 광고물 제조', '시장조사', '공공관계(PR)서비스', '텔레비전용 광고영화 제작' 등은 제외하고 있다. 이 분류체계에서 소분류 '광고업'은 세분류 '광고대행업'과 '기타 광고업'으로 구성되며, '기타 광고업'은 세세분류 '옥외 및 전시 광고업', '광고매체 판매업', '광고물 작성업', '그 외 기타 광고업' 등으로 구분하고 있다. <한국표준산업분류>의 광고산업의 범위에 대

한 분류체계는 아래 표와 같다.

<한국표준산업분류>의 소분류 '광고업'의 범위 및 분류체계

세분류	세세분류	개 념
7131. 광고대행업	71310. 광고 대행업	광고주를 대리하여 광고에 관련된 시장조사 및 광고기획, 광고물제작, 매체선택, 매체와의 광고계약, 광고물을 라디오, 텔레비전, 인터넷, 정기간행물, 신문 등의 광고매체에 광고하는 업무를 총괄적으로 대행하는 산업활동을 말한다. 이 사업체는 광고주와의 포괄적인 계약으로 광고대행업무를 수행하며 이에 관련된 특정업무 자체인력 또는 다른 업체에 의뢰하여 수행할 수 있다.
7139. 기타 광고업	71391. 옥외 및 전시 광고업	인쇄, 그림 또는 전자적 방식 등의 전시광고물을 기획·제작하여 옥내외 간판 또는 차량, 상점 등 전시공간에 전시구조물을 게시하는 산업활동을 말한다. 광고용 설치물(광고탑 등)을 임대하는 활동도 여기에 포함된다.
	71392. 광고매체 판매업	광고매체(TV, 신문 등) 소유자를 대리하여 광고시간 또는 지면을 판매하거나, 광고매체로부터 광고시간 또는 지면을 구입하여 광고대행사 또는 광고주에게 직접 재판매하는 산업활동을 말한다.
	71393. 광고물 작성업	광고주 또는 광고대행업체와의 계약에 의하여 각종 광고물의 광고문안작성 및 관련도안, 광고물의 설계, 방송광고물제작을 위한 시나리오 작성 등 광고에 관련된 광고물의 작성을 전문적으로 대리하는 산업활동을 말한다.
	71399. 그 외 기타 광고업	그 외 기타 광고를 수행하는 산업활동을 말한다.

한편 <문화산업분류체계>의 광고산업 분류 및 정의는 아래 표와 같다. <문화산업분류체계>에서는 광고산업을 6개의 중분류와 19개의 소분류를 통해 구분하고 있다. 이 분류체계는 한국방송광고공사가 광고 산업 규모 파악을 위해 실시하고 있는 <광고산업통계>의 분류체계를 인용한 것이다.

<문화산업분류체계>의 광고산업 분류

중분류	소분류	개 념
81. 광고(종합) 대행업	811. 광고대행·매체대행	광고주를 대신하여 광고물을 기획하고 이에 따라 광고물을 제작하며, 제작된 광고물을 매체와 접촉하여 매체집행을 하는 사업체
	812. 광고기획·전략대행	광고활동을 계획하거나, 카피, 매체 등 종합적인 광고캠페인의 기본 방향을 수립하는 사업체
82. 광고제작업	821. CM·영상· 카피·그래픽 제작	광고메시지, 광고물, 광고그래픽 등을 제작하는 사업체
	822. 온라인 제작	배너(Banner), 이벤트페이지, 웹사이트 등 각종 온라인 광고물을 제작하는 사업체
	823. 광고사진 스튜디오	광고를 목적으로 제작된 사진촬영, 신문, 잡지, 포스터 광고 촬영 및 카탈로그 촬영을 하는 사업체
	824. CI	기업의 상징, 마크, 로고타이프, 기업컬러 등을 제작하는 사업체
83. 서비스업	831. 마케팅·리서치	마케팅 활동의 기획, 수정 및 평가를 위해 내부 및 외부 정보를 수립하여 분석하는 사업체
	832. PR	제품 또는 서비스에 대한 공중의 이해와 호감을 얻고자 행하는 여러 가지 활동의 업무(홍보, 행사, 행사기획, 홍보물제작 등)를 전문적으로 행하는 사업체
	833. SP	매스컴 매체에 하는 광고가 아니라 판매에 직결한 광고를 대행하는 사업체(DM광고, 프리미엄, 견본배포, 노벨티, 콘테스트, 소비자교육 등)
	834. 이벤트	판매촉진을 위해 행사기획·연출·제작·설계 등을 하는 사업체
	835. Space Design	전시 기획 및 제작, 전시설치물 제작·관리, 인테리어 설계 및 시공 등을 하는 사업체
84. 인쇄업	841. 인쇄	브로슈어, 카탈로그, 리프릿 전단 및 원색 인쇄물, 책자, 포장물과 사보 제작·편집하는 사업체
	842. 제판	제판, 출력, 사진제판, 필름출력·제작 등 사진, 인쇄, 제판 관련 서비스를 행하는 사업체
85. 온라인업	851. 광고대행	광고주를 대신하여 온라인 광고물을 기획하고 이에 따라 효과적인 광고물을 제작하며, 제작된 광고물을 전달하기 위해 매체와 접촉하여 집행하는 사업체
	852. 매체대행	광고주나 광고대행사를 대신하여 온라인 광고 지면을 구입해주는 업무를 하는 사업체
	853. 광고기획·전략대행	온라인 광고활동을 계획하거나, 카피, 매체 등 종합적인 광고캠페인의 기본방향을 수립하는 사업체
	854. 광고제작	배너, 이벤트페이지, 웹사이트 등 각종 온라인 광고물을 제작하는 사업체
86. 기타업	861. 광고물기획·편집	전산장비 유지보수, 편집장비취급, 슬라이드 대여 등의 장비 취급업무를 하는 사업체
	862. 기타 (장비취급 등)	영상 또는 인쇄 광고물을 편집하는 사업체

<한국표준산업분류>와 <문화산업분류체계>를 통해 지금까지 살펴본 바와 같이 광고산업은 광고의 기획, 제작, 유통 등 광고가 거치는 가치사슬 전 영역에 포괄적으로 포함되는 사업체들로 구성된다.

2. 변화하는 광고 환경

2.1. 미디어환경의 변화

광고산업에 중요한 영향을 미치는 미디어환경이 급변하고 있다. 변화하는 미디어환경의 특징은 양적인 측면에서의 다양화과 질적인 측면에서의 기능적 고도화로 설명할 수 있다.

먼저 양적인 측면에서 미디어의 다양화가 이루어지고 있다. IPTV와 같이 방송과 통신이 융합된 미디어가 등장하고 있고, 스마트폰, 태블릿PC, 스마트TV 등 스마트 미디어의 보급도 확산되고 있다. 또한 디지털 지상파방송의 경우 '지상파다채널서비스(MMS・Multi Mode Service)'를 추진하고 있다. 영국은 프리뷰(Freeview)라는 이름으로 이 서비스를 제공하고 있다. '지상파다채널서비스(MMS・Multi Mode Service)'는 방송주파수 대역 내에서 HD(고화질) 외에 SD, 오디오, 데이터 등을 동시에 전송할 수 있는 방송서비스다. 국내의 경우 디지털 전환 이전에 사용되던 기존의 아날로그 채널이 디지털로 전환되면서 아날로그 채널 한 개로 최대 4개의 새로운 디지털 채널을 만들 수 있다. 이 같은 미디어의 양적 다양화는 광고소비자들이 이용 가능한 미디어의 다양화를 의미하며, 광고주와 광고회사의 입장에서는 통합적으로 관리해야 할 대상들이 많아지고 복잡해지는 것을 뜻한다.

다음으로 질적인 측면에서는 미디어의 기능이 고도화되고 있는 것이 특징이다. 미디어 기능의 고도화는 다음과 같이 몇 가지 방향으로 이루어지고 있다. 첫째, 미디어가 실감형 미디어로 진화하고 있다. TV는 물론 스마트폰 등 다양한 미디어들이 3D입체영상 및 입체음향을 제공하고 있다. 또한 TV나 PC 등의 모니터에 나타난 물체를 손으로 만지면 실제 물체를 만지는 촉감을 느끼게 하는 미디어 기술도 도입되고 있다.

둘째, 증강현실형 미디어로의 진화이다. 증강현실은 실제와 가상 사이의 영역인 혼합현실(Mixed Reality)의 한 종류로, 현실의 정보에 가상의 정보를 합성해 사물이나 이미지의 정보를 '증강'시키는 것을 의미한다. 스마트폰에 SKT가 제공하는 '오브제'와 같은 증강현실 다운받은 후 스마트폰의 카메라로 실제 현실공간을 비추고 애플리케이션을 동기화하면, 카메라로 비춰진 현실공간에 대한 정보가 모니터상에 보이게 되는데, 이 같은 형태가 대표적인 증강현실 구현의 사례라 할 수 있다.

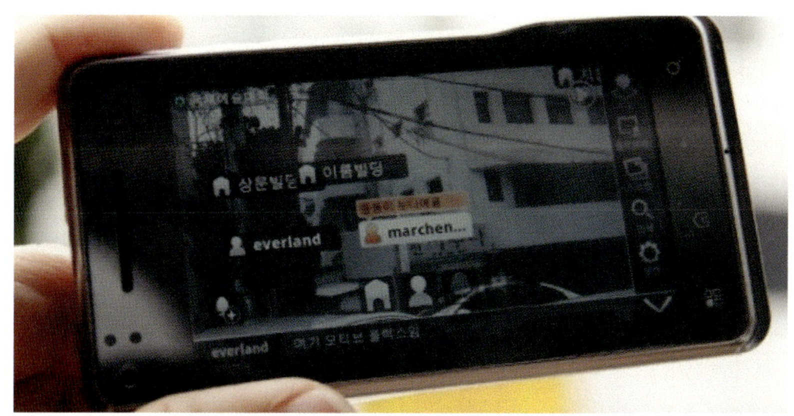

증강현실의 사례

셋째, 소셜미디어화이다. 스마트폰은 물론 스마트TV. 태블릿PC 등 다양한 미디어를 통해서도 페이스북과 같은 SNS를 이용할 수 있게 되었다. 블로그 등을 제공하는 인터넷 이외에도 소셜미디어 기능을 제공하는 미디어의 종류가 다양해지고 있는 것이다.

넷째, 클라우드 컴퓨팅(cloud computing) 기반 미디어화이다. 정보 및 콘텐츠 이용이 미디어단말기로 다운받아 이용하는 형태에서 클라우드 컴퓨팅에 기반하여 스트리밍을 통해 이용하는 형태로 이동해가고 있다. 국내 이동통신사 LGU+와 KT는 2010년 이후 각각 독자적인 클라우드 서비스를 제공하고 있으며, 일정한 자격을 갖춘 스마트폰 가입자에게는 무료서비스도 제공하고 있다.

다섯째, 오픈마켓 연동형 미디어화이다. 구글의 안드로이드마켓과 애플의 앱스토어로 대표되는 오픈마켓을 통한 애플리케이션의 이용이 활성화되고 있다. 그리고 이 같은 상황에 대응하여 스마트TV와 스마트폰뿐만 아니라 IPTV 등의 미디어들도 오픈마켓에 접속하여 애플리케이션을 이용할 수 있는 서비스 제공을 추진하고 있다. 오픈마켓과 이를 통해 유통되는 애플리케이션은 광고산업에 새로운 기회를 제공하고 있다.

여섯째, 상호작용성의 강화이다. 아날로그미디어가 일방향적 커뮤니케이션만을 지원하였다면 새롭게 등장하고 있는 디지털 온라인 미디어는 광고수용자와의 상호작용성 강화를 지원하고 있다. IPTV, 스마트TV, 태블릿PC, 스마트폰은 물론 디지털방송 또한 이용자의 확대된 상호작용성을 지원하여, 기존 아날로그 미디어 기반에서 이루어질 수 없었던 광고방식을 가능하게 하고 있다.

일곱째, 개인형 미디어의 증가이다. 개인이 혼자서 이용하는 PC, 스마트폰, 태블릿PC 등의 보급이 확장되고 있다. 거실에서 온 가족이 모여 함께 TV를 시청하는 풍경은 점차로 사라져가고 있으며, 이에 따라 미디어를 통해 유통되는 정보와 콘텐츠도 각 개인의 다양한 취향을 반영하여 맞춤형으로 변화하고 있다.

여덟째, 고기능형 미디어의 확산이다. 아날로그 TV나 라디오, 또는 인쇄신문 등 기존 미디어들은 단순히 수용자가 콘텐츠를 소비하는 기능만을 제공하였다. 하지만 최근 등장하고 있는 디지털 온라인미디어들은 수용자가 콘텐츠를 선택하고 검색하고 저장하고 가공하는 다양한 고기능들을 제공하고 있다.

지금까지 살펴본 바와 같이 큰 폭의 미디어환경 변화가 급속도로 진행되고 있다. 따라서 광고산업의 경우 이 같은 변화에 효과적으로 대응하는 전략을 찾기 위해 고심하고 있는 상황이다.

2.2. 광고제도환경의 변화

국내 광고제도가 방송광고 규제완화와 방송광고시장의 경쟁체제 도입 등 크게 두 가지 방향으로 변화되고 있다. 이 같은 광고제도의 변화 양상을 좀 더 구체적으로 살펴보면 다음과 같다.

첫째, 방송광고에 대한 규제완화가 이루어지고 있다. 2011년 종합편성채널사업자 4개사와 보도채널 추가 선정 등 매체사 분야의 구조재편으로 국내 방송광고산업의 확대 필요성이 대두되면서, 광고관련 규제 완화가 추진되고 있는 것이다. 국내의 방송광고 관련 규제를 담당하는 핵심 기관은 방송통신위원회다. 송합편성채널사업자 등 신규 사업자의 방송시장 진입을 허용한 방송통신위원회는 2015년까지 국내 광고산업의 규모를 국내총생산(GDP) 대비 1.0% 수준으로 확대시킨다는 계획을 발표하기도 하였다.

이 같은 방송규제의 완화는 기존 방송광고시장의 확대와 신규 방송광고시장의 창출 등 크게 두 가지 목적을 위해 진행되고 있다. 그리고 이를 위해 가상광고와 간접광고, 중간광고 등의 허용 범위를 확대하고 광고총량제를 도입하는 방안이 추진되고 있다.

2009년 7월 미디어법 통과로 간접, 가상광고가 허용되었는데, 가상광고는 스포츠 프로그램에 한하여 해당 프로그램 시간의 5% 이내, 화면 크기의 1/4 이내로 규정하고 있다. 가상광고는 경기의 흐름을 방해하지 않는 범위에서 경기 장소에 있는 선수, 심판, 관중위에 노출이 금지되어 있고 경기와 상관이 없는 시간대(경기 시작 전후, 휴식시간) 광고가 노출되어야 한다.

이닝하이라이트   외야 돌출

국내 가상광고의 사례

간접광고(PPL)는 과거 외주 프로덕션 또는 PD와의 협의를 통해서 단가 체계 없이 판매상황에 따라 쌍방 간 수의 계약으로 결정되던 방식에서, KOBACO를 통해서 정형화된 광고단가체계 아래 판매를 시작하였다. 보도, 어린이 프로그램을 제외한 오락, 교양분야의 프로그램에 프로그램 시간의 5% 이내, 표식의 크기가 화면의 1/4 이내로 한정된다.

간접광고는 주로 오락, 드라마 프로그램에 단순 브랜드 노출을 함으로써 시청자에 제품을 인식토록 한 것에서 벗어나 드라마의 내용 속에 제품의 기능 설명과 시연을 보여줌으로써 시청자로 하여금 광고 인식을 없애고, 콘텐츠와 합일이 되는 추세이다. 향후에는 콘텐츠의 제작 전반에 협찬과 PPL이 콘텐츠의 한 요소로서 자리 잡으면서 작품성과 질적 향상을 추구하게 될 것이다. 지금까지 간접광고는 주로 외주제작사가 프로그램을 제작하면서 제작비의 일부를 PPL의 형태로 충당하던 것을 KOBACO에서 합법적인 판매를 하도록 한 것으로, 방송사에서 제작 협찬이 제도화된 것과는 다르다(협찬고지에 관한 법률). 이런 시대적 흐름에 따라 방통위에서는 콘텐츠 제작역량 강화 및 방송사－외주사 간 상생을 위해 제작협찬, 간접광고의 상호 허용을 검토하고 있다.

브랜드 노출

제품 기능연출(연기자의 제품사용: 대사+제품 시연)

국내 간접광고(PPL)의 사례

종편/보도채널의 선정으로 인해 방송미디어시장의 광고 수주전쟁
이 예견되고 있는데, 이에 따라 매체 간 비대칭규제 해소를 위해 지
상파방송의 중간광고 허용도 논의되고 있으며, 이 밖에 방송광고가
금지되거나 방송광고의 허용시간을 제한받는 상품 등의 규제 완화방

긍정적 측면	부정적 측면
- 국제적 관례에 적합한 제도 - 방송광고 수급불균형 문제 해소 - 광고료를 인상하지 않고 수입 증대 효과 창출 가능 - 방송재원 확보로 매체 환경에 변화에 따른 재정 확보 - 양질의 방송콘텐츠 제공 가능	- 주시청시간대 방송시청을 크게 방해받을 가능성 - 시청률 경쟁의 심화 - 시장경쟁이 취약한 매체의 존립이 위태로울 가능성 - 공공성의 악화로 프로그램의 수준이 낮아질 가능성

안에 대해서도 논의가 진행되고 있다(먹는샘물, 의료기관 등 광고 금지품목을 관계부처와 협의를 거쳐 규제개선을 검토 중에 있다).

광고총량제의 도입도 추진되고 있다. 광고총량제는 방송광고의 종류, 시간, 횟수, 방법 등에 대해 법률로 규제하지 않고 전체 광고량만을 정하여 그 구체적인 방법은 방송사에 자율편성권을 보장하는 제도이다. 광고총량제는 형태에 따라 시간당 총량제, 일일 총량제, 주간 총량제의 세 가지 형태가 가능하다. 광고총량제를 도입하고 있는 해외 국가들은 대부분 일일총량제와 시간당 총량제를 동시에 적용하고 있다. 특히 시간당 광고시간의 상한선은 20%로 제한하고 있다. 광고총량제의 긍정적 측면과 부정적 측면을 정리하면 아래 표와 같다(윤선길 외 14인, 2008).

둘째, 방송광고시장에 경쟁체제 도입이 추진되고 있다. 한국방송광고공사의 지상파방송 광고시장 독점 판매에 관한 법률의 위헌적 요소를 제거하라는 헌법재판소의 결정에 근거하여 민영미디어렙(media rep.)의 도입이 진행되고 있다. 미디어렙은 media representative의 약어로 특정 매체사와 전속계약을 체결하여 그 매체의 시간 혹은 지면을 광고주나 광고회사에 판매하고 그 대금을 회수해서 매체사에 지불하며, 그 대가로 수수료를 취득하는 회사를 말한다. 미디어렙은 네트워크 세일즈가 일반적인 상업방송체제의 미국보다는 방송의 제작과 편성, 광고영업이 제도적으로 분리된 공영방송 중심체제인 유럽 국가들에서 보다 체계적으로 발달되어 있다. 방송사가 미디어렙을 이용하는 이유는 방송의 편성 및 제작을 광고영업과 분리시켜 전문화와 효율성을 높여 방송경영의 합리화 및 수익성 제고의 결과를 얻기 위함이다. 또한 미디어렙은 광고주에 과학적 자료를 제공해 줌으로써 광고주 유치를 용이하게 한다는 것과 방송사가 광고를 유치하기 위해 광고주에게 압력을 가하거나 방송이 광고주에게 부당한 압력을 받지 않도록 막아 주는 장점이 있다(한진만 외 5인, 2009).

민영미디어렙에 대한 논의는 제한경쟁론과 완전경쟁론으로 구분된다. 제한경쟁론은 공익을 위협하지 않는 범위 내에서 제한적으로 시장 경쟁원리를 도입한다는 논리가 핵심이며, 이를 위해 공영과 민영방송의 영업영역 구분을 강조한다. 즉, 공영방송의 방송광고는 공영미디어렙이 대행하고 민영방송의 방송광고는 민영미디어렙이 담당해야 한다는 주장이다. 반면 완전경쟁론은 경쟁을 최소화하여 폭넓은 시장 경쟁원리를 도입해야 한다는 주장으로 방송사들과 미디어렙들의 다자간 완전경쟁 미디어렙체제를 도입해야 한다는 주장이다(윤선길 외 14인, 2008).

3. 광고산업의 구조 변화

3.1. 광고산업의 규모

광고산업의 규모는 국내외의 경제적 상황 변화 및 각국의 경제규모와 밀접한 관련성을 지닌다. 따라서 보통 경제가 호황국면에 접어들면 광고산업의 규모도 성장하게 되며, 경제가 불황일 경우에는 광고산업의 규모도 축소될 수밖에 없다. 또한 한 국가의 경제규모가 증가하면 해당 국가의 광고산업 규모도 증가하게 되는 것이 일반적인 경향이다. 광고는 기본적으로 생산과 소비를 매개하는 역할을 수행하며, 생활수준에 연동하여 변화하는 인간의 라이프스타일 및 욕구와도 상호작용하기 때문이다.

전통적인 경제 강국인 미국, 일본, 독일, 영국, 프랑스, 그리고 미국과 세계경제를 양분하는 수준으로 경제가 급속하게 성장하고 있는 중국 등이 세계에서 가장 큰 규모의 광고산업규모를 형성하고 있다. 국내 광고산업규모(광고비)도 우리나라의 경제규모와 비슷한 수준으로 변화하고 있으며, 국내 광고산업규모는 세계 10위권에 근접해 있다. 2010년 국내 광고산업규모는 역사상 최초로 8조 원을 넘어서기도 하였다. 하지만 국내 광고산업규모 역시 국내외 경제상황의 변화에 민감하게 반응하게 된다. 2008년 미국에서 시작된 금융위기가 전 세계로 확산될 당시, 국내 광고산업규모 또한 큰 폭의 감소를 경험하기도 하였다.

매체별로는 지상파방송광고가 가장 큰 광고산업규모를 형성하고 있다. 하지만 국내 전체 광고비 중 지상파방송광고가 차지하는 점유율은 2007년 이후 30% 이하로 감소하였고, 이 같은 상황은 이후 계속되고 있다. 또한 전통적으로 TV, 라디오와 함께 '4대 매체'라 불리던 신문과 잡지의 광고산업 규모도 매년 지속적으로 감소하고 있다. 이같이 전통적인 '4대 매체'의 광고산업규모가 감소하고 있는 이유는 인터넷, 케이블TV 등 경쟁력 있는 새로운 광고매체들이 부상하고 있기 때문이다. 특히 인터넷광고 산업규모는 신문광고 산업규모에 버금가는 수준으로까지 급속하게 성장하고 있다.

광고의 유형별로는 가상광고와 간접광고 등 신유형광고와 VOD광

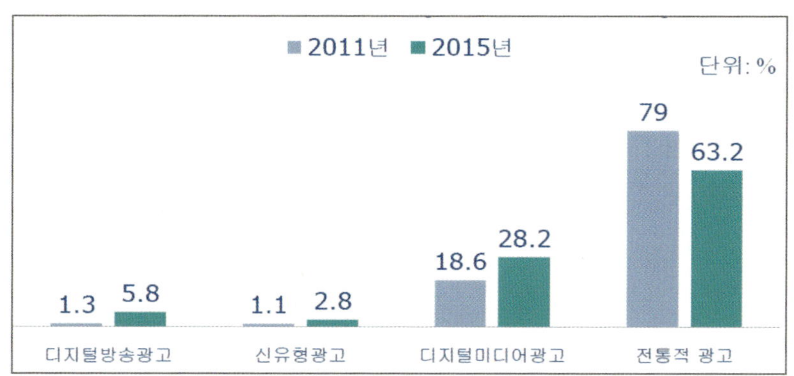

광고유형별 광고비 점유율 예측 및 비교(이시훈, 2011)

고, 인터넷광고, 모바일 광고 등 디지털미디어 광고, 그리고 디지털방송광고의 규모가 증가하는 반면, 신문광고나 잡지광고 등 전통적 광고의 규모는 감소하게 될 전망이다.

업종별 광고비를 살펴보면 시기별로 경제성장을 견인하는 산업이 어떤 산업인지를 유추할 수 있다. 국내의 경우 금융/보험/증권 등의 업종과 컴퓨터 및 정보통신 업종, 서비스와 식품 업종 등이 가장 많은 광고비를 지출하고 있다. 또한 유통과 화장품/보건용품 업종의 광고비 지출이 다른 업종에 비해 뚜렷한 증가세를 보이고 있다.

광고산업의 매출 취급액을 살펴보면, 광고(종합)대행 부분이 국내 전체 광고산업에서 차지하는 비중이 가장 높다. 하지만 광고(종합)대행 부분의 매출 취급액 점유율은 정체 및 감소 경향을 보이고 있으며, 온라인 부분이 다른 부분에 비해 상대적으로 높은 성장률을 보이고 있다.

한편 국내 광고산업의 수출입액은 국경기준수출입과 국적기준수출입 등 두 가지 방식으로 집계할 수 있다. 국경기준수출입은 광고회사의 국적에 관계없이 국내에 소재하고 있는 광고회사가 외국인 광고주로부터의 취급액을 수출액으로 집계하고 외국에 소재하고 있는 광고회사가 한국인 광고주로부터의 취급액은 수입액으로 집계하는 방식이다. 반면 국적기준수출입액은 광고회사의 소재지와 관계없이 광고회사의 국적이 한국인지 외국인지로 구분하여 집계하는 방식으로, 수출의 경우 직접수출과 한국국적 자회사에 의한 해외 판매의 합계로 구성되며, 수입은 직접수입과 외국국적 자회사의 국내 판매의 합계로 구성된다(문화체육관광부, 2010). 이 같은 방식들에 기초하여 국내 광고산업의 수출입액을 살펴보면, 국적기준수출은 조금씩 증가하고 있으나 국적기준수입은 감소하고 있는 추세를 나타내고 있으며,

기업 내 거래수출입은 큰 폭으로 증가하는 경향을 나타내고 있다. 또한 국경기준수출과 국경기준수입은 모두 감소 추세를 보이고 있다.

3.2. 경쟁환경 및 시장구조

19세기 말 미국에서는 광고주와 광고회사, 그리고 매체사의 '3각 체제'가 구성되었고, 이후 이 체제는 광고산업의 근간이 되어 전 세계로 확산되었다. 국내 '3각 체제'의 구성주체들은 모두 대형화되고 있다. 그리고 이들 대형 광고주, 광고회사, 매체사의 국내 광고산업 지배력도 확대되고 있는 추세이다.

광고주는 광고비를 집행하는 주체이다. 따라서 광고주의 성장과 쇠퇴는 광고산업에 직접적이고 중대한 영향을 미치게 된다. 2000년대 이후 광고비 지출 상위권을 지속적으로 유지하고 있는 국내 기업으로는 삼성전자, SKT, LG전자, KT, 현대·기아 자동차 등이 있다. 이들 기업들은 규모 측면에서 지속적으로 대형화되어 글로벌 기업으로 성장하였으며 따라서 이들이 지출하는 광고비가 국내 광고산업에서 차지하는 비중 또한 증가하고 있다. 2000년 이후 이들 대형 광고주, 즉 삼성전자, SKT, LG전자, KT, 현대·기아 자동차 등은 4대 매체 광고비 지출 순위 10위권을 지속적으로 유지해 오고 있다.

광고회사도 대형화되고 있으며, 이들 대형 광고회사의 시장 지배력도 강화되고 있다. 광고회사는 종합광고회사, 전문광고회사로 구분된다. 종합광고회사는 광고기획과 제작, 매체 등 제반 서비스를 통합적으로 제공하는 회사이다. 종합광고회사는 다시 대기업 집단에 속하는 계열광고회사(In-House Agency), 다국적 광고회사 및 합작기업, 독

국내의 주요 계열광고회사(In-House Agency)

회사명	소속그룹
제일기획	삼성
이노션	현대
HS애드	LG
대홍기획	롯데
SK마케팅앤컴퍼니	SK
한컴	한화
오리콤	두산

립광고회사로 구분된다. 계열광고회사는 광고 선진국에서는 찾아보기 힘든 형태의 광고회사이며, 삼성, LG 등 국내 대형 광고주의 계열사 성격을 지닌다.

따라서 이들 계열광고회사들은 모기업인 대형광고주의 광고물량을 독점하면서 광고시장의 경쟁으로부터 보호받고 있다. 계열광고회사들은 국내 광고시장 초기부터 광고산업 발전을 주도해 왔으며, 안정적인 경영환경에 기반하여 전문인력 양상과 광고기법 발전에 기여하기도 하였다.

다국적 광고회사 및 합작기업의 국내 설립은 광고대행업에 대한 외국인 투자가 100% 허용되기 시작한 1990년대 이후 본격화되었고, IMF사태 발생 이후 이들이 차지하는 국내 광고산업에서의 영향력이 급격히 강화되기도 하였다. 독립광고회사는 계열광고회사나 다국적 광고회사 및 합작기업에 속하지 않는 독립적 소유구조를 지닌 광고회사를 의미한다.

한편 전문광고회사는 특정 부문에 관한 전문성을 바탕으로 특화된 서비스를 제공한다. 전문광고회사는 주로 광고제작 부문을 중심으로 활동해 왔으나 2000년 이후에는 매체전문 대행사, 온라인 전문 대행사,

크리에이티브 전문 대행사, 기획전문 대행사 등으로 다양화되었다.

국내 광고시장을 지배하고 있는 대형기획사들의 경우 거의 대형 광고주의 광고업무를 대행해주는 계열광고회사들이다. 이들 계열광고회사들은 모기업 성격을 지닌 대형광고주들의 광고업무를 주로 대행하고 있다. 따라서 대형광고주의 성장이 자연스럽게 이들 계열광고회사들의 성장으로 이어지고 있다. 과거에도 한국 광고회사시장의 지배력은 1990년대까지 이들 계열광고회사들에 의해 주도되어 왔다. 하지만 IMF사태로 인한 대형 광고주의 구조조정으로 계열광고회사의 입지가 약화되었다. 또한 광고시장의 개방화에 따라 다국적 글로벌 광고회사들이 국내에 진출하면서 WPP, Publisis, Omnicom 등 외자계 회사들이 다수 생겨났고, 이들 외자계 광고회사들이 한때 한국 광고시장에서 지배적 위치를 차지하기도 하였다. 그러나 최근에는 기업 정보의 중요성, 그룹사의 부활 등으로 대형광고주의 계열광고회사들이 다시 시장을 지배하고 있는 상황이다.

하지만 대형광고주와 계열광고회사의 시장지배력 강화는 국내 광고산업 발전에 몇 가지 부정적 영향을 미치고 있기도 하다. 먼저 이들의 시장지배력 강화는 능력 있는 독립광고 회사들의 성장욕구를 억제시키는 진입장벽이 되고 있다. 또한 대형광고회사의 경우 새로운 광고산업과 광고환경의 변화에 비교적 보수적으로 대응하며, 계열광고회사도 전통적 광고 위주의 안전 운행을 지향하고 있다. 또한 대형광고주들의 광고물량을 계열광고회사가 독점하면서 전문광고회사의 경쟁이 심화되고 있다. 계열광고회사들은 필요에 따라 각 부문별로 외부의 전문광고회사들을 적절히 활용하면서 광고를 아웃소싱하는 추세이다. 따라서 계열광고회사의 아웃소싱 물량을 확보하기 위한 전문광고회사의 경쟁이 치열하게 전개되고 있다. 또한 광고의 제작과 매체의 전문화가 자리 잡으면서 광고주의 분리대행이 보편화되고 있다. 제작은 제작능력이 우수한 크리에이티브 부티크에서, 매체는 매체전문성을 확보한 미디어에이전시에 대행을 맡긴다. 광고주의 광고대행이 종합대행에서 브랜드별 품목대행, 여러 광고회사를 이용하는 복수대행, 제작, 매체를 분리하는 분리대행(제작대행/AOR대행) 등 세분화되기 때문에 광고주의 영향력은 더욱 강해졌고, 경쟁프레젠테이션이 많아져 광고회사는 점점 치열한 경쟁구도에 놓이고 수익성이 약해지고 있는 추세이다.

광고주와 광고회사뿐만 아니라 매체사 역시 대형화되고 있으며, 대형 매체사의 시장지배력도 강화되고 있다. MBS, KBS, SBS 등 국내 광고시장에서 우월적인 지배력을 확보하고 있는 지상파방송사들의 경우 케이블방송시장과 위성방송시장, DMB, IPTV 등 뉴미디어 시장에서도 자사 계열 채널사용사업자(PP)들을 통해 그 영향력을 확장해 가고 있다. 이들 지상파방송사들의 콘텐츠는 방송통신 분야의 뉴미디어 시장에서도 중요한 킬러콘텐츠로서 기능하고 있는 상황이다.

케이블방송시장은 CJ 등 소수 업체에 의해 지배되고 있다. 온미디어를 인수합병한 CJ는 복수종합유선방송사(MSO)이면서 복수채널사용사업자(MPP)이기도 한 국내 케이블시장의 대표적인 MSP(SO와 PP 결합사업자)이다. CJ는 국내 케이블시장의 20% 이상을 지배하고 있다. 또한 CJ는 영화콘텐츠 및 인터넷에서의 게임과 영화 비즈니스 분야로까지 그 사업 영역을 확장하고 있다.

IPTV를 포함한 온라인 미디어시장은 거대 통신기업인 KT와 SKT, 그리고 국내 최대 온라인 포털사업자인 NHN 등에 의해 지배되고 있다. KT와 SKT는 유무선온라인업체들을 통합하였고, NHN의 온라인 포털시장에서의 지배력은 더욱 강화되고 있다.

종합편성채널로 선정된 전통적 신문기업들의 광고시장에 대한 영향력도 강화될 전망이다. 종합편성채널은 인쇄광고와 중소 채널사용사업자들의 광고를 일정 부분 흡수할 것으로 예측되고 있다.

3.3. 디지털 미디어시대의 가치사슬

일반적인 광고산업의 가치사슬은 광고주-광고회사-매체사를 중심으로 구성되며, 방송광고의 가치사슬은 광고주-광고회사-미디어렙-매체사로 이루어져 있다.

광고주는 광고회사에 광고제작을 비롯한 광고 관련 업무를 의뢰하고 광고회사는 광고주로부터 의뢰받은 대행서비스를 제공한다. 이 과정에서 광고주는 광고회사에 서비스 대행에 필요한 광고비와 함께 일정 비율의 서비스요금(Fee)을 추가하여 지불하게 된다. 광고회사는 2차전문대행사(전문광고회사)에 서비스를 아웃소싱하고 서비스료를 지불한다. 또한 광고회사는 매체사에 광고의 집행을 의뢰하면서 광고비를 지불하고, 매체사는 광고회사에 광고비의 15%(주로 인쇄매체의 경우)에 해당하는 대행수수료를 제공하게 된다. 광고주가 매체사나 2차전문대행사와 직거래를 진행하는 경우도 있다.

방송광고의 경우 일반적인 광고산업의 가치사슬 내에 미디어렙이 포함되게 된다. 미디어렙은 광고회사로부터 광고비를 받고 방송사에 광고집행을 의뢰한다. 이 과정에서 미디어렙은 매체사로부터 수탁수수료를 받게 되며, 광고회사에는 대행수수료를 지불하게 된다.

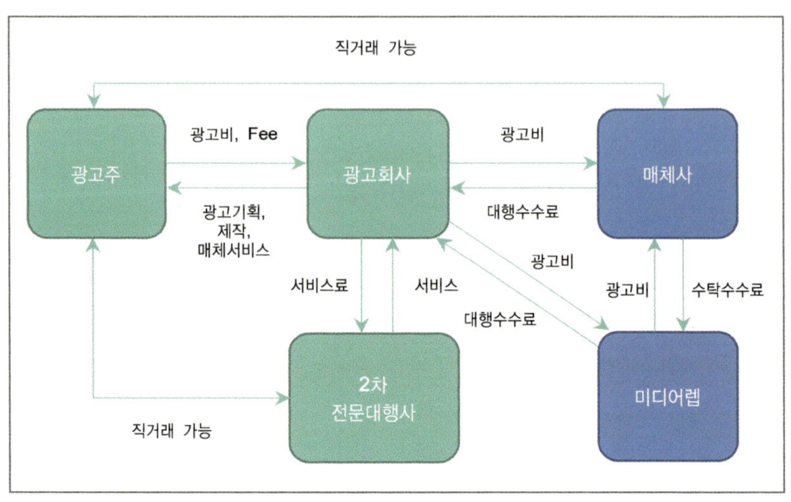

방송광고의 전형적인 가치사슬(이시훈, 2011)

국내에서는 아직까지 지상파방송에 비해 케이블TV의 광고단가가 저렴한 편이지만 일부 인기 케이블채널과 MSP계열 방송국들을 중심으로 광고비 현실화가 추진되고 있다. 방송광고의 요금은 시청률, 요일, 시간별 등급(SA, A, B, C) 등에 따라 다양하다. 지상파방송의 광고요금은 평일의 경우 저녁 8~11시까지의 프라임(prime) 시간대가 가장 비싼 편이고, 프라임 시간대 전후의 이른바 '프린즈(fringe)' 시간대인 저녁 7시와 11시대도 상대적으로 비싼 요금이 책정된다. 주말(토요일과 일요일)에는 저녁 7~11시까지의 시간대가 프라임 시간대로 광고요금이 가장 비싸다. 라디오 방송광고 요금은 평일 오전 8시에서 10시까지가 가장 비싼 시간대를 형성하고 있으며, 평일 정오와 오후 4시부터 6시까지도 비교적 비싸게 책정된다(한진만 외 5인, 2009).

한편 디지털 뉴미디어 광고산업의 가치사슬 내에는 보다 다양한 전문회사가 참여하고 있다. 디지털 뉴미디어는 광고유형이 다양하기 때문에 양방향 광고, 맞춤형 광고, VOD광고 등 여러 가지 유형의 광고를 담당할 수 있는 전문회사들의 참여를 필요로 한다. 따라서 기존의 광고회사와 새롭게 시장에 진입하는 광고회사 사이의 경쟁도 심화되고 있다. 새로운 디지털 뉴미디어가 지속적으로 등장하면서 광고산업의 가치사슬은 기존 광고주-광고회사-매체사의 분절적 구조에서 보다 통합적인 구조로 변화되고 있다.

디지털 뉴미디어 광고의 경우 가치사슬을 구성하는 각 주체들이 상호 간의 협력을 지향하는 생태계로 발전하고 있다. 따라서 디지털 뉴미디어 광고의 가치사슬은 특정 사업자가 전체 생태계를 지배하고 왜곡하는 구조를 형성해서는 안 된다. 이럴 경우 디지털 뉴미디어 광고산업 생태계는 생태계 균형이 파괴되어 악순환이 이루어지게 되고 지속적인 성장과 발전을 이룰 수 없게 된다. 이 같은 이유로 생태계의 각 구성 주체들은 상호 윈-윈 하는 시스템 구축을 지속적으로 고

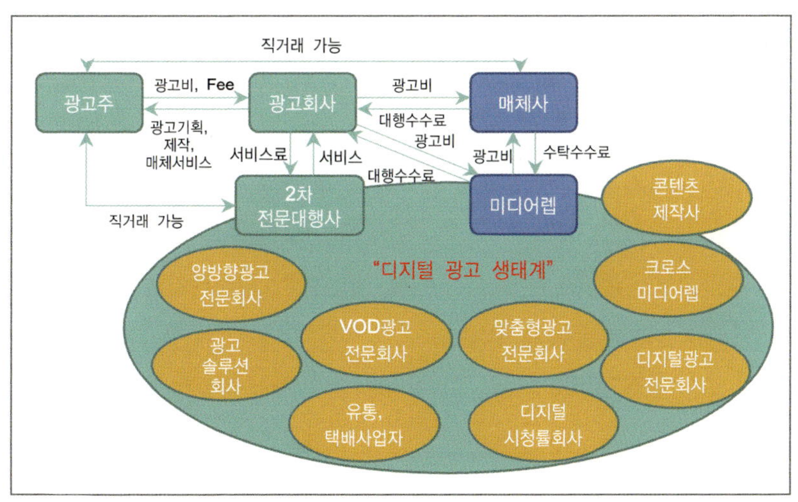

디지털 뉴미디어 광고의 가치사슬(이시훈, 2011)

려하는 가운데 비즈니스를 추진해야 한다.

이 같은 디지털 뉴미디어 광고산업의 가치사슬 내에는 다양한 시장행위자들이 존재한다. 즉, 전통적인 가치사슬에 비해 참여 사업자의 수가 증가하고 있다. 따라서 디지털 뉴미디어 광고시장이 확대되고 있지만 개별 사업자가 얻는 수익은 제한적일 수밖에 없다. 이 밖에도 디지털 뉴미디어 광고산업의 가치사슬에는 시급히 해결되어야 할 몇 가지 문제점이 존재한다. 먼저 대행수수료제도가 재구조화되어야 할 필요성이 제기되고 있다. 새로운 디지털 뉴미디어 가치사슬에서 기존의 대행수수료제도 역시 변화되어야 한다. 또한 광고 효과의 검증체계가 마련되고 시청률 조사 시스템도 디지털 뉴미디어에 적합하게 변화되어야 한다. 그리고 디지털 뉴미디어 광고산업에서는 플랫폼 사이의 통합이 이루어져야 한다. 플랫폼 간 통합이 이루어져야 보다 효과적인 광고 집행이 이루어질 수 있다. 마지막으로 수용자의 프라이버시 보호 방안이 제도적으로 마련되어야 한다. 디지털 뉴미디어 광고의 경우 수용자의 개인 정보가 광고에 활용될 가능성이 높기 때문이다.

3.4. 광고수용자의 매체이용행태 및 의사결정

다양한 디지털 뉴미디어의 등장으로 광고수용자의 매체이용행태 및 의사결정과정이 변화하고 있다. 먼저 광고수용자들의 매체이용행태 변화의 특징을 살펴보면 다음과 같다.

첫째, 광고수용자의 매체이용이 수동적 이용형태에서 능동적 이용형태로 변화하였다. 능동적 매체이용이란 광고수용자가 자신이 원하는 매체와 콘텐츠를 직접 찾고 이용하며, 콘텐츠를 생산하고 공유하며 확산시키는 형태를 의미한다. 광고수용자들은 스마트폰을 통해 유튜브에서 자신들이 보고 싶은 콘텐츠를 검색하고 찾아서 즐긴다. 또한 광고수용자들은 블루투스(bluetooth)를 통해 이동 중에도 무선으로 자신이 보유한 콘텐츠를 다른 사람과 공유하고 있다. 광고수용자들은 자신이 제작한 동영상을 개인 블로그나 유튜브에 게시하고 있으며, 페이스북 등 SNS를 활용하여 실시간으로 정보를 주고받는다. 광고수용자들의 프로슈머(Prosumer)화가 일반화된 것이다. 디지털 뉴미디어의 대중화에 따라 2.0패러다임이 사회 전 분야로 확장되었다. 2.0패러다임의 핵심은 참여·공유·개방의 보장이다. 2.0패러다임은 미디어 분야에서 가장 먼저 시작되었다. 그리고 미디어가 참여·공유·개방을 보장하는 시스템으로 변화하면서 사회의 모든 분야도 이와 같은 특징들을 지향하는 방향으로 변화하고 있다. 미디어가 2.0의 특징을 지니게 되면서 광고수용자들은 기존에 전혀 알고 지내지 않았던 사람과도 새로운 커뮤니케이션 네트워크를 구축할 수 있게 되었다. 따라서 광고수용자들은 2.0의 특징을 지닌 미디어를 활용해 걷기, 자전거와 캠핑, 사회인 야구 등에 대한 정보를 검색하고 이 같은 분야에 관심을 지닌 다른 사람들과 대화하며, 현실에서 동호회를 만들기도 한다.

둘째, 이용하는 매체가 분산 및 다양화되고 있으며, 기존 '4대 매체'의 이용량은 감소한 반면 인터넷과 스마트폰, IPTV 등 새로운 디지털 뉴미디어의 이용량이 증가하였다. 또한 SNS 이용이 급증하고 있다. 이용하는 매체의 분산 및 다양화는 각 매체의 도달력 저하라는 결과로 이어지고 있다.

한편, 이 같은 변화는 광고수용자의 의사결정과정을 복잡하게 만들고 있다. 광고수용자는 분산되고 다양한 매체이용행태를 통해 광고와 상품에 대해 관심과 흥미를 갖게 되고, 능동적 미디어 이용을 통해 정보를 검색하면서 다른 사람의 의견도 참고한다. 또한 매장이나 온라인 쇼핑몰을 통해 제품과 서비스를 구입한 후에는 다시 능동적 매체이용을 통해 블로그나 유튜브 및 관련 사이트에 구매 후기를 올리고, 다른 광고소비자들은 이 같은 구매 후기를 참고하여 소비를 결정하게 된다. 따라서 이 같은 상황에서는 바이럴 마케팅(viral marketing)의 중요성이 부각된다. 바이럴 마케팅은 네티즌들이 이메일이나 블로그 등을 통해 어떤 기업이나 기업의 제품 및 서비스에 대한 입소문을 널리 퍼트리는 상황을 활용한 마케팅 기법을 말한다. 특히 새로운 제품이나 서비스 등의 구입에 대한 광고수용자의 의사결정은 이 같은 바이럴 마케팅에 많은 영향을 받고 있다.

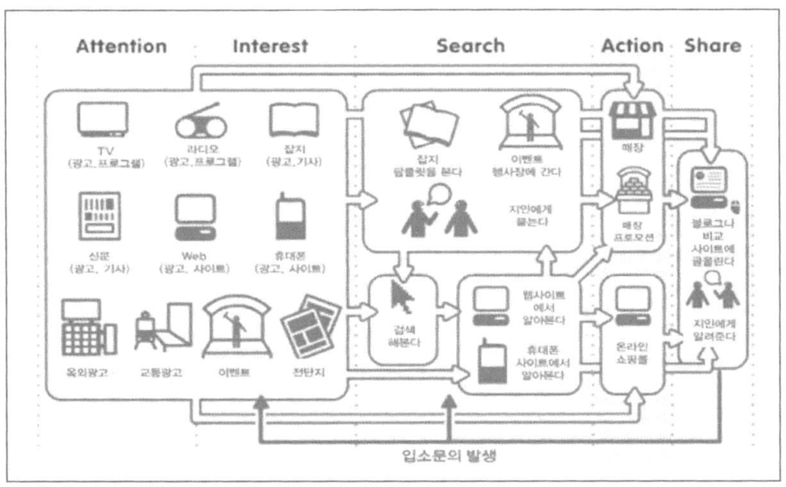

덴츠 Crosswitch: AISAS×ContactPoint Management에 의한 캠페인설계방법

4. 효과적인 대응 방안 모색

4.1. 디지털 뉴미디어 광고의 크리에이티브

광고 크리에이티브(creative)는 광고의 콘셉트를 광고수용자가 가장 쉽고 빠르게 알아들을 수 있도록 만드는 방법을 의미한다. 즉, 광고의 콘셉트는 '무엇을 말할 것인가'에 해당하고 크리에이티브는 '어떻게 말할 것인가'를 뜻한다. 콘셉트는 광고를 보고 난 후 광고수용자의 마음속에 최종적으로 남는 것인 반면, 크리에이티브는 콘셉트를 광고수용자들의 눈에 보이도록 하는 표현방법이라고 할 수 있겠다. 일반적으로 광고 크리에이티브는 광고수용자들이 광고 콘셉트를 쉽고 빨리 알아들을 수 있는 아이디어 중 가장 독창적이고 임팩트 있는 아이디어를 그 아이디어를 카피와 아트로 표현하는 과정을 통해 완성된다. 따라서 광고 크리에이티브는 광고 콘셉트에 기초하여 만들어지게 된다.

광고 콘셉트는 제품, 소비자, 시장에서의 경쟁환경, 사회문화적 환경 등에 대한 자료를 수집하고 수집된 자료에서 자신이 팔고자 하는 물건이 무엇이며(제품분석), 누구에게 팔 것인지(소비자분석), 그리고 어디에 팔 것이며(환경분석), 누구와 경쟁하고 있는지(경쟁분석) 등을 다양한 각도로 분석하여 도출된 광고목표에 기반하여 만들어지게 된다. 광고목표는 해당 광고를 통해 달성하고자 하는 목표를 의미한다. 광고목표가 만들어지면 이후 광고 콘셉트가 도출되고 크리에이티브가 전략적으로 진행된다. 수집된 자료의 분석과정에서는 크리에이티브를 위한 아이디어가 도출될 수 있다. 예를 들어 제품의 모양, 색상, 가격, 원료, 성분, 제조기술, 제품의 물리적 성질, 제조과정, 성능, 용도 등과 같은 제품 자체의 특성 중 기존의 것과 차별화할 수 있는 것이 제품분석을 통해 도출되면, 이것들이 모두 크리에이티브의 아이디어가 될 수 있다(천현숙, 2008).

크리에이티브는 광고수용자의 마음속에 광고 콘셉트를 남겨 광고목표를 달성하기 위한 수단이 된다. 따라서 크리에이티브는 광고수용자의 심리적 차원과 상호작용하게 된다. 이 같은 원리는 디지털 뉴미디어 광고에서도 동일하게 적용된다. 하지만 디지털 뉴미디어의 경우 기술적 차원에서 기존 미디어와 많은 차이를 보이고 있다. 따라서 광고수용자들 역시 디지털 뉴미디어를 이용하는 과정에서 기존 미디어 이용과는 다른 심리적 요인의 작용이 이루어지게 된다. 이 같은 이유로 디지털 뉴미디어 광고의 크리에이티브는 새로운 기술적 특성에 대한 고려와 더불어 광고소비자와 뉴미디어 이용 상황에서 발생하는 심리적 작용에 대한 이해와 활용이 필요하다(신강균, 2010).

디지털 뉴미디어 광고의 크리에이티브를 인지심리적 관점에서 접근할 경우, 광고수용자자가 디지털 뉴미디어를 통해 어떻게 광고에 노출될 수 있도록 할 것인지, 광고에 대한 주의와 지각과 광고에 대한 기억을 증진시킬 수 있는 크리에이티브 방안은 무엇인지 등의 문제를 보다 효과적으로 해결할 수 있게 된다. 디지털 뉴미디어 이용자들은 기본적으로 참여의 욕구, 네트워킹으로 구현되는 소속의 욕구, 그리고 지식 및 정보와 타인에 대한 호기심 등을 지니고 있다(신강균, 2010). 이 같은 디지털 뉴미디어 이용자의 욕구는 뉴미디어 광고의 크리에이티브에 적극 활용되어야 한다.

기존 미디어에서는 광고 메시지에 대한 노출이 푸시(push)형태로 이루어졌다면, 디지털 뉴미디어에서의 광고노출은 풀(pull)형태로 이루어져야 한다. 정보과잉이 우려되는 디지털 뉴미디어 환경에서는 광고수용자가 수많은 광고 메시지에 노출되어 있다. 따라서 광고수용자는 보호막을 치고 광고의 홍수 속에서 폐쇄적인 움직임을 보이는 경향이 있다. 이 같은 측면에서 디지털 뉴미디어 광고의 크리에이티브는 광고수용자가 광고메시지를 풀의 형태로 노출될 수 있도록 하여야 한다.

따라서 디지털 뉴미디어 광고는 우연적 노출(accidental exposure)의

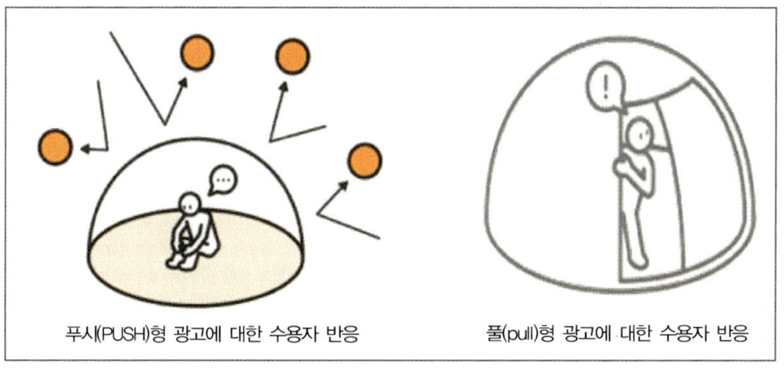

푸시형과 풀형 광고에 대한 광고소비자 반응 비교

형태로 구성되어야 하며, 광고수용자들이 해당 광고를 직접 클릭할 수 있도록 유인할 수 있는 크리에이티브가 필요하다. 예를 들면, 포털 사이트의 배너광고의 경우 소비자가 해당 배너광고를 우연히 발견하고 직접 클릭해서 접속으로 이어질 수 있도록 유인하는 크리에이티브가 필요한 것이다.

디지털 뉴미디어에서 광고가 광고수용자의 주의와 지각을 얻기 위한 방법으로는 수용자가 경험적으로, 또는 사회적으로 이미 학습한 자극으로 주의를 유도하고, 수용자가 친숙하게 여기는 것들을 활용하여 지각을 조직화시키며, 스토리텔링이나 캠페인 형태의 연속성 있는 광고를 통해 광고에 대한 지각을 강화시키는 방법을 활용할 수 있다.

디지털 뉴미디어 광고에서 광고에 대한 기억을 강화하기 위해서는 특별히 새롭거나 특이한 것들을 크리에이티브에 활용하는 것이 필요하다. 신인가수의 앨범 광고를 예로 들면 새로운 공감각적 표현을 활용하거나 인터렉티브한 체험을 제공하는 방식의 광고 등이 수용자의 기억을 강화시킬 수 있다. 한편 광고에 관한 기억의 증진을 위해서는 수용자가 해당 제품이나 서비스를 쉽게 떠올릴 수 있는 단서나 부호(심벌, 마크 등)를 크리에이티브에 활용하거나 기존의 브랜드와 관련성이 있음을 보여주는 크리에이티브가 필요하다.

한편 디지털 뉴미디어 광고를 행동심리적 차원에서 접근하면 소비자의 행동에 영향을 미치는 요인과 뉴미디어의 기술적 특성을 크리에이티브에 적절히 효과적으로 반영할 수 있다. 디지털 뉴미디어는 개인미디어적 성격이 강하고, 이용이 분산되며, 소셜미디어적 성격을 지니고 있고, 정보검색과 즉각적인 행동을 지원하는 기술적 특성을 지니고 있다. 따라서 디지털 뉴미디어 광고의 크리에이티브는 광고수용자를 한 사람의 개인으로 설정하고 타깃의 범위를 될 수 있는 한 줄이는 것이 필요하며, 준거집단(reference group; 특정 개인에게 영향을 미치는 집단)을 활용하고, 수용자가 자주 이용하거나 관심의 대상이 되는 사이트(핵심 접점) 등을 활용하며, 검색의 심리 및 즉각적 행동의 기술적 가능성과 연계된 방향으로 구성하는 것이 좋다.

디지털 뉴미디어 광고의 크리에이티브는 소비자 트렌드를 적극 반영하는 것도 필요하다. 미디어의 발전과 사회적 영향력 확대에 따라 소비자 트렌드의 상당부분은 디지털 뉴미디어의 특성과 관련지어 발생하고 있으며, 트렌드의 확산과 변화도 뉴미디어를 통해 진행되는 경우가 많다(신강균, 2010). 따라서 이 같은 소비자 트렌드는 디지털 뉴미디어 광고의 크리에이티브는 이 같은 소비자 트렌드를 적극적으로 반영하여야 한다. 예를 들어 소비자 트렌드가 모험과 환상, 즐거움의 추구와 일상탈출일 경우 디지털 뉴미디어 광고의 크리에이티브는 광고수용자의 모험심을 자극하거나, 즐거움을 느끼게 하는 등의 요소들을 적극 도입할 필요가 있다.

4.2. 새로운 환경에서의 매체믹스 방안

새로운 미디어들이 지속적으로 등장하면서 크로스미디어(cross-media) 광고 전략의 중요성이 대두되고 있다. 크로스미디어 광고 전략은 하나의 목소리(핵심 아이디어)가 광고수용자의 마음속에 남을 수 있도록 광고에 활용되는 다양한 매체를 통합적으로 관리하는 전략을 의미한다.

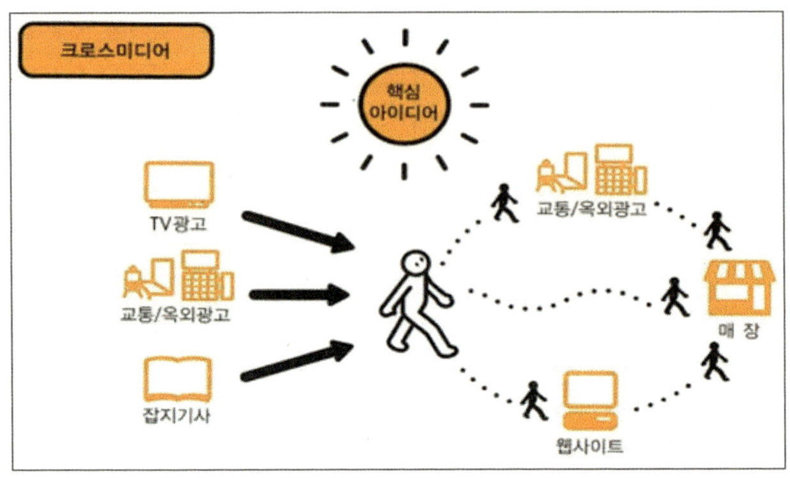

크로스미디어 광고전략의 개념

크로스미디어 광고전략은 매체믹스에 기초하여 이루어진다. 매체 믹스란 광고를 집행할 매체유형(TV, 신문, 잡지, 라디오, 인터넷 등)을 선택하고 각 유형의 매체 간 비중을 결정하는 것을 의미한다. 넓은 의미에서의 매체믹스는 매체의 비이클(vehicle) 및 유닛(unit)믹스까지를 포함하는 개념이다.

기존 매체 이외에 스마트TV, 태블릿PC 등 새로운 매체들이 지속적으로 등장하면서 매체환경은 다매체·다채널화되고 있으며, 이로 인해 광고수용자의 분화가 이루어지고 있다. 또한 검색기능이 추가된 미디어의 이용이 증가하면서 광고수용자의 광고에 대한 처리과정도 주의-관심-기억-구매-공유에서 검색과 검토의 과정이 포함된 주의-관심-기억-검색-검토-구매-공유의 과정으로 변화하고 있다. 새로운 매체환경에서는 미디어들은 소비자에 대한 정교한 타깃팅이 가능한 미디어, 즉각적인 판촉활동에 적합한 미디어, 브랜딩 및

ROI 효과를 극대화할 수 있는 체험형 미디어 등 다양한 미디어들이 존재하고 있다. 따라서 광고주 및 광고회사는 도달범위 증대와 도달률 확보, 커뮤니케이션 시너지효과의 증대, 효율적 브랜드 접점관리, 노출빈도분포의 균일성 확보를 고려하는 가운데 광고비용 대비 효과가 높은 매체믹스의 필요성을 인식하게 되었다. 최근 광고캠페인에서 매체믹스 사례는 다양하게 보이고 있다. 대한항공은 "미국 어디까지가 봤니?"라는 캠페인에서 기존 TV, 인쇄미디어를 포함하여 온라인 UCC, BLOG, 케이블TV 연계 프로그램 등 다양한 매체믹스를 통한 Total 커뮤니케이션을 시도하여 전방위적 캠페인을 전개한 성공사례이다. 이러한 성공사례를 통해 대한항공은 중국편, 일본편 등 지속적인 성공캠페인을 이어 나가고 있다. 이제 광고캠페인은 다양한 매체믹스를 통해 메시지를 전달하는 단계에서 나아가 크로스미디어를 통한 IMC(Integrated Marketing Communication)솔루션을 기대하고 추구하게 되었다.

새로운 환경 아래에서의 매체믹스 전략은 구매 전 경험－구매경험－구매 후 경험 단계에 따라 구현될 수 있다.

구매 전 경험단계에서의 커뮤니케이션 목표는 제품군에 대한 욕구를 유발하고 브랜드에 대한 인지와 태도 및 구매의도를 만드는 것으로 설정된다. 구매경험 단계에서는 구매촉진과 구매가 커뮤니케이션의 목표가 되며, 구매 후 경험단계에서는 일대일 관계강화 및 브랜드 충성도 구축이 목표가 된다. 매체 믹스는 이 같은 단계별 목표에 따라 이루어져야 한다(이경렬, 2010). 매체믹스 전략의 구체적인 단계별 커뮤니케이션 목표와 효과가 큰 주요 매체는 다음 표와 같다.

매체믹스 전략의 단계별 커뮤니케이션 목표(이경렬, 2010)

단계	커뮤니케이션 목표	효과가 큰 주요 매체
구매 전 경험 단계	인지도 향상	TV, 신문, DM, 양방향TV
	친숙도 및 호감도 향상	TV, 신문, DM, 인터넷 디스플레이, 검색(키워드), 이메일, 양방향TV, 모바일(SMS, MMS 등)
	소비자관련성/차별성 향상	DM, 인터넷 디스플레이, 검색(키워드), 이메일, 양방향TV, 모바일(SMS, MMS 등)
구매 경험 단계	구매촉진과 구매 (환기/ 구매고려대상군 포함)	검색(키워드), 이메일, 양방향TV, 모바일 광고
구매 후 경험 단계	구매 후 인지부조화 감소/ 태도강화	DM, 이메일 맞춤 광고, 모바일 광고(SMS, MMS)
	지속적 관계 유지	DM, 이메일 맞춤 광고, 모바일 광고(SMS, MMS)
	재구매 유도	DM, 이메일 맞춤 광고, 모바일 광고(SMS, MMS)
	충성도 제고	이메일 맞춤 광고, 모바일 광고(SMS, MMS)

매체믹스의 매체 간 비중은 각 매체의 매체력, 매체접촉도 및 신뢰도 등에 대한 조사 결과를 기초로 매체별 광고목표를 설정하고 매체별 최적 노출량을 결정한 후 결정하게 된다. 매체별 최적 노출량의 결정은 각 매체별 유효빈도 범위를 결정하고 매체별 최적 노출량을 산출한 후 매체별 예산 전환을 진행하는 과정을 통해 이루어진다.

지금까지 새로운 환경에서의 효과적인 매체믹스 방안에 대해 살펴보았다(이경렬, 2010). 보다 효과적인 매체믹스를 위해서는 IMC를 고려한 확장된 매체믹스 전략이 추진되어야 하고, 과학적인 매체믹스 효과평가 시스템의 구축이 이루어져야 할 것이다.

4.3. 소셜미디어의 활용 방안

소셜미디어에서는 정보의 생산자와 소비자가 실시간으로 직접 연결된다. 따라서 정보의 확산 속도가 빠르고 파급력이 크다. 소셜미디어는 전통적 미디어에 비해 저렴한 비용으로 신속하고 손쉽게 양방향 커뮤니케이션을 할 수 있다는 장점을 지니고 있어 이용자가 증가하고 있으며, 이에 따라 그 사회적 영향력 역시 강화되고 있다.

소셜미디어는 참여, 개방, 공유가 보장되는 대표적인 2.0미디어이다. 따라서 소셜미디어를 통해 다양한 사회적 관계망이 유지 및 형성되고 있으며, 이를 기반으로 새로운 커뮤니티가 구축되고 있다. 소셜미디어 광고를 위해 고려되어야 할 사항들을 제시하면 다음과 같다(이수범, 2010).

첫째, 소셜미디어를 광고에 활용하기 위해서는 소셜미디어만의 매체심리적 원리들을 활용하는 것이 필요하다. 소셜미디어 이용자들의 경우 신뢰성과 친밀도에 기반하여 소셜미디어를 이용하고 있으며, 자아인정의 욕구와 자기과시의 욕구도 함께 지니고 있다. 소셜미디어 이용 시에는 즉각적인 회신을 기대하는 심리와 상대방을 평가하려는 심리가 작동한다. 따라서 소셜미디어 광고에서는 이 같은 매체심리학적 원리들을 활용하는 것이 중요하다(신강균, 2010).

둘째, 소셜미디어 광고를 위한 또 다른 고려사항은 즉각적인 효과 창출을 목적으로 하기보다는 이용자와 신뢰관계를 먼저 형성해야 한다는 점이다. 소셜미디어는 관계와 신뢰를 기반으로 운영된다. 따라서 신뢰관계의 형성 이전에 즉각적인 매출 증대 효과가 창출되기는 쉽지 않다. 따라서 소셜미디어 참여자들이 필요로 하는 정보와 즐거움을 제공하는 등의 혜택을 먼저 제공하면서 신뢰관계를 먼저 구축하는 방향으로 소셜미디어 광고가 이루어져야 하며, 메시지의 구성방식도 개인적이고 친근한 커뮤니케이션 형태로 구성되어야 한다. 또한 이를 위해서는 일회성 커뮤니케이션이 아닌 반복적이고 지속적 커뮤니케이션을 진행할 필요가 있다.

셋째, 소비자의 자발적 참여를 유도해야 한다. 소셜미디어 광고는 푸시형 광고가 되어서는 안 된다. 소비자의 적극적이고 능동적인 참여를 유도할 수 있는 광고가 아니면 안 된다. 푸시형 광고는 소셜미디어 이용자들에게 외면 받기 쉽다. 따라서 소셜미디어 광고는 활발한 쌍방향 소통이 가능한 형태로 구성되어야 한다.

넷째, 소비자가 자발적으로 광고 콘텐츠를 전파하도록 하여야 한다. 이를 위해서는 소비자가 감동하고 공감할 수 있는 광고 콘텐츠가 창출되어야 하며, 이를 통해서만 진정한 의미의 바이럴 효과를 창출할 수 있다.

문화체육관광부(2010). 2009문화산업통계(2008년 기준).

방송통신위원회(2010). 2011년 업무계획.

신강균(2010). 광고심리를 응용한 온라인 광고의 효과적 크리에이티브 전략. 한국광고학회 하계 특별 세미나 광고산업 활성화를 위한 신유형 매체 광고 및 IMC전략세미나 자료집. 120~133쪽.

아이뉴스24 홈페이지(http://itnews.inews24.com/php/news_view.php?g_serial=481967&g_menu020300).

오세성 외 24인(2009). 엔터테인먼트산업의 이해. 넥서스BIZ.

유재천 외 10인(2008). 매스커뮤니케이션의 이해. 커뮤니케이션북스.

윤선길 외 14인(2008). 한국의 광고2. 나남.

이경렬(2010). 매체환경 변화에 따른 효율적인 매체믹스 방안. 한국광고학회 하계 특별 세미나 광고산업 활성화를 위한 신유형 매체광고 및 IMC전략세미나 자료집. 20~32쪽.

이시훈(2011). 디지털 미디어의 지속적 출현과 광고산업 발전방안. 세미나 발표자료.

이시훈(2010). 신유형 방송광고의 파급효과 및 발전방안. 한국광고학회 하계 특별 세미나 광고산업 활성화를 위한 신유형 매체광고 및 IMC전략세미나 자료집. 33~40쪽.

이수범(2010). 소셜미디어를 활용한 광고전략 및 발전방안. 한국광고학회 하계 특별 세미나 광고산업 활성화를 위한 신유형 매체광고 및 IMC전략세미나 자료집. 41~58쪽.

이종관(2010). 내수경기 침체하의 광고산업 활성화 방안. 세미나 발표자료

천현숙(2008). 광고 크리에이티브의 원리와 공식. 커뮤니케이션북스.

통계청 홈페이지(http://kostat.go.kr/kssc/stclass/StClassAction.do).

한국콘텐츠진흥원(2010). <CT심층리포트> 모바일 AR의 기술 및 산업동향.

한진만 외 5인(2009). 방송학개론. 커뮤니케이션북스.

문화와 기술의 만남, 문화기술(CT)

융합 시대 테크놀로지의 진화 및 R&D 전략

20세기 '기능(제품)' 시대에서 21세기 '기술+감성'의 시대로 전환하고 있다. '기술+감성=성공'의 공식을 만든 애플의 스티브 잡스는 '아이코닉 디자인'으로 불리는 디자인 철학과 기술력으로 아이팟(iPod)과 아이튠즈(iTunes)라는 히트 상품을 만들어냈다. 이처럼 상품의 기능(기술)은 기본이며, 이야기(상상력)를 담아야 부가가치가 창출되는 것이다. 굿 디자인 제품에 대한 수요가 증가하고 있는데, 앙드레 김 디자인 김치냉장고, 캐릭터 카드, 굿 디자인 아파트(래미안, 어울림, 상떼빌 등) 등이 그 예이다. 또한 인간의 감성에 호소하는 제품의 확산 및 고부가가치화가 진행되고 있다. 상향평준화되는 상품들 사이에 사람들은 더 이상 제품이 아닌 이미지와 스토리에 관심을 갖고, 이런 제품의 매출이 증가하고 있다. 마이클조던이 신던 운동화, 헬로키티(고양이 캐릭터) 등을 통한 문화적 감성충족은 또 다른 문화상품의 구매를 불러일으키게 되는 것이다.

소비자들은 디지털이라는 새로운 생활의 이면에서 인간적인 감성과 여유로움이 급속하게 사라지는 것을 보면서 인간적인 가치를 되찾으려는 강한 욕구를 갖고 있다.

기술이 발달할수록 인간은 그 기술을 인간화하려는 경향이 있는데, 기술의 편리성을 높이는 동시에 인간을 기술의 중심에 두려 한다. 아무리 디지털이 세상을 지배한다 해도, 테크놀로지를 개발하고 활용해 편의를 추구하는 주체는 사람이기 때문이다.

과거에는 하이테크라는 매력 자체가 소비자들을 끌어당겨 수요를 창출했지만, 현재는 하이테크 제품을 만든 회사의 브랜드 가치, 디자인, 사용자들 간의 공감대 형성, 감성적인 만족도 등이 제품 선택에 큰 영향을 미치고 있다. 이러한 상황에서 콘텐츠는 사용자에 의해 직접 선택되며 사용자가 원치 않는 콘텐츠는 시장 경제의 원리에 의해 시장에서 배제되게 된다. 따라서 얼마나 사용자의 요구를 잘 반영하는가가 매우 중요해지며 이러한 유저의 역할이 보다 확대되어 실제 기술 개발에도 큰 영향을 미치는 사용자 중심의 사회로 변모하고 있다.

이러한 개념을 뒷받침하는 테크놀로지 개념이 바로, 문화기술(CT: Culture Technology)[17]이다. '즐기는 기술', '인간적인 기술' 개념을 뒷받침하는 테크놀로지 개념이 CT이며, 이는 문화와 테크놀로지 그리고 감성이 결합된 개념이다. "미래 기술의 핵심은 단순성(simplicity), 환경·인간에 대한 순응성(adaptability), 창조성(creativity)이다. 과거 산업기술은 인간을 이해하지 못했다. 미래 디지털 기술은 인간을 배우면서 인간을 이해하는 쪽으로 나아가고 있다. 더 많은 인간의 정보를 기술이 습득할수록 인류는 도움을 받게 될 것이다."라고 MIT 미디어

---

17) 우리의 CT와 유사한 개념으로는 미국에서는 ET(Entertainment Technology), 영국에서는 CT(Creative Technology), 일본에서는 CT(Content Technology)라는 용어를 사용하고 있다.

랩 프랭크 모스 소장이 지적한 맥락과 같다.

콘텐츠는 문화(Culture)와 기술(Technology) 결합의 요체이다. 인간의 감성, 창의력, 상상력을 원천으로 문화적 요소가 CT로 체계화되어 경제적 가치를 창출하는 문화상품이 바로 콘텐츠이다. CT는 영화, 게임, 애니메이션 등 '문화상품' 전반의 기획, 개발, 제작, 생산, 유통 등에 활용되거나, 관련된 서비스에 사용되는 기술을 의미한다. 이공학적 기술, 인문학(예술 등), 감성 등을 융합시켜, '재미·감동·가치 있는 문화콘텐츠'를 제공하여 삶의 질을 향상시키는 기술로, '인간(人間), 문화(文化), 콘텐츠(Contents)'를 위한 기술이다.

1. 기술과 문화의 컨버전스, 문화기술(CT)

1.1. 새로운 콘셉트의 기술개념, CT

CT는 C(Culture)와 T(Technology)가 독립적인 분과로 합쳐진 것이 아니라 C와 T가 융합하여 만들어진 새로운 기술 개념이다. CT는 처음부터 콘텐츠를 염두에 두고 개발되는 기술로서 기술적인 측면에서 접근한 IT와는 응용분야에서 출발점부터 다르다. 테크놀로지를 기반으로 감성공학, 인지공학, 색공학, 디자인 등 다양한 기술이 융합되고 이를 기반으로 창의력을 발휘하여 콘텐츠를 생성한다(김원제, 2007).

결국 CT란 좁은 의미로는 영화, 애니메이션 등 문화상품의 기획, 제작, 가공, 유통, 소비 등과 이에 관련된 서비스에 필요한 기술을 지칭하며, 광의의 개념으로는 이공학적인 기술뿐만 아니라 인문사회학, 디자인, 예술 분야의 지식과 감성적 요소를 포함하여 인간의 삶의 질을 향상시키는 총체적인 기술을 의미한다.

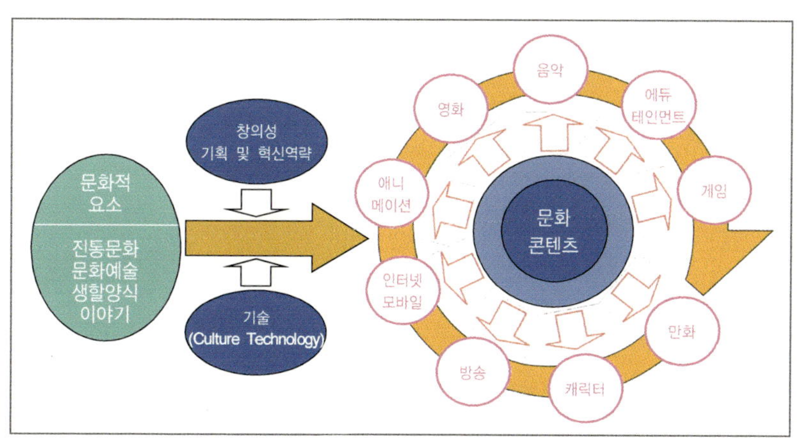

문화+기술+창의성=콘텐츠

　한마디로 CT는 콘텐츠 기획, 제작, 가공, 유통 및 소비과정 전반에 걸쳐 필요한 지식과 기술이다. 콘텐츠산업은 CT에 기반해 '문화예술(원천)+테크놀로지(콘텐츠로 전환)+콘텐츠(비즈니스 콘셉트 적용)'라는 결합(융합)을 통해 문화상품(콘텐츠 혹은 서비스)을 만들어내는 것이다. CT는 문화산업의 재화인 콘텐츠상품의 작품화(창작, 기획), 상품화(제작, 표현), 서비스(유통, 마케팅) 등 전체 가치사슬의 단계마다 개입하여 부가가치를 더해주는 역할을 수행하는 것이다(문화체육관광부·한국콘텐츠진흥원, 2010).

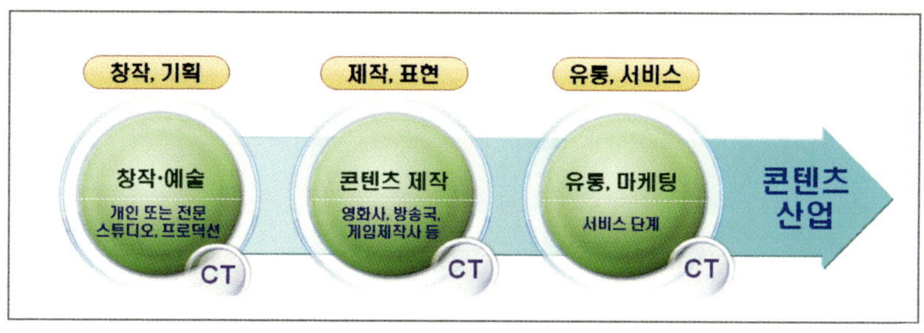

CT와 콘텐츠산업의 가치사슬(문화체육관광부, 2008)

CT의 지향은 물리적 차원이 아닌, 감성적 차원이다. 단순 기술개발 차원이 아니라, 개발된 기술을 어떻게 콘텐츠화해 인간에게 유익한 콘텐츠 혹은 서비스로 제공해줄 것인가에 초점을 맞춘다는 것이다.

CT는 문화예술의 전 분야에서 활발히 연구되고 있으며, 콘텐츠산업 전반에 CT의 활용도가 증대되고 있다. 콘텐츠산업의 성패를 좌우하는 열쇠이다. CT 기술수준이 콘텐츠의 질을 좌우하는 중요 변수로 부상하고 있음이다. CT 기반 콘텐츠의 이익률이 높은데, 특히 애니메이션, 게임 등이 그러하다. 최근 영화제작비에서 CT관련 기술 투자는 총 영화 제작비의 1/3을 초과하는 수준이다(문화체육관광부, 2009).

가장 두드러진 분야는 기술 의존도가 높은 영상분야이다. 시각적인 이미지가 주요 표현수단인 영상분야의 CT에서 가장 중점을 두는 것은 원하는 이미지를 얼마나 생생하고 자유롭게 표현해내느냐는 점이다. 세계적인 흥행을 기록한 <아바타>가 대표적인 사례이다. 아바타는 모션캡처 기술과 컴퓨터그래픽을 합성하여 3D 영화시장을 현실적으로 개척함으로써 영화산업의 기본 패러다임을 바꾸고 있다.

CT는 영상유통 분야에서도 혁명을 일으키고 있다. 멀티플렉스 극장을 중심으로 실행되고 있는 디지털시네마는 기존의 필름이 아닌 디지털 파일 형식으로 영화를 각 극장에 전송하는 시스템이다. 디지털시네마는 CT기술을 타고 유통뿐만 아니라 디지털제작 공정 등 영화의 전반적인 제작에서 소비행태까지 광범위한 변화를 주도하고 있다.

온라인게임분야에서는 컴퓨터그래픽과 서버운용기술 등이 주요 핵심 CT기술로 활용되고 있다. 국내의 대표적인 온라인게임 '리니지'의 성공은 핵심기술인 서버의 운용기술과 안정성 보유, 그리고 세계 최고의 게임개발자 등 지속적인 R&D에 주력한 결과라고 하겠다.

CT는 우리 전통문화유산 속의 문화원형을 추출해내 이를 다른 콘텐츠 분야에서 활용 가능케 해준다. 영화 <왕의 남자>에서는 문화재 보호를 이유로 실제 경복궁에서는 단 한 장면도 촬영하지 못했지만, 문화원형 디지털콘텐츠화 사업의 일환으로 개발한 3차원 입체영상이 담긴 '디지털 한양'을 이용해 경복궁 마당에서 광대들이 한판 놀이를 펼치는 장면을 연출하였다. CT를 활용해 경복궁을 가상으로 체험, 촬영할 장면을 시뮬레이션상에서 연출해 봄으로써 장면의 사실감이 높아졌고 제작비용은 크게 절감되었다.

CT는 문화복지 분야에서도 활용되고 있다. 문화산업에서 소외됐던 장애인들을 위해 CT기술을 활용한 문화복지 서비스들이 꾸준히 개발되고 있다. 청각장애아를 위한 캐릭터 립싱크 기술이 대표적인 성과물이다. 이 기술은 한국인의 표준 입모양을 데이터베이스로 만들고 이를 토대로 독화 애니메이션을 제작해 청각장애인들의 구화교육에 활용한다거나 청각장애아들이 캐릭터를 보고 혼자서 발음연습을 할 수 있게 한다. CT를 활용한 문화복지 서비스의 대상은 노인으로 확대되고 있다. 닌텐도는 노인층을 겨냥한 두뇌훈련용 게임을 출시하였다. 노인들은 게임을 통하여 여가도 즐기고, 간단한 신체활동은 물론 인지능력을 향상시키며, 재활훈련을 할 수 있다.

'미디어콘텐츠+첨단기술'은 미래 미디어콘텐츠 산업의 성패를 좌우하는 열쇠로 작용할 것으로 전망된다. 이에 독창적 CT 기술력이 필요하다. 기술적 자립 없이는 기술에 대한 높은 로열티를 지불해야 하므로 콘텐츠 개발로 인한 높은 이익을 보장할 수 없게 된다. 창작 및 제작자는 실현 불가능한 상상의 세계를 CT를 활용, 가상세계를 현실화시키는 한편 막대한 제작원가를 절감할 수 있다.

1.2. CT의 가치 및 활용

콘텐츠산업 전반에 CT 활용도가 증가하면서 기술력이 융·복합콘텐츠 시장의 성패를 결정하는 요소로 작동하고 있다. CT 기술수준이 콘텐츠의 질을 좌우하는 중요 변수로 부상하고 있는 것이다. CT 기반 콘텐츠의 이익률이 높은데, 특히 애니메이션, 게임 등이 그러하다. 최근 영화제작비에서 CT관련 기술 투자는 총 영화 제작비의 1/3을 초과한다. '괴물'의 경우 44.6%, '디워'는 33% 이상, '스파이더맨'은 33.3%, '킹콩'과 '황금나침반'은 40% 이상이다. '스피드레이서'는 세트촬영 외에는 100% CG로 촬영했고, 블록버스터물인 '아이언 맨'은 실사와 CG를 구분할 수 없을 정도의 퀄리티를 보여주었으며 특히 '아이언 맨'은 국내 전체 영화흥행 Top5 중 4위(2008년 1~10월)를 기록했다(문화체육관광부·한국콘텐츠진흥원, 2010).

문화체육관광부는 향후 세계경제가 문화와 기술이 결합된 '창조경제시대'로 전환될 것으로 전망하고, 창의성, 감성, 재능 등 무형자산을 기반으로 녹색성장을 견인할 고부가가치 미래산업인 콘텐츠산업을 지목하였다. 이에 따라 문화부는 2008년 12월 콘텐츠산업 발전의 핵심요소인 문화기술(CT)의 R&D 정책방향을 정립하기 위하여 CT R&D 기본계획을 수립하였다.

CT R&D 기본계획에서는 기존 CT 16대 중점 추진 분야와 (舊)정보통신부의 디지털콘텐츠 5대 분야의 일원화를 통하여 유사/중복 분야의 통합 및 핵심전략 분야를 도출하였으며, 이는 게임, 영상·뉴미디어, 가상현실, 창작·공연·전시, 융·복합, 공공문화서비스의 6대 분야로 도출되었다. 6대 핵심 분야를 정리하면 다음과 같다.

첫째, 게임 분야는 '세계 3대 게임 콘텐츠 강국으로의 진입'을 비전으로 한다.

제2의 온라인 게임혁명 주도를 위한 미래형게임 첨단기술 확보, 기능성·체험형 게임개발을 통한 건전한 게임 문화 환경을 조성 및 신시장 창출을 목표로 한다.

대규모 가상세계 기반 온라인게임, 국민복지 증진을 위한 기능성 게임, 몰입형 시네마틱 리얼리티 게임 등이 중점추진과제이다.

게임분야 CT

구분	대규모 가성세계 기반 온라인게임	국민 복지 증진을 위한 기능성 게임	몰입형 시네마틱 리얼리티 게임
서비스	메타버스	장애인, 노인용 장애 완화/예방 게임	Ultra HD급 실시간 게임
콘텐츠			

둘째, 영상·뉴미디어 분야는 '세계 5대 영상 콘텐츠 강국으로의 진입'을 비전으로 한다. 몰입형 영상과 관련된 부가적인 인프라의 수출로 신시장 개척, 고품질 영상 콘텐츠 소비 확대를 통한 시장확대 및 국가경제 성장기반 강화를 목표로 한다.

차세대 영상/애니메이션 CG, 몰입형 콘텐츠 및 디지털시네마, 사용자 중심의 대화형 뉴미디어 등이 중점추진과제이다.

영상 · 뉴미디어분야 CT

구분	차세대 영상/ 애니메이션 CG	몰입형 콘텐츠 및 디지털 시네마	사용자 중심의 대화형 뉴미디어
서비스	8K급 초고해상도 영상서비스	오감체험형 디지털시네마	대화형 Full 3D 방송
콘텐츠			

셋째, 가상현실 분야는 '세계적 가상/혼합현실 기술 선도 및 신시장 창출'을 비전으로 한다. 가상/혼합현실 콘텐츠 제작을 위한 원천기술의 확보로 가상세계와 현실세계를 혼합된 가상/혼합현실 콘텐츠 시장 확대가 목표이다.

체험형 모바일 혼합현실, 다중실감 공간구현, 산업 적용형 가상현실 등이 중점추진과제이다.

가상현실분야 CT

구분	체험형 모바일 혼합현실	다중실감 공간구현	산업 적용형 가상현실
서비스	모바일 혼합현실 기반체험 투어	가상현실 Theme Park	가상 융합형 산업 콘텐츠
콘텐츠			

넷째, 창작·공연전시 분야는 '창작·공연전시 신기술 개발 및 응용을 통한 산업활성화'를 비전으로 한다. 창작콘텐츠 디지털화를 위한 핵심기술 확보, 공연·전시 분야 첨단 기술 접목을 통한 내수시장

확대 및 세계시장 개척 등이 목표이다.

지능형 스토리텔링, 살아있는 박물관/전시관, 디지로그 공연/무대 등이 중점추진과제이다.

창작공연전시분야 CT

구분	지능형 스토리텔링	살아있는 박물관, 전시관	디지로그 공연/무대
서비스	Story Mastering S/W	실감몰입형 인터랙티브 전시	디지로그 공연/무대
콘텐츠			

다섯째, 융·복합 분야는 '융·복합형 콘텐츠 신기술 개발 및 응용을 통한 CT 5대 강국 실현'을 비전으로 한다. 디지털 컨버전스로 폭발적 성장이 기대되는 새로운 플랫폼과의 융합으로 스포츠, U-러닝 등 미래형 융·복합 콘텐츠 신산업 창출 및 선점, 감성기반 기술로 콘텐츠 소비 트렌드 선도 및 고부가가치 신시장 창출 등을 목표로 한다.

체감형 스포츠콘텐츠, 감성문화콘텐츠, 실감형 에듀콘텐츠 등을 중점추진과제로 한다.

융·복합분야 CT

구분	체감형 스포츠 콘텐츠	감성문화콘텐츠	실감형 에듀콘텐츠
서비스	체감형 스포츠 콘텐츠	감성 웨어(Affective ware)	u-러닝 및 학습 서비스
콘텐츠			

여섯째, 공공문화서비스 분야는 '콘텐츠 유통/보호 및 사용자 확대를 통한 공공서비스 산업활성화'를 비전으로 한다. 콘텐츠의 제작과 유통에 누구나 쉽게 참여하고 콘텐츠 활용에 소외분야, 소외계층이 없는 전 국민의 콘텐츠 생활화 기반 마련, 콘텐츠의 배급 관리 및 저작권 보호를 위한 기술 개발 및 서비스 확대 등이 목표이다.

디지털콘텐츠 배급관리 및 저작권 보호, 소외계층 위한 문화나눔 공간, 지능형 문화유산 관리시스템 등이 중점추진과제이다.

공공문화서비스분야 CT

구분	디지털콘텐츠 배급관리 및 저작권 보호	소외계층을 위한 문화 나눔 공간	지능형 문화유산 관리 시스템
서비스	디지털콘텐츠 유통	문화 나눔 공간	체험형 문화유산
콘텐츠			

1.3. CT의 미래 비전

미래 기술 트렌드는 '창조적 융합기술'로 대표된다. 오감체험형, 고품질 실감형, 몰입형, 양방향, 가상현실/증강현실/혼합현실 기반, SNS(Social Network Service) 기반, 언제 어디서나 즐길 수 있는, 개인 맞춤형 콘텐츠 등을 구현할 수 있는 기술로 진화할 것이다. 구체적으로 영상 및 창조기술의 고도화가 예상되는데, 인간의 인지능력 이상의 정보 전달을 가능케 할 것이다. 인지기술의 발전도 기대되는데, 인간의 모든 동작, 감정, 지적 활동을 인지하여 개인별 맞춤 콘텐츠 제공이 가능하게 된다. 콘텐츠산업의 엔지니어링(Engineering)으로, 모듈(Modular) 방식으로 콘텐츠 제작이 가능한 상황으로 나아갈 것이다. 주요 장르를 중심으로 CT의 미래 모습을 전망하면 다음과 같다.

CT 각 장르별 콘텐츠 및 기술발전 전망(문화체육관광부, 2009)

소비자 각각의 기호에 따라 편리하게 선택하여 오감을 만족시킬 수 있는 콘텐츠 환경 기반 조성, 공급자 아닌 수요자의 입장을 철저하게 반영할 수 있는 스토리와 감동이 있는 감성지향 콘텐츠 환경을 만드는 것이 바로 CT가 지향하는 미래 비전이다.

영화 <디워>의 미국시장 진출 실패원인은 타 문화권의 문화감성에 대한 이해 부족과 스토리 부재에 있다. 스토리 부족이 1차 원인으로 지적되지만 보다 더 근본적인 문제는 미국인의 문화감성, 문화인지, 문화취향에 대한 고려가 부족했기 때문이라는 분석이 설득적이다. 동양문화권에서의 용은 신비한 대상이지만, 기독교 문명인 서양권에서 실사수준의 용은 문화적으로 쉽게 수용되지 않는 거부감이 있다.

이러한 한계를 극복하기 위해서는 문화감성에 대한 연구가 요구된다. 기존의 감성공학에 콘텐츠를 접목시켜 '문화감성'이라는 새로운 융합기술을 개발하는 연구영역인 것이다. 하여 국가 R&D 분야가 '기획 및 창작' 분야까지 포함해야 하는 당위성을 갖는다. 인문, 사회과학을 포함한 융합연구가 되어야 한다는 것인데, CT가 바로 이러한 요건을 충족시켜준다.

무엇보다 콘텐츠는 재미와 감동으로, 콘텐츠와 인간을 감성적으로 소통시켜, 창작자의 가치를 공유, 소비자를 만족케 하는, '정신적·미적 문화상품'이다. 전체 콘텐츠의 미학적 접근(감성)이 고려되지 않고, 개발·사용되는 공학 기반의 콘텐츠는 인간에게 '감동'을 주기 어렵다. 관련 기술의 연구개발은 '창조·감성·상상' 기반에 이공학적인 기술이 융합되는 방향으로 진행되어야 한다.

CT는 높은 수익, 무한한 성장이 존재하는 경쟁 없는 시장을 창출하고, 원천기술이 없어도 상상력과 창의력만으로도 성공할 수 있는 새로운 가치혁신을 위한 돌파구이므로 지속적인 미래성장 가능성이 높다. 특히 체험경제 시대의 도래로 스토리와 감동이 있는 콘텐츠에 대한 욕구가 확산되고 있으며, 콘텐츠의 산업적 가치가 부각되면서 CT를 기반으로 한 콘텐츠산업은 새로운 블루오션 시장으로서의 가치를 인정받으며 성공적인 비즈니스 시장을 개척할 것으로 전망된다.

CT 기술은 선진국 역시 개발초기단계이며 앞으로 세계시장의 빠른 성장과 주도권 경쟁이 전망되므로 현 시점은 국가적인 육성전략이 절대적으로 필요한 시기다. CT는 21세기 미래사회에 지속적인 국가경쟁력 제고와 삶의 질 향상을 위한 핵심 수단이 될 것이다. 따라서 정책적으로 국가전략과학기술로 지정하고, '선택과 집중'의 원칙에 의거해 국가차원의 CT 핵심기술 확보가 필요하다고 하겠다.

콘텐츠산업 강국 도약을 위해 CT 육성을 기술산업적 과제로 설정해야 한다. 미래의 기술 트렌드는 바로 '창조적 융합기술'로 대표되며 이를 CT가 주도할 것으로 기대된다. 새로운 부가가치를 창출하는 수단으로서 단위기술과 이종기술의 융합은 융합과학에 기반한 미래형 첨단기술(6T)의 융합으로, 궁극적으로 인간의 문화복지 향상에 기여할 전망이다. 하지만 다른 선진국에 비해 턱없이 낮은 콘텐츠산업의 예상 성장률(5.8%, PwC)을 극복하기 위해서는 CT 첨단화를 통한 혁신이 무엇보다도 절실하다. 콘텐츠산업 5대 강국 실현을 위해서는 강력한 드라이브를 걸 수 있는 정부의 적극적인 투자가 시급하다고 하겠다.

2. CT 기반 콘텐츠 R&D

2.1. 서비스 R&D 관점의 채택

창조경제 시대 콘텐츠 진화상에 부응한 R&D가 필요하다.

기존 이공계 위주의 제조업 기반 R&D 정책은 서비스 경제패러다임에 기반한 창조경제 시대로의 흐름 속에 도태될 우려가 적지 않다. 세계적으로 서비스산업이 경제에서 차지하는 비중이 높아지고, 새로운 비즈니스의 기회를 제공한다는 측면에서 서비스 R&D에 대한 투자가 크게 증가하고 있다. 서비스 R&D는 서비스산업에서의 연구개발 활동을 말하며, 일반적으로 제조업의 제품 및 신공정 개발에 대응하여 새로운 서비스 상품 및 서비스 전달체계 개발을 의미한다.

우리 정부는 서비스산업을 산업의 성장 및 고용창출의 핵심산업으로 보고 기획재정부를 중심으로 서비스분야 선진화 방안을 마련하여 추진 중이다. 정부는 '서비스산업 선진화방안'을 발표하는 등 서비스산업 발전을 위해 다양한 정책 노력을 취하고 있다. 그러나 제조업 중심의 제도·관행·의식을 단시일 내에 서비스 친화적으로 개선하는 데 한계를 보이고 있다.

콘텐츠 관련 R&D는 '창조·감성·상상' 기반에 이공학적인 기술이 융합되는 방향으로 진행하여야 한다. 콘텐츠는 재미와 감동으로, 콘텐츠와 인간을 감성적으로 소통시켜, 창작자의 가치를 공유, 소비자를 만족케 하는, '정신적·미적 문화상품'이기 때문이다. 전체 콘텐츠의 미학적 접근(감성)이 고려되지 않고, 개발·사용되는 기술 기반의 콘텐츠는 인간에게 '감동'을 주기 어렵다.

콘텐츠의 속성에 따른 R&D 관점을 채택해야 할 것이다.

콘텐츠는 그 기획에서부터 콘텐츠의 창출, 그리고 최종소비자 전달에 이르는 전 과정이 하나의 서비스상품으로서, 콘텐츠서비스의 혁신을 통해 생산성 향상이 가능하다. 콘텐츠분야의 혁신은 기술적인 분야보다는 비기술적인 분야의 혁신에 대한 부분이 매우 중요하고 콘텐츠산업의 발전에 매우 중요한 특성을 가진다. 콘텐츠 부가가치의 원천은 기술 개발보다는 아이디어와 기획에서 비롯되는 경우가 많다. 기술 중심 R&D가 아닌 감성 중심 R&D, 즉 '비기술적 혁신(콘텐츠 혁신)'에 의존하는 것이다.

콘텐츠산업은 창의성을 기반으로 성장하고, 콘텐츠의 창의성은 대부분 인적 및 창의적 자본에 대한 투자를 통해서 이루어지므로, 이에 대한 투자가 R&D활동의 대부분을 차지한다. 따라서 기술관점이 아닌 '콘텐츠서비스' 관점에서 R&D 개념화 및 정책지원이 필요하다.

콘텐츠 분야 고유의 R&D활동이 요구된다. 콘텐츠 분야 R&D활동의 성과 및 속도를 혁신하기 위한 혁신 R&D 방법론이 요구되는 상황이다.

기존 콘텐츠 분야 R&D방식은 그 한계를 노정하고 있다. 콘텐츠산업 현장과 연계되지 못한 기술개발에 치중, 기술의 상용화가 저조하고 비실용적 기술이 개발되는 등의 한계를 내포한다. 상품화에 직결되는 제작기술에 치우친 근시안적 연구접근에 머물러, 콘텐츠 이전단계인 창작(기획) 차원의 연구는 절대적으로 부족한 실정이다. 시장 중심보다는 연구자 중심의 연구 경향이 강해, 산업적 차원의 효용성에 대한 고민이 부족하다.

'先 콘텐츠 기획 ⇒ 後 기술개발(산·학·연 개방형 공동연구)'의 프로세스를 구축해야 한다. 기존 연구자가 기술 개발하여 콘텐츠에 후행 접목하는 연구자 중심 연구 지양, 콘텐츠(스토리, 상상력)가 선행하고, 콘텐츠의 질을 제고하는 기술을 개발하는 R&D관점을 채택해야 할 것이다.

콘텐츠서비스(상품) 창출이라는 성과 중심 R&D를 지향, 성과 제고 위한 선순환구조를 구축해야 할 것이다. 연구·개발된 기술(CT), 서비스가 시장에 진입하지 못하고 사장되는 경우를 방지하기 위해 콘텐츠상품의 수명주기를 기준으로 시장진입 직전단계, 상용화 이후 성장기, 성숙기까지 R&D사업 범위에 포함할 필요가 있다. 콘텐츠산업 현장 수요에 맞춘 서비스혁신 R&D로 전환해야 하는 것이다. 콘텐츠산업의 부가가치 극대화, 글로벌 경쟁력 제고 위한 R&D가 필요하다. 콘텐츠산업은 기능적 편리성 위주의 기술에서 감성과 재미 그리고 감동을 기술과 결합함으로써 고부가가치가 창출된다. 콘텐츠의 상업적 성공은 감성에 호소하는 '재미'와 '감동'이 관건이다. 기술력만으로는 재미와 감동 주는 '킬러 콘텐츠' 제작에 한계가 있다.

콘텐츠기업의 경쟁력 및 코리아콘텐츠의 글로벌 경쟁력 향상을 위한 노력도 필요하다. 단순 기술개발 차원이 아니라, 개발된 기술을 어떻게 콘텐츠화해 인간에게 유익한 콘텐츠 혹은 서비스로 제공해줄 것인가, 나아가 어떻게 상품화해 국가경제에 기여할 것인가에 초점을 두어야 한다.

스토리 부재, 콘텐츠와 녹여지지 않는 기술로는, 잘 짜인 할리우드 영화 등에 '문화적으로 학습된' 전 세계 관객을 사로잡기에는 역부족이다. 영화 '디 워'는 디지털기술은 갖추었으나 스토리라인의 부족 등이 한계로 지적된다. 보다 더 근본적인 문제는 미국인의 문화감성, 문화인지, 소비자 문화취향에 대한 연구가 부족한 결과이다. 동양에서 용은 신비한 대상이지만, 기독교 문명인 서양문화권에서 실사수준의 용은 문화적으로 쉽게 수용되지 않는 거부감을 일으킨다. 이러한 이유 때문에 기술관점이 아닌 '콘텐츠서비스' 관점에서 R&D 추진이 필요한 것이다.

콘텐츠서비스의 사회문화적 활용성을 강화하는 R&D가 추진되어야 한다. 복지, 공공, 교육 등 콘텐츠서비스의 사회문화적 혜택 강화가 필요한 시점이다. 제조업 등 다양한 분야의 첨단화와 연계하여 콘텐츠를 제공함으로써 신산업 창출에 기여할 수도 있다. 따라서 공학과 인문사회학, 경영학 등이 융합된 R&D가 필요한 것이다.

이러한 배경에서 '서비스 R&D' 패러다임을 도입해야 할 것이다.

OECD는 R&D를 구성하는 실험개발연구(Experimental Development) 정의에 '서비스'를 명시적으로 규정, 서비스 혁신활동을 R&D에 포함하고 있다.

		업종		
		제조업		서비스업
기술 혁신	제품혁신	A	➡ R&D 확대	B
	공정혁신			

*A영역: 전통적인 R&D 영역, 제조업 혁신활동의 핵심분야
*B영역: 제조업에 대응하여 새롭게 R&D활동 영역으로 정의

서비스 R&D Frame Work

유형의 제품으로 완료되는 제조업의 R&D와 달리 서비스 R&D는 무형의 특성으로 서비스 생성과 전달에 있어서 인적자원의 역할이 많은 부분을 차지한다. 인적 자원과 관련된 사회과학·인문학·행태·조직 등 경영적인 혁신이 뒷받침되지 못하면 서비스 향상을 기대할 수 없다. 따라서 서비스 R&D는 '기술혁신'과 '사회과학혁신'이 함께 수행될 필요가 있다. OECD는 Frascati 및 Oslo Manual을 통해서 과학적인 방법론에 의거한 조직혁신, 마케팅혁신 등의 사회과학적 혁신을 혁신의 범주로 확대하고 있다.

서비스 R&D는 연구, 개발, 비즈니스, 생산 개념 모두를 포괄한다. 기술 R&D에서 서비스 R&D로 전환하기 위해서는 서비스의 연구(Research), 개발(Development), 비즈니스(Business), 그리고 생산(Production)을 명확히 구분할 필요가 있다.

서비스 R&D의 대상 산업은 교육, 문화·콘텐츠, 물류, 의료, 통신, 금융, IT 및 사업서비스로 규정할 수 있다. 국내의 서비스 R&D에 관한 연구들에서 공통적으로 통신, IT서비스, 엔터테인먼트 미디어, 유통, 운송 등의 업종을 대상으로 선정하고 있다.

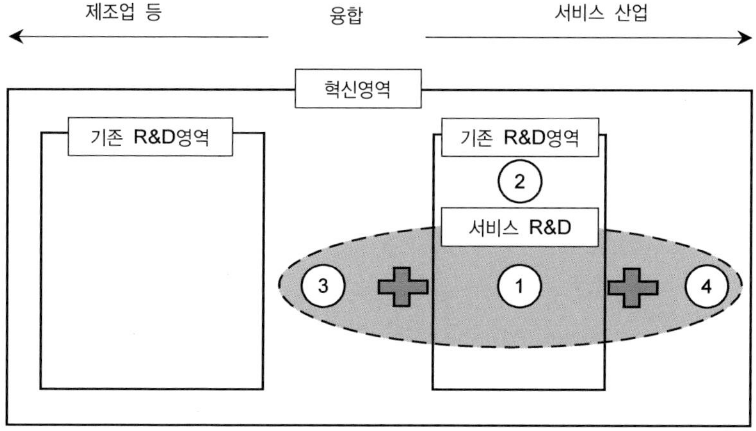

① 새로운 서비스 상품 구현을 위한 요소기술 개발(예: 홈뱅킹 S/W 개발)
③ 시비스 산업에 필유한 장비 개발(예: 통신장비)
③ 제품의 서비스화 등(예: i-Pod 제품+i-Tune 서비스)
④ 비즈니스 모델 혁신 등(예: 옥션, 인터넷 쇼핑몰 11번가)

서비스 R&D 범위(지식경제부, 2010)

서비스 R&D의 재원은 일반적인 산업의 R&D재원과 마찬가지로 정부 및 공공부담 재원, 민간부담 재원, 외국부담 재원이 활용되고 있으며 연구단계별로는 기초연구, 응용연구, 개발연구 등의 단계가 대상이 된다.

콘텐츠 분야에도 이러한 개념을 도입하여, 새로운 콘셉트의 콘텐츠서비스 R&D를 지향해야 할 것이다. 콘텐츠서비스 R&D는 콘텐츠서비스업에서의 연구개발 활동을 의미하는데, R&D를 통해 새로운 콘텐츠상품 및 서비스 전달체계를 혁신하는 것이다. 즉, 콘텐츠상품의 기획, 창작, 유통, 비즈니스, 소비 등에 걸친 일련의 창의적 혁신 R&D를 의미하며, 콘텐츠의 기획, 마케팅, 운영, 프로세스 관리 등 콘텐츠상품 수명주기의 각 단계를 고려한 R&D로서 기술과 시장을 함께 진흥하는 진화된 R&D 개념이다. 또한 공학, 인문학, 사회과학, 경영학 등 다양한 학문분야가 참여하는 융합 R&D 성격을 갖는다. 콘텐츠서비스 R&D의 또 다른 특징은 하드웨어에 대한 투자보다 콘텐츠 및 프로세스 혁신을 위한 비즈니스 모델개발, 서비스 프로세스 혁신방법론 개발 도입 등이 주요 내용이 되어야 한다는 점이다(문화체육관광부, 2009).

미래 콘텐츠산업의 성장은 기존 '기초-응용-개발' 프로세스의 제조업기반 기술 중심 R&D가 아닌 서비스 기반 감성 중심 R&D, 서비스기반 기술 R&D, 제조업기반 감성 중심 R&D 등 '비기술적 혁신(콘텐츠 혁신)'에 의존할 전망이다. 이에 기존 CT R&D 범위에서 서비스 기반 R&D로 범위 확대가 필요한 것이다.

현재 콘텐츠의 개발단계와 상용화 초기 기술지원에 집중되어 있는 지원사업의 범위를 서비스상품의 수명주기를 기준으로 시장진입 직전단계, 상용화 이후 성장기, 성숙기까지 R&D사업 범위를 확대할 필요가 있다. 이는 개발된 기술, 서비스가 시장에 진입하지 못하고 사장되는 경우를 방지하기 위함이다. 지원방식에 있어서도 장르별·분산지원에서 장르 간 연계·통합지원으로 전환해야 한다. 장르를 초월한 우수하고 실험적인 콘텐츠 육성 및 산업화 지원이 요구된다. 자유롭고 창의적인 콘텐츠 생산작업을 유도함으로써 문화영역을 지속적으로 확장·발전해야 한다. 기존의 CT 장르별(만화, 애니메이션, 영화, 게임 등) 연구과제보다 OSMU 전략의 기반이 될 수 있도록 핵심기술 요소들(스토리텔링, 감성, 특수효과 등)과 융합된 프로젝트 과제에 집중할 수 있도록 하여 콘텐츠산업의 시너지 효과를 극대화할 수 있도록 해야 한다.

2.2. 콘텐츠 R&D 방향 설정

'콘텐츠 R&D'에 대한 정책적 개념 정립이 최우선 과제이다.

서비스 R&D 개념의 연장선에서 '콘텐츠 R&D' 정책개념화가 가능하다. 콘텐츠 R&D는 콘텐츠서비스업에서의 연구개발 활동을 의미하는데, R&D를 통해 새로운 콘텐츠상품 및 서비스 전달체계를 혁신하는 것이다. 즉, 콘텐츠상품의 기획, 창작, 유통, 비즈니스, 소비 등에 걸친 일련의 창의적 혁신 R&D를 의미한다. 콘텐츠는 그 기획에서부터 콘텐츠의 창출, 그리고 최종소비자 전달에 이르는 전 과정이 하나의 서비스상품으로서, 콘텐츠서비스의 혁신을 통해 생산성 향상이 가능하기 때문이다. 이에 콘텐츠 R&D는 콘텐츠의 기획, 마케팅, 운영, 프로세스 관리 등 콘텐츠상품 수명주기의 각 단계를 고려한 R&D로서 기술과 시장을 함께 진흥하는 진화된 R&D 개념으로 규정된다.

결국 콘텐츠 R&D란, 새로운 콘텐츠 자산창출 및 가치사슬 전 과정에서 새로운 서비스 전달체계 개발을 위한 연구개발 활동으로 개념화된다. 공학기술과 함께 예술 및 인문학적 창의성 기술(skill)을 아우르는 균형된 개념이다. 콘텐츠자산이나 콘텐츠를 새로운 형태로 서비스하는 방법을 모색하는 활동, 그리고 이에 대한 공정 혁신 활동에 투입되는 기초 및 응용연구, 개발 활동 등을 의미한다고 하겠다.

콘텐츠 R&D 개념은 기술혁신 외에도 장르 혁신, 프로그램의 프로토타입 개발, 신개념 서비스 개발 등 비기술적, 즉 인문·사회 과학적 창의성 활동을 포괄한다. 온라인게임의 경우, 기획(창작)개발과정에서 프로토타입 개발－알파개발－클로즈베타테스트가 순차적으로 이루어지는 것이 아니라 상호작용하면서 이루어진다.

콘텐츠 R&D는 콘텐츠의 신서비스 개발과 콘텐츠 서비스의 효율적 운영 등 비기술적 지식창출 활동에 해당하는 서비스 관점의 R&D와 기술 접목과 관련한 R&D로 개념화된다. 이는 콘텐츠산업이 서비스산업과 달리 유·무형의 콘텐츠와 이를 활용한 서비스로 적절히 구성되어 있다는 점을 고려한 것으로 콘텐츠를 둘러싼 상품/서비스/매체라는 구조를 반영한 것이다.

콘텐츠산업은 서비스업과 제조업이 중첩되면서 동시에 콘텐츠라는 독립된 영역이 존재한다. 제조업에서의 혁신은 기술적 요소가, 서비스업에서의 혁신은 서비스적 요소가 가장 중요하게 기능한다. 콘텐츠산업에서는 창조적 요소가 혁신활동에서 가장 중요하게 작용한다. 최근의 콘텐츠 창작과정은 콘텐츠 상품의 물리적 실체라 할 수 있는 '창작물' 그 자체만을 기획하는 것이 아니라 콘텐츠의 서비스가 이루어지는 매체 및 유통경로의 특성을 고려하여 통합적인 기획을 행하는 것이 일반적이다.

콘텐츠 R&D의 특징은 하드웨어에 대한 투자보다 콘텐츠 및 프로세스 혁신을 위한 과학적 방법론 등 인적 자본 위주의 투자이며, 기술개발 선행단계로서의 비즈니스 모델개발, 서비스 프로세스 혁신방법론 개발 도입 등이다. 기존의 폐쇄적, 기술중심적, 연구자 중심적 연구방식에서 탈피하여 개방적, 시장 중심적, 수요자 중심적 연구방식을 채택 및 수행하여 콘텐츠 관련 기업체 다수의 수혜를 견인할 수 있는 연구로 전환할 필요가 있다.

기존 R&D와 콘텐츠R&D의 차이

구분	기존 R&D	콘텐츠 R&D
투자	물적 투자(장비/재료)	인적 자본 투자
R&D대상	신제품, 신공정 개발	신규 콘텐츠, 신규서비스 모델, 서비스 혁신 방법론개발 등
수행조직	R&D 전담부서	프로젝트 팀 방식 운영
수행방식	공급자 위주의 기술주도형	고객 위주의 수요자협력형
지재권	특허 위주	저작권 위주

콘텐츠 R&D 정책의 범위는 콘텐츠 상품의 기획, 창작, 유통, 비즈니스, 소비 등에 걸친 콘텐츠서비스의 전(全) 주기를 포괄한다. 기획, 마케팅, 운영, 프로세스 관리 등 전 영역에 걸쳐 비기술적인 아이디어와 전략을 창출할 수 있는 R&D여야 한다. 이공학적 기술개발 형태가 아닌 아이디어와 전략 창출을 위한 R&D이다. 콘텐츠 R&D는 공학자, 인문학자, 예술가, 산업 현장인 등 다양한 인력이 참여하여, 과학기술과 인문학(예술 등)의 융합연구 형태로 추진되어야 할 것이다.

기존 기술(CT)을 변형·활용하여 새로운 서비스상품을 개발하고 창의적 아이디어를 서비스상품화할 수 있는 요소기술의 탐색·개량과 관련된 R&D여야 한다. 개발 후반부 및 초기성장기, 안정기 등 서비스상품 수명주기의 각 단계를 고려한 혁신지원제도의 발굴과 관련된 R&D여야 한다. 콘텐츠기업이 사업화 초기단계에 겪는 어려움인 '죽음의 계곡(Death valley)'을 극복할 수 있는 연계지원 강화를 중심으로 사업화 전 주기 지원이 요구된다.

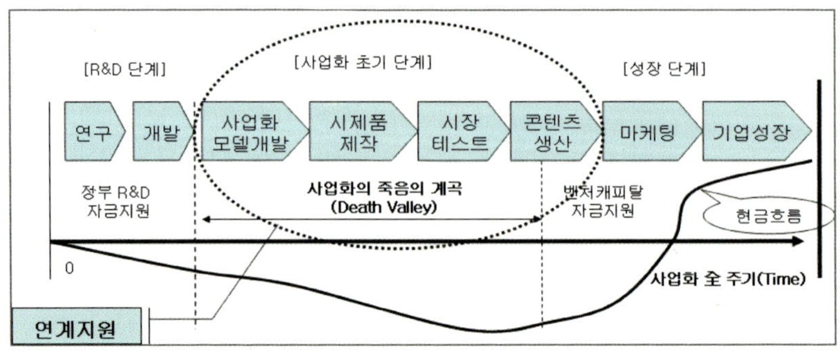

콘텐츠 R&D의 지원 범위 및 프로세스

서비스의 개발단계와 상용화 초기 기술지원에 집중되어 있는 지원 사업의 범위를 서비스상품의 수명주기를 기준으로 시장진입 직전단계, 상용화 이후 성장기, 성숙기까지 R&D사업 범위에 포함해야 한다. 개별 기업의 입장에서 관심은 있으나 직접적인 지원투자가 어려운 연구주제들 대해 공공부문을 통해 심층적 연구를 수행해야 한다.

산·학·연 기술이전 및 실질협력을 통한 성과제고, 체계적 모니터링 등의 사업영역의 확대와 관련된 R&D 추진이 요구된다.

콘텐츠산업의 고유한 혁신 특성이 충분히 반영되고, 이를 바탕으로 콘텐츠서비스 R&D의 개념과 범위를 정립할 필요가 있다. 융합연구와 목적지향적 연구(프로젝트 기반 대형과제 관리) 지향, 장르별·분산지원에서 장르 간 연계·통합지원으로 전환(단위 산업의 범위 초월) 등으로 구체화된다. 기존의 장르별(만화, 애니메이션, 영화, 게임 등) 연구과제보다 OSMU 전략의 기반이 될 수 있도록 핵심 요소들(스토리, 감성, 특수효과 등)과 융합된 프로젝트 과제에 집중할 수 있도록 하여 콘텐츠산업의 시너지 효과를 극대화할 수 있도록 해야 한다.

원활하고 효율적인 콘텐츠 R&D 수행을 위해 부처 간 협력(협의체)이 필요하다. 콘텐츠 속성상 범부처 협력 통한 융합 추진이 정책목표 달성의 관건이다. 콘텐츠산업화에 도움이 된다면 가급적 타 연구기관 참여를 적극적으로 유도하는 '개방형 연구' 지향, 타 부처와 Win－Win하는 R&D모델을 추구해야 한다.

CT서비스 R&D 기획기능 및 관리기능이 강화되어야 한다. 서비스 산업적 관점에서 콘텐츠 R&D의 범위를 규정하고 이를 효과적으로 사업화함으로써 혁신시스템을 구축하는 두뇌 역할을 수행하는 주체가 필요하다. 콘텐츠 R&D 사업을 발굴하고 시행하며, 축적된 지식을 효과적으로 이전하기 위해시는 주도적으로 리드하며 총괄할 수 있는 혁신 R&D 전문기획(기능)이 필요하다. 기획기능이 존재하지 않는 상황에서는 자칫 콘텐츠라는 큰 범주에 묻혀서 고유한 R&D 기능을 활성화하지 못할 우려가 존재한다.

국가 차원의 Top down 기술정책과 비전을 기술개발계획에 반영시키고, 중점 기술개발 사업의 도출과 핵심 연구개발 과제를 선정하는 데 R&D 주체가 동시에 참여함으로써 기술기획의 효율성은 물론 최적의 추진전략 체계를 구축해야 할 것이다. 콘텐츠라는 서비스업 특성상 업종 간 연계를 촉진할 수 있는 서비스 R&D 활성화는 강력한 추진력을 갖춘 전문기획기관의 통합 조율로 가능하기 때문이다.

2.3. 통합형 R&D 전략 및 과제

CT R&D는 콘텐츠 진화방향 및 소비자 니즈에 맞추어 준비되어야 할 것이다.

융합으로 진화되는 콘텐츠는 기술과 감성의 결합이 더욱 극대화되어 소비자의 오감을 통한 체험적 향유가 콘텐츠의 핵심으로 자리 잡을 것으로 기대된다.

미래 콘텐츠 수요는 '고품질의 실감나고 내 맘대로 즐기는' 콘텐츠로 요약된다.

수용자가 원하는 콘텐츠는 창의, 감성 및 체험형 콘텐츠이다. 창의성에 기반한 이용자 편익을 극대화한 고품질 콘텐츠로서 창의적 콘텐츠, 실사수준의 생동감, 능동적 참여를 보장하는 오감체험 콘텐츠인 감성적 콘텐츠, 오감 체험공유 기회 확대, OSMU 및 복합콘텐츠인 체험적 콘텐츠에 대한 소비자 니즈가 증가하고 있기 때문이다.

미래 콘텐츠 트렌드는 '융·복합 콘텐츠'가 대세가 될 것으로 전망된다. 산업 간 경계 약화, 신기술 확산, 수요의 다양화 등으로 인해 콘텐츠산업의 융복합화가 확산되고 있음이다.

단품 위주의 콘텐츠에서 벗어나 다양한 형태로 변환되어 부가가치를 극대화하고 연관 산업의 동반성장을 견인할 것으로 기대된다. 하나의 콘텐츠가 다양한 소비매체를 통해 유통되거나, 다른 장르의 콘텐츠로 가공되어 부가가치를 창출하는 것이다. 예컨대, 오감체험형, 고품질 실감형, 몰입형, 양방향, 가상현실/증강현실/혼합현실 기반, SNS(Social Network Service) 기반, 언제 어디서나 즐길 수 있는, 개인 맞춤형 콘텐츠가 제공될 것으로 기대된다.

주요 이슈를 중심으로 정리하면, 첫째, 능동적 체험콘텐츠이다. 단순감각에 의한 소비에서 교감 또는 실감체험형 소비로 발전할 전망이다. 지금까지는 그 특성이 단순감각(주요한 감각적 특성 중시), 일방향(보고, 듣고, 느낌; 수동적)이었지만, 미래에는 공감각적(총체적인 감각적 체험), 양방향(적극적 행동 또는 참여로 피드백)일 것으로 기대된다. 관람 중심의 문화소비활동이 직접 참여하는 방식(실감체험형)으로 변모할 것이다.

둘째, 몰입형 콘텐츠이다. 현실을 재창조한 가상현실의 환경 속에서 '판타시'를 중시하는 방향으로, 디지털콘텐츠의 표현과 구성 자체가 점차 가상현실을 강조하는 방향으로 크게 성장할 전망이다. 단순하게 수동적으로 즐기는 기존의 '엔터테인먼트(entertainment)'를 넘어서서 누구나 참여할 수 있는 참여형 '어뮤즈먼트(amusement)'와 몰입형 엔터테인먼트(Involvetainment)로 성장할 것이다.

셋째, 사회성 지원 콘텐츠이다. 단순히 '느끼는' 것에서 벗어나 감성을 주고받는 양방향적 교감을 중시하게 되는 것이다. 상품을 '목적 달성의 수단'으로서만이 아닌 '감성적 교류의 대상'으로 인식한다는 것이다. 그저 보고, 듣고, 즐기는 식의 지금까지의 수동적인 자세에서 벗어나 적극적인 피드백을 통해 만족감을 느끼려는 니즈가 확산될 것이다.

넷째, 초(超)기능적 콘텐츠이다. 공급자가 결정한 상품특성에 만족하지 않고 능동적으로 꾸미고 변형하기를 즐기는 '프로슈머형 소비자층'이 부상 중이다. 이들은 세부사항에 대한 맞춤 주문으로 자신만의 제품, 서비스를 직접 제작하는 경향이 강하다. 이에 콘텐츠는 사용자의 참여 및 역할을 보장하는 방향으로 구성되어야 할 것이다. 이용과정 중 사용자 역할 부분을 남겨둠으로써 참여를 유도하는 방식을 도입해야 하는 것이다. 이는 시간 절약적이면서도 고품질 유지가 가능한 형태로서 콘텐츠 제작 및 소비과정에 소비자 참여가 필수적이라는 점이 특징이다.

다섯째, 유니버설 콘텐츠이다. 성, 연령, 장애의 제약 없이 자신이 원하는 콘텐츠에 접근하고 싶어 하는 니즈가 급속하게 확산 중이다. 특히 장애인, 실버세대 등 이전에 콘텐츠 소비에서 소외되었던 계층의 콘텐츠 소비에 대한 니즈가 급속하게 증가하고 있다. 미디어융합으로 언제 어디서나 손쉽게 콘텐츠를 소비할 수 있는 멀티 플랫폼 이용환경 조성으로 콘텐츠의 사회적 수요가 폭증하고 있다. 디지털 개인제작 장비의 보급, 이동단말기 이용 등으로 이용자가 직접 콘텐츠를 제작(UCC)·공급, 공유하기가 수월한 환경이 조성되는 것이다.

한편, 미래 콘텐츠 키워드는 개방형, 실감형, 참여형, 개인화 등 4가지 특성을 지향(한국문화콘텐츠기술학회, 2009)할 것으로 기대되는바, 이를 정리하면 다음과 같다.

① 개방형(연동): 하나의 콘텐츠가 다양한 타 미디어에 작동할 수 있는 연동성과 소비자들이 참여할 수 있는 환경을 조성해주는 것
  - PC, 휴대전화, 게임기 등과 같은 다양한 기기와 콘텐츠가 연동될 수 있도록 지원하는 환경에 기반
  - 소비자들이 미디어나 플랫폼에서 콘텐츠를 소비하면서 직접 동영상 등 콘텐츠를 만들어 올리거나 의견을 제시하고 여기에서 쇼핑 등의 거래가 일어날 수 있는 환경
  - 콘텐츠 사업자가 직접 소비자들에게 자신들의 콘텐츠를 팔고 미디어 사업자는 그 중간에서 유통 역할만을 하는 환경이 조성될 것으로 기대

② 실감형(입체형): 화면에서 벌어지는 상황과 동일한 주변 상황을

연출하여 관객의 오감을 자극함으로써 몰입증진 및 독특한 흥
미를 제공하는 상황
- 콘텐츠와 인간의 상호작용이 가능한 양질의 3D 콘텐츠를 지향
하는데, 다시점 3D 입체영상 제작기술을 통해 2차원 영상의 한
계를 뛰어넘어 관객이 바라보고자 하는 모든 시점에서의 입체
영상 콘텐츠를 제작하여 현장감, 사실감을 제공
- 오감자극에 따른 이용자의 생리적, 심리적 반응을 분석하여 이
용자의 다양한 배경적 조건이 고려된 감성분석을 콘텐츠에서
해석하여 능동적으로 변화 가능한 형태로 제공(감성 정보 기반
능동형 인터랙션)
- 사용자 인터랙션(오감정보 센서링), 실사/실측 기반의 실감형
Full 3D 영상, 다시점(멀티카메라), 사실감 등이 핵심 키워드

③ 사용자 참여형(대화형): 사용자가 시점 및 시나리오를 자유스럽
게 변경하여 감상 가능한 차세대 양방향 3차원 미디어 서비스
- 사용자가 리모컨 등의 인터랙션 도구를 이용하여 사용자의 행
위정보를 전송하고, 시점 제어, 객체 제어 및 시나리오 변경을
통해 원하는 정보를 맞춤형으로 획득할 수 있는 차세대 대화형
미디어 서비스
- 사용자 인터랙션(시점/객체 제어) 지원, 이동성 및 휴대성 보장,
상호작용(사용자의 다양한 제어 및 편집 지원), 상황인식 및 지
능형 콘텐츠 등이 핵심 키워드

④ 개인형(개인맞춤): 개인의 요구에 맞게 콘텐츠와 서비스를 제공

- 사용자의 시청 패턴 및 다양한 유저 인터페이스 입출력 결과들을 이용한 맞춤형 광고 서비스가 가능
- 개인이 원하는 방송 콘텐츠 및 시간을 미리 선택, 나만의 고정채널을 생성, 더 이상 채널변환 없이 TV만 켜면 나만의 방송 시청 가능
- 이용자의 특성에 대한 다양한 정보를 수집하고 분석하여 IT자원, 콘텐츠, 광고 등을 맞춤형으로 패키징하여 제공하는 개념

이러한 배경에서 CT R&D는, 콘텐츠의 구현 및 실행과 직접 관계된 R&D, 그리고 콘텐츠 자체를 개발하는 R&D 과제 외에 콘텐츠개발의 효율성을 제고하거나 콘텐츠 비즈니스모델에 대해 과학적 기반을 강화하는 연구가 필요하다. 콘텐츠 자체를 발굴하는 것 이외에도 기획과 마케팅 그리고 운영에 있어서 새로운 방법론을 도입하고, 인문사회과학의 학문적 역량을 동원하여 비즈니스모델을 발굴하며, 고객의 특성을 분석하는 등 소프트 역량강화를 위한 다양한 연구영역 개발이 시급하다.

콘텐츠서비스의 라이프사이클에 따라 통합형 R&D 분야를 제시하면 다음과 같다.

① 콘텐츠 기획 및 창작 관련 인문사회 R&D 분야
- 프리 프로덕션 핵심공정 혁신: 콘텐츠가 제작되기 전 단계(pre-production)의 기획 및 창작 프로세스에 관한 혁신 및 개선을 위한 R&D
  예) 창의성 공학, 콘텐츠의 시장성과 타당성을 기획하는 차원

(preproduction) 관련 R&D, 통합적 기획 능력 지원 및 아카이브의 DB화, 인간-콘텐츠/디바이스 간 상호작용 연구

- 스토리텔링: 스토리의 본질 규명, 스토리의 상품화, 효과적 전달 등에 관한 R&D

  예) 스토리의 본질에 관한 R&D, 스토리텔링 관련된 창의적 R&D사업의 확대, Transmedia-Storytelling, 창의인재 양성, 디지털 스토리텔링&인지 연구

- 스토리 발굴: 스토리텔링 이전 단계의 스토리 발굴 관련 R&D

  예) 문화원형 스토리 발굴(mining) 및 스토리텔링 관련 R&D, 문화원형 미니어리서치, 문화원형 아카이브 구축, Cultural Resources Management(문화자원경영)

- 문화감성: 콘텐츠 제작 및 비즈니스를 위한 사전작업으로서 감성, 인지심리학적 차원의 R&D

  예) 인간의 감성을 인문-사회과학적으로 연구하여 구체화하는 R&D, 글로벌 권역별 감성 비교분석, 타깃시장별 인지심리학적 소비자코드 R&D

- 새로운 콘텐츠 개념 및 미래 기반 연구: 기존 콘텐츠 개념의 확대 및 신규 콘텐츠 개념 발굴 등 콘텐츠 범위 확장하는 미래지향적 R&D

  예) 소셜(social) 콘텐츠, 퍼블릭(public) 콘텐츠, 적정기술(Appropriate Technology) 연구

② 콘텐츠서비스 제작 관련 인문사회 R&D 분야

- 콘텐츠디자인: 콘텐츠의 문화적 요소를 고려한 디자인, 콘텐츠

콘셉트를 기획·설계하는 R&D

　예) 문화적 요소를 발굴하고, 의미 있는 정보로 디자인할 수 있
　도록 하는 디지털 정보디자인 연구, 콘텐츠 콘셉트 설계
－사회문화 트렌드 분석: 콘텐츠 제작 및 유통, 서비스에 관련된
　사회문화적 트렌드, 법제도 등을 탐색하는 R&D
　예) 사회－문화의 트렌드 및 미래사회 예측 연구, 콘텐츠 비즈니
　스 성공사례 분석연구, 스마트폰·증강현실 등 뉴 트렌드 반영
　R&D, 관련 법/제도 등 기반연구
－콘텐츠 제작프로세스 혁신: 콘텐츠 제작 관련 프로세스 전반에
　걸친 혁신 R&D
　예) 콘텐츠 개발/운영 프로세스 효율화 R&D

③ 콘텐츠서비스 유통 및 서비스 관련 인문사회 R&D 분야
　－콘텐츠 시장분석: 시장, 소비자, 커뮤니케이션 및 마케팅 전략
　등 콘텐츠시장 창출을 위한 R&D
　예) 콘텐츠소비자 분석, 글로벌 비즈니스 타당성에 대한 평가,
　기존 기술을 활용해 서비스 상품의 혁신 창출 및 최적화, 콘텐
　츠 커뮤니케이션 전략 수립연구
　－측정 및 테스트: 콘텐츠 서비스의 생산성 평가, 서비스 효과를
　증진하기 위한 테스트 관련 R&D
　예) 콘텐츠서비스 생산성의 측정방법 연구, 서비스 효과와 효능을 객
　관적으로 확인하고 서비스 질을 높이기 위한 사전 체크방법 연구
　－응용 및 진화: 콘텐츠 진화 및 비즈니스 관련 다양한 응용을 위
　한 R&D

예) 상용화 이후 서비스 중인 콘텐츠의 혁신, 콘텐츠 장르별 생명주기의 특성과 고객 상호작용 연구, 생명주기별 콘텐츠비즈니스 모델혁신에 관한 R&D, Cross-fertilization, 콘텐츠(특히 게임) 과몰입 방지 및 관리를 위한 위기관리 시스템 구축 구조혁신, 미디어품격(미술, 클래식 음악 등의 순수예술 분야), 문화공간 연구

- 콘텐츠 유통 혁신: 콘텐츠 유통 관련 혁신, 고도화, 선순환구조 확립 등 건전지속성장 가능한 유통시스템 구축 관련 R&D

  예) 합리적인 콘텐츠 유통구조 확립을 위한 연구, 비즈니스 프로세스 모델링

- 융합혁신: 제조업 등 다양한 분야와의 융합을 통해 새로운 콘텐츠 비즈니스 영역을 창출하는 동시에 삶의 질 제고에 기여하는 융합 R&D

  예) 다양한 분야와의 접목("온 세상에 콘텐츠를 입히다"), 생활문화 관련 편의성 제고 차원, 연극·뮤지컬 등의 창작활동을 지원하고 표현력을 높이는 R&D, 공연 전시의 효율성을 확대하는 R&D, 국민 건강 증진을 위해 스포츠 활동 관련 R&D, 문화적으로 소외된 계층에게 콘텐츠를 효율적으로 전달하고 체험하게 하는 R&D, 교육-놀이가 융합된 에듀테인먼트 콘텐츠 관련 R&D

참고문헌 및 자료

과학기술부(2007). 서비스 과학화를 위한 정책방향 연구.

국가과학기술자문회의(2007). 지식기반서비스산업 경쟁력강화를 위한 과학기술지원 방안.

남기찬 · 김용진(2008). 서비스사이언스 관점에서 본 IT서비스산업의 발전과제.

문화체육관광부 · 한국콘텐츠진흥원(2010). 문화기술(CT)연감.

문화체육관광부(2010). 차세대 융합형 콘텐츠 R&D 정책 공개토론회 자료집.

문화체육관광부(2009). 서비스 R&D 관점의 CT 활성화 전략.

문화체육관광부(2008). CT R&D 기본계획.

문화체육관광부(2008). 디지털미디어 융합에 따른 문화콘텐츠산업의 가치사슬 확대에 대한 연구.

서비스사이언스전국포럼(2009). 방송통신서비스 산업의 현황과 활성화 방안. 연합세미나 발제자료집.

지식경제부(2010). 서비스 R&D 활성화 방안.

산업연구원(2008). 서비스 산업의 R&D 투자현황과 시사점. 산업경제정보. 제418호.

장병열(2008). 서비스 산업의 서비스 R&D 특징 및 시사점. 과학기술정책. 과학기술정책연구원. 통권 173호. 제18호. 47~57쪽.

한국과학기술정책연구원(2007). 기술기반 문화콘텐츠 서비스업의 혁신특성과 R&D전략: 온라인 게임산업을 중심으로.

한국문화관광연구원(2010). 콘텐츠산업 R&D 개념 및 지원방안 연구 - 연구개발비 세액공제 개선방안을 중심으로.

한국문화콘텐츠기술학회(2009). 차세대 뉴미디어 기반 양방향 맞춤형 콘텐츠 기술개발 기획연구.

한국산업기술재단(2007). 서비스 사이언스: 서비스산업의 혁신.

한국콘텐츠진흥원(2010). 디지털 콘텐츠 발전을 위한 인문 · 사회과학 통합형 R&D 모델 개발 기초 연구.

한국콘텐츠진흥원(2010). 디지털융합시대 콘텐츠산업 미래정책 연구.

John Jankowski, Gregory Tessey(2005). Measuring Service-Sector Research and Development, National Science Foundation and National Institute of Standards & Technology.

http://www.nist.gov/director/prog-ofc/report05-1.pdf
Mark Boden, Ian Miles(2000). Services and the knowledge-based economy, Routledge.
Tekes(2007). Serve-Innovative service.
UNCTAD(2008). Creative Economy.

SNS 등장과 정치커뮤니케이션의 변화

스마트한 정치커뮤니케이션의 조건

1. 미디어 2.0 패러다임과 새로운 소통도구 등장

1.1. 미디어 2.0에 대한 이해

오늘날 미디어 패러다임은 개방, 공유, 참여를 기반으로 한 '미디어 2.0'으로 표현된다. 미디어 2.0 개념은 '웹 2.0' 환경이 변화시킨 미디어 환경의 새로운 모습을 일컫는 신조어로서, 2006년 초 미국의 트로이 영(Troy Young)에 의해 주장되었고, 국내에서도 자주 사용되고 있다. 단편적으로 기존의 신문, TV와 같은 매스미디어가 일방적으로 정보를 전달했던 것과는 달리 인터넷, 모바일 등을 통해 쌍방향 커뮤니케이션이 가능한 미디어 환경을 뜻한다.

미디어 1.0 시대에서는 콘텐츠가 가장 중요했다. 그러나 미디어 2.0 환경에서는 '플랫폼'이 핵심적 역할을 수행하고 있다. 콘텐츠는 플랫폼, 미디어를 자유롭게 옮겨 다닐 뿐이다. 그래서 미디어 2.0 환경에서 플랫폼이 강조되고 있다. 디지털 컨버전스에 의해 TV를 통해서도 인터넷을 이용할 수 있으며, 인터넷에 접속된 PC를 통해서도 TV 등 기존 미디어의 콘텐츠를 이용할 수 있게 되었다.

이에 TV나 인터넷 등 플랫폼은 '광장' 개념이 된다. 이용자가 자신이 생산한 정보 및 콘텐츠를 다른 이용자와 공유하고 미디어 기업과 언론사의 정보 및 콘텐츠 생산에도 관여하는 광장이 되는 것이다. 따라서 미디어 2.0 시대에는 광장 역할을 하는 플랫폼이 가장 중요하게 된다. 개방(Openness), 공유(Sharing), 그리고 참여(Participation)라는 웹 2.0의 특징이 바로 이 '광장'에서 구현되는 것이다.

개방(Openness)은 플랫폼으로서의 웹을 의미한다. 개방이란 과거 개인 사용자가 자신만이 가지고 사용하던 콘텐츠를 다른 사람들에게 공개하는 것을 도와주는 기술들을 얘기한다. 예를 들어, RSS[18] 기반의 문서체계나 Open API[19] 등이 이에 속한다. 이러한 기술들을 이용해서 사람들은 점점 더 자기 내면의 깊숙한 정보까지도 남들에게 공개하는 경향을 보이고 있다. 개별적인 데이터나 애플리케이션을 개방하던 과거의 수준을 넘어서서 자신들이 가진 지식이나 기술, 그리고 심지어 자신의 감성이나 성격적인 특성까지도 남에게 개방하기 시작한 것이다. 블로그 등에서 이러한 트렌드를 볼 수 있다. 결국, 개방성은 기존의 인터넷 사용자들에게 접근 편의성, 이동 편의성 그리고 집합 편의성과 같은 다양한 이익을 제공한다. 공유(Sharing)는 개방화된 플랫폼상의 이용자들 간의 정보공유를 의미한다. 정보공유의 다양한 활동들은 관심분야를 공유하는 기본적인 활동에 의해서 사회연결망을

---

18) RSS(Really Simple Syndication or Rich Site Summary)는 포털사이트나 블로그와 같이 콘텐츠 업데이트가 자주 일어나는 웹사이트에서, 업데이트된 정보를 자동적으로 쉽게 사용자들에게 제공하기 위한 서비스이다.

19) Open API(Open Application Programmer Interface)는 인터넷 이용자가 일방적으로 웹 검색 결과 및 사용자인터페이스(UI) 등을 제공받는 데 그치지 않고 직접 응용 프로그램과 서비스를 개발할 수 있도록 공개된 API를 가리킨다.

증가시키고, 집단지성의 가능성을 향상시킨다. 예를 들어, Tag나 북마크 등이 공유를 위한 기술에 속한다. 날이 갈수록 공유의 범위가 넓어지고 있다. 초기에는 컴퓨터 사이의 공유나 컴퓨터와 사람 간의 공유가 주를 이루었다면, 웹2.0 시대에는 사람과 사람 그리고 더 나아가 주변 정황과 지식까지도 공유하는 추세로 나아가고 있다. 공유에 의한 다양한 이익은 이용자들의 참여(Participation)를 향상시킨다. 초기에는 단순한 페이지 조회에 머물러 있었던 사용자의 참여는 자신의 글을 올리고 커뮤니티 활동에 참여하는 것으로 발전되어 나갔으며, 새로운 콘텐츠를 생성하고 소프트웨어를 만드는 과정에 참여하는 것으로 확장되었다. 보다 많은 이용자의 보다 적극적인 참여는 네트워크의 가치를 향상시키고, 네트워크 가치 향상은 네트워크가 생산하는 지식의 가치 향상으로 연결되었다(김진우, 2008: 18－19). 결국 미디어 2.0 환경에서는 이용자들이 참여하여 콘텐츠를 생산하고, 이를 다른 사람들에게 공유하고 개방하는 행위가 가능해졌다.

이러한 미디어 2.0 환경은 미디어의 전통적인 개념을 넘어서서 이른바 'Everyone is Media' 개념으로 확대되어 새로운 커뮤니케이션 패러다임을 등장시켰고, 정보생산 및 소비의 경계를 소멸시키고 있다. 이에 따라 미디어 수용자의 개념을 수동적 대중 소비자에서 능동적 개인 소비자로 변화시키고 있다.

개방, 공유, 참여로 상생의 지속성장을 모색하는 2.0 패러다임은 뉴미디어 영역과 정치영역 간에도 유효한 명제이다. 이미 인터넷 정치 시대로 접어든 현시점에서 뉴미디어는 자발적 참여와 공유를 통해 정치인과 일반시민 간 정치커뮤니케이션 2.0 공간을 완성해가는 도구이다. 웹 2.0의 자유로운 표현 공간 속에서 상호작용적인 발전을 이루어 나가기 위해서는 양방향적인 소통을 통해 투명하고 긍정적인 문화를 점차적으로 형성해 가는 것이 바람직할 것이다(김원제, 2009: 328).

1.2. 새로운 소통도구, SNS의 등장

흔히 커뮤니케이션을 '소통'이라 표현한다. 소통(疏通)의 사전적 의미는 '뜻이 서로 통하여 오해가 없음'이지만, 서로 뜻이 통하지 않더라도, 다른 의견을 존중하고 포용하여 오해가 없도록 한다는 의미로 해석될 수 있다. 소통은 사회적 교환의 여러 형태를 포함하기 때문에 사회적 삶 자체를 가리킨다고 할 수 있을 정도로 중요하다.

소통은 민주주의를 실현하기 위한 방법론이기 때문에 정치 영역에서 소통의 의미와 중요성이 더욱 강조되고 있다. 미디어 환경 변화에 따라 커뮤니케이션 욕구를 해소하기 위한 다양한 소통도구가 발달해 왔고, 인터넷이 보편화되면서 인터넷 기반의 새로운 커뮤니케이션 수단이 출현했다. 오늘날 정치 영역에서 새로운 소통도구들이 쏟아져 나오고 있는데, 그 대표적인 사례가 바로 소셜미디어(Social Media)의 한 범주에 속하는 SNS(Social Network Service)다.

소셜미디어는 사람들 간 의견, 생각, 경험, 관점 등을 서로 공유하기 위해 사용하는 온라인 툴과 플랫폼을 포함하는 개념으로, 소셜미디어를 통해 공유되는 콘텐츠는 텍스트, 이미지, 오디오, 비디오 등의 다양한 형태를 가지며, 소셜네트워크, 블로그, 인스턴트 메시지 보드, 팟 캐스트, 위키, UCC 등이 대표적이다.

웹 2.0 기반의 소셜미디어의 특징(FKII, 2009; 한국정보화진흥원, 2010)

구 분	내 용
참여 (participation)	소셜미디어는 관심 있는 모든 사람들의 기여와 피드백을 촉진하여 정보 생산자와 제공자의 개념이 모호
개방 (openness)	대부분의 소셜미디어는 피드백과 참여가 공개되어 있으며, 투표·피드백·코멘트·정보 공유를 촉진함으로써 콘텐츠 접근과 사용에 대한 장벽 해체
대화 (conversation)	전통적인 미디어가 'Broadcast'이고, 콘텐츠가 일방적으로 청중에게 유통되는 반면 소셜미디어는 양방향성 보유
커뮤니티 (community)	소셜미디어는 빠르게 커뮤니티를 구성할 수 있고, 커뮤니티로 하여금 공통의 관심사에 대해 이야기할 수 있는 공간 마련
연결 (connectedness)	대부분의 소셜미디어는 다양한 미디어의 조합이나 링크를 통한 연계에서 출발하여 번영

SNS는 최근에 등장한 개념이기 때문에 백과사전 등과 같은 자료를 통해 명확한 의미를 파악하기에는 다소 역부족이다. 특징적인 요소들을 포괄하여 정의하면, 1인 미디어, 1인 커뮤니티, 정보 공유 등을 포괄하는 개념이며, 웹상에서 이용자들이 인적 네트워크를 형성할 수 있게 해주는 커뮤니티형 웹사이트라고 할 수 있다. 이용자들은 SNS를 통해 인맥을 새롭게 쌓거나, 기존 인맥과의 관계를 강화시키고 있다.

SNS의 등장과 붐 현상은 커뮤니케이션 환경을 크게 변화시켰다. 예컨대, 맛집을 검색할 때, 신문·방송과 같은 전통적 미디어보다 메뉴 사진, 가격대 등의 기본 정보부터 다양한 음식평가에 이르기까지 망라해 놓은 블로그의 정보를 더 유용하게 받아들인다. 또한, 트위터, 페이스북과 같은 'SNS'를 통해 적극적인 정치적 정보공유와 어젠다 설정 및 토론이 이루어지고 있다.

SNS 열풍의 기폭제는 스마트폰을 중심으로 한 모바일 인터넷의 빠른 보급률에 있다. 소통 양식에 있어서도 유선과 무선 인터넷이 통합되고 있으며, 자유롭게 인터넷에 접속할 수 있는 환경이 조성되고 있다. 이 때문에 네트워크 연결의 시공간 제약이 없어지면서, PC 앞에 서만 가능했던 많은 일들이 길거리, 지하철, 화장실 안에서 가능해진 것이다. 무엇보다 무선 환경이 SNS와 접목되면서 온라인과 오프라인 이 융합된 소통방식의 변화가 이루어지고 있는 것이다. 이는 곧 소통 의 효율성과 밀접한 관계로 이어지는데, 이 때문에 정치적 영역에서 대국민 소통 강화 양식으로 SNS를 적극적으로 활용하고 있다.

국내의 경우, 대표적인 SNS로 자리매김했던 '싸이월드'의 이용자 수가 점차적으로 감소하고, 반면 트위터, 페이스북 등의 외국 SNS의 이용자 수는 큰 폭으로 증가하고 있다. 소위 'TGIF'라는 신조어까지 탄생시킬 정도로 말이다.[20] 여기에서는 정치적 영향력이 비교적 크 다고 평가되는 트위터 및 페이스북 등을 중심으로 논의하고자 한다.

트위터는 기존의 블로그, SMS, 메신저, 커뮤니티 등의 장점이 잘 조 합된 SNS로서 커뮤니케이션 과정에서 사회정치적 관계 및 정보에 대 한 수용자의 선택성이 한층 강화된 미디어이다. 요즘 연예인이나 정 치인 등 유명인의 일거수일투족에 대한 정보를 기존 미디어에서 찾 기보다는 트위터를 통해 정보를 수용하고, 최신 IT 기술에 대한 지식, 정보도 트위터에서 찾는다.

트위터는 '속도', '단순함', '문자 중심'이라는 키워드로 '트위터 커 뮤니케이션' 현상을 만들어내고 있다. 먼저, '속도'의 특징을 살펴보 면, 트위터는 거의 실시간으로 정보를 확산시키는 등 속도의 경쟁력 을 자랑한다. 예를 들어, 인도 뭄바이 테러, 이란 대통령 선거 부정,

---

20) TGIF는 '트위터(Twitter)로 말하고 구글(Google)로 검색하고 아이폰(iPhone)으로 통화하고 페이스북(Facebook) 으로 인맥을 관리한다.'로 풀이된다. 스마트폰과 태블릿PC 상용화에 따른 신조어다. 스마트 시대 신조어 는 대개 기술적 의미를 사회학적 표현으로 풀어내고 있다.

트위터와 기존 SNS 기능 비교(황혜정, 2009)

주요 차이점	트위터	싸이월드	블로그	카페
정보유형	텍스트 위주 (140자 이내)	텍스트, 사진 위주	텍스트, 사진 위주	텍스트, 사진 위주
정보특징	단순함, 개인적	단순함, 개인적	복잡함, 전문적	복잡함, 일부 전문적
접속수단	웹, 모바일 등 다양함	주로 웹, 모바일 일부	주로 웹	주로 웹
관계 맺기	일방적	쌍방 허락	일방, 쌍방 둘 다 가능	카페 가입
정보확산 속도	매우 빠른 편	빠른 편	보통	카페 내 확산

그리고 아이티 지진 사태 등에서 트위터는 기존 언론보다도 더 빨리 소식을 전파하면서 그 위력을 발휘했다. 그리고 '단순함'의 특징을 보면, 140자의 제한된 글쓰기인데, 이는 간결성과 완결성을 의미한다. 즉 하나의 포스팅에 '독립'된 메시지를 완성함으로써, 상징과 함축의 미학을 양산해낸다. 그리고 '문자중심'은 불필요한 UI 등을 배제하고 문자 위주의 메시지 전달방식으로 대화의 폭을 넓고 깊어지게 한다.

트위터의 긍정적인 기능은 다양하게 평가되고 있다. 먼저, 정보를 실시간으로 교류할 수 있는 '빠른 소통'을 들 수 있다. 아이티 지진이 발생했을 때, 언론이 접근하기도 전에 현장에 있던 사람들이 사진 등 상황정보를 트위터를 통해 실시간으로 제공한 사례가 있다. 트위터를 통해 지진 피해 상황을 전 세계에 알리고 구호품, 기금을 모으는 활동에 중요한 역할을 했다.

다음으로 유명인과의 손쉬운 접촉을 들 수 있다. 일상적으로 접촉하기 힘든 정치 지도자, 연예인, 공인 등의 유명인들과 트위터를 통한 관계 맺기가 수월하다. 이를 통해, 상호 간 정보공유 및 소통이 가능하다. 실제, 정치인들 입장에서도 유권자들과 쉽게 접촉하여 그들의 민심을 실시간으로 접할 수 있는 점을 매력적으로 생각하고 있다. 이 밖에도, 정치적 참여 견인, 소수의 목소리 확대, 어젠다 세팅, 여론 형성 등의 사회정치적 순기능들을 내포하고 있다.

반면, 트위터의 부정적인 면도 존재한다. 가장 많이 논의되는 것이 개인정보 유출, 사생활 침해, 허위사실 전파 등이다. 특히, 허위사실 이나 루머의 실시간 정보 확산은 큰 문제로 지적된다. 예를 들어, 2010년 11월에 발생한 '연평도 포격사건' 당시, 트위터에서는 지난 2003년 이라크 전쟁 당시 폭격 당한 바그다드 사진이 그대로 연평도 위성사진으로 둔갑했고, 심지어 언론에서도 해당 사진을 연평도 보도에 사용하는 사례도 발생했다. 또한, '김정일 사망설', '예비군 소집령' 등 각종 루머가 확산돼 사회적 혼란을 초래했다.

페이스북은 전 세계적으로 가장 많은 이용자수를 확보한 세계 최대 SNS다. 2004년 하버드대학교의 학생이던 마크 주커버그가 하버드대학교 학생들만 이용할 수 있도록 만든 것이 시작이며, 그 후 점차 많은 대학교로 영역이 확대되어 현재, 전 세계 5억 명이 넘는 사용자가 이용하고 있다. 2010년 페이스북을 소재로 한 영화 <소셜 네트워크>가 상영되는 등 페이스북에 대한 관심이 급증하면서, 국내의 페이스북 이용자수도 급격하게 증가하고 있는 추세다.

트위터와 페이스북은 각각 매체적 성격에 차이점이 있다. 트위터는 불특정 다수를 대상으로 인맥을 형성하고 '빠른 소통'이라는 성격이 강조되는 반면, 페이스북은 지인을 중심으로 인맥을 형성하고, 공고한 인적 네트워크, 즉 '우리의 공간'이라는 개념이 강하다. 다시 말해, 트위터는 공통의 이슈가 매개의 중심이 되는 '정보 추구'를 목적으로 하고, 페이스북은 인간이 매개의 중심이 되는 '인관관계 추구'를 목적으로 한다고 할 수 있다. 여하튼 트위터, 페이스북 등의 SNS의 등장은 커뮤니케이션 양식을 변화시키고 있고, 사회정치적 영향력 및 파급력을 행사하고 있는 등 새로운 소통도구로서의 위상을 확립해 나가고 있다.

2. SNS의 정치적 의미

SNS의 등장은 커뮤니케이션 양식과 사회 전반에 거쳐 커다란 영향을 미치고 있다. 특히, SNS의 확산은 정치커뮤니케이션에 급격한 변화를 이끌어내고 있다. 예컨대, 정치인과 유권자 간의 직접적이고 신속한 커뮤니케이션을 가능하게 하는 도구로서의 유용성이 목격되고 있다. 과거 미디어 정치, 인터넷 정치를 넘어서서 미디어 테크놀로지 진화와 함께 전혀 새로운 정치과정의 변화가 꾸준히 전개되고 공진화되고 있다.

그렇다면 인터넷을 활용한 정치의 시대는 끝난 것인가? 분명 '인터넷 정치'의 가능성과 그 효과에 대해서는 부정할 수 없다. 과거 인터넷을 통한 정치참여의 확대, 인터넷이 선거에 미치는 큰 영향력 등 우리는 인터넷 정치의 파워에 대해 목격해 왔다. 그러나 공론장 기능의 상실, 여론 조작, 콘텐츠의 한계 등 여러 문제점들이 속속 드러나면서부터 한계에 직면하게 되었다.

그렇다고 SNS가 인터넷 정치를 대체하는 완벽한 수단이라고는 할 수 없다. 다만, SNS가 급변하는 정치적 환경 속에서 정치 소외계층의 참여를 확대시키고, 정치정보의 습득·유통·확산의 혁신 가능성이 큰 새로운 소통도구라는 사실이 중요하다.

2.1. 정치 소외계층의 참여 확대

정치 소외계층의 대표적인 계층은 젊은 층이다. 이들의 정치 냉소주의는 과거부터 이루어져 온 현상인데, 가장 큰 원인 중의 하나는 정치적 불신이라 할 수 있다. 정치적 불신은 법과 제도가 불공평하게 집행되거나 정책결정과정에 국민들의 참여가 배제되는 권위주의 체제에서 주로 나타난다. 정치체계에 대한 불신은 주로 정부의 정책결정에 임하는 태도에 대한 불만족과 집행되고 있는 정책에 대해 정치효능감을 느낄 수 없어 좌절감을 느낄 때 정치적 냉소주의 성향은 더욱 가중될 수 있다. 따라서 냉소주의는 대체로 정치영역에 대한 신임의 결여와 불신감과 관계가 있다(Richerd M., Perloff & Dave Kinsey, 1992).

특히, 정치에 대한 불신은 미디어를 통해 확대 재생산되고 있다. 예컨대, 여당과 야당의 싸움, 계파 간의 갈등 등 소위 싸움판 정치권에 대한 현실 재구성이 미디어를 통해 연일 묘사되고 있다. 이로 인해, 정치적 효능감은 더욱 감소되고, 정치적 불신은 더욱 심화되는 것이다.

젊은 층의 소극적인 정치참여는 과거부터 이어져 온 현상이다. 국내의 경우, 선거 때마다 젊은 층의 투표율이 큰 변수가 되고, 선거에 패배한 정당들은 젊은 세대를 지지층으로 끌어들이지 못한 사실로 인해 자가당착에 빠지고 한다.

국내 각 정당에는 청년 지지세를 확보하기 위한 조직이 운영되고 있는데, 한나라당은 '청년위원회', 민주당은 '전국청년위원회'를 각각 운영하고 있다. 이들은 당 청년지지세 확산 및 각종 청년단체와의 유대강화를 추진하고, 청년지도자를 발굴·육성하며, 각종 선거 시 득표 전위조직으로 당 후보자 지지 분위기를 고양한다는 기능을 강조하며 젊은 층의 정치 참여를 독려하고 있다.

그러나 이들의 조직은 당원 및 정당 관계자들 등 특정 일부의 참여를 유도하고 있지만, 일반 젊은 층의 참여조직으로서 그 기능과 역할이 충분한지는 생각해볼 여지가 있다. 따라서 각 정당들은 젊은 층과의 소통이라는 키워드를 내걸고 젊은 층의 지지를 이끌어내기 위해 다양한 유인수단을 내놓고 있다. 예컨대, 대학생들과의 대화 시간을 갖는 등 다양한 소통수단을 마련하여 젊은 층의 정치 참여 확대에 만전을 기하고 있다. 이에 대표적인 소통수단이 바로 트위터, 페이스북과 같은 SNS이다. 각 정당 홈페이지에 접속하면 첫 화면에 트위터, 페이스북의 아이콘이 자리 잡고 있다.

SNS 사용자 수는 나날이 증가하고 있다. 트위터의 경우, 트위터 통계사이트 '오이코랩(oikolab)'에 따르면 2011년 1월 현재 한국인 트위터 계정은 240만 1,000여 개다. 2009년 10월 5만여 개에 머물던 국내 트위터 계정은 지난해 8월 100만, 11월 200만 개를 각각 돌파하는 등 폭증세를 보이고 있다(oikolab, http://lab.oiko.cc).

한편, 페이스북 관련 통계사이트인 소셜베이커스(socialbakers)에 따르면, 국내 페이스북 이용자는 2011년 1월 현재 346만 명에 달한다. 2010년 말까지 250만 명 안팎이던 국내 페이스북 사용자는 2011년에 90만 명 이상 늘었다. 국내 페이스북을 가장 많이 사용하는 연령대는

25~34세 사이의 젊은 층이다. 사용비중이 무려 44%에 달한다. 그다음으로 18~24세 사이가 32%, 35~44세 장년층도 12%로 높았다. 또 남성이 54%로 여성 46%보다 8%포인트가량 많다.

트위터와 페이스북 등 이용자 내지 연령층은 다소 차이가 있겠지만, 젊은 세대들이 다수 참여하고 있다는 사실에 주목할 필요가 있다. 젊은층들은 기존 권위적인 정치체계의 그늘을 벗어나, SNS를 통해 정치이슈를 공유하고, 자발적인 의견을 적극적으로 개진하고 있다. 또한 정치인과 소통하며 마치 문화를 소비를 하듯 재미와 즐거움을 추구하며 정치에 참여하는 경향을 보이고 있다.

2010년 6·2지방선거에서 트위터가 정치와 사회에 무관심해진 20~30대 젊은 층의 적극적인 투표 참여를 이끌어냈다는 평가를 받고 있다. 젊은 층이 응집해 있고 상호 간 빠른 소통이 진행되는 트위터에서는 선거 기간 동안 많은 사람들이 자연스럽게 선거 관련 정보를 나누고 선거 참여를 독려했다. 실제로 젊은 층, 연예인, 유명인사들이 트위터를 통해 이른바 '투표 인증샷'이나 투표 독려 이벤트를 하면서 젊은 층을 투표장으로 이끌었다.

유명인사 및 연예인들의 투표독려를 위한 '투표 인증샷'

지방선거의 연령대별 투표율 변화(중앙선거관리위원회 재구성, 단위: %)

선거명 (실제 투표율)	19세	20대 전반	20대 후반	30대 전반	30대 후반	40대	50대	60세 이상
2010 5회 지방선거(54.5%)	47.4	45.8	37.1	41.9	50.0	55.0	64.1	69.3
2006 4회 지방선거(51.6%)	37.9	38.3	29.6	37.0	45.6	55.4	68.2	70.9

그 결과, 지난 2006년 5·31지방선거에서는 전체 51.6%의 투표율에서 20대 투표율은 33.9%에 그친 반면, 지난 선거보다 전체 투표율이 약 3% 증가한 54.5%를 기록한 6·2지방선거에서는 20대 투표율이 40%였다(중앙선거관리위원회).

젊은 층 투표율 상승의 원인을 두고 분석한 여러 가지 내용 중 가장 주목할 만한 부분은 트위터 등의 SNS 활용이라고 볼 수 있다. 이러한 현상은 SNS가 젊은 층의 정치참여 수단으로서 기능하고, 유용한 정치적 관심을 제고할 수 있는 소통도구로 발전할 가능성을 시사하고 있다.

2.2. 정보생산과 수용관계의 변화: 정치정보의 습득, 유통, 확산의 혁명

SNS의 정치적 의미는 정보생산 및 수용 양식의 변화에서 살펴볼 수 있다.

과거에는 정보생산자와 정보소비자가 분리·구분되어 존재했다면, 작금의 미디어 환경에서는 생산자와 소비자의 구분이 모호해졌다. 프로슈머(prosumer)[21]라는 용어가 이러한 현상을 가장 잘 설명해주고 있는데, 즉 생산과 수용의 역할들이 하나로 결합되었음을 의미한다. 특히, SNS 혁명은 정보의 생산·소비의 동시적 행위를 더욱 강화시키고 있다.

　SNS 이용자들은 직접 정보를 생산하고 소비하는 방식으로 자발적인 정치 참여를 이끌어내고 있으며, SNS는 미디어 플랫폼으로서 역할을 잘 수행하고 있다. 앞서 언급했듯이, 미디어 테크놀로지 발전에 따라 정치정보의 습득, 유통, 확산에 커다란 변화가 찾아왔다. 미디어 소비자들이 스스로 정치정보를 생산할 수 있는 환경은 과거 소수에 의해 주도되었던 정보생산 방식과는 다르다.

　전통적인 정치영역에서는 정치 지도자 내지 소수의 오피니언 리더에 의해 정치적 정보가 생산되고, 이는 수용자들에게 유통될 뿐이었다. 그러나 수용자들은 SNS를 활용하여 스스로 정보를 발굴하고, 가공하여 정치적 콘텐츠를 생산할 수 있을 뿐만 아니라 유통할 수 있는 수단을 소유하게 된 것이다. 이를 기반으로, 사회·정치적으로 쟁점이 되는 사안일수록, 개인 의견의 표출 및 집단지성에 의한 정치정보 생산-공유가 적극적으로 이루어지고 있다.

　이와 더불어, 미디어 측면에서 정보유통의 변화를 들 수 있다. 과거에는 신문, 방송 등의 전통적 미디어에 의한 '일방향 단일 유통'이었다면, 현재는 SNS를 중심으로 한 '다채널 복수 유통'으로의 성격을 지닌다. 또한, 예전에는 다소 폐쇄적인 공간에서 정보와 지식이 교환되고, 간혹 필요에 따라 공유된 지식과 경험이 일방적으로 전달되는 것이 과거의 소통방식 이었다면, 현재는 정보의 분배 및 공유가 쌍방향적으로 이루어지고 있으며, 미디어 소비자들은 미디어를 수동적으

---

21) '생산자'를 의미하는 영어 'producer'와 '소비자'를 의미하는 영어 'consumer'의 합성어로, 소비자인 동시에 생산자의 역할을 하는 사람을 가리킨다.

로 소비하는 '대중'이 아니라 능동적으로 세상을 판단하는 '공중'으로 변모해가고 있다.

이러한 맥락에서 SNS는 정보 생산과 공유 개념이 강화되고 있고, 독립적인 정보 미디어로서의 지위를 확보할 수 있는 개연성이 있다. 미디어 2.0 패러다임 환경은 정치 커뮤니케이션 영역에서 새로운 소통도구를 만들어 준 것이다. SNS를 활용한 정보 습득-유통-확산은 더욱 가중될 것이며, 정치영역에서 보다 효율적인 소통수단으로 기능할 것이다.

2.3. 여론형성 기능과 역의제 설정(Reversed Agenda-setting)

SNS는 게이트키핑의 해체, 쌍방향적인 실시간 소통을 구현함으로써 시민미디어의 역할을 수행하고 있다. 정치 영역에서 SNS는 기존 권력이나 의제설정을 약화시키고 평등한 정치행위 주체로서 시민의 정치적 위상을 확립시키고 있다.

트위터 등의 SNS는 정보공유 및 확산을 넘어 어젠다를 설정하고 여론 형성에 있어 긍정적인 역할을 하고 있다고 평가된다. 또한, 기존 신문, TV, 인터넷보다 빠르게 어젠다를 설정함으로써 의제설정의 권력분산 현상까지 발생시키고 있다. SNS는 자발적, 비공식적, 수평적, 역동적인 데 반해 권력 및 제도는 공식적, 위계적, 정적이고 완고하기 때문에 권력과 상충될 수밖에 없다. 따라서 SNS 이용자들은 SNS를 활용하여 사회적 이슈에 대한 정보를 습득할 뿐 아니라, 여론 형성에 큰 영향을 미치고 있다. 전술했듯이, 2010년 6·2지방선거에서 트위터 이용자들은 자신의 정치적 의견 등을 표출하거나 사람들과 공유함으로써 사회·정치적 어젠다를 설정하고, 이와 관련된 여론형성을 주도했다.

2011년 1월에 '튀니지'에서 이른바 재스민 혁명[22]이라 일컬어지는 시민혁명이 일어났다. 경제난에 불만을 품은 국민들이 민중봉기를 통해 '지네 엘바라디네 벤 알리' 대통령의 23년 독재 정권을 축출한 사건이다. 주목할 점은, SNS의 영향력이 컸다는 것이다. 이 혁명은 거리에서 무허가로 청과물 노점상을 하던 한 청년이 경찰의 단속에 적발돼 청과물을 빼앗겼고, 이에 시청 앞 도로에서 휘발유를 온몸에 끼얹고 분신자살을 시도했다. 이 사건이 트위터와 페이스북 등을 통해 도시 전역으로 퍼져나갔고, 곳곳에서 정권퇴신 시위로 확산됐다. 튀니지 인구의 60%가 25세 이하인 젊은 국가이고, 그만큼 SNS 이용률도 높은 상황이었다.

이 혁명은 SNS의 영향이 컸다는 점에서 '페이스북 혁명' 또는 'SNS 혁명'[23] 등으로 부르기도 한다. 이러한 반정부 운동은 이집트와 리비아 등 전 아랍권에서도 이어졌는데, SNS를 매개체로 확산되었다는 공통점이 있다.

SNS는 시민의 정책 거버넌스 기제로 역할하기 시작했고, 새로운 정보환경의 변화가 시민들의 자발적인 의제형성과 확산－여론형성－조직화－정치동원 메커니즘을 선순환적으로 촉진시킨 주요 원인으로 작용하였으며, 정보의 소통과 공유가 확대된 웹 2.0 환경에서 정책 거버넌스의 취약한 제도화 수준은 사회운동의 발생과 지속을 자극하는

---

22) 튀니지의 정치변동 사건을 가리켜 튀니지의 국화(國花)의 이름을 붙여 '재스민 혁명'이라 부르고 있다.

23) "Tunisian protests fueled by social medianetworks," CNN, Jan. 13, 2011, 김유향·조희정(2011), 이슈와 논점, 국회입법조사처, 제192호, 재인용.

역설을 드러냈다(정보통신정책연구원, 2009: 58). 결국, SNS가 전통적인 미디어가 담아내지 못했던 국민여론을 응집시켜 혁명을 불러일으킬 수 있는 파워를 지녔다고 볼 수 있다.

이러한 맥락에서 전통적인 뉴스나 신문 대신에 트위터나 페이스북을 통해 사회의 이슈들을 먼저 접하게 되고, 이들 SNS에서 시작된 특정 이슈에 대한 논란을 기존 언론들이 취재하고 보도하는 사례가 비일비재하다. 이른바 '역의제설정' 현상이 증폭되고 있다. 전통적인 의제설정기능은 기존 미디어가 특정 이슈를 강조·보도하면 수용자들이 그 이슈를 중요한 문제, 즉 어젠다로 지각하게 된다는 것으로서, 매스미디어가 의제를 형성하는 데 영향을 미친다는 것이 요지이다. 그러나 오늘날에는 SNS를 통한 의제들이 미디어의 의제로 발전하고 있다. 즉, SNS에서 제시된 쟁점이 의제로 확산되고 다시 온라인, SNS 등 '소통의 장'에서 증폭된 후 매스미디어에 의해 보도되는 경향이 높아지고 있다.

물론 SNS가 활성화되기 전부터 인터넷을 통한 역의제설정 현상은 발현되고 있었다. 그러나 스마트폰 보급률의 확대에 따른 모바일 기반의 SNS 사용자 간의 소통기능을 더욱 진화시켰고, 이에 따라 역의제설정 현상은 더욱 가속화되었다. 다시 말해, 기존 온라인 시스템에 비해 모바일 기반의 SNS는 시간과 장소 제약이 거의 없는 실시간적 연결과 상호작용이 가능해지면서 이용자 간 더 쉽고 직접적인 커뮤니케이션이 가능해진 것이다.

이런 특징은 SNS를 통한 커뮤니케이션이 특정 여론을 형성할 수 있고, 이러한 여론 형성은 기존 여론의 수렴 주체였던 개개인들이 더 이상은 전통매체에 의한 의제설정 객체가 아닌 능동적인 의제설정의 주체가 된다는 의미를 지니고 있다.

3. Social media(or SNS)의 정치적 활용 사례 (이슈) 분석

3.1. 오바마 대통령과 SNS

2008년 11월 4일에 미국은 최초의 흑인 대통령 '버락 오바마'가 당선되는 역사적인 순간을 맞이하게 된다. 그러나 이날 오바마의 당선은 '흑인 대통령'의 탄생보다 '네트워크 대통령'의 탄생이라는 점에서 더욱 주목을 받았다.

2007년 미국 대통령 선거 직전, 민주당의 오바마 후보와 공화당 '매케인' 후보는 박빙의 승부를 펼치고 있었기 때문에, 어느 누구도 당선을 예측하기 힘든 상황이었다. 결과는 오바마가 10%의 압도적인 표차이로 당선되었다. 오바마 대통령 당선의 원동력은 트위터, 페이스북 등의 SNS의 활용이었다고 평가된다.

오바마 후보 진영은 선거기간 동안 트위터, 페이스북 등 SNS를 집중적으로 활용했다. 이들은 오바마 관련 정보를 확대 재생산했고, 이에 오바마의 인지도와 지지층은 급속도로 증가했다. 확산된 오바마에

오바마 대통령의 트위터

대한 정보가 SNS를 통해 빠르게 퍼져 나가고, 정보를 접한 이용자들은 다시 SNS를 통해 정보를 확산시키는 순환구조가 이루어진 것이다.

대통령 당선 당시 트위터에는 13만 명이 넘는 팔로워가 존재했고, 페이스북에는 400만 명이 넘는 지지자가 있었다. 페이스북에는 오바마를 지지하는 커뮤니티가 만들어져 대중에게 오바마를 끊임없이 노출하게 되면서, 유권자의 오바마에 대한 친숙도와 캠페인 메시지에 대한 이해를 높였다. 공화당의 막강한 자금력을 바탕으로 한 매스미디어 홍보전략에 대응하여, 오바마는 웹 2.0을 필두로 하는 소셜네트워크를 활용한 것이다.

특히, 트위터의 영향력이 대단했다. 오바마의 팔로워는 당시 13만 명으로 추산되는데, 오바마가 보내는 메시지 하나는 순식간에 13만 명의 팔로워 전체에게 전달이 되고, 팔로워들 중의 일부가 다시 그의 메시지를 재전송함으로써 마찬가지 방법으로 자신의 팔로워들에게 그의 메시지를 한꺼번에 퍼뜨렸다. 또한, 선거 기간 동안 휴식을 취하며 '블랙베리폰'을 통해 메일을 확인하는 사진들, 대선 결과를 기다리며 초초해하는 모습들, 그의 아내와 기차에서 다정하게 기대고 있는 모습들, 그의 일거수일투족이 생생하게 웹 2.0 서비스를 통해 기하급수적으로 전파되고 있었다. 매케인 진영이 이를 깨달았지만 때는 이미 늦었다. 그의 팔로워는 단지 5천 명 정도에 그쳤다.

오바마의 유권자들은 소셜네트워크를 통해 그의 메시지를 열심히 전파했고, 새로운 정보가 들어오면 경쟁적으로 업데이트를 시도했다. 특히 유권자들끼리 이들 소셜 서비스를 통해 단결, 유권자들의 투표를 독려하기도 했다. 이렇듯 오바마 대통령의 SNS를 활용한 선거는 SNS의 정치적 활용과 효과에 대한 내표석인 사례라고 볼 수 있다(이유진 외, 2010).

이렇듯 정치커뮤니케이션 수단으로 SNS는 정치캠페인 메시지를 신속, 정확하게 배포할 수 있고, 캠페인 전략과 메시지에 대한 지지층의 평가와 개선전략을 지속적으로 받을 수 있다. 또한 지지층과의 끊임없는 커뮤니케이션을 통해 연대감을 효율적으로 형성할 수 있고, 지지층을 동원하고 조직화하는 데 효율적으로 활용할 수 있다. 특히, 지지층의 자발적 참여를 유도하는 데 매우 효과적인데, 이는 참여, 공유, 개방으로 수평적 커뮤니케이션이 형성될 때 기능을 발휘할 수 있다(김원제, 2010).

오바마는 유권자의 변화 흐름을 정확히 집어냈다. 즉, 변화와 혁신을 꿈꾸는 유권자들의 마음을 SNS라는 새로운 소통도구 등으로 명확히 보여주었기 때문에, 경쟁 후보와의 차별화에 성공한 것이라 하겠다.

한편, 오바마는 대통령 당선 이후에도 국정운영과 정책을 알리는 데 SNS를 적극적으로 활용하고 있다. 이와 관련해 백악관 비서진들도

SNS를 대국민 홍보수단으로 적극 활용하면서 백악관 출입 기자단을 대상으로 프레스 콘퍼런스를 통해 국정운영 내용을 국민들에게 알리던 전통적인 백악관 홍보 시스템의 변화를 가져오기 시작했다.

3.2. 영국의 총선과 미국의 중간선거

2010년 5월 영국 총선에서는 집권당이던 '고든 브라운(Gordon Brown)' 수상의 노동당과 '데이비드 캐머런(David Cameron)'의 보수당 등 양당 체제로 선거전을 벌였다. 이때 영국의 많은 전문가들은 2010년 영국 총선을 '디지털 선거의 첫해'라고 명명했고, 일부에서는 트위터 선거 내지 페이스북 선거라고 명명했다. 실제로 주요 정당이나 후보자들뿐만 아니라 유권자들도 정치적 정보를 습득, 공유하거나 실시간으로 자신의 정치적 감정이나 의견을 표출하기 위해 트위터 등의 SNS를 적극 활용했다(이윤태, 2010: 4).

영국 총선에 대한 디지털 미디어의 정치적 영향력을 체계적으로 분석한 BBC의 Orange's Digital Election Report에 따르면, 전통적으로 정치에 무관심한 18~24세 사이의 영국 젊은 유권자들 중의 약 24%가 총선 기간에 트위터, 페이스북 등과 같은 SNS를 통해 선거나 정치에 관한 글을 남긴 적이 있다고 응답했다(Painter, 2010).

또한 영국의 트위터 이용자들이 서로 주고받은 메시지의 특성은 오프라인 상의 정치여론과도 직결되었는데, 실제로 영국 총선 기간 동안 트윗민스터(tweetminster.com)라는 정치정보 사이트에서 측정된 트위터상의 여론은 실제 선거결과와 거의 비슷한 것으로 나타났다(이윤태, 2010).

	보수당	노동당	자유민주당	기타 정당
tweetminster poll	35%(−2)	30%(0)	27%(+3)	8%(−2)
실제 선거결과	37%	30%	24%	10%

한편, 미국에서는 2010년 11월에 중간선거를 실시함으로써 상원의원의 1/3과, 하원의원 435명 전부, 그리고 주지사들을 선출했다. 전통적으로 미국 중간 선거는 지난 2년 동안의 대통령 정책에 대한 심판대의 역할을 하게 된다. 영국과 마찬가지로 미국 중간선거에서도 SNS를 활용한 선거 캠페인이 적극적으로 전개되었다는 평가를 받고 있다.

트위터의 경우, 정확한 선거결과를 예측까지 했다. 트위터는 네바다 주에서 연방 상원의원 자리를 놓고 박빙의 승부를 벌인 '샤론 앵글' 공화당 후보와 '해리 리드' 민주당 상원 원내대표 간 대결에서 과학적인 여론조사 결과보다 정확성에서 앞섰던 것으로 나타났다. 선거 전 대부분의 여론조사결과에서 '앵글' 후보가 '리드' 위원을 앞선 것으로 나타났으나 온라인상 트위터의 대화내용을 정밀한 알고리즘을 이용해 분석한 인터넷 여론조사업체인 크림슨 헥사곤(Crimson Hexagon)의 조사에서는 리드 의원이 앵글 후보에 55% 대 45%로 앞서는 것으로 나타났다. 실제 결과는 라드 의원이 앵글 후보에 50.2% 대 44.6%로 승리한 것으로 나타났다(연합뉴스, 2010. 11월 5일자).

페이스북의 경우, 페이스북 관련 통계결과를 다루는 올페이스북닷컴(Allfacebook.com)은 중간선거 당일 1,200만 명의 유권자들이 페이스북에 투표에 참여했다는 '투표했다(I Voted)' 버튼을 클릭하거나 글을 썼다는 통계를 제시했다. 이들은 페이스북상에서 특정 후보자의 '팬'

이 되거나 그에게 투표했다는 배지를 달아 지지를 표할 수 있다. 이를 분석한 결과를 바탕으로 페이스북은 경쟁자보다 더 많은 페이스북 '팬'을 보유한 하원의원 후보자의 74%, 상원의원 후보자의 81%가 선거에서 이긴 것으로 조사됐다고 밝혔다.

주요 국가의 SNS 선거 사례(이원태 외, 2011)

국 가	시 기	주요 사건 및 쟁점
미 국	2008년 11월 대선	− 오바마 후보의 팔로워(follower)들에게 보내진 메시지는 리트윗(retweet)되면서 확산돼 오바마를 미국 최초의 흑인 대통령으로 만들었음. − 오바마 대통령은 최근 건강보험 개혁안을 처리하는 과정에서도 트위터를 적극 활용함.
이 란	2009년 6월 대선	− 대선 결과에 불복하는 대규모 반정부 시위가 벌어졌고 무력 진압 과정에서 상당수의 사상자가 발생했다. 트위터는 이런 사실을 세계에 알리는 창구 역할을 하면서 위력을 과시한 바 있음. − 당시 트위터를 이용한 이란인들은 전체 인구의 0.027%에 불과한 것으로 알려졌지만, 그 파급력은 무척 컸음. 아마디네자드 정권은 이로 인해 전 세계인의 분노를 샀고, 이란 부정선거 사태는 국제적 이슈가 되었음.
영 국	2010년 5월 총선	− 영국 총선에서도 노동당의 고든 브라운 전 총리는 보수당에 제1당의 자리를 내줬지만 트위터 등을 통한 풀뿌리 선거운동에 심혈을 기울였으며, 그의 부인 세라 브라운은 자신의 트위터에 약 100만 명의 고정 팔로워를 둘 만큼 인기를 누리며 남편을 도왔음. 보수당과 자유민주당도 트위터 등을 열성적으로 이용했음. − 트위터 외에도 페이스북을 정치적으로 활용했는데, 보수당 페이스북 페이지 'Like' 약 10만 건으로 노동당 약 5만 건보다 두 배가량 높았으며 이는 총선결과로 이어졌음.
일 본	2010년 7월 참의원선거	− 하토야마 전 총리는 매일 트윗을 하는 것으로 유명하며, 현재 국회의원·지방의회 의원 등 430명 이상이 트위터를 이용하고 있음. − 그러나 7월 참의원 선거캠페인에서는 인터넷에 대한 엄격한 법 규제로 트위터 활용이 위축되었음.
호 주	2010년 8월 총선	− 케빈 러드 전 총리는 트위터가 직접 대화하는 듯한 느낌을 준다는 점에서 기존의 라디오 연설보다 낫다는 이유로 정치권에서 트위터를 애용해오고 있으며, 팔로워가 90만 명이 넘음. − 호주의 첫여성총리 줄리아 길라드(노동당)가 자유당의 애보트를 앞서고 있다는 트윗메시지 분석결과가 있었지만, 케빈 러드 총리의 경질로 여당에 대한 불만의 시각이 야당으로 옮겨진 탓에 다른 결과가 나타남.

뿐만 아니라 선거가 채 끝나기도 전에 미국 전역에 퍼져 있는 페이스북 사용자들의 투표결과를 분석한 결과 상·하원 의원선거와 주지사 선거에서 공화당 후보자들이 민주당 후보자들보다 더 많은 표를 받았다는 사실이 알려졌다(머니투데이, 2010. 11월 5일자).

이 밖에도 일본, 호주 등 많은 국가들의 선거과정에서 SNS가 선거 어젠다, 여론형성 과정뿐만 아니라 선거결과에도 커다란 영향을 미친 것으로 평가되고 있다.

3.3. 국내 정치인의 SNS 활용과 시사점

한국에서 트위터의 열풍이 시작점은 2009년, 김연아 선수의 트위터 사용이 알려지면서부터라고 할 수 있다. 그 후로 연예인, 사회적 유명인사 등이 트위터를 사용하기 시작했고, 이제 트위터는 정치소통 도구로서 필수품이 되는 지경에 이르렀다.

초기에는 소위 '얼리어답터(early adopter)' 의원들만이 트위터로 소통했지만, 한나라당과 민주당 등이 국민과의 소통에 도움이 된다는 이유로 국회의원들에게 스마트폰을 지급하고 SNS에 대한 교육까지 실시했다.

한나라당의 경우, 2010년 9월에 국민과의 소통강화를 위해 '트위터 한나라당'을 창단했다. 'T.O.P(Together, Open, People)'를 슬로건으로 내걸고 국민, 특히 젊은 층과의 소통 강화 및 디지털 정당화를 다짐했다. 민주당의 경우, 트위터와 유사한 당 단문 블로그인 '민플(minple.net)'을 만들었다. 검열 없는 정치토론방을 표방하고 있는 민플은 시사·정치에 관심이 많으면서도 트위터 사용에 어려움을 겪고 있는 네티즌을 주요 타깃으로 설정하고, 트위터, 블로그, 모바일 등 SNS와도 연동되도록 구성됐다.

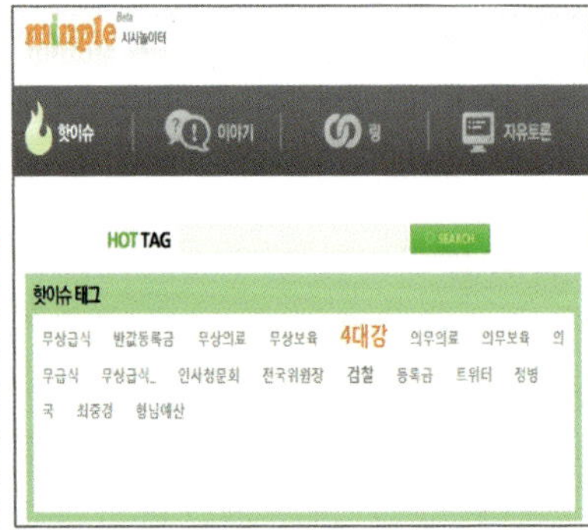

한나라당의 '트위터 한나라당'과 민주당의 '민플'

　SNS는 일반 대중이 접촉하기 쉬워 그 어떤 소통 수단보다 강력한 호소력을 가지고 있고, 정치쟁점을 가장 효과적으로 전달할 수 있다는 점에서 매우 중요한 수단이다. 그런 까닭에 정치인들은 트위터 등의 SNS를 시민들과의 소통창구로 적극적으로 활용하고 있으며, 팔로워 수 또한 지속적으로 증가하고 있다. 많은 정치인들이 트위터를 통해 정치적 현안뿐만 아니라, 자신의 일상과 의견을 표출하면서 정치에 대한 국민들의 심리적 거리감을 좁히고 있다.

　이에 '폴리터'란 신조어가 등장하기에 이르렀다. '폴리터'란 정치인(politician)과 트위터(Twitter)의 합성어로 대표적 SNS인 트위터를 이용해 국민과 소통하는 정치인을 의미한다(김민주, 2010).

　트위터의 정치적 활용 사례는 지속적으로 증가할 것으로 예측되고, 특히 선거의 활용에 있어 정치인들의 트위터 참여는 더욱 늘어날 것으로 보인다. 트위터는 딱딱한 화법이 아니라 진솔하고 솔직한 말투로 감성적인 접근이 가능하다는 점에서 정치인의 트위터를 이용하는 유권자들은 향후 적극적 지지층으로 변화시킬 수 있는 유용한 도구 역할도 할 수 있겠다.

한국 정치인의 트위터 현황(2011년 1월 기준, 팔로워 순)

성 명	트위터 주소	팔로워 수(명)	팔로잉 수(명)
유시민	u_simin	15만 7,718	172
박근혜	GH_PARK	6만 6,099	2802
정동영	coreacdy	2만 6,227	2만 6101
김문수	kimmoonsoo1	1만 6,620	7955
이재오	JaeOhYi	1만 1,519	1만 179
손학규	HQ_Sohn	9,163	5418
정몽준	globalmj	6,747	929
박지원	jwp615	6,539	884
성세균	sk0926	6,163	3,714

4. 이상적인 정치과정을 위한 제언

4.1. SNS의 빛과 그늘

SNS의 정치적 의미와 효과는 긍정적인 측면이 있는 반면, 정치사회적 역기능을 초래한다.

첫째, 이념적 분극화의 강화현상을 들 수 있다. 개인의 정치적 이데올로기는 쉽게 바뀌지 않는다. SNS는 이러한 정치적 이데올로기를 강화시키는 수단으로서 활용될 수 있다. SNS의 실시간 정보 확산 파급효과 및 여론형성에 미치는 영향력이 상대적으로 다른 커뮤니케이션 수단보다 강하기 때문에, 소위 '끼리끼리(like-minded)' 현상이 강화될 개연성이 크다. 비슷한 관심과 취향 중심의 '끼리끼리' 문화는 사회, 정치적으로 심각한 문제를 야기할 수 있다. 자신의 관심정보와 유사한 사람들끼리만 어울리다 보면 생각이 점차 극단화될 수 있다. 집단 간의 유대감이나 공통점은 점점 없어지게 돼 이른바 '이념적 분극화' 현상이 일어날 수 있다. 특히, 우리나라와 같이 보수와 진보라는 이분법적 이념적 성향의 골이 구조적으로 깊게 파여 있는 상태에서 정치적 분극화는 국가 분열현상으로 이어질 수 있다.

둘째, 정치의 사인화(personalization) 현상이 확대될 수 있다. 과거 정치활동의 중심이 '광장'에서 '미디어'로 옮겨가면서 정치인들의 정치활동이나 사고방식에 막대한 영향을 미쳤다. 예컨대, TV 시대에는 TV에 적합한 인물이, 인터넷 시대에는 인터넷에 적합한 인물이 유권자들에게 더 친근하게 다가갔고, 결국 미디어가 요구하는 새로운 정치인의 시대가 펼쳐졌다. 이로 인해 일부 정치인은 각 미디어 특성에 맞는 전략적 행위를 통해 정치적 입지를 강화시켜 왔고, 대중적 인지도를 높여 왔다. 문제는 소수 유명 정치인에 초점이 맞춰지는 것이다. 이러한 현상은 SNS가 등장하면서 더욱 심화되고 있다. SNS를 잘 활용하는 소수 정치인은 인기가 높아지고, 여론 형성 영향력도 커지고 있다. 결국, 소수 유명 정치인들에게만 초점이 집중되는 정치 사인화 현상이 늘어남으로써 정치인 개인 중심의 미디어 정치로 전락될 수 있는 가능성을 내포한다. 이러한 현상은 장기적으로 볼 때, 정치발전에 큰 도움이 되지 않는다.

셋째, 정치적 여론조작 내지 허위사실 유포의 확산 문제가 있다. SNS를 통한 여론조작은 과거 인터넷의 영향력과 유사하거나 그 이상일 수 있다. SNS는 비단 '지인' 간의 커뮤니케이션을 전제로 하지 않는다. 트위터의 경우, 계정이 없는 사람도 포털사이트를 통해 정보를 접하는데, 가령 왜곡된 정보일지라도 쉴 새 없이 업로드되는 동일한 내용의 RT는 사실인 양 비춰질 수 있는 문제가 있다.

지난 6·2지방선거 기간에 트위터에 특정 후보가 '여론조사 1등'이라는 글을 수십 차례 올려 적발되는 등 트위터를 이용해 유언비어를 만들어내는 신종 불법 선거운동이 벌어진 사례도 있다. SNS의 특성상 정보가 급속도로 확산되기 때문에 잘못된 정보가 바로잡히는 데 많은 시간을 필요로 한다.

이 밖에도, 선거법 위반 등 불법적인 정치행위의 확산, 일회성 글쓰기에 따른 진지한 토론과 합의의 어려움 등 정치적 이용에 따른 역기능 요인들이 존재한다.

4.2. 정책적 과제

국내 트위터 이용자들은 향후 선거에 대해 적극적인 정치참여 의사를 밝히고 있기 때문에 트위터 등 SNS를 통한 정치사회적 참여가 기존의 정책 및 선거법과 같은 제도 환경과 상충되지 않도록 조율하는 대응 방안이 요구된다.

지난 2010년 6·2지방선거는 트위터 등 SNS가 새로운 소통도구로 활용된 첫 선거라고 할 수 있다. 중앙선거관리위원회는 트위터가 후보자에 대한 정보교류와 선거에 관한 관심 제고 등 순기능은 최대한 살리되, 공직선거법을 위반하는 부분에 한하여 규제한다는 방침을 제시했다. 이에 트위터를 통한 선거운동과 관련하여 선거법 위반 사례가 쏟아져 나왔다. 예를 들어, 한 화가가 6·2지방선거 하루 전에, 자신의 트위터를 통해 "투표하신 20대 여러분 중 선착순 1,000분께 판화를 드리겠다."며 유권자들의 투표를 독려했고, 이와 같은 제안에 배우, 작가, 시인 등 문화 예술인들도 동참했는데, 중앙선거관리위원회는 이를 선거법 위반으로 규정했다. 그 이유는, 선거법에서 투표를 하게 할 목적으로 유권자에게 물품을 제공할 것을 약속하거나 제공한 것이 분명히 금지된 행위이기 때문이다. 이외에도 한 시민이 트위터를 활용하여 경기도지사 후보에 대한 여론조사를 실시한 뒤 그 결과를 트위터에 공지하여 선거법 위반 혐의로 입건되기도 했다.

이러한 상황은 트위터를 통한 선거운동의 규제를 둘러싼 찬·반 논쟁으로 이어졌다. 찬성 측의 논리를 살펴보면, 과거 선거관리위원회는 공직선거법 제93조에 의해 UCC에 의한 불법적인 선거 활동을 막은 바 있고, 헌법재판소에서도 UCC 규제의 근거 법률에 대해 이미 합헌 판정을 내린 바 있다. 즉, UCC와 기타 인터넷 콘텐츠·서비스처럼 공직선거법의 테두리 내에서 벗어날 수 없다는 것이다. 이에 대해, 공직선서법은 민주주의 정치에 있어 선거에 대한 공정성과 효율성을 높여주는 법이며, 선거 후보자들은 법적 테두리 내에서 공명정대하게 선거를 치를 수 있다는 논리에 의거하여, 올바르고 공명정대한 선거를 위해 트위터 규제는 합당하다는 것이다.

반면, 반대 측의 논리는 현재의 공직선거법에는 시대적 흐름을 따라가지 못한다는 문제점을 강조한다. 새로운 소통도구 의미를 지닌 트위터를 기존의 선거법으로 규제할 경우 국민의 의사표현과 정치 참여의 자유를 제약할 수 있다는 것이다. 선거법 제93조 개정 없이 트위터 사용자에게 법의 잣대를 들이댈 경우 일반 국민이 선거사범으로 몰리게 될 것이라고 우려하기도 했다.

논란이 되는 부분은 바로 선거법 제93조 제1항이다. 이 조항은 "누구든지 선거일 전 180일부터 선거일까지 광고, 인사장, 벽보, 사진, 문서도화, 인쇄물이나 녹음녹화 테이프 기타 이와 유사한 것을 배부살포 상영 또는 게시할 수 없다."고 되어 있다. 이 중 '기타 이와 유사한 것' 부분이 문제가 되는데, 이 조항 때문에 선거관리위원회는 그 어

> 제93조(탈법방법에 의한 문서·도화의 배부·게시 등 금지) ① 누구든지 선거일전 180일(보궐선거 등에 있어서는 그 선거의 실시사유가 확정된 때)부터 선거일까지 선거에 영향을 미치게 하기 위하여 이 법의 규정에 의하지 아니하고는 정당(창당준비위원회와 정당의 정강·정책을 포함한다. 이하 이 조에서 같다) 또는 후보자(후보자가 되고자 하는 자를 포함한다. 이하 이 조에서 같다)를 지지·추천하거나 반대하는 내용이 포함되어 있거나 정당의 명칭 또는 후보자의 성명을 나타내는 광고, 인사장, 벽보, 사진, 문서·도화 인쇄물이나 녹음·녹화테이프 그 밖에 이와 유사한 것을 배부·첩부·살포·상영 또는 게시할 수 없다. 다만, 다음 각 호의 어느 하나에 해당하는 행위는 그러하지 아니하다. <개정 1997. 11. 14, 1998. 4. 30, 2002. 3. 7, 2004. 3. 12, 2005. 8. 4, 2010. 1. 25>

떤 새로운 미디어도 규제할 수가 있는 것이다.

이에 대해 일부에서는 시대착오적인 발상이라는 목소리가 높아지면서, 일부 국회의원 주도로 트위터 규제 근거법인 공직선거법 제93조 개정 작업에 움직임을 보이고 있다. 실제로, 현재 공직선거법에 의하면, 트위터 이용자는 선거법에 모두 저촉될 수 있는 개연성을 가지고 있다. 다른 사람의 아이디를 도용한 이용자는 선거법에 걸리지 않고, 오히려 선의의 피해자만 나타날 우려가 높다. 따라서 트위터 등 SNS의 새로운 매체적 특성을 고려한 선거운동 규제시스템의 정립이 요구된다고 할 수 있다. SNS를 활용한 선거운동 규제는 기존의 전통적인 매스미디어에 대한 규제보다는 비교적 완화되어야 할 필요성이 있다.

4.3. 시사점 및 결론

지금까지의 논의를 바탕으로 제기되는 정책적 시사점은 다음과 같다(이원태 외, 2011).

첫째, 트위터 등 SNS 이용자들의 정치사회적 참여 욕구가 매우 높고 향후 주요한 정치일정 하에서는 이들의 참여와 영향력이 더욱 증대될 것으로 예상되므로 보다 적극적인 커뮤니케이션 전략을 통해 SNS 이용자들의 다양하고 역동적인 참여를 정책적으로 활용할 수 있는 기반 마련해야 한다는 것이다. 현재 공공부문에서 SNS 도입 및 활용이 본격화되고 있으나, 정책 커뮤니케이션 전략의 근본적 변화가 내재되어 있지 못한 상태에서 특정한 미디어 기술의 채택과 도입이라는 매체중심적인 접근방식을 여전히 극복하지는 못했다. 따라서 국민과 정부 간의 정책소통을 활성화하고 보다 효율적인 국정운영을 기하기 위해서는 공공부문 및 공공정책 영역에 모바일 기반의 SNS를 적극 도입·활용하는 것을 핵심 골자로 하는 국가정책 커뮤니케이션 전략을 새롭게 정립할 필요가 있다.

둘째, 우리나라 트위터 이용자들은 향후 2012년 총선, 대선에서도 적극적인 정치참여가 예상되므로 트위터 등 SNS를 통한 정치사회적 참여가 기존의 정책 및 제도 환경(특히 선거법)과 상충하지 않도록 조율하는 대응방안이 요구된다. 무엇보다도 스마트폰의 확산 및 융합미디어의 고도화로 인해 뉴미디어를 통한 정치참여가 일상화됨에 따라 새로운 매체환경에 적합한 선거운동 규제체계의 재정립이 필요하겠다. 만약 웹 2.0 및 SNS의 매체적 특성이 '기회의 균형성, 투명성, 저비용의 제고'라는 선거운동규제의 목적에 부합한다면, 트위터 등 SNS를 활용한 선거운동 규제는 기존의 아날로그 매스미디어에 대한 규제보다도 '완화된 기준과 덜 엄격한 정도의 수준'으로 규제체계가 개선되어야 할 것으로 보인다.

셋째, 인터넷 환경이 이용자 주도적인 SNS 환경으로 진화함에 따라 프라이버시 보호 체계도 그 어느 때보다도 이용자 중심의 관점에서 구축되어야 하고, 이를 위해 서비스 제공자 및 SNS 이용자 모두에게 적용될 수 있는 프라이버시보호를 위한 행위규범(가이드라인)을 시급히 마련할 필요가 있다. 이를 위해 서비스 제공자의 경우 프라이버시 친화적인 인터페이스 및 관리체계를 강화하는 방향으로 이용자 개인정보 보호정책을 재정립해야 하고, 이용자의 경우에는 수동적 보호의 대상으로서가 아니라 프라이버시 권리주체로서의 역할과 책임을 다해야 하며, 따라서 자신의 개인정보에 대한 책임 있는 자기관리(평판관리)를 요구하는 행위규범으로서 소위 '프라이버시 리터러시(privacy literacy)'를 내면화할 수 있도록 SNS 기반의 리터러시 교육시스템을 새롭게 정비할 필요가 있다.

SNS의 미래는 무궁무진하다. 특히, SNS는 향후 단순한 네트워킹 구조를 넘어 누구나 참여할 수 있는 플랫폼으로 구축됨으로써 많은 사람들이 다양한 정치정보를 연구하고 개발하는 등 집단지성의 활성화에 기여할 것이다.

SNS의 기술적 측면과 사회적 기능을 잘 조화시켜 정치 커뮤니케이션에 적용한다면 급변하는 정치환경 속에서 다양한 갈등과 불안정을 해결하고, 보다 민주적이고 건전한 정치환경이 조성될 수 있을 것이다.

참고문헌 및 자료

김민주(2010). 키워드로 읽는 오늘의 세상 2011 트렌드 키워드. 미래의창.

김유향 · 조희정(2011). 이슈와 논점, 국회입법조사처. 제192호.

김원제(2009). 콘텐츠 실크로드 미디어 오디세이. 이담북스.

김진우(2008). UCC 2.0: 우리가 만드는 21세기의 CREATIVITY. 연세대학교출판부.

이유진 · 송인혁(2010). 모두가 광장에 모이다. 아이앤유.

이원태(2010). 트위터의 정치사회적 영향과 시사점. 프리미엄 리포트. KISDI.

이원태 외(2011). 소셜미디어에서 온라인 정치담론의 특성. 디지털 컨버전스 기반 미래연구 Ⅱ. 정보동신성재연구원.

대구가톨릭대학교(장우영 외)(2009). 디지털 융합시대 온라인 사회운동 양식의 변화와 의미. 디지털 컨버전스 기반 미래연구 Ⅰ. 정보통신정책연구원.

황혜정(2009). 트위터, 기업과 고객의 소통. LG경제연구원.

Nick Newman(2010). UK election 2010, Mainstream Media and the Role of the Internet. Reuters Institute for the Study of Journalism.

Painter, Anthony(2010). A Little More Conversation, A Little More Action: Orange's Digital Election Analysis. www.Orange.co.uk.

Richerd M. Perloff & Dave Kinsey(1992). Political Advertising as by Seen by Consultants and Journalist, Journal of Advertising Research 36. pp.53 − 60.

소셜베이커스(socialbakers). www.socialbakers.com

오이코랩(oikolab). http://lab.oiko.cc

중앙선거관리위원회.

연합뉴스. 2010년 11월 5일자.

중앙일보. 2011년 1월 10일자.

머니투데이. 2010년 11월 5일자.

창조경제시대 콘텐츠비즈니스

창의성 기반 콘텐츠비즈니스의 가능성

1. 도입

세계는 개인이 지닌 창의력과 아이디어가 실제 생산요소로 투입되어 무형의 부가가치를 생산하는 창조기업만이 생존가능한 창조경제로 진화 중이다(김원제, 2009). 인터넷, 뉴미디어 등 첨단기술에 의해 일대일 맞춤 생산방식으로 전환이 용이해지고, 이미 선진국에서는 1인이 운영하는 지식기업이 '창업 및 신규 일자리 창출'에 주도적인 역할을 담당하고 있는 상황이다. 이러한 창조경제로의 경제패러다임 변화, IT기술의 성숙화, 사회적 협업의 보편화 등에 따라 신기업 신노동으로서 개인의 창의성에 기반한 '1인 창조기업'의 시대가 도래하고 있는 것이다.

1인 창조기업은 고추장 손맛이 뛰어난 할머니도 사업가로 변신할 수 있듯이 창의적 아이디어(서비스/노하우/전통기술)를 가진 국민 개개인이 창업(또는 사업활동)을 통해 경제적 가치를 향유할 수 있는 상징적 의미를 가지는 기업형태를 의미한다.[24] 국민 개개인의 참여가

---

24) 예컨대, 전라북도 순창의 이기남 할머니는 고추장 · 된장 · 장아찌 등을 전통 비법으로 만들어낸 뒤 홈쇼

적극적으로 이루어질 수 있는 창조 영역에서 정부의 정책적 지원(1인 창조기업 육성)은 최근의 심각한 경제위기와 실업난 극복을 위한 새로운 방안 마련의 계기로서 또한 1인 창조기업을 통해 비경제활동인구(미취업자, 노년층, 주부 등)가 경제활동인구로 전환될 수 있는 기회를 열어줄 것으로 기대되고 있다.

최근에 와서야 1인 기업의 역할론이 크게 부상하고 있는 우리와는 다르게, 이미 선진국에서는 인터넷기술의 발전과 함께 1인 지식기업이 '창업 및 신규 일자리 창출'에 주도적인 역할을 담당하고 있다. 후발국들의 거센 추격으로 노동집약적 산업은 물론이고 그동안 독보적인 영역을 구축해 오던 첨단제조업까지 경쟁우위를 상실해 가고 있는 선진국들은 1인 지식기업들이 새로운 국가성장의 원동력임을 직감하고, 다양한 지원체계를 마련해 왔다. 독일의 경우 통일 이후 발생한 실업문제와 일자리 창출을 동시에 해결하기 위해 '1인 기업지원 프로그램(Ich-AG)'을 운영하여 1인 창업을 지원하고 있으며, 미국의 실리콘밸리는 R&D, 디자인 등 창의적이고 혁신적인 1인 지식기업 창업 붐이 일면서 새로운 고용창출을 주도하고 있다. 일본도 거품경제 몰락 후 뼈를 깎는 산업구조조정을 통해 가치창조형 경제로 전환함으로써 최근에 강력한 경기 회복세를 보이고 있다. 영국은 혁신적이고 창조적인 경제를 유지하고 발전시키기 위해서는 창의적 인재 육성의 필요성을 절감하고, 특히 창조역량을 보유한 청년들에 대한 교육, 혁신 아이디어를 보유한 1인 창조기업을 중심으로 대대적인 지원을 하고 있다.

핑에서 팔아 연간 15억 원의 매출을 올리는 기업으로 성장했다.

이렇게 세계경제 전반이 창조경제로 이행하고 있는 가운데, 부존 자원 등 전통적인 국력요소는 상대적으로 취약하지만 어느 국가보다도 높은 교육열을 가진 우리나라로서는 높은 수준에 있는 전 국민의 지적·창조적 자원 활용의 극대화를 미래의 핵심적인 국가전략으로 추진해야 할 것으로 평가된다. 세계가 주목했던 '한강의 기적'을 이룬 우리 경제가 중진국에서 벗어나 선진국으로 도약하고 최근의 경제침체를 탈피하기 위해서는 우리의 창조역량에 기반한 창조경제의 성장 잠재력을 최대한 살려 나가는 것이 중요한 과제로 부상하고 있다.

최근 우리나라에서도 창조성을 기반으로 한 1인 기업이 성장할 수 있는 공급 및 수요 여건이 차츰 조성되고 있어, '고학력 청년 실업 및 일자리 창출의 새로운 돌파구 마련'을 위해서 창조사업 분야의 1인 기업을 육성할 토양은 일정부분 마련된 셈이다.

현재까지 국내에서 명확하게 1인 창조기업으로 명명된 기업은 아직 없지만 창조적 활동을 기반으로 하는 문화산업의 영역에서 유사 기업의 형태가 다수 존재하고 있으며, 향후 1인 창조기업이 특히 문화산업에서 활발히 출현할 것으로 기대된다. 이는 고도로 발전한 IT 기술, 문화산업의 성장률, 그리고 신속성과 세계 최초를 추구하는 국민성 등으로 인해 콘텐츠 분야에서 1인 창조기업의 성장 잠재력이 높다고 판단되기 때문이다.[25] 실제 콘텐츠 분야, 특히 온라인 기반 디지털콘텐츠의 경우 개인의 창작능력이 가장 중요시되므로 능력 있는 개인에게 무궁무진한 기회를 제공하며, 비교적 느슨한 진입장벽, 창업에 드는 저렴한 비용, 온라인을 활용하기 때문에 무점포로 창업이

---

25) 실제로 유엔무역개발위원회(UNCTAD, 2008)에서는 문화유산, 예술, 미디어, 기능성 창조물을 창조산업의 대상으로 분류하고 있으며, 이들은 문화산업 분야에 해당된다.

가능하다는 장점들 때문에 창조기업에 적합한 특성을 갖고 있다. 반면에 제조업 등 타 분야는 재료비용, 제품제조를 위한 부대비용 등의 적지 않은 창업비용이 필요하며, 기존에 시장에서 자리를 잡고 있는 사업자들과의 경쟁이 불가하기 때문에 진입장벽 또한 낮지 않다는 특성을 갖고 있다.

결국, 콘텐츠 1인 창조기업 육성을 통한 창조비즈니스 활성화는 현재 그리고 미래 한국의 신성장동력으로서 충분한 가능성을 갖는다. 무엇보다 콘텐츠 1인 창조기업은 기존 제조업의 '창업(創業)' 패러다임에서 한층 업그레이드된 '창직(創職)' 패러다임을 제시한다. '녹색뉴딜'과 더불어 '휴먼뉴딜'이라는 또 다른 축을 형성하는 것이다. 향후 온라인 공간을 기반으로 한 1인 창조콘텐츠 비즈니스는 개인, 시장, 국가에 기존에 없던 기회를 제공할 것으로 기대되며, 이를 활성화하기 위해서는 무엇보다도 '콘텐츠 1인 창조기업' 육성 전략이 시급히 필요한 상황이다.

2. 창조경제 패러다임의 이해

2.1. 창조경제 시대

이제 세계경제는 단순히 물건을 생산하는 산업경제(industrial economy)에서 정보가 중요한 지식경제(knowledge based economy)로 이행한 지얼마 되지 않아, '창조경제(Creative Economy)'로 넘어가고 있다. 창조경제는 문화, 지식, 기술 등의 지적 자본을 요소로 한 재화와 서비스의 창조-생산-분배를 통해 부가가치를 창출하는 시스템으로 정의된다(UNCTAD, 2008). 이에 경제 패러다임 전환에 따라 경쟁력 요인도 변화하고 있는데, '산업경제(유형자산, 자본)→지식경제(R&D, 마케팅)→창조경제(창의성, 지재권)'의 변화를 겪고 있는 것이다.

창조경제는 예술, 문화, 거래 같은 지적 자본을 핵심요소로 한 재화와 용역의 '창조-생산-분배'를 아우르는 개념이다. 창조경제는 사회통합과 문화적 다양성, 그리고 인간개발을 촉진하는 동시에 소득과 일자리를 창출하는 잠재력을 갖고 있다. 경제, 문화, 사회 제 측면을 아우르며 기술, 지적재산, 관광과 상호작용한다. UN은 전 세계 창조산업이 매년 10% 정도 확대될 것으로 예상하고 있다.

창조경제의 핵심동력은 기술(Technology), 수요(Demand), 관광(Tourism) 등 세 가지이다.

첫째, 멀티미디어와 원거리통신기술의 발전 및 융합 등의 기술환경 변화로 새로운 예술 양식과 창조적 표현물에 대한 생산, 분배, 소비가 증가한다. 둘째, 창조상품에 대한 수요증가, 인터넷 등 이용증가, 참여소비자로 문화소비 패턴 변화 등에 따른 창조제품 수요증가 등이다. 셋째, 관광지 등에서 창조상품 판매 증가, 특히 문화관광(cultural tourism) 분야의 급성장이 문화유산, 박물관, 미술관, 음악, 무용, 오페라, 공연예술에 대한 수요를 확대한다.

뉴욕에서 베를린에 이르기까지 오랫동안 문화와 패션 등의 예술적, 문화적 활동의 중심지였던 도시들이 유능한 사람들을 끌어들이고, 새로운 기술집약적 산업을 활성화하는 선도적인 중심지로 부상했다. 기업이 있는 곳에 인적자원이 모여드는 것이 아니라, 창조적 인력이 풍부한 것으로 기업이 이동한다는 것이다. 창조경제 시대에 창조도시는 이동성이 크고 유연한 기업들이 창조적 인적자원의 중심지에 대거 집적하는 새로운 경제여건이 최적의 공동체 환경임을 증명하고 있다.

창조경제의 핵심은 '창조산업(Creative Industries)'이다. 창조산업은 창조성과 지적 자산을 1차 요소로 하여 생산된 재화와 용역을 창조, 생산, 분배하는 산업을 말한다. 유형 산출물뿐 아니라, 콘텐츠, 경제가치 등을 포함한 무형지식·예술서비스를 포함한다. 전통예술, 축제, 음악, 책, 그림, 공연예술(전통적), 영화, 방송, 디지털 애니메이션, 비디오게임(기술집약적), 건축, 광고(서비스 중심적) 등 망라한다. 크

창조경제 패러다임 및 구조

게 네 가지 범주로 구체화되는데, 첫째, 유산(heritage)이다. 예술품, 공예품, 축제, 민속, 문화유적(박물관, 건축물, 전시 등) 등이 대상이다. 둘째, 예술(arts)로, 시각예술(그림, 조각, 사진, 골동품), 공연예술(라이브뮤직, 극장, 무용, 오페라, 곡예 등)을 포함한다. 셋째, 미디어(media)로 출판인쇄(책, 인쇄 등), 시청각물(영화, TV, 라디오, 기타 방송)을 포함한다. 넷째, 기능성 창조물(functional creatives)로, 디자인(장식, 그래픽, 패션, 장난감 등), 뉴미디어(비디오게임, 디지털콘텐츠 등), 창조적 서비스(설계, 광고, 레크리에이션, 창조적 R&D, 디지털 서비스 등)를 포함한다.

글로벌경제의 새로운 패러다임으로서 부상하는 창조경제를 이끄는 주체는 바로 창조계급과 창조기업가이다. 플로리다(Florida, 2002)에 따르면, 창조계급은 과학, 기술, 건축, 디자인, 교육, 예술, 음악, 엔터테인먼트 분야에 종사하며 새로운 아이디어, 기술, 콘텐츠를 창출하는 경제기능을 하는 계급을 의미하며, 창조계급의 특성을 갖는 기업가를 창조기업가라고 한다. 그 연장선에서 개인의 창의력과 아이디어가 생산요소로 투입되어 무형의 가치를 생산하는 창조기업이 부상하고 있다. 창조경제는 사회통합과 문화적 다양성, 그리고 인간개발을 촉진하는 동시에, 소득과 일자리를 창출하는 잠재력을 갖고 있다. 개인의 창의력과 아이디어가 생산요소로 투입되어 무형의 가치를 생산하는 창조기업만이 생존 가능한 창조경제가 출현한 것이다.

경제환경 변화로 인해 일대일 맞춤생산 방식인 테일러리즘(Tailorism)으로 생산방식이 전환함에 따라 프리에이전트(free agent)나 아트프러너(art-preneur) 등 1인 사업 활동이 급증하고 있다. 이러한 개인의 창의성을 기반으로 하는 1인 창조기업이 필연적으로 출현할 수밖에 없는 이유는, 첫째, 기술과 가격으로 승부하는 기존 시장은 공급과잉에 직면한 반면, 소비자 계층은 날로 세분화되고 다양화되고 있는 가운데, 이러한 신수요 시장에 신속히 대응하기 위해서는 창의성이 가장 적절한 경쟁요소로 떠오르고 있으며, 둘째, 공급 차원에서도 인터넷, 뉴미디어, 정보 등의 첨단기술에 의해 개인의 창의력을 보다 용이하고 저렴하게 뒷받침할 수 있는 환경이 조성되어 있으며, 셋째, 기존의 다수 인력으로 조직화된 기업만으로는 이에 대한 수요에 적절히 대응하기 어렵기 때문이다.

일반적으로 1인 창조사업은 개인이 창조 또는 가공한 아이디어나 제품을 시장화하려는 비즈니스로서 사회적 파급효과가 큰 미래 지향적 사업을 의미하는데, 흔히 1인 기업이나 프리랜서, 극소수 고용규모의 기업 형태로 나타나고 있다. 특히 창조사업의 핵심 영역으로서 부상하고 있는 공연예술, TV프로그램 제작, 디자인, 대중음악 등의 문화콘텐츠산업에는 1인 기업과 영세업체들이 집중되어 있는데, 이러한 1인 창조사업이 글로벌 네트워크와 연계될 경우 단기에 세계시장을 석권할 가능성도 충분하다.

대체로 창조인력들은 개인의 창의적 재능과 기술 등을 집약적으로 활용해서 지적 자산에 가치를 부가하는 경제활동을 하고 있기 때문에 인력 간 경험과 인적 네트워크 내 아이디어의 공유와 협업이 창조사업 활성화에 있어서 제일 중요한 관건으로 작용하게 된다. 또한 1인 창조인력들은 지역경제 활성화에 크게 기여할 수 있는 여지가 많은데, 가령 문화관광, 공연활동, 문화재 보수 등 분야에서는 겸업이나 겸직으로 지방의 비영리단체나 사회적 기업 등을 통해 사회통합과 소득창출 등의 동시 효과도 가져올 수 있기 때문이다.

창조경제의 핵심은 바로, 창의성과 감성, 지적재산 기반의 콘텐츠산업이다. 콘텐츠산업은 개인의 창의적 아이디어와 상상력 및 기술 등이 경제적 부가가치로 식섭 연결될 수 있는 분야이기 때문이다. 최근 '1인 미디어'의 등장과 Web 2.0 환경의 도래는 소비/생산이 가능한 프로슈머(Prosumer)의 활동을 촉진하고 있다.

창조경제의 핵심이 되는 콘텐츠산업은 개인의 창조적 역량에 의존하는 출판, 음악, 미술, 공연예술, 영화, 방송, 게임, 광고 및 디자인 등 다양한 분야를 망라하며, 콘텐츠산업은 아이디어와 기술에 기반한 1인 창업이 타 산업에 비해 매우 용이하다. 특히 고학력 청년층의 눈높이에 맞는 '괜찮은 일자리(Decent Jobs)'를 창출할 수 있다. 콘텐츠기업의 소규모 종사자 비중(1~4인, 2008년 문화산업 통계 참조)을 보면, 출판(18.5%), 만화(71.3%), 음악(16.8%), 애니메이션(7.7%), 에듀테인먼트(10.8%) 등으로 나타나 적지 않은 비중을 차지하고 있음을 알 수 있다.

첨단기술에 의해 일대일 맞춤 생산방식으로 생산방식의 전환이 용이해지면서 선진국에서는 1인 창조기업이 '창업 및 신규 일자리 창출'에 있어 주도적인 역할을 담당하고 있다. 애플, 구글, MS 등의 글로벌 선진기업들도 아이디어와 기술을 지닌 1인 창업으로부터 시작

했으며, 미국의 실리콘밸리는 1인 기업 육성을 통한 실업률 감소('02
년 8%→'06년 4%)를 통해 1인 창조기업의 파워를 다시금 증명해주고
있다. 또한, 영국 작가인 조앤 K. 롤링은 '해리포터' 시리즈를 통해 10
억 달러의 수입을 기록했으며, 포브스紙가 선정한 세계 여성갑부 2위
에 등극하였으며, 무엇보다도 영국을 창조적인 국가로 전환시켰다는
평가와 찬사를 받고 있다. 이렇듯 콘텐츠 1인 기업은 시간과 공간의
제약을 받지 않는 24시간 활동이 가능하고, 놀이와 일이 결합된 자기
만족도가 높은 일자리이기 때문에 다른 어떤 분야의 1인 기업들보다
더욱 큰 주목을 받고 있는 것이다.

2.2. 국내 환경 및 여건

콘텐츠산업의 고성장에 대한 낙관적 기대로 인해 일자리 창출에
대한 기대감도 높지만, 실제로는 국내 콘텐츠산업의 정체('07년 58.6
조, 전년 대비 1.2% 성장), 불안정한 고용여건, 수급 불균형 및 영세한
기업규모 등으로 기존 일자리 규모는 제한적일 수밖에 없는 것이 현
실이다. 특히 콘텐츠산업은 프로젝트 기반의 불안정한 고용상태 및
사회보장제도의 미비로 직업 안정성이 낮아 우수인력이 기피하는 경
우가 많아 유치에 한계점을 노정하고 있다.

하지만, 향후 콘텐츠산업의 장기적 성장, IPTV 등 신규 서비스의
출현, 새로운 직업군(전업 블로거, 디지털 스토리텔러, 가상현실 디자
이너, 프로게이머, 웹캐스터 등)의 등장 등으로 신규 및 젊은 일자리
창출에 대한 기대감도 높다.

이러한 상황들을 종합할 때, 국내 콘텐츠산업의 활력 제고와 신규

고용 창출을 위해서는 창조적인 인력유입이 지속적으로 필요한바, 다양한 콘텐츠와 서비스 개발 지원을 통한 1인 창조기업의 활성화가 그 해결책이 될 수 있을 것으로 기대된다.

현재 콘텐츠산업 분야에서는 개인의 아이디어의 사업화 여건이 성숙되고 있으며, 디지털융합 환경과 미디어기기의 발달로 다양한 콘텐츠와 서비스에 대한 수요 역시 급증하고 있다.

콘텐츠는 다수의 관심과 재미를 유발하고 생활 주변의 창의적 아이디어와 재능을 사업화하기 쉬운 분야와 업종을 포괄하는바, 문화콘텐츠(만화, 캐릭터, 게임 등), 뉴미디어(블로그, SNS 등), 전통문화(공예, 발효식품 등), 관광콘텐즈(관광기념품, 여행상품) 등이 그 대표적인 사례이다. 또한, 개인의 콘텐츠 개발능력과 표출 욕구가 증대하면서 신규 콘텐츠와 서비스 등 비즈니스모델 개발 가능성이 점차 높아지고 있으며, IT와 인터넷의 확산, 사회적 협업시스템(Wiki, SNS, APP Store 등)의 일상화 및 성장산업의 특성 등으로 인해 콘텐츠 분야의 1인 창조기업의 경우 그 창업비용 및 경쟁자 등 진입장벽이 상대적으로 낮다는 특성을 가진다.

향후 콘텐츠 1인 창조기업 성공사례를 사회적으로 확산시켜 공감대를 얻으면서 새로운 개념의 'Post 벤처'로 육성하여, 우리 경제의 새로운 일자리 창출 패러다임으로 정립하는 것도 중요한 과제이다. 기존 콘텐츠 분야에서의 창의적 아이디어를 발굴, 상호 간 협업시스템을 통해 사업화함으로써 전 국민의 부가가치 및 일자리 창출 기회를 제공하고 창조기업가 출현의 토대를 마련할 수 있다는 점에서 매우 긍정적 효과를 가져 올 수 있을 것으로 기대된다.

3. 콘텐츠 1인 창조기업 개념 및 유형

창조경제로의 경제패러다임 변화, IT의 성숙화, 사회적 협업의 보편화 등에 따라 신기업 신노동 패러다임으로 개인의 창의성에 기반한 1인 창조기업이 탄생하고 있다.

일반적으로 1인 창조기업은 창의적 아이디어(서비스, 노하우, 전통기술)를 가진 국민 개개인이 창업(또는 사업활동)을 통해 경제적 가치를 향유할 수 있는 상징적 의미를 가지는 기업형태를 지칭하고 있다. 1인 창조기업은 창의적인 아이디어, 전문기술, 지식, 지식재산권을 사업화하는 개인, 개인사업자 또는 법인형태의 1인 기업으로 정의된다. 대표자를 포함하여 종사자수가 1인이나, 일정기간 임시근로자를 활용하기도 한다. 제3자가 아닌 가족을 고용하는 '가족 기업', 스승과 제자관계로 운영되는 '도제 기업' 등을 포함한다.

원래 1인 기업 개념은 자기 스스로를 위한 개인 기업 또는 독립된 계약상대자로서 비즈니스 수행 주체를 말하는데, 톰 피터스(Tom Peters)가 1983년 'Personal Service Firm'이라는 개념으로 처음 소개하였고,

'브랜드 유(Brand U)' 또는 '나 주식회사(Me Inc.)'로 정의되기도 한다.

1인 창조기업은 인터넷을 기반으로 시간과 공간의 제약이 없는 유연한 근무형태를 가지며 1인 창조기업 간 네트워크 구축을 통해 제품 및 서비스의 생산과 판매 등 일련의 과정을 수행한다. 창조적 학업, 과업, 부업, 창업, 겸업, 본업, 주업, 전업 등으로 유연하고 협력적인 경영활동이 가능하며 시장 환경에 신속하게 대응하고 맞춤형으로 생산이 용이해진다. 또한 일한 만큼 대가를 받는 등 직업에 대한 자기만족도가 높다고 하겠다.

1인 창조기업의 대상 업종의 예를 들자면 국민의 창조적 아이디어 등이 발현되어 경세석 부가가치 및 일자리 창출이 타 업종에 비해 높은 업종을 대표적으로 꼽을 수 있는데, 구체적으로는 출판기획, 게임·음악 등 콘텐츠 개발, 웹디자인, 전문블로거, 개인 강연 및 집필, 공예품 제작·판매, 전통음식 등의 다양한 영역을 망라한다. 특히 문화콘텐츠 분야는 개인의 창의적 아이디어와 상상력 및 기술 등이 경제적 부가가치로 직접 연결되는 분야이기 때문에 1인 창조기업의 창업에 매우 적절하다고 하겠다.

1인 창조기업의 개념(1인창조기업협회)

기업형태	■ 법적 기업: 개인사업자, 회사(유한회사, 주식회사) ■ 잠재적 기업: 프리랜서
대상업종	■ 창조적 아이디어로 부가가치 및 일자리 창출이 높은 업종 －S/W, 인터넷서비스, 컨설팅, 디자인, 전시 등 제조 관련 서비스업 －문화, 예술, 관광, 저술, 시나리오 등 문화 관련 서비스업 －제조업(전통식품 및 공예품 등)
기업유형	■ 아이디어 상품화형(전통식품, 주류, 공예 등) ■ 아이디어 판매형(발명가, 과학자 등) ■ 서비스 제공형(웹디자이너, 번역가, 컨설턴트 등)

'콘텐츠 1인 창조기업'이라 함은 콘텐츠 분야에서의 1인 창조기업을 의미한다. 이는 유형을 통해 명확히 드러나는데, 현재까지 등장한 콘텐츠 분야 1인 창조기업의 유형을 정리하면 크게 세 가지로 정리된다.

'콘텐츠 1인 창조기업'의 유형과 특징

유 형	개 념	사 례
지식정보형 (지식콘텐츠 생산/제공)	지식정보성 콘텐츠를 생산하여 이를 수익의 원천으로 삼는 경우 －강의 및 집필, 출판을 통한 수익의 창출 －시장(Marketplace) 존재	－집필/강연/컨설팅 －UCC 및 블로그 기반 암묵지 생산(온라인강의, 파워블로거의 지식정보) －1인 출판
엔터테인먼트형 (재미를 지닌 콘텐츠의 상품화)	재미를 목적으로 콘텐츠를 생산하여 이를 수익의 원천으로 삼는 경우 －취미활동으로 시작하는 경우가 많음	－취미생활과 겸업 －인터넷만화, 애니메이션, 캐릭터, 피규어, 게임 등
개발형 (소프트웨어의 개발 및 판매)	소프트웨어를 개발하여 이를 수익의 원천으로 삼는 경우	－앱스토어에 게임 등의 소프트웨어 제공(애플, SKT 앱스토어 등)

3.1. 지식정보형

'지식정보형 1인 창조기업'은 전문적인 연구 보고서, 리포트, 노하우, 강의 등을 e－Book, e－Learning과 같은 형태의 지식과 정보성 콘텐츠로 생산하여 이를 수익의 원천으로 삼는 경우이다.

- 학습멘토링서비스, 강성태 씨의 '공신사이트'
  - 서울대 출신의 강성태 씨는 온라인으로 중·고등학생 공부 방법을 상담해주던 게시판을 발전시켜 '공신닷컴(www.gongsin.com)' 학습 멘토링 사이트 운영
  - 동영상, MP3파일, 사진, 인터넷 라디오방송, 인터넷방송 등 다양

한 수단을 동원해 학습 노하우를 지식화하여 사업화. 또한 오프라인 멘토링 사업, 도서 '공부 혁신' 출판 등으로 사업 모델 확장

- 제품 리뷰 및 사용 후기를 제공하는 와이프로거(wife+bloger)
- 네이버 블로그 '마이드림의 행복한 요리(blog.naver.com/wine59)'를 운영하는 김미경 씨는 특기인 요리를 테마로 블로그를 개설해 방문자가 하루 1만 명이 넘어 대표적 와이프로거로 인기. 높은 지명도 기반 '마이드림하우스(www.truesea.co.kr)'라는 쇼핑몰 사업 확장
- 네이버 블로그 '문성실의 이야기가 있는 밥상(blog.naver.com/shriya.do)'을 통해 닷새 만에 오븐 1,300대 판매
- '살림의 여왕'이란 별명으로 유명한 현진희 씨의 네이버 블로그 '베비로즈의 쿠킹앤리(blog.naver.com/jheui13)' 통해 행주 살균기 주문이 폭주할 정도로 대량 판매
- 주부들이 살림을 하면서 터득한 상품 구입, 요리 등 생활의 노하우를 블로그 통해 공개하면서 지식 정보 매체 구축
- 와이프로거들은 블로그 통해 쌓은 지명도를 활용, 기업들과 소비자들을 연결하여 공동구매 이벤트를 주도함으로써 부가 수익을

대표적인 와이프로거 '문성실의 이야기가 있는 밥상'

창출하기도 함
- 최근 기업들의 블로그 마케팅 수요가 증가함에 따라 제품체험단 참여, 공동구매 등의 방법으로 부가수익 창출기회가 확대되고 있음(삼성전자는 드럼세탁기 '하우젠 버블'을 출시하면서 100명의 주부 블로거로 체험단을 구성해 6주 동안의 체험기를 자신의 블로그에 올리도록 하는 주부 체험단 활용)

- 블로그 기반 도서출판 및 셀프출판, 블룩(Blook=Book+Blog)
- 일러스트레이터 김은정 씨는 자신의 일러스트를 일상과 함께 담아 발행한 페이퍼(paper.cyworld.com/joyillust)가 인기를 끌면서 일러스트 에세이집인 <하트 쿠키> 출간
- 캐나다 거주 송민경 씨는 자신이 운영하는 '명품 다이어트 & 셀프 휘트니스(paper.cyworld.com/nayanoss)'를 활용, <송민경의 명품 다이어트 & 셀프 휘트니스> 도서 출판
- 브이코아에서 출판한 <2009년 블로그로 살아남다>는 30여 명

송민경의 블룩(Blook)

의 블로거들이 블로그와 웹, 일상에 대한 포스팅을 엮어낸 책
- 블로그 통해 형성된 개인 브랜드를 통해 강연, 저술, TV 출연 등 연관 수익 창출
- 블로그 기반 도서출판의 경우는 대부분 마케팅도구 활용을 통한 블로그형 1인 창조기업의 형태
- 블로그 통해 전문 분야 글을 게재하여 고정독자가 확보되고 콘텐츠가 검증되면 출판사의 권유에 의해 오프라인 도서로 출판하거나, 셀프 출판의 도움을 받아 저자 스스로 자신의 책을 출판
- 진입 비용이 저렴하고, 참여 블로거(저자)들이 집적 유통 및 판매에 참여할 수 있음

3.2. 엔터테인먼트형

'엔터테인먼트형 1인 창조기업'은 생산 콘텐츠의 유형이 일러스트레이터, 만화, 일반인들의 참여가 가장 많은 분야인 UCC 동영상, 소설 등 스토리텔링 기반의 재미를 목적으로 하는 오락성 콘텐츠로서 이를 제공하여 수익의 원천으로 삼는 경우를 의미한다.

- 미니홈피(SNS) 장식을 위한 콘텐츠 판매 '제니의 초상'
- 싸이월드 미니홈피를 꾸미는 선물가게에서 가장 인기 있는 아이템은 계절이나 기분 상태에 따라 미니홈피 분위기를 바꾸는 용도로 활용되는 스킨이라는 바탕화면임
- 일러스터레이터 박수란 씨는 스킨을 제작하여 싸이월드에서 '제니의 초상'이라는 선물가게를 운영하는 판매자이며, 스킨 판매를 통해 고수익 창출

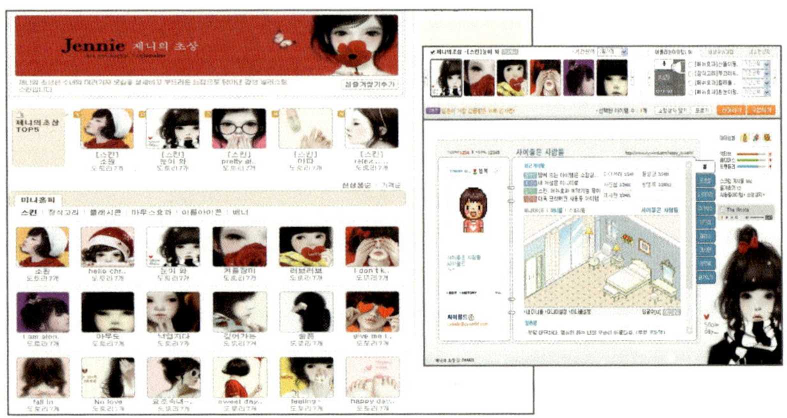

제니의 초상

－하루 500~600개의 스킨이 판매될 정도의 폭발적 인기를 반영,
음료로도 출시되는 등 지속적인 성공을 거두고 있음
－싸이월드의 주요한 사용자인 10, 20대 여성들이 복잡 미묘한 심
리를 자극하는 스킨을 선호한다는 것을 파악하고 이에 맞는 일
러스트레이션 개발
－캐릭터업체, 식음료 분야로의 OSMU를 통해 인지도와 상품 활용
도 극대화
－아이디어와 그림솜씨 그리고 하루 12시간의 성실한 작업이 성공
에 있어서 중요한 모멘텀

• 만화, 소설 등의 인터넷 작가
－386세대의 추억을 감칠맛 나게 표현한 만화로 네티즌의 폭발적
사랑을 받은 강도영 씨의 '강풀닷컴(kangfull.com)'
－풍부한 감수성으로 인터넷을 통해 출판계 진출에 성공한 심승현

씨의 '파페포포 메모리즈'

- 무서운 이야기를 모아놓은 블로그 '잠들 수 없는 밤의 기묘한 이
  야기 (www.thering.co.kr)'를 운영하는 송준의 씨는 이를 모아 <정
  말로 있었던 무서운 이야기> 저술

- 만화가 박수형 씨는 만화와 통신이 결합된 의미의 '만통쩜넷'이라
  는 1인 창조기업을 만들고 '일인미디어 만화웹진'을 통해 OSMU
  를 직접 실현

- 인터넷 만화는 스토리텔링 기반 엔터테인먼트 콘텐츠로서 애니
  메이션, 드라마, 캐릭터, 피규어, 게임 등 다양한 영역으로 OSMU
  가 가능한 영역

만화가 박수형의 '만통쩜넷'

−인터넷이나 모바일 미디어의 특성을 살려 단편 위주의 소설을
  공개하고 이것이 인기를 얻어 도서 출판까지 확장하는 사례

• 동영상 UCC형: 엔터테인먼트 재능을 UCC를 통해 홍보, 상품홍보수
  단으로 UCC를 활용하는 인터넷 방송

−동영상 UCC를 통해 자신의 재능을 알려 방송 등 기존의 미디어
  에 진출하여 탤런트, 가수 등 대중 스타로 진출: 캐논변주곡을
  연주한 유튜브 동영상으로 유명해진 일렉 기타리스트 임정현 씨,
  클래식 기타 신동으로 알려진 정성하 군, '팝핀DS'라는 ID로 자
  신의 춤을 동영상으로 올려 인기를 얻은 남두식 씨 등

−김도형 씨는 자신의 쇼핑몰에서 판매하는 상품을 홍보하는 코믹
  한 인터넷방송을 아프리카를 통해 매일 정기적으로 진행하면서
  창업 5개월 만에 월 매출액 1억 원의 폭발적 성과 달성

−개인이 가진 뛰어난 엔터테인먼트적 재능을 동영상 UCC를 통해
  알림으로써 대중 스타로 진출할 수 있는 기회를 얻을 수 있음

−1인 창조기업의 브랜드를 알리기 위한 마케팅의 수단으로 동영

상 UCC나 인터넷 실시간 방송을 활용하면 큰 비용을 들이지 않
아도 높은 홍보효과를 얻을 수 있음
- 인터넷 실시간 방송이 끝나면 이를 다시 재미있는 부분만 1분
정도로 편집하여 동영상 UCC로 공유하여 입소문 마케팅으로 활
용함으로써 마케팅 효과를 극대화 가능

3.3. 개발형

'개발형 1인 창조기업'은 PC, PDA, 스마트폰, 콘솔 게임기 등의 주로
모바일 디지털 기기를 위한 기능성 프로그램, 게임 등 응용 소프트웨
어(애플리케이션)를 개발하여 이를 수익의 원천으로 삼는 경우이다.

- 모바일 애플리케이션 1인 창조기업 사례: 애플 앱스토어(Appstore) 등
  에서 애플리케이션 개발 및 판매
- 고등학생 유주완 군은 가까운 버스정류장을 지도에 표시해주거
  나 노선별로 도착 예정시간을 제공하는 등 버스정보를 아이폰에
  서 제공하는 <서울버스> 개발. 전 세계 앱스토어에서 20만 건의
  다운로드를 기록하며 대히트. 연락처 초성(初聲)검색 <Kontacts>
  는 출시 두 달도 안 돼 1,500만 원이 넘는 수익 창출
- 게임개발자 박희종 씨는 심리테스트 애플리케이션 <퀴즈퀴즈
  미>를 개발. 국내 앱스토어 '라이프스타일' 분야에서 유료콘텐
  츠 다운로드 수 1위 기록. 하루 평균 다운로드 건수는 국내 150
  건, 국외 20여 건이며, 하루에 120달러 정도의 수익 창출
- 김영식 씨는 2009년 10월 애플리케이션 개발전문업체 창업. <블

러드 헌터>라는 액션 게임과 두뇌퍼즐게임 <불리(Booooly)> 등
을 제작. 불리의 홍보용 무료 애플리케이션의 하루 평균 다운로
드 건수는 12,000~13,000여 건. 유료도 7,000건에 육박. 국내뿐
아니라 브라질 앱스토어에서는 유·무료 버전 모두 1위. 불리는
출시 6개월도 안 돼 손익분기점 돌파하며 대히트

- 애플은 자사의 아이팟, 아이폰용 응용 소프트웨어를 사고파는
  공개시장 '앱스토어'를 개설, 출범 6개월 만에 5억 건이 넘는 다
  운로드를 기록할 정도로 폭발적 호응을 얻음
- 앱스토어에서는 개발자와 애플이 각각 수익을 70 대 30으로 배
  분해 개인이 소프트웨어 개발을 통해 수익을 창출할 수 있게 함
- 착상과 더불어 사업이 동시에 진행됨. 시행착오는 사업이 진행
  되면서 수정되며, 사업이 속전속결로 이뤄진다는 특징을 지님
- 1인 개발자들의 참여가 비교적 용이한 분야

4. 콘텐츠 1인 창조기업의 성공전략

향후 콘텐츠 창조비즈니스의 성공을 위해서는 다음과 같은 요인들이 구체적으로 고려되어야 할 것으로 분석된다.

첫째, 창의성(creative) 기반 지속가능한 비즈니스 역량을 개발해야 한다.

지식서비스기반 창조형 사업의 핵심 경쟁력은 무엇보다도 상상력, 아이디어, 창의력과 같은 유연하고 통합적인 사고 능력이다. 재능과 취미를 토대로 다양하고 풍부한 지식과 경험이 전제되어야 한다. 또한 기존의 콘텐츠를 재가공, 재포장, 재편집하여 가치를 부여, 새로운 수요를 발생시켜야 한다. 1인 창조기업의 운영자는 개인사업과는 엄밀히 차원이 다른 것으로 기업적 외형은 없을지라도 반드시 사업의 성패를 좌우할 기업적 마인드를 견지할 필요가 있다. 실제 기획단계의 아이디어를 비즈니스로 연결시킬 수 있는 철저한 사업성 검토와 시장 조사가 선행되어야 한다. 소위 개척자 정신을 겸비한 '창작 게릴라'가 되어 다양한 콘텐츠 중 핵심사업에 포커싱, 신속한 대응과

결단으로 비즈니스를 이끌어가야 할 것이다.

둘째, 퍼스널 브랜드화를 통한 프랜차이즈 확대전략을 수립해야 한다.

1인 창조기업은 창업자 개인이 브랜드가 되어 자신에 대한 대중의 인지도와 신뢰도를 높여야 하며, 본인의 핵심 경쟁력과 이름을 알리는 마케팅이 필요하다. 단순 노출보다는 개인의 강점, 차별화된 스토리텔링을 구축하는 것이 중요하다. 홍보차원을 넘어 사용자(소비자)에 대한 신뢰와 믿음, 사회적인 가치 확보까지 퍼스널 브랜드를 확장되어야 한다. 1인 창조기업이 브랜드화가 되면 충성도가 생기며 이를 토대로 관련 세부사업으로 프랜차이징이 가능하다. 퍼스널 브랜드화는 장점을 극대화시켜 상대적 경쟁 우위를 선점하게 한다. 퍼스널 브랜드를 기반으로 한 프랜차이즈의 확대는 1인 창조기업을 지속할 수 있는 중요한 원동력이 된다. 퍼스널 브랜드의 법적 권리를 바탕으로 관련 사업아이템 확대 및 연계 서비스를 통해 1인 창조기업의 성공을 지속할 수 있다.

셋째, 편익세분화 수익모델로 접근해야 한다.

1인이 모든 사업전반을 관장해야 하는바, 부수적인 사업들에 힘이 분산되어서는 안 되고 소비자의 수요 파악을 통한 선택과 집중으로 수익모델을 다양화해야 한다. 공신 강태성 씨는 공부방법을 상담해주던 게시판을 발전시켜 '공신사이트'를 만들었고, 이후 멘토링 사업과 도서 출판 등으로 사업모델을 확장해 성공했다. 이렇듯 창업기업의 핵심요소를 제외한 다른 것들은 외부에서 조달(아웃소싱)함으로써 창업에 따른 제반 비용 및 인력수요를 절감할 수 있다. 1인 창조기업은 초기에 고정비를 줄이고 저비용 수익구조를 유지해 점차 규모를 확대하는 전략을 실행할 필요가 있다.

넷째, 다양한 넷 인프라(사람&정보)를 구축 및 활용해야 한다.

1인 창조기업의 성공에는 인적 네트워크 인프라가 큰 영향력을 행사한다 해도 과언이 아니다. 평소 다양한 분야의 사람들과의 교류를 통해 인적 네트워크를 만들어야 하고 이와 더불어 자신의 분야와 관련된 전문 정보 네트워크를 지속적으로 확보하여 이를 활용할 수 있어야 한다. 1인 창조기업의 경우, 새롭게 SNS를 고안할 수도 있으나, 이를 잘 활용하는 사업으로 다양하게 접근할 수 있다. 영국 블로거가 '오라인 인맥'으로 공짜 세계일주여행을 한 경우가 그러하다. 30대 자유기고가인 폴 스미스가 트위터(Twitter)의 블로그를 통해 사귄 각국의 네티즌들의 도움으로 30일간의 세계일주 여행을 마쳐, '트위치하이커(Twitchhiker)'라는 신조어를 탄생시켰다. 주부 블로거 문성실 씨는 자신의 블로그를 통한 공동구매로 5일 만에 오븐 1,300대를 판매했다. 이러한 사례들은 모두 인적 네트워크의 중요성을 보여주는 사례이다.

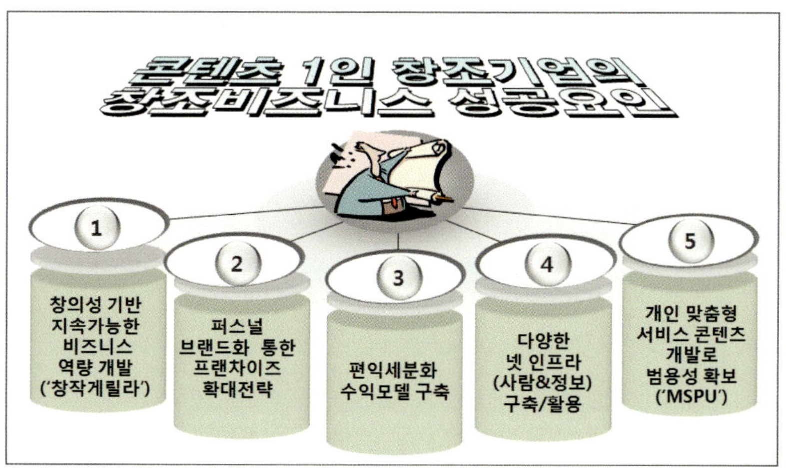

다섯째, 개인 맞춤형 서비스 콘텐츠 개발로 범용성을 확보해야 한다.
콘텐츠 분야의 1인 창조기업들은 소비자에게 적합한 것들만 선별
하여 맞춤형 콘텐츠로 재구성해야 한다. 자유, 참여, 역동성, 상호연
결을 특성으로 하는 개인 맞춤형·상호작용적 라이프스타일 미디어
(DMB, IPTV 등 뉴미디어와 개인미디어)가 신소비 모델을 창출하며
부상하고 있다. 따라서 대다수 수동적 미디어 소비자도 쉽게 이용 가
능한 개인 맞춤형 서비스 개발이 중요한데, 엔터테인먼트 콘텐츠에서
생활문화콘텐츠로 전환해야 한다.

5. 결론

　현재 노정되고 있는 창업의 장애요인을 제거하여 콘텐츠 1인 창조기업에 대한 육성정책을 가시적으로 제시한다면, 새로운 콘텐츠와 서비스 개발이 촉진되고, 콘텐츠 분야의 일자리 창출 및 신규 비즈니스 모델 발굴로 콘텐츠 산업의 선순환 구조를 구축할 수 있을 것으로 기대된다.

　이러한 콘텐츠 1인 창조기업은 창의적 아이디어 발굴과 사업화를 통한 전 국민의 기업가정신 고취의 시험대(테스트베드)가 될 수 있을 것이다. 실패 경험도 창업 자산화하여 제2의 도전을 가능케 하는 '기업가정신' 발휘에 집중해야 할 것이다. 콘텐츠 분야에서 창의적 아이디어와 기술로 富와 일자리를 창조하는 창조기업가 출현의 토대를 마련해야 한다. 제2, 제3의 '스티브 잡스'(Apple), '빌 게이츠'(MS), '김택진'(엔씨소프트), '안철수'(안철수연구소) 등이 나올 수 있는 토양이 될 것이다.

　무엇보다도 콘텐츠 1인 창조기업의 육성을 통해서 사회 전반에 기업가정신의 확산과 소통과 나눔의 확산을 통해서, 창조경제의 생태계를 조성해야 할 필요성이 있다. 즉, '1인 창조기업(창조기업가)의 확산→창조계급의 등장→창조도시의 형성→창조경제 생태계 조성' 등의 선순환 구축이 필요한 것이다. 실제로 1인 창조기업의 물리적인 특성상 성공적인 활동을 위한 모든 자원을 스스로의 힘으로 획득하기는 매우 어렵다. 따라서 활동에 필요한 자원의 상당 부분을 외부 시스템과 인프라, 협력 네트워크와 유기적으로 결합할 수밖에 없다. 결국 1인 창조기업의 성공을 위해서는 최적의 생태계(Ecosystem) 조성이 필수적으로 동반되어야 한다. 1인 창조기업이 고립되지 않고 기업과 산업의 생애주기 변화에 잘 적응하고 지속 가능한 발전을 해나가기 위해서는 사회 문화적 보호시스템(창조경제 생태계)이 필요한 것이다.

최근 경기침체로 취업 및 창업시장이 위축되고 있는 상황이다. 이에 다양한 정부의 지원정책이 발표되고 있는 가운데, 전문기술이나 경력, 자본금이 없어도 창의적인 아이디어와 독특한 콘텐츠 콘셉트만 있으면 창업이 가능한 1인 창조기업 모델이 단연 주목을 받고 있다.

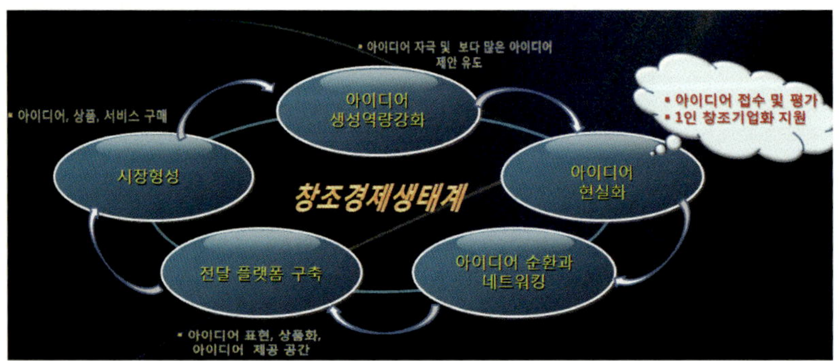

콘텐츠 1인 창조기업 기반 창조경제 생태계

이러한 1인 창조기업 모델은 구직자와 창업자들에게 새로운 기회를 제공, 경제적 동력으로 작동할 가능성을 열어준다. 이에 대한 정책적 뒷받침이 강화된다면, 그 성과는 다양한 분야에 걸쳐 나타날 것으로 기대된다. 따라서 국민 개개인의 참여가 적극적으로 이루어질 수 있는 창조 영역에서 '1인 창조기업 육성'이라는 정부의 정책적 지원은 최근의 경제위기와 실업난 극복을 위한 대안으로서도 효과적일 것으로 평가된다. 국민의 창의적 아이디어를 발굴, 상호 간 협업시스템을 통해 사업화함으로써 전 국민의 부가가치 및 일자리 창출 기회를 제공해주는 것이다.

이러한 맥락에서 성공사례 분석 및 성공요인 진단에 근거, 향후 콘텐츠 분야에서 성공 가능한 창조비즈니스 분야를 제안하면 다음과 같은 분야가 가능하다고 하겠다.

첫째, 지식정보형 1인 창조기업이 되기 위해서는 인터넷 등을 통해 쉽게 접할 수 있는 일반 콘텐츠보다는 전문성이 기반이 된 차별화된 특성을 지녀야 하며, 전문가 수준의 지식과 정보제공 능력, 혹은 문화콘텐츠 관련 특정한 기술을 보유하고 있어야 한다. 이에 폭넓게 범위를 적용해 보면 '전문정보제공형'과 더불어 '콘텐츠제작형'이 가능하다. 우선 '전문정보제공형'은 집필, 강연, 컨설팅, 출판 등을 패키지로 묶어 제공할 수 있는 비즈니스, 자기경영, 노하우 전수(요리, 육아 등 생활 분야 포함) 분야의 1인 창조기업 유형이 가능하며, 원래 본인의 분야에서 두각을 나타내고 있는 회사원, 연구원, 프리랜서, 그리고 와이프로거 등이 도전해볼 수 있다. 다음으로 '콘텐츠제작형'은 콘텐츠 분야의 다양한 전문기술을 전수하거나, 직접 이를 활용해 창작품을 만드는 것이 해당된다. 특히, 전통 문화예술 분야의 장인들의 노하우가 담긴 창작품을 가공하여 디지털콘텐츠 등으로 제작하는 1인 창조기업의 형태는 새로운 시도로 주목받을 수 있는 분야이다. 실제로 남도지역의 유명 서예가들이 쓴 글씨체를 가공하여 디지털폰트를 개발하여 수익원을 얻을 수 있는 캘리그래퍼(Calligrapher)들이 이에 해당되는 대표적 사례라고 하겠다.

둘째, 엔터테인먼트형 1인 창조기업은 취미생활과 겸업을 할 수 있다는 점에서 지식정보형 보다는 전문성이 다소 떨어지더라도 열정적이고 재능 있는 개인들의 폭넓은 참여가 가능하다. 이러한 엔터테인먼트형 1인 창조기업의 경우에는 취미수준으로 겸업이 가능한 '취미 마니아형'과 실제 엔터테이너 혹은 콘텐츠 창작자로서의 자질을 갈고닦아 새로운 문화상품으로 내놓을 수 있는 '예비 엔터테이너-콘텐츠 창작자형'으로 나눌 수 있다. 우선, '취미 마니아형'은 본업을 유지하면서, 부가적으로 자신이 지닌 취미와 마니아적 성향을 다른 이들과 공유하고, 나누면서 부가가치를 창출하는 것이다. 예컨대 피규어 수집이나 희귀 애니메이션 수집 등에 전문가 수준의 식견을 갖거나 제품을 소장한 경우, 글 기고와 리뷰, 전시회, 판매 등을 통해 부가적인 수익을 얻을 수 있다. '예비 엔터테이너-콘텐츠창작형'의 경우 엔터테인먼트 분야에서 인기 있는 창작자가 되거나, 전문 문화예술인이 될 수 있는 자질을 지닌 개인들이 참여할 수 있는 분야이다. 예컨대, 카툰, 샌드(sand) 애니메이션, 캐리커처 등에 아이디어가 독창적이고 소질이 있는 신진 작가들이나, 퓨전 국악연주가와 비보이 댄서 등 끼와 열정을 가진 예비 엔터테이너 들이 모두 이에 해당된다. 한편 이들 끼 있는 개개인들을 통합하여, 팀 형태로 만들어 활동도 가능할 것이다. 예컨대, 스프레이 등을 통해 벽에 창작활동을 하는 개별적 활동을 지향하는 그래피티 아티스트(graffiti artist)를 규합하여 소위 '그 래피티 창작 집단'을 만들 수도 있으며, 힙합 공연 등과 연계하여 수 익 모델을 만들 수도 있을 것이다.

셋째, 개발형 1인 창조기업은 향후 다양한 디지털기기에 활용되는 애플리케이션을 개발하는 형태로, 향후 성장가능성이 높은 분야이다. 개발형 1인 창조기업의 경우는 게임이나 위젯서비스(전문 애플리케 이션) 등을 망라하는 '전문 앱 개발형'과 아이디어가 주가 된 간단한 형태의 소프트웨어를 제작하는 '아이디어 앱 개발형'으로 구분할 수 있다. '전문 앱 개발형'의 경우 기본적인 능력은 있지만 자본 등의 문 제로 기존 게임시장이나 전문 애플리케이션 시장에 참여하지 못한 전문개발자들에게 기회가 된다. '아이디어 앱 개발형'은 조금 더 단순 한 수준의 애플리케이션 개발형태를 의미한다. 예컨대, 생활 속에서 불편함과 부족함을 느꼈던 휴대전화 등 디지털기기의 관련 서비스 기능을 보강한 아이디어 앱일 경우 매우 짧은 시간 내에도 대중에게 많은 호응을 얻을 수 있다. 예컨대, 지하철 하차 시 알람 설정 서비스 인 '지하철 알리미'와 화장실에서의 민망한 소리를 감출 수 있는 '화 장실 에티켓' 서비스 등은 현재 국내 앱스토어에서 주목받고 있는 앱 으로서 개인의 창조적 아이디어가 수익으로 연계된 사례이다.

향후 콘텐츠 분야의 1인 창조기업 정책이 활성화된다면, 창의적이 고 생산적인 콘텐츠 분야의 창조기업가를 배양, 국민경제의 토대를 보다 강화해줄 것으로 기대된다. 국민 누구나가 자신의 능력에 따라 적재적소의 창조계급(creative class)으로 거듭나는 기회를 가지게 되는 것이다. 창의적인 아이디어를 기반으로 한 콘텐츠분야의 1인 창조기 업은 창조경제 시대 창업 및 창직을 통해 새로운 성장동력의 핵심축이 될 것이다. 녹색뉴딜을 지탱하는 휴먼뉴딜을 형성해줄 것이다. 또한, 녹색성장 시대 지속 가능한 발전모델을 제공하는 데 큰 기여를 할 것으로 기대된다.

참고문헌 및 자료

김원제(2009). 콘텐츠 실크로드 미디어 오디세이. 이담북스.

문화체육관광부(2008). 1인 창조기업 육성전략.

문화체육관광부(2009. 4). '콘텐츠 1인 창조기업 지원사업 개요' 보도자료.

미래기획위원회(2009. 3). 미래기획위원회 4차 회의: 중산층 키우기 휴먼뉴딜.

삼성경제연구소(2009). 일자리 창출의 틈새시장, 1인 기업. <고용경색 터널, 출구를 찾아서> 세미나 자료.

엘지경제연구원(2009. 8). 모바일 시상에 부는 기회의 바람, 앱스토어. LGERI 리포트.

이상호(2009). 개인미디어 플랫폼의 산업적 잠재력에 관한 시뮬레이션 연구. SBS 미디어경제와 문화. 2009년 겨울호 제7 - 1호.

중소기업청(2008). 1인 지식(서비스)기업 육성계획.

한국콘텐츠진흥원(2009). 콘텐츠 1인 창조기업 육성전략.

Florida, R.(2002). The Rise of the Creative Class. New York: Basic Books.

UNCATD(2008. 2.). Creative Economy Report 2008.

김원제

중앙대학교 대학원에서 언론학 석사학위를 받았으며, 성균관대학교 대학원에서 언론학 박사학위를 받았다.

현재 (주)유플러스연구소 대표연구원(연구소장), 한국문화콘텐츠기술학회 이사를 맡고 있으며, 성균관대학교 대학원 등에 출강하고 있다.

저서로『전자책 빅뱅』(2010, 공저),『콘텐츠 실크로드 미디어 오디세이』(2009, 문화관광부 우수교양도서),『감성펀치』(2008, 공저),『리스크 커뮤니케이션과 위기관리 전략』(2008, 공저),『디지털미디어 길라잡이』(2007, 공저),『퓨전테크 그리고 퓨전비즈』(2007, 문화관광부 교양도서),『대한민국은 지금 체험지향사회』(2006, 공저),『스포츠코리아』(2006),『문화콘텐츠 블루오션』(2005, 공저),『미디어스포츠 사회학』(2005),『유비쿼터스사회와 방송』(2005, 공저) 등이 있다.

과학기술부장관상(2004), 문화관광부장관상(2005), 방송통신위원회 위원장표창(2009) 등을 수상했다.

김학진

중앙대학교 대학원에서 언론학 석사·박사학위를 받았다.

제7대 경기도의회 의원을 역임했고, 현재 광운대학교 겸임교수, (주)유플러스연구소 연구위원, 한국정치커뮤니케이션학회 이사를 맡고 있으며, 중앙대학교 등에 출강하고 있다.

주요 논문으로「한국 문화산업의 스타시스템에 관한 연구」,「유비쿼터스 방송(U-Casting)의 도래와 환경변화」(공저),「DMB의 콘텐츠 비즈니스 전략」(공저),「커뮤니케이션정책 형성과정에 있어 갈등과 조정에 관한 연구」 등이 있다.

과학기술부장관상(2004) 등을 수상했다.

노준석

중앙대학교 대학원에서 언론학 석사·박사학위를 받았다.

현재 한국콘텐츠진흥원 산업분석팀장으로 재직 중이며, 한양대학교 국제관광대학원 엔터테인먼트전공 겸임교수로 있다.

주요 논문으로「앱이코노미의 문화콘텐츠산업 확산을 위한 정책연구」(2010, 공저),「콘텐츠 OSMU 비즈니스 모델 개발」(2008) 등이 있으며, 저서로『한류, 아시아를 넘어 세계로』(2009, 공저),『엔터테인먼트 산업의 이해』(2009, 공저),『한류 포에버』(2008, 공저),『디지털콘텐츠와 문화정책 시리즈(1~4권)』(2007~2009, 공저) 등이 있다.

오광혁

고려대학교 국어국문학과를 졸업하고 중앙대학교 대학원에서 언론학 석사학위를 받았다. 종합유선방송위원회와 방송위원회 그리고 국무총리실 산하 방송통신융합추진위원회에서 정책산업팀장으로 근무하였으며, 현재 방송통신위원회에서 규제개혁법무담당관으로 재직하고 있다.

원광재

중앙대학교 대학원에서 신문방송 석사학위를 취득했으며, 동 대학원에서 박사과정을 수료했다. 케이블TV에서 수년간 사업본부장을 지내면서 현업에 대한 실무지식을 쌓았고, 현재는 전송망 사업 분야에 종사하고 있다.

논문으로 「방송프로그램의 저작권 침해행위에 관한 연구」가 있으며, 관심 분야는 유료방송 산업정책 분야, 게임이론 분야이다.

이순모

중앙대학교 대학원에서 언론학(방송통신전공) 석사학위를 취득했으며, 동 대학교 경영전문대학원 최고위과정을 수료하고, 서강대학교 영상대학원 박사과정(디지털문화콘텐츠전공)에 재학 중이다.

1995년 이후 국회의원 보좌관을 역임하고, 2004년 중국 산둥대학교 부설 한·중 미래연구소 객원연구원으로 활동했다. 제17대 대통령선거 중앙선거대책위원회에서 정책기획1팀장을 거쳐 대통령직인수위원회 정책연구위원으로 일했다. 2008년 2월 이후 대통령실 총무비서관실(인사)과 정무수석실 행정관, 총무기획관실 선임행정관(행정팀장)을 거쳐 현재 교육문화수석실 선임행정관으로 재직 중이다.

정세일

중앙대학교 대학원에서 언론학 석사·박사학위를 받았다.

현재 (주)유플러스연구소 연구전문위원으로 재직 중이며, 여러 대학에서 매스커뮤니케이션 관련 과목을 강의하고 있다.

저서로 『감성펀치』(2008, 공저)가 있으며, 주요 논문으로 「문화콘텐츠산업의 성과결정요인에 관한 연구」, 「MP3의 도입에 따른 한국음반산업의 구조변화에 관한 연구」, 「해외 미디어기업의 '현지화'전략에 관한 연구」, 「과학기술의 위험인지와 위험태도에 관한 연구」 등이 있다.

정현용

중앙대학교 대학원에서 언론학 석사학위를 받았다.

1995년 LG그룹 광고회사인 (주)LG애드 전파매체팀에 입사하여 뉴미디어팀, 경영혁신팀을 거쳐 현재는 (주)HS애드 방송미디어팀 국장으로 재직하고 있다. 2010년 디지털방송 전환 홍보활성화 자문위원, 2011년 디지털방송 전환 홍보평가 위원을 겸하고 있다.

현군택 ————

중앙대학교 대학원에서 언론학 석사학위를 받았다.

조사회사 (주)동서리서치, (주)중앙리서치 등을 거쳤으며, 동국대학교 경영전문대학원에서 '정성적 마케팅 조사방법론' 전문가 과정을 수료하였다. 현재 공공·사회여론조사와 마케팅조사 전문회사인 (주)포커스컴퍼니 전무이사로 재직 중이며, 2008년부터 한국생산성본부 지도교수(마케팅)로 출강하면서 '신제품 개발을 위한 마케팅 조사'와 '소비자 니즈(Needs) 추출 방법론'을 강의하였고, 현재는 'PR리서치 활용 전략'을 강의하고 있다.

스마트 미디어
콘텐츠 인사이트

초 판 인 쇄 | 2011년 5월 30일
초 판 발 행 | 2011년 5월 30일

지 은 이 | 김원제, 김학진, 노준석, 오광혁, 원광재, 이순모, 정세일, 정헌용, 현군택
펴 낸 이 | 채종준
펴 낸 곳 | 한국학술정보㈜
주   소 | 경기도 파주시 교하읍 문발리 파주출판문화정보산업단지 513-5
전   화 | 031) 908-3181(대표)
팩   스 | 031) 908-3189
홈 페 이 지 | http://ebook.kstudy.com
E - m a i l | 출판사업부 publish@kstudy.com
등   록 | 제일산-115호(2000. 6. 19)

ISBN   978-89-268-2288-3 93070 (Paper Book)
          978-89-268-2289-0 98070 (e-Book)

이담 Books 는 한국학술정보(주)의 지식실용서 브랜드입니다.